DER SACHSENSPIEGEL

DIE HEIDELBERGER
BILDERHANDSCHRIFT
COD. PAL. GERM. 164

Kommentar und Übersetzung

von Walter Koschorreck (†)

Neu eingeleitet

von Wilfried Werner

INSEL VERLAG

Erste Auflage dieser Ausgabe 1989
© Insel Verlag Frankfurt am Main 1989
Alle Rechte vorbehalten
Druck: Georg Appl, Wemding
Printed in Germany
ISBN 3-458-16044-2

INHALT

BILDTAFELN 7

ZUR NEUAUSGABE 69

EINLEITUNG DER AUSGABE VON 1970 79

LITERATUR · ABKÜRZUNGEN 81

DAS RECHTSBUCH 85
I Geschichte und Form 85–87
II Eikes Rechtsauffassung 87–89
III Rechtsgang 89–90
IV Der einzelne in der Rechtsordnung 90–91
V Lehnssystem und Lehnrecht 91–92
VI Das Landrechtsbuch und sein Strafrecht 92–94

DIE BILDERHANDSCHRIFTEN DES SACHSENSPIEGELS 95
I Die vier erhaltenen Handschriften 95
II Der Cod. Pal. Germ. 164 der Universitätsbibliothek
   Heidelberg 95–97

DIE BILDER DER HEIDELBERGER HANDSCHRIFT 98
I Zweck der Illustrationen 98–100
II Die bildnerischen Gestaltungs- und Ausdrucks-
   mittel 100–112: A. Komposition 100; B. Gesichter 101;
   C. Kleiderfarben 102; D. Symbolik, Rechtssymbolik 103;
   E. Handgebärden 106; F. Die Kennzeichen der personellen
   Typen 111
III Der Wirklichkeitsgehalt der Illustrationen 112–113
IV. Die Sachsenspiegelbilder in der Literatur 113–116

ERLÄUTERUNGEN DER BILDER · UMSCHRIFT ·
ÜBERSETZUNG 118

ANMERKUNGEN 239
Das Rechtsbuch 241 · Die Bilderhandschriften des
Sachsenspiegels 243 · Die Bilder der Heidelberger Hand-
schrift 244 · Bilderläuterungen 248

BILDTAFELN

Swer lenrecht kunnen wil d' volge
dis buches lere. Alrest sul wir mer
ken daz d' herschilt an deme kunge be
gint. vn in deme sibenden leit. Doch habē d' lei
en vorsten den sechsten schilt in den sibendē brach
sint si d' bischove man worden. des er nicht en
was. Phaffen. koufluite. d' eigen. wip. vn Al
le di rechtes darben. ad' vnelich geborn sin vn
alle di nicht sin von vaters art vō vater vn vō
elder vater di sullen lenrechtes darbē. Welch
hirre doch disere eime herr gut von deme habē si
len recht in deme gute. vn en erben daz nicht en
ire kindere. vn darben selbe d' volge an eime an
deren hern. Vn gezuge mac man si d' lege
in lenrechte. vn orteil zu vindene alle di des
herschildes darben. ir sie ab' von deme silen
recht haben d' muz iren gezuk hōrn vn urteil
vn en mac si uffe nimande genuzen. Alteuwe
ne man ein gut an sprechen gliche in gezuk
dar zu buten ein d' zu deme herschilde nicht
geborn si. des gezuik sal vorgen d' m deme her
schilde volkumen is. Vn urus si vorlegit. Wd' n.
da man zu deme herschilde mehr gebrin is
en mac nicht geweigern gut zu lene deme d'
des herschildes darbet. vn en mac keine sinē
hirn volegen ab he an in volgen sal. tenuch
he des herschildes nicht en hat. Al' ein
man volkumen an deme h'schilde von
phaffen. ad' von urube. ad' von eime d' des
herschildes nicht en hat belent wirt deme
lene en mac he nicht volgen an eime d' an

teren herren. Iz en si daz ein phaffe ad em wip des riches gut un kore entfa vn de hschult dar ab habe. daz gut mugen si lien vn deme gute volgen an emen andere herren. Burlen aber vn kirchen vn alle lien da em man deme riche nicht phlichtic en is ab czu dinere daz mac phaffe lien vn wip. alleine en habe si des herschildes nicht. vn deme mac man volgen an emen andere herren. Der man sal sime phlicht sime herren hulde tun. vn sweren daz he im also getruwe vn also holt si. alse durch recht em man sine herren sulle. die wile he sin man wesen wil. vn sin gut haben wil. di wile hes nicht en tut. so ne mac he me mandes gezuuk sin an lenrechte. he sal ouch sinen herren mit warten. vn mit taten wo he in im is. vn uf sten kegen im. vn in lazen vor gen. Des riches dinest daz dem manne geboten wirt mit urteiln sechs wochen vor deme tage. e. he varen sulle. vn in daz gekundeger wirt. daz iz czwene man des herren horen. daz sal he dmen bi phlicht. In men duj scher czungen di romsche me riche vndertan is. Alle di aber noster halp der sale belent sin. di sullen dmen czu werden. czu bemen vn czu polen. Sechs wochen sal der man dmen sime herren in siner kost. sechs wochen vor. vn sechswochen nach sal he des riches vride habe. vn schar rowe so daz im kein sin herre czu lenrechte

geteidingen mac noch des riches dinest gebure
Swen aber di duitschen enen kunic kisen
vn he czu rome vert nach der wirunge so sint
phlichtic sechs vursten mit em czu varene di
di ersten an d kore sin. der bischof von men
cze. von trire. von kolne. der phallenczgreve
von deme rine. der hertzoge von sachsen.
d marcgreve von brandenburc. durch daz
dem pabeste untzich si des kunges redeliche
kore. Ouch sal da varen iclich man mit sine
herren d des riches gut czu lene hat. ad he sal
losen di vart mit deme czende phunde. daz he
alle iar von im hat. dise hervart sal man ge
buten sechs wochen vn ein iar vn dri tage vor
er d samenunge vn di hervart leut den du
schen alse d kunic genuc is. Der man sal
ouch sine herren dinen da mite daz he im
orteil vinde czu lenrechte vor mittage. vnde
bucze gebundenen tagen vn bucze vierta
gen. Swaz als vor mittage vn bucze gebun
denen tagen vn bucze viertagen mit ur
teiln begriffen wirt. daz muz man wol en
den nach mittage. vn in gebundenen tage.
ane in viertagen. Swer ein phert ader
sines gutes icht sine herren geligen
hat. ader icht an sine dinste vor loren
daz im vnuergolden is. di wile en is he
nicht phlichtic sine herren czu dinene
noch lenrechtes czu phlegene.

Weigert alt der hir sime manne rechtes we
he von im bedaget wirt vor sime manne
di wile en darf he nicht in driten noch len
rechtes phlegen. **C**zwen manne macd
herre em gut lien also. daz en di gew dar
an habe. vn d andere daz gedinge. alt d
andere ane len erbe sterbe d iz in gewe
ren hat. An gedinge is keine volge. let iz
ouch ien d iz in geweren hat daz gedinge
is gebrochen. he en pha iz wider der iz ge
lazen hat. vn sterbe dar an. **S**wer daz
gut in geweren hat d mac iz gezuge alt
hes bedarf mit des herren manne di iz wiz
zen daz iz sin len si. d daz gedinge dar an hat
d muz iz gezugen mit den di iz sagen vn hor
ten daz iz in gehgen si. durch daz he d gewer
darbet. **D**er vater erbet uf den sun di gew
des gutes mit deme gute. durch daz en be
darf d sun nicht daz man im des vater gut
bewise. **S**welch man alt des sunes darbit
d erbit uf den hirn di gewer des gutes. iz en
si denne daz d herre daz gedinge dar an vor
ligen habe. vn der belente man daz behal
de nach rechte bunnen siner iar czale. **S**wel
ich herre em gut liet sinem manne. swo
m daz aller erst leдic werde. iz si luzzel
ader vil. **U**nde dar nach hett eme an
deren em benant gedinge. mit deme er
sten leue en mac iener di seme sin benant
gedinge nicht gebrechen wen iener

sturbit der iz in geweren hat. Ieneman ab
sin gedinge gezuget nach gedinges rechte
vor deme herren kegen dem manne d' sin gut
an sprichit. Alleine bekenne d' herre in beiden
irre lenunge. mit dem bekentnisse des h'ren
behelt d' man sin gut kegen dem herren. Ane
gezuk. un nicht kegen sinen husgenozen.
Swelch herre ein gut liet sime manne da mi
te er is un di gewere nicht geweret kegen si
me herren. Ab im sin herre des gutes nicht en
bekennet. daz doch sin man von sinent hal
ben in geweren have. Ab zwene man. vm.
ein gut an sprechen di beide d' gewer d' arbe
beide sullen si benemen di czit der lenunge.
un welcher di erste lenunge gezuge mac
d' behelt daz gut mit rechte. Swen ein
hie sime manne liet gut. wo iz im erst ledic
wirt von sines mannes tode. un daran nicht
anders en bescheidet. d' man sal daz erste
gut haben daz deme h'ren ledic wirt. iz si le
dic ad' ligen. Swelch umbewiset gut daz
deme manne geligen wirt sal d' man behalde
mit gezuge. wen iz im geligen wirt. da he
d' gewer an darbut. daz gut daz da erst ledic
wirt des sal sich d' man underwinden. Alleine
sus me ad' minre den im geligen si. biz daz he
siner lenunge di vulle habe. Ab dem manne
vorsmat daz len daz deme herren ledic wirt.
un hez im nicht czu en czut binnen iare un
tage von deme si d' herre ledic vor baz me

he ne tu sine vnschult da czu daz hes nichten
wolle daz iz sine hren ledic were. In ener
sache von enne lene en mugen sie zwene
nicht gezuic sin. di wile si an deme lene nicht
bereit en sin. Ab czwene mit eime lene
belent sin. vn des gutes en teil vben eime
manne. ir kener en mac an den anderen an
deme gute sine manne nicht vorteilen. noch
uf lazen sine hren. Also. daz iz dem ande
ren icht schade di wile si an deme gute un
bereit sin. Der herre muz wol sine man
nen gebieten mit orteilen di eın gut von ım
haben daz si sich binnen sechs wochen be
scheiden daz he wizze uf wen he sines di
nestes se. vn en tun si is nicht si werden wet
tehaft dar umme. vn in an vorteilt mit
gut ab mir herre mit lenrechte volger. ix.
Swer eines herren man is vor spreche
muz he wol sin. vn orteil vinden binne len
rechte. alleine en habe he kein gut von
sime herre. orteil siner manne en muz he
ab nicht schelden he ne setze borgen. eime
belenten man des hren daz he mit rechte
volkume. ad daz orteil mit rechte laze.
Swelch man di ses orteil schilt. vn im
daz wider vunden wirt. daz he z nicht
also bescholden en habe als iz im helfen
de si. kein orteil en muz he me schelten he
en habe gebezzert daz he an den oren
orteiln missete. Gewliche luite sagen

mitz daz gut vor sten. vn͂ me volgen an den
obersten herren. S wenne eꝛ man sime her
ren gutes loukent. vn͂ iz ꝫn entsager vor si
ne manne daz he vo ꝫm hat. daz gut sal de
me hren ledic sin. H ar aber hez vor lugen
vn͂ underwindes sich d͛ oberste herre. der
man d͛ daz gut ingewere hat. d͛ sal sinen
hren mit ortelen manē daz he sin gut vor
ste. vn͂ des obersten herren ausprache irle
ge mit rechte. daz sal he tůn durch recht ꝫn
nen sechs wochen. Weigert ab͛ der herre des
ꝫu tůnde vn͂ der recht. der man volge an den
obersten herren sine gůte vn͂ en vor lese da
mite nicht ab iz sin herre dar nach behalde.
A l em herre sines mannes gutes louk̄t
vor deme obersten herren. ad͛ iz nicht en
benennet siuen hez entphet. vn͂ hez durch
recht benennen sal. der man volge sine
lene an den obersten herren um sinen
rechten teidingen. D er herre mac sich xv.
vorsprechen vnde vorsiuigen an sine
rechte vnde nicht sine man. ab si daz
gut vor sten nach rechte. S wen der
man in den obersten herren volget
sine gůte vnde der lenunge. ad͛ der
wisunge an in gert. he is phlichtic
deme herren daz gut zu benennene
vnde den herren von deme hez geha
bit hat. er man in belene ad͛ unse.

Wil mouch der herre wisen · iener sal di
wisunge behalden mit gezuige kegen
den herren mit siner manne rechte · daz
he an in so gevolget habe alse he in durch
recht wisen sulle · gezuiget he diz kege
den obersten hren · so en bedarf he keines
gezuiges kegen den herre da man in
wiset. Niemant en darf antworte en
phan gut daz in sin here gelegen hat. Ab
hez uf let. ab v kouft. vn iz ab vnd entset-
he en darbe d gewere sechs wochen vn en
iar. S welches manes gut d here wer liet
in sine antwerte des daz gut is · ane des ma-
nes rechte vnd sprache · kein recht en mac
he met an deme gute berede des len iz er
was. Ab d herre sine mane czu lenrechte
teidinget · bin deme teidinge en is he nicht
phlichtic dē mane czu antwertene ab hem
ichtes schuldeget du wile sin sache vnvoleut
is Wurt alz des hren lenrecht gewist mit
ordelen · vn urdirlit dem mane ein gut an-
iz sigedinge. ad len des he an den herre si-
ner. ad buyt czu behaldene mit rechte. d he-
re sal im lenrecht tun mit rechte · bin sine
teidingen · alsi des herrē schuldegunge vn
vorendet · d herre mochte anders an der
schuldege czogen den man wen biz he sich
virrete an siner sauuige. Ab ein man
an sines vorsprechen wort nicht en iet.
vii ab d herre den vorsprechen schuldeget

des he nuz dar umme geweten · he en swere
da vor daz he anders nicht gesprochen habe
wen alse iener bete · deme he zu vsprechen
gegeben si · Der man mac aller schulde
gunge mit vnschult enken · in nimant ge
czugen mac daz sur gerichte geschen si ·
Sweune d' sun nach des vater tode lebet al xx
so lange daz man sine stimme horen mac in
uier wenden des huses · so is he beerbet mit
sines vater lene · vn hat daz gewunt alle
den di daz gedinge dar an haten · Der sun
d' da stirbit er deme vatere en is keim len er
be · wen he mit keimeme lene beerbet en is
durch daz en bricht he nun andes gedinge
an des vater lene · S welcheme manne man
sin gut vorteilt ad' hez uf let · was im ich
gedinges dar an geligen des darbet he mit
deme gute · S wo d' sun deme vater nicht ebē
burtic is · vn di man geweigert mugen ir
gut von im zu enphane · Al lebet d' sun nach
des vater tode · he ne verit nummande kein ge
dinge an vorligeneme gute sines vat · Al
en herre zu unrechte sime manne entsaget ·
vn d' man deme herren nicht me weder gedin
ge noch len zu vorluset d' man da mite · vn
behelt daz gut ane dinest zu sime libe mit
deme he nicht vorbaz gevolgen zu mac ·
Bischofe gut vn van len sal d' kunic gauze
lien vn nicht zweien · S wer auch von
eime vorsten belent wirt d' van len hat

he en darf daz len von nemande entphan-
der van lenes darlet· al si he en geborn vor
sie· Der sun behelt des vater schult zu
lenrechte du ime ebenburtic is· di wile he sich
mit manschaft nicht en underet· ab der sun m
des vater stat en wil nicht man werden· da
mitte en is sin herschult nicht gehoget· Iz
en hoget nicht des manes schult wenne van
len ab iz im gelegen wirt· Iz en erbit nimmant
kein len wen der vater uf den sun· Nach des
vater tode· der sun kume binnen iare vn tage
zu sime herre· vn bitte in di manschaft mit
gevaldenen henden· vn genn also na ab der
herre ste· daz he in gereichen muge· sitzt he
abir so sal he vor in knien· sumeliche luyte
sprechen daz he di hende sulle wegen deme
herren zu· des en is nicht· Wen alse der man
get da he stet· ader kniet vor in da he sitzet·
so weget sich al sin lip· vn muzen ouch die
hende wagen· Sus spreche der man alse he
sines gutes sinner mit gevaldenen hen-
den· herre ich sinne an uch so getanes gu-
tes· Als ich mit rechte an uch bracht habe
vn bite uch mine manschaft dar vm
me· zu einem male· zum andermale·
zume driten male· vn setze des vierte
man zu gezuge· Ab der herre weigert
mit unrechte daz he im zu manne nicht
enphet· der man sal behalden daz gut
da he sine manschaft umme bot· vnde

besitze ane deme. vn en darf is nummer me
gesinnen di wile he is lebende orkunde hat.
Vnde erbit iz an sine kint. vn mac da mite
belenen sine man. wen he hat mit rechte be
halden sin gut da im rechtes ab geweigert
was. Der man en darf nicht ander weit lie
ven sine manschaft. iz en si daz sin gezuwc
sterbe. **S**wo aber deme manne sin gut mit
gewalt genumen wirt. d' sal sine dage alle
iar vor manwen durch daz he d' gewere dar
bet. gebwr ab' der herre dem manne sin gut.
he sal iz cu hant enphan. ab' he v'sumet
sich dar an. wen d' herre bricht in sine iar
czal mit deme lienene. Also si d' man lenget
mit deme sinnene. **D**er herre en sal niman
des manschaft v'sprechen ane des d' des her
schildes darlut. Aber des d' in des riches achte
si. Ab' in deme selben gerichte voruest si. Ab'
ab' in d' selbe hie bedaget hat vor des lan
des richtere durch roup. vn umme ungerichte.
vn in mit orteilen geteidinget is. in den tei
dingen en darf d' herre in cu mane nicht
enphan. **S**wene ab' d' herre cu mane enphet.
he en mac im nicht weigeren gut cu liene.
daz he mit rechte an in bracht hat. vn sine
manschaft umme geboten hat. **D**er hre
sal sinem manne cu aller czit. vn in allen
steten guthen. da man des cu rechte an im
gert. wen alleine in kirchen. Ab' in kirchoue.
Swene aber der herre orteiles vraget. xxiii.

sine man· ab iener nin sine manschaft also ge
boten habe· Alse hem cʒu manne mit rechte
sulle enphan· Weigern in denne sine man
ort ed cʒu vndene ane sine schult· vn mvge
sides mit rechte volkumen· d̄ herre is ane
schult kegen den man V nde d̄ man irwur
bit mit deme sinnene nicht me wen ab in
d̄ herre dar nach schuldeget daz he sich
kegen im vriat et habe· daz he sin vnschult
da vor teste werlicher geim mac S wend
hire deme mane gut liet daz he mit rechte
an in bracht hat· daz is he phlichtic im cʒu
haut cʒu benennene daz hes weiʒ· is he
ab' nicht en weiʒ· daz sal he im benennen
vb' viercʒen nacht· da sal he in d̄ herre wı
dingen vor sine man· swaz he da macht be
neuet· da en hat he nicht rechtes me an· vn
daz he im benevnet ab im des d̄ herre nicht
en bekennet· daz behalde he mit geczuge
al cʒu hant ab he mac· ab he nicht en mac.
so habe he virst viercʒen nacht· sine geczug
sal aber he cʒu hant benemen des herren
manne alse vil alse he wil· der sal d̄ her
re sibene brengen· der d̄ man gert· V nde
nicht di d̄ herre wil S welcher dirre si
bene da cʒu kegenwert si· den en darf d̄
herre nicht b'ingen· ab he in vraget vm
me den gecʒuk S welch v' deme cʒu de
me tage nicht en kumet da der herre
brengen sal· mit deme hat der man sine
gecʒuk volbracht kegen sine herren·

schuldic si dar umme he bedaget is so blibet iener
rechtelos vn erlos. Brudere vn swestere nemen
ires vngezweiten brudere vn swestere erbe. vor den
bruder vn vor di swester di gezweiet von vater vn von
muter sin. Vngezweite bruder kint sint ouch gliche
na deme gezweiten brudere an dem erbe czu nemene.
Vol wergelt vn volle buze sal haben idich man. al-
lerne darbe he etliches glides di wile he vor gerichte
sine lemde nicht bewiset. so daz he da vorminnde mite
gewinne. ad iz im vor golden werde. Der czins man
wer he si he erbet sin gebu uf sinen erben uf czins
gute. iz en si deme ein man von eiuers art. iz is sinen
wibe czu morgengabe habe gegeben wirt iz ouch
ledic enme herren he mut daz gebu unt stat deme
lene. d man en habe wip d hez czu morgengabe ha-
be gegeben. Hat ouch ein wip ein lipgedinge an
eigen ad an lene. daz si gebues dar uffe hat. ben
si sturbt. daz iz erbet si nicht an iren neften mar-
is unmit d deme ir gut ledic wirt. Wen en idich
man muz wol sin gebu bezzern vn ergern uf
sine lene under sines herren willen. also muz di
vrouwe auch wol uf ireme lipgedinge. Hat ouch
ein man einen sun d sin len erbe is vn neuz sin
erbe nach lantrechte d behelder doch sines vater
gebu uf sime lene mit merceme rechte denne d
der sin erbe is nach lantrechte. Liet auch ein
herre ein gut einem manne eue vnd schuret der
da gebues uffe is daz is des mannes allez
mit deme gute alse iz des herren waz. he en
dinge iz denne uz. Waz so ein man kegen
dem richtere gezugen sal da czu en bedarf
he des richters gezuges nicht. wan im die

schuldegunge nicht hoger wen an sin gewette en
get. daz gezuget he selbe dritte der dinc phlichten di
da orteil vinden is alz di schult hoger. so muz he den
schultheizen ader den vrouenboten czu gezuge ha
ben an des richters stat vn den richter. Wo em ma
sines gezuges volkumt mit deme schultheizen ad'
mit dem vrouenboten vn mit den schephen. da sal d'
richter ouch gezuk sin von der warheit ires gezuges
di he gehort hat als hes wol nicht en weiz. weigert
richter gezuk czu wesene vnd recht. gener is doch
volkumen an sine gezuge. Begibt sich em man
der werlde der czu sinen iaren kumen is vn tut he mi
inches deiubere an vn schult he sich da nach. alle me
en tut hes vor gerichte nicht vil hes da nach vor
loukene. man mac is wol vf in gezugen ane ge
richter der man selbe subende genes mannes genozen
der sich da begeben hatte. di en an disme lebene ha
ben gesen. ad' mit den bruderen da he sich begeben
hatte. he habe gehorsam getan ad' nicht. he hat
doch den herschilt nider geleit. Wo man mit siben
mannen gezugen sal. da sal man ene vnczwen
czik man vmme den gezuk vragen. Czuyt
em man sines gezuges vffe den selben man vf
den der gezuk get. der sal durch recht sagen bi sime
eide waz im wizzentlich si dar vmme. ad' entsage
in daz he dar vmme nicht en wizze. volkumt
gener sines gezuges mit an demme vber in
selbe. he ne bedarf vber in keines gezuges
me. he muz san dar vmme deme richter wetten
vn gene sine buze geben. alse he ieme solde ab
he mit gezuge nicht volkome en were. Wen he
in czu gezuge brachte vnd recht vn vnd sine

mit eineme halben jare aber des daz vie d'
sal czu vor uz nemen czwei vnder sechsen. dri vnd
nymen e den der czendener kise. czu der selben
uns vor czendet man di gense czu hellingen. Iz
en muz nimant sine obese hengen in eines an-
deren mannes hof. menlich sal ouch bewirken
sinen teil des houes. der des nicht en tut. geschut
da schade von. he sal in bezzern. he hithet is
ouch ane wandel geschut im schade. Wer mal
bouue ad' marct heme setzet. d' sal den da in
halten d' ander sit laue da. In hac. Ver da czunet
d' sal di elste kern in sine hof. Bacovene vn sprach
kameren vn sinu koben sullen sten du vize
von deme czune. menlich sal ouch beware sine
oven vn sine muren daz di vinken nicht en vare
in eines anderen mannes hof in czu schaden. sprach
kamern sal man ouch bewirken de kegen eines
anderen mannes hove sten. Vlichter irchophe. In.
uf den czun uber di worczele in deme hove hat. der gan
se deme czune so he neste muge vn cze den hophen
daz in volget daz is sin. waz and' sir libet daz is
sines nakeburs. Sin er baume este en sullen ouch
uf den czun nicht gen sine nakebure czu schaden. In
Waz d' man buwet uf vremeder gute da he czins
von gibit. daz muz he wol ab brechen ab he vn dem
vert. vn sine erben nach sine tode. ane den czun vorne
vn hindene. vn daz hus. vn den mist. daz sal d' herre
losen nach d' gebure kore. en uol des nicht he virt
daz eine mit dem andere wec. Der man en sal sin.
vie da heime nicht lazen daz deme hirten gevolge
mac. ane suiue di verkele soyget. di selben sal m
bewarn daz si nicht en schaden.

Niemant en muz ouch sunderliche hurten haben. d̄
he deme gemeine hurten sin lon mut nemin. he en
be den huve. ad̄ we di sin egen sin ad̄ sin len. d̄ mut
wol sunderliche schaf hurten haben. Wo man ab
deme hurten lon gelobit von d̄ huve vn nicht von
dem vie. daz lon sal nimant enthalden. durch daz
daz dorf nicht hurtelos en blibe. waz man vor den hur
ten uber in brenget. hes nicht vnd in daz dorf. he muz
iz gelden. Waz ab di wolue neme. ad̄ tz vmphare. h
beche vngevangen vn beschriet he sinch tut v̄n
geruste. so daz hes gezuk habe he muz iz gelden.
Bizmet ein vie daz andere vor deme hurten. ad̄ w
iz genet ad̄ gebizet. vn schultegit man den hurte
umme. he muz benemen daz vie. daz den schaden
hat getan. vn muz da cu sweren. so sal ich des d̄ge
vie is. daz gewndete vie in smerphlage halten. su
iz wol cu velde muge gegen. sturbit iz he muz iz
gelden nach sime gesatzetem weregelde. Schulde
get man den hurten daz he ein vie nicht cu nu se
en habe bracht. tar he sin recht darcu tun. h
is ledic dar ab. Wer ab sines vies vor misset
vn cu haut cu deme hurten get. vn in dar v̄n
schulteget an cu kunde cu veier manne. la mac
hurte da vor nicht gesweren. wen he muz an
vie gelten. sprichit ab d̄ hurte. daz iz vor im
geuallen en si. daz muz d̄ man haz gezugen
mit selben manne. die iz sagen daz man iz an si
ne hure treip. denne is d̄ hurte unschuldic muge
werden. Saz so d̄ burmeister schaffet des do
fes vrumen mit willekor d̄ meisten menie d̄
gebure. daz en mac daz minnete teil nicht
under reden. Welch dorf sin wazzere luc
lvi.

vñ einen tam haben der si bewaret vor d̄ vlut
idlich dorf sal sin teil des tammes vestenē vor d̄ vlut
kumet ab di vlut vñ brichet siden tam vñ ledet man
mit deme getufte da cu di bunne deme tamme gesezze
sin Welcher nach chulsec huzen den tam d̄ hat vor worcht
sulch erbe alse he bunne deme tamme hat waz daz waz
zer al schebet deme lande daz hat he vor lorn des daz
lant is bruchtiz als einen niuuen abegant da mite vor
luset he sines landes nicht Welch werr sich erhebet
binne eime vluzze welcheme stade he ver is cu deme
stade gehort d̄ wert is he vor miuene he gehort cu beide
staden daz selbe ouch abegan ab he vor truget Name
si ein gut manches manes also daz iz emer von deme
anderen halue waz man vf deme gute tut daz sal man be
zern deme d̄ daz gut in ledichlicher gewer hat vñ andes
nimande Ab d̄ man kemen len erben en hat nach sime
tode Wer sin erbe is nach lautrechte d̄ sal nemen sin vor
diuete gut in deme lene Di vorcnechten is vor di
net si In sente bartolomeus tage is aller haude corns
vñ phlege vor dinet In sente walpurge tage is d̄ lemer
czende vor dinet cu vnrezemelse d̄ gense czende In sen
te iohannes tage aller haude vleisch czende da man mit
phenningen den czenden alle iar loset Wo man in ali
nichten loset da is he vor dinet wen daz vie geniez
sen wirt In senten margeruten tage alle ander korn
czende waz als e geschacker is dar an is d̄ czende vor
dinet In sente vrban tage sint nuugarten vñ boum
garten vor dinet Des manes sacen he mit sime phlu
ge wirket d̄ vs vor dinet alse di eide dar vf get vñ d̄
garte alse he gesat vñ gerochen is Gelt von mulen
vñ von czollen vñ von muncen vñ von nuugarten

is vor dwer ven d czns tac kumet d in czu gelden bescheide is. Al daz kint sine iarczal behelt. er den czns tagen daz daz gut vor dwer is. Er sal de czns vz nemen vor iaret. Er sich alz nach den rechten czns tagen daz gelt des gutes hat er vorlorn. Oz redich da vo erbeiter em herre o nimet von smeth allen garten o boumgarten. o wingarten vn bekosteger he si biz an sene urheue tac. vn en hat sich daz knit noch nicht gewaret. d herre nimme di vruchte dar abe. hat ouch d herre geset des kindes lant er iz sich geware. d herre behelt den sat vn mehr di stupphelen. noch di wingstaben. wen sin d erde stet. vn de win holcze gebunden sin. he niz ouch nicht des kindes holcz lazen houwen. noch gras. sint sich daz knit gewaret hat. gewaret sich daz knit ali vo d herre hat vorlorn sin erbeit. wen daz knit engelt is en nicht also en tut d herre deme knide. noch des kindes erben wen he daz auege velle nimet. Wil en hat lusen sine czns man va sine gute d czu trne gute nicht gelogen is. daz sal he em kundegen czu lichte messe. daz selbe sal d man um alihez gut lazen vorbieten d czns man des hren. sin erbe irt an sine stat. vn gelt vo deme gute alle ich sol de. Se udine ouch d hre d man gibnt sine czns den he deme hren gelobet hatte. irme an den daz gut gewelz. vn be darf nimt des dm gewe wen sine phluc. Oes kuniges straze sal sin also breit daz em wagen dem andern gerume mwige. d lere wagen sal du mue dem geladenen. vn d ninre geladene deme swerern. du mene vnche d wagene. vn di gen den d ritende. sus he als m eme enge wege o uf

en brucken vn wegerman eine ritende. ad cu vuze. so ste
d wage stille. biz si ougen vor kume. Welch wage er vf
di brucke kumt d sal er vfgen. he si lere ad geladē. der
er cu d mule kumt d meler e. Welch man eme andē
bevelt ad setzt pherte ad deit. ad welcherhande varnde ha
be iz si. cu welch wis he in uz sine gewern letzt mit sine
willen vor kouft sin. d sin gewern hat. ad vor setzt ad vor
sult he si. kumt sinn vor stoln. ad ab gerouibet. ien d si vr
leich ad vor satz hat. d mackene vorderunge dar uf geha
ben ane uf den deme he si leich ad satze. S arbut ab ien
rechtes wies ad unrechtes. so ezihe sich cu sine gute mit
rechte kegē den erben. ad kege deme richter ab iz an ge
burt. Da got den meschen geschuf da gab he im gewalt
vli vische. vli vogele. vn vli alle wilde tire. des habe wir
ozkunde von gote daz nimant sine lip noch sin geschte an
disen dingen vor wirken mac. Doch sin dri stete bume
sach sen da den aren verde gewochcis kunges bane.
ane bern. vn wolue. vn vuchsen. drz herczban vorste. daz
eme daz is di heide cu myne. di ander d hartz. di dritte
di magecheide. Wer hi bume wilt vet d sal lucene des ku
nges ban. daz sin sechczic schillunge. Wer so durch den
banvorst rit. sin boge vn sin artubiurst sal vngespan
ne sin. sin kocher sal beran sin. sine hunde. vn sine brac
ken vf gevangen. vn sine hunde gecoppelt. Sager ma
en wilt buzen deme vorste. vn volgen im di hunde in
den vorst. d man muz wol volgen so daz he nicht en
blase. noch di hunde nicht en gruze. vn en masse tut
da nicht an. ab he san daz wilt vet sine hunden
muz he wol under ruben. nimant en muz di sat re
ten durch iagen noch durch heczen nach d czit daz
daz korn gelidechene gewinnec. Wer da helt
eme glumenden hunt. ad eme czamen wolf.

ad eme hůz. ad bern. ad assen. waz di schaden getůn
daz sal he gelden. vnd he sich uz zern nach deme scha
den. da mite is he nicht unschuldic. al man daz ge
zugen mac. o man selbe dritte. daz he sige halden
habe biz an di zit. daz si den schaden taten. S le cem
man ene hunt zu. wie. ad verbrenne. des iz um scha
den vil. he blibet is ane wandel. ab he z gewern tar
uf den heiligen. daz he z nůt betwnge tete. W er
wilde tyr hege wil buzen ban wolten. o sal su in sine
bewardte gewern haben. I zen mac ene man
vorspreche gesin. noch ane vormun ir tagen. daz
vorlos in allen calesforma di vor deme riche muste
hatte von czorne. da er wille an vorsprechen nichte
en muste vor gen. E in iclich man muz wol vorspre
che sin. vn gezuk. vn dagen. vn antwerte. ane in de
me geruchte da he ime vor vestis. ad ab he in des
riches achte is. vor geistlichem gerichte en muz
hes ab nicht tůn. ab he in dem banne is. W ip. ad
man di noch vor gerichte daget. di sullen dage mit
geruchte durch di hanthafte tat. vn durch di not di
si da sullen bewisen. D er ouch mit dyube ad mit
roube ene gevange vor gerichte brenget. o sal dage
mit geruchte. durch di hanthafte tat. di nut den luten
vor brenget. D er ouch wen vor gerichte brenget vn
daget di sez vngerichte daz an im getan is. di sullen
dage mit geruchte durch di hanthafte tat. O de schi
baris. D er ouch beraubet is vn weis wo sin rouh
geuret is. vnl he daz vn d achter volge dar he lete
mit mit geruchte vn dage mit geruchte durch di hant
hafte tat. he da bewisen wil. vo keme hanthafte
tat an dersis de muz man ane geruste dagen. ab man
is ane schade bliben wil. R em kueren mac. i mač

sine jaren getun da iz sine lip nue vor wurke. Sletz eme man
ab beleimt iz vn sin vurmunde sal daz bezzern mit ienes wer
gelde alz iz vf in volbracht wirt. welchen schaden iz tut he
sal he gelden mit des kindes gute vn sine werde. Sleet ab
eim man ein knecht dot. he sal sin volle wergelt gelden. Schult
alz em man ein knecht ad wuschet ad stechet mit beseme
durch sine missetat he blibet is ane wandel. tar hez gewe
ren uf den heiligen. daz hez durch anders nichten sluge we
durch sine missetat. Di vorneme den alten vride vn di
keiserliche gewalt gesteget hat in sachsen lande. mit at
gute knechte willekor des landes. Alle tage vn alle zit
sullen vride haben phaffen vn geistliche lute. meide vn
wive. vn iuden an irme gute. vn an irme libe. kirchen vn
kirchhove. vn iclich dorf binne sine graben. vn sine zu
ne. phluge. vn molen. vn des kunges strazze in wazze
vn in velde di sullen steten vride haben. vn allez daz
da bunne kumt. heilige tage. vn gebunden tage. di
sin allen luten zu vridetagen gesatz. dar zu in ichlicher
wochen vier tage. dunresdac. vn vritac. sunabint vn
suntac. Des dunrestages wiet man den gresem
da man vns alle mite zeichent zu de kirstenheim vn
touf. des dunrestages wiete got mit sime ungere in
deme kelche. da began vnse e. des dunrestages vur
got vnse menscheit zu himele. vn ofente vns de wec
da hen d vns beslozen was. Des vritages nacht
iz got den man. vn wart des vritages gemarteret
durch den man. Des sunabendes rwete he do
he himel vn erde gemacht hatte. vn alles daz dar
inne was. he rwete ouch des sunabendes in
deme grabe nach siner marter. des sunabendes
wiet man ouch in phaffen in d cristenheit mei
stere sin. Des suntages worde wir vor sunet

mit gote vnnt eadames vnllesant d suntacivas d er
ste tac d te gewart vn wurt d leste. Alle wuf sten
sullen von me wide. vn varn czu guaden mit libe vn
mit sele. du daz wud got vordamet habe. dar vmme
sin dise vier tage gemeine vride tage allen lute. ane
reu dmode haufthasten tat geuangen werden. ad des
riches achte sin. ad vquest mideme genichte. Wer so
vmme vngerichte bedager wirt. he en muz nichte
wen drizic man voren vor gerichte iven he vor kant
den sullen keine wasen tragen ane swert. Irliget
deme wegeueragen manne sin phert. he muz wol
sniden korn vn im geben. Alle verre alse he gereiche
mac. stende in dem wege mit eime vuze. he en sal is
als nicht deme viren. Wer so wiet. ad vnder eime
vridebrechere. he blibet is ane wandel. ab hez selbe
shede geczuge mac. daz hem vuncere in d vlucht
ad an d tat. da he den vride brach. Bunne geswar
nen vride en sal man keine wapen viren. Wen czu
des riches dienste. vn czu turnei. sund swert. Alle di
anders wapen viren. vb dn sal man richten. Wen si
in des riches achte sin. ab si da mite geuangen werden.
Swert en muz man ouch nicht tragen. An burgen.
noch an steten. noch an dorsen. Ane alle di dar inne
wonunge. ad herberge haben. Wapen muz man
auch wol viren. Wene man dem geruste volget. deme
sullen durch recht volgen. alle. czu wen iaren kumen
sin. Alse verre daz si swert geviren mügen. iz en be
neme im echt not. Sand phasten. vn wip. vn kuchene
vn hurte. ab si volgen vor eime burk. drit tage sullen
si da bliben menlich mit smer spise. kume deme ge
richte di vile vor ge. ad wer d daz geruste ge
schrei hat. is ab he geunet. daz he nicht gevolgen

mac so sullen di luc volgen gebuchet. di buse su gezu
sen d̄ den vride gebrochen hat. als he saum en vnd gerch
te vlucstugen si er geuan uf dem velde da daz volk
von deme lande mehr tzu en kume. si vurem unter.

Vlucht he zu wise. ad̄ zu steten. ad̄ zu burgen. ma sal
daz geruste vor rumen. vn laden dar zu den burmeister
vn di geburē. vn di guten knechte di man zu d̄ zu geho
ben mac. vn heischen tenen h̄ vz zu rechtene gerichte
den sal man in antwerten als he in d̄ hauchaften tat ge
strenget is. als su iz gezugen mugen mit siben manne
daz si in gevolget haben ind hauchaften tat. vn ir
ire gerichte dar. so sullen si burgen setzen vor des ma
nes wergelt. als si icht rechter vli in en richten. so vurē
sin wider. vn dru da rechte unte. Vf welcher burk
man di vredebrechere helt vnd rechtes wen d̄ richter mit
deme geruste dar vor geladen wurt. vn man si her ab
heischer alse rechtes. daz man daz gehoren muge vf
d̄ burk. vn en gehen si. su ndicht alle zu rechte. man var
vester di burk. vn alle di dar uffe sin. lez man als dar
uf des richters boten sechse. vn ten degerdn suchen di
vredebrechere vn den roup. so en sal man si nicht vor
vesten. Schuldeget man di burk vn me den roup daz
he dar abe. vn dar vf geschen si. daz mac wol ent
schuldege d̄ burk herre. ad̄ em sin burger vf den
heiligen. Wer selbe zu deme ungerichte heda
ger wur der en mac di burk nicht entschuldegen.
he en habe sich selbe alrest entschuldeget. In daz
aber di burk herren mit knappe. da muz wo
eneden d̄ herre. ad̄ di burgere vnder sine genozen
ad̄ man vor vestet sie vnde richtet dar uber. Uber
wen man d aget daz he von einer burk gesucht habe

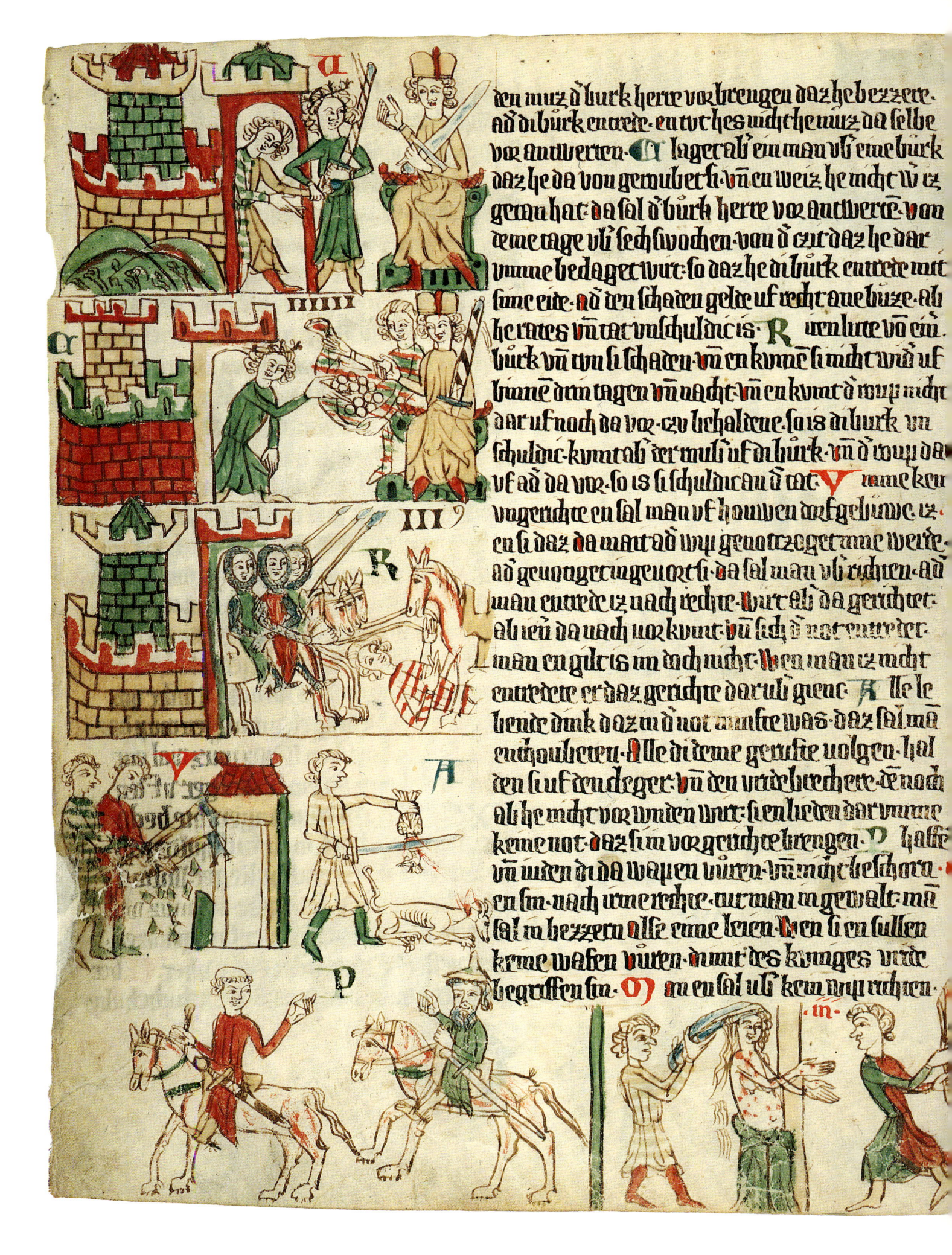

den muz d'burk herre vorbrengen daz he bezzere·
ad' di burk entwere· en tuches wichte muz da selbe
vor antwerten· Er lage rof' en man vf' eine burk·
daz he da von gerouber si· vn en weiz he nicht wi ez
geton hat· da sal d'burk herre vor antwerten· von
deme tage vf' sech swochen· van d' czit daz he dar
vmme bedaget wirt· so daz he di burk entwere mit
sime eide· ad' den schaden gelde uf recht ane buze· ab
he rates vn tat vnschuldic is· Roven lute vz en·
burk vn tun si schaden· vn en kumt si nicht wid' uf
brunne dren tagen vn nacht· vn en kumt d' wirt nicht
dar uf noch da vor· czu behalden· So is di burk vn
schuldic· kumt ab der mut uf di burk· vn d' wirt da
uf ad' da vor· so is si schuldic an d' tat· Vmme ken
vngerichte en sal man uf houwen wef' gebunc iz·
en si daz da man ad' wip genotczoget rufe werde·
ad' gevangen gevurt si· da sal man vf richten· ad'
man entwere iz nach rechte· wirt ab' da gerichtet·
ab'her da nach vor kumt vn sich d'not entwere·
man en gilt is im doch nicht· Wen man iz nicht
entwere er daz gerichte dar uf gent· Alle le·
hende dinc daz in d'not anste was· daz sal man·
entrouberen· Alle di deme gerufte volgen· hal
den si uf den deger· vn den vntbrechere· den noch
ab' he nicht vor wunden wirt· si en liden darumme
keine not· daz si in vor gerichte brengen· Pfaffe·
vn wiben di da wapen vuren· vn nicht beschor
en sin· nach irme rechte· vnt man in gewalt· man
sal in bezzern alse eime leien· Wen si en sullen
keine wafen vuren· kumt des kuniges vride
begriffen sin· Man en sal uf· kein wip richten·

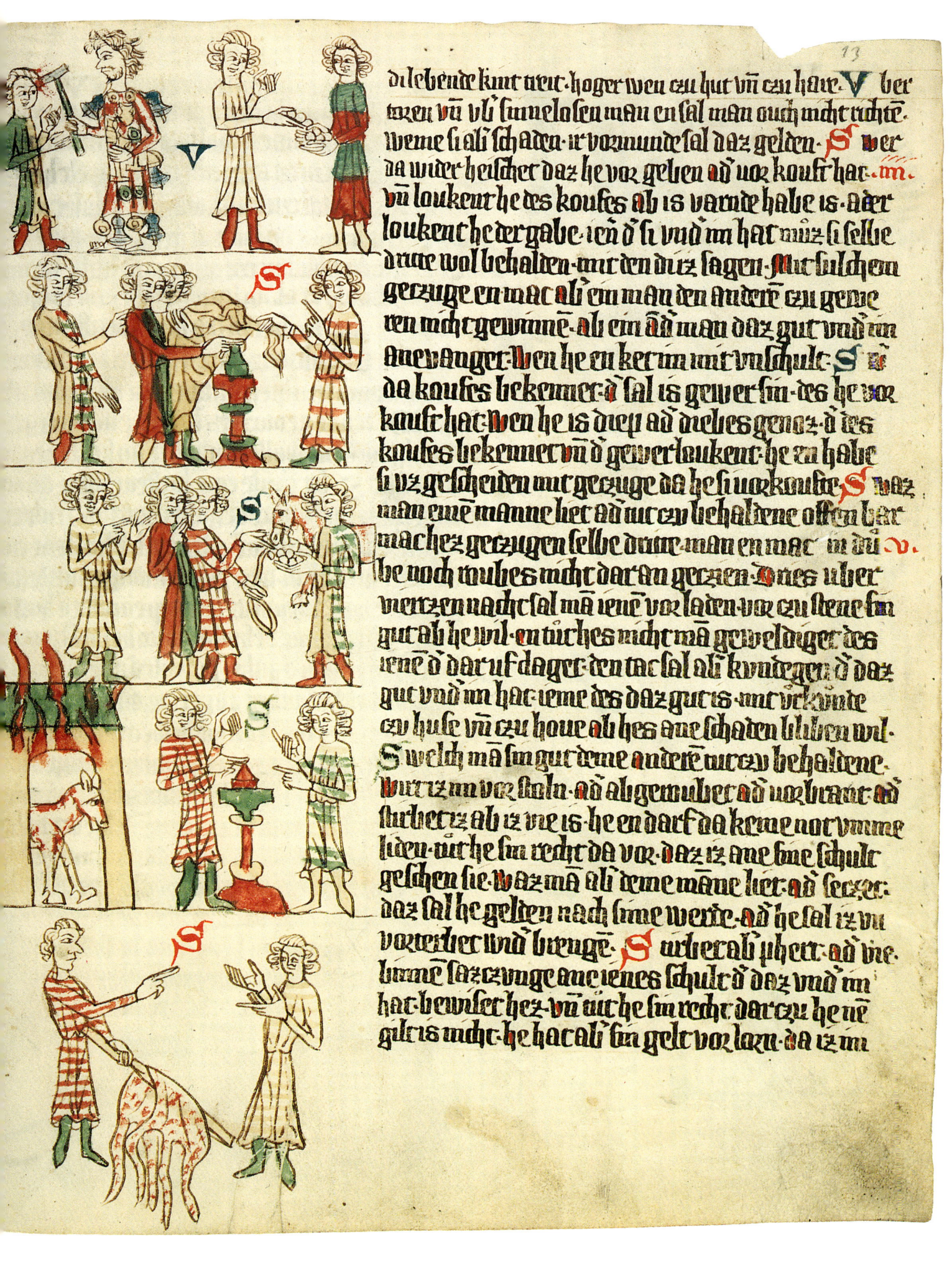

di lebende kint weit. hoger wen czu hut vñ czu hawe. Vber
tozen vñ vbʼ sinneloſen man en ſal man ouch nicht richte
weme ſi alſ ſchaden ir vormunde ſal daz gelden. Swer
da wider heiſcher daz he vor geben ad vor kouft hat
vñ loukent he des kouſes ab is varnde habe is. ader
loukent he der gabe. ich ď ſi vnd in hat muz ſi ſelbe
dritte wol behalden. mit den duz ſagen. Mit ſulchen
geczuge en mac alſ ein man den andern czu gewe
ren nicht gewinnen. als ein ander man daz gut vnd in
anevanget. wen he en kere in mit vnſchult. S iſt
da kouſes bekenner ď ſal is gewer ſin des he vor
kouft hat. wen he is diep ad dieſes genoz. ď ieſ
kouſes bekenner vnd ď gewer loukent he cza habe
ſi vz geſcheiden mit geczuge da he ſu vor koufte. S waz
man eine manne liet ad vr cz behaldene offen bar
mach ez geczugen ſelbe dritte man en mac in du
be noch roubes nicht dar an geczen. Ones vber
vierczen nacht ſal man iene vor laden vor czu ſtene ſin
gut alſ he vnl. en tut es nicht man geweldiget des
iene ď dar uf claget. den tac ſal alſ kundegen. ď daz
gut vnd in hat. iene des daz gut is. mit vrkunde
czu huſe vñ czu houe ab hes ane ſchaden bliben wil.
S welch man ſin gut deme andern vr czu behaldene
wirt iz im vor ſtoln. ad abigenumen. ad vor brant. ad
ſtirbet iz ab. iz vnde is. he en darf da keine not vmme
liden. tut he ſin recht da vor. daz iz ane ſine ſchult
geſchen ſie. waz man alſ deme manne liet ad ſetzet
daz ſal he gelden nach ſime werte. ad he ſal iz vn
vor verbert wider brengen. S wber ab iph ert. ad vie
lichne ſatz czu ene aene ienes ſchult ď daz vnd in
hat beweiſet hez. vñ tut he ſin recht dar czu he ne
gilt is nicht. he hac alſ ſin gelt vor lorn. da iz im

vor stunt ir gelubde en stunde dene anders · Vor
pelt em knecht sines herren gut ad vorsetzt hez
vorkouft hez · d hire mactz wol wid vordern inic co
az daz he sich dar ezu ez alle recht is vor enpelt he a
sines selbes gut ad ezu welch wis hes geloset mit
wille · d herre ne mac da nicht uf geuodern · wen he
en is iz un mehr phlichtic ezu geldene · al habe he m
in vlise gesnā · Wer ab im sin pherth ad auch sin gu
vorstoln ad ab gemubert in des herren dinste ane
des knechtes schult daz mutz d hire gelden · da um
mutz man ouch den hien antwerten al he dar ezu
daget · Der iude ne mutz des kristene manes gt
wer nicht sin he ne wolle antwerte an kristenes
manes stat · Sler d iude ene kristene man · ad or
he ungerichte da he umbe begriffen wirt mā richt
uber im alse uber ene kristenē · S lec ouch d kristene c
uber den iuden mā richter uber in · wen he des kunges vride a
un gebrochē hat · Disen vride irwarp em iude d hez
Iosaphus mit den kunige vespasianum · da he sine sun
gesunt machte von d gicht · Regustrē iude ad ad una
en phande kelche bucher ad gerwe · da he kene g
wera an hat vmt mā iz in sinē geweren man richter
uber in alse uber ene diep · Swaz he anders dinges ke
fet eme vorstoln vn vnuerstoln · he tages lichte v ni
un beslozzēe huse machez gr cauē solhe drute h
behelt sine phennige dar an de he dar hat me geg
dar uf terme sine ede ab iz wol vorstoln is · gestu
an andeme gezuge he vluset sine phennige · M
sait daz burge vñ vesten keme vride ne sullen h
den man du ingebrechē muge · durch di werc di dar
burge haben · vñ durch di vorbesten koyue di dar v

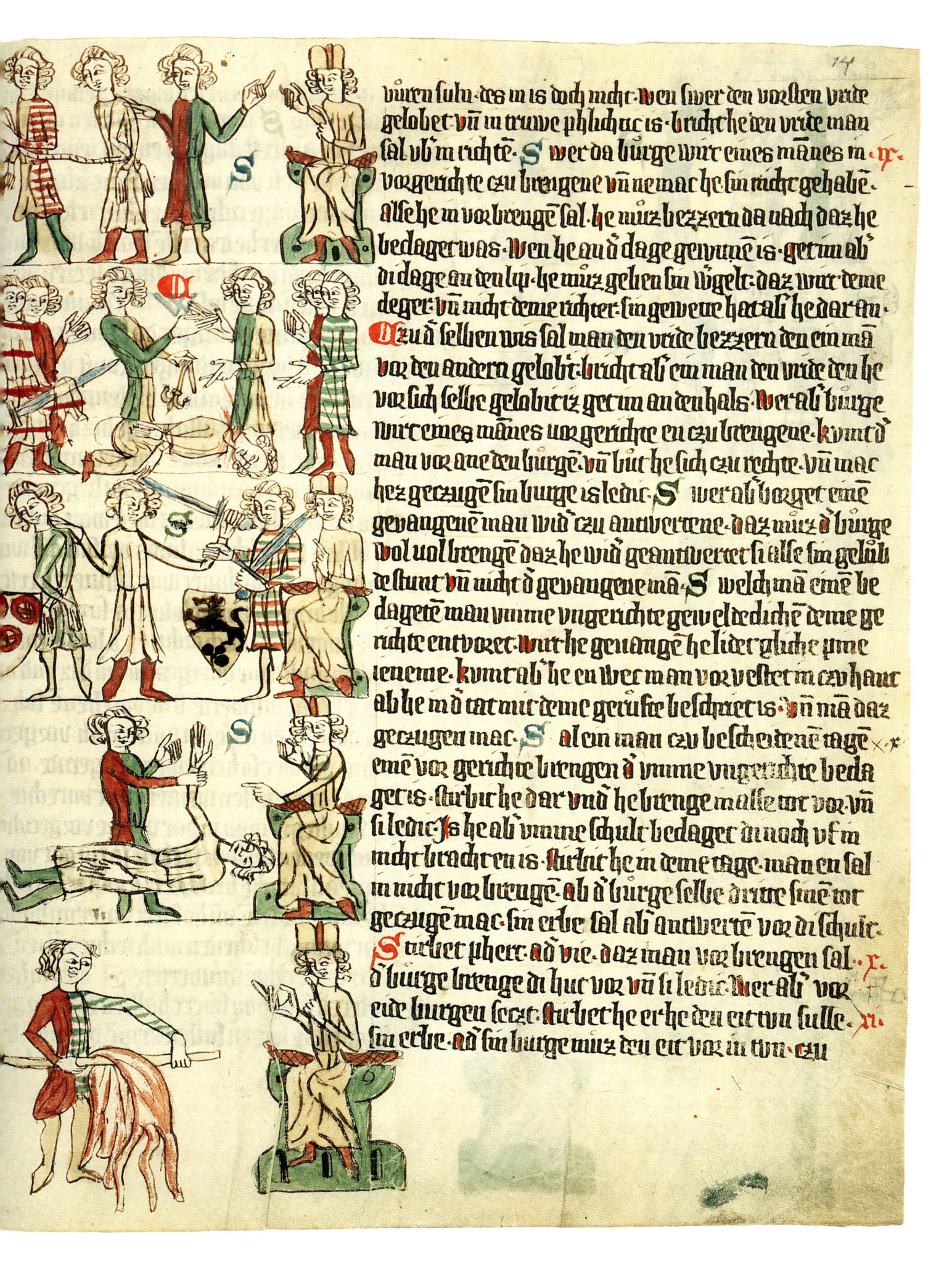

vuren sulv· des in is doch nicht· wen swer den vrden vnde
gelobet vn in truwe phlichtic is· bricht he den vride man
sal ub in richte· Swer da burge wirt eines mannes in
vorgerichte czu brengene vn ne mac he sin nicht gehabe·
alse he in vor brenge sal· he muz bezzern da nach daz he
bedaget was· Wen he an den dage gewunne is· getun ab
di dage an den lip· he muz gehen sin vrgelt· daz wirt deme
deger· vn nicht deme richter· sin gewette hat alsi he dar an·
Dar vz selben was sal man den vride bezzern den ein man
vor den andern gelobit· bricht als ein man den vride den he
vor sich selbe gelobit iz getun an den hals· wer als burge
wirt eines mannes vor gerichte ez czu brengene· kumt de
man vor ane den burgen· vn but he sich czu rechte· vn mac
he z gezuge sin burge is ledic· S wer als borget ene
gevangene man wider czu antwerten· daz muz de burge
wol vol brenge daz he vnd geantwertet si alse sin gelub
de stunt vn nicht d gevangene man· S welch man eme be
dagete man vmme vngerichte gewelt lediche deme ge
richte entvoret wirt he gevange he lider gliche ime
leneme· kumt als he en uber man vor vestet in czu haut
ab he mo tat mit deme gerufte beschriet is· vn ma daz
gezugen mac· S al ein man czu bescheidene tage
eme vor gerichte brengen d vmme vngerichte beda
get is· sturbit he dar vnd he brenge m alse vor vn
si ledic· Is he ab vmme schult bedaget du noch vf in
nicht bracht en is· sturbit he in deme tage· man en sal
in nicht vor brenge· ab d burge selbe dritte sinen tot
gezugen mac· sin erbe sal ab antwerte vor di schult·
Sturbet pherit ad vie· daz man vor brengen sal·
d burge brenge di hut vor vn si ledic· Wer als vor
ede burgen setzt· sturbet he er he den eit tun sulle·
sin erbe· ad sin burge muz den eit vor in tun· czu

gelobet ez czu· ad· di schulcis uf den burgen gewinne d͛
d͛ eit vor gelobit was· S wer uffe den anderen daget
vñ ieñ wider uf in d͛ alrest dager d͛ en hat ieme nicht
czu antwertene· he nesi von im alrest ledic klagen·
vnd hute usene man ungerichte· he en hat ir keine
nicht czu antwertene· er he des erste ledic si· Wirt eu
di dage getaget· he en darf keine burgen secze we
vor sin wergelt Al si d͛ dage vil· Wirt eyn man dur
ungerichte vor gerichte bedaget da he nicht czu a
wette is· vñ wirt im vor geteidinger· kumt d͛ dager
m an m den teidinge· he muz in wol besteyen czu r
dite durch sine schuldegunge· Also lange biz he burge
secze vor czu kumene· Wen d͛ richter wirket vnde den
d͛ da dager· vñ nicht teme den man an sine kegemute
vor ledet· Al d͛ man an sines vorsprechen wort nicht
git· di wile blibe he ane schaden sines vorsprechē
te· Wer durch ungerichte bedaget wirt d͛ bitte czu r
d͛ gewere· di wile di gewer vngelobet is· so mac d͛
bezzeren sine dage vñ da nach nicht· Al so czwene
en gut sprechen nach deme dar gegesten· iec d͛ iz vud n
hat d͛ en sal iz v͛ keine antwerten· sine vor ebenē suh
m czumune· ad· v͛ en cu wise den anderen al· vor ge
dite mit rechte· S wer so heigewete· ad· gerade· ad·
erbe nach deme dar gegesten vor gert mit vnrechte
czu gebene· Schuldeget man in dar vmme vor gerich
he muz da vor wetten vñ buze geben Is em gut
czwen manne an sprache heischet iz d͛ ander czu rech
te man sal iz im antwerten· vñ he sal iz vnder im hal
biz si suh dar vmme bescheiden nach rechte· vñ ieñ
sins ledic d͛ iz deme richter antwertet· S wer so he
gewere vordert d͛ sal iz von swert halben dar czu g
born sin· Rechtelose lute en sullen keine vormund
I͟ch͟ebo͟

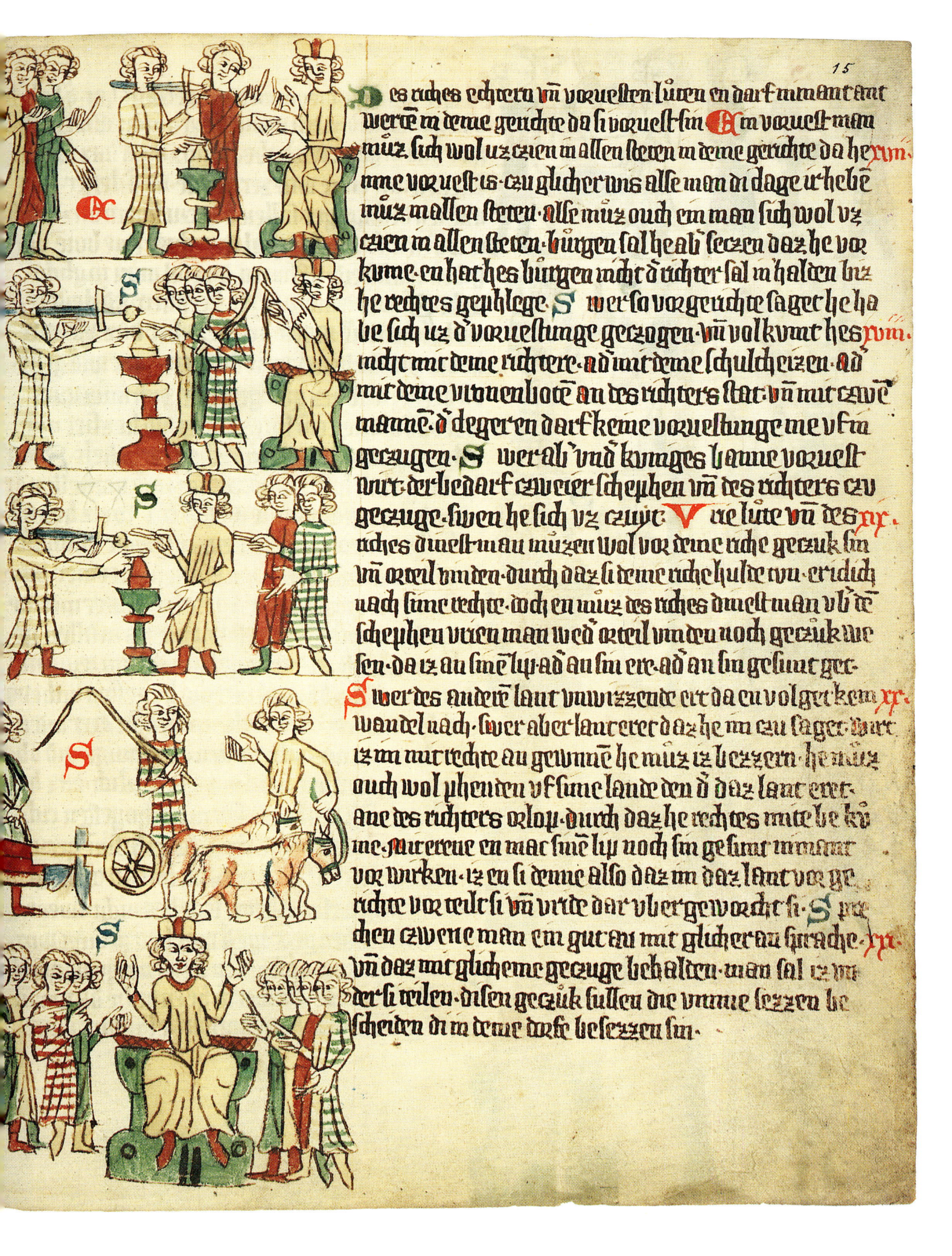

es riches echtera vn voruesten lvten en darf nimant ant
werten in deme gerichte da si voruest sin. En voruest man
muz such wol uz czien in allen steten in deme gerichte da he
inne voruest is. czu glicher wis alse man di dage urhebe
muz in allen steten. Alse muz ouch en man such wol uz
czien in allen steten. burgen sal he ab seczen daz he vor
kume. en hat hes burgen nicht d richter sal in halden biz
he rechtes gephlege. Swer so vor gerichte saget he ha
be sich uz d voruestunge geczogen. vn volkumt hes
nicht mit deme richtere. ad mit deme schulcheizen. ad
mit deme vrouenbote an des richters stat. vn mit czwen
manne. d degeren darf keine voruestunge me ufn
geczugen. Swer ab vnd kuniges banne voruest
wirt der bedarf czweier schephen vn des richters czu
geczuge. swen he sich uz czuit. Vrie lute vnd des
riches dinest man muzen wol vor deme riche geczuk sin
vn orteil vinden. durch daz si deme riche hulde tun. eridich
nach sime rechte. doch en muz des riches dinest man vb de
schephen vrien man wed orteil vinden noch geczuk we
sen. da iz an sine lyp. ad an sin ere. ad an sin gesunt get.
Swer des anderen lant unwizzende eit da czu volget kem
wandel nach. Swer aber lauterer daz he im czu saget. wirt
iz im mit rechte an gewunne he muz iz bezzern. he muz
ouch wol phenden uf sime lande den d daz lant ent
ane des richters vrlop. durch daz he rechtes mite be ko
me. sure treue en mac sine lyp noch sin gesunt in sinr
vor wirken. iz en si deme also daz in daz lant vor ge
richte vor teilt si vn urteile dar uber gewrocht si. Spre
chen czwene man en gut an mit glicher an sprache
vn daz mit glichem geczuge behalten. man sal iz in
der si teilen. disen geczuk sullen die vmme sezzen be
scheiden di in deme dorfe besezzen sin.

S wer di meiste meine an deme gezuge hat d̄ behelt
daz gut· en is daz den umme sezzen nicht wizzelich·
wer daz in geweren habe· so muz man daz wol be
scheiden mit eime wazzer ordele· ad̄ d̄ deger· ader
uffe den di dage get· sullen dar czu swern daz si rech
te wesen alse iz ir si· da sal der richter sine bote czu
geben· wo si beide uf swern· daz sal man in gliche
teiln· **S** wer deme anderen liet pheit· ad̄ dei der· ñ
czu bescheidenē tagen· heldt hez uber daz· vñ wirt
he dar umme bedaget he sal iz czu hant wid̄ geben
vñ bezzern ab hez geergert hat· sich muz ouch
wol vñ winden eim sines gutes wo hez siet mit
rechte daz man in mit unrechte vor behelt· **S** wer
herbergit· vñ spiset wizzentlich eime vorvesten·
man· he muz dar umme wette· vñ weiz hes ab̄
nicht· he entrede daz gewette mit siner unschult·
Man en mac niemande vor winden mit einer vor
vestunge in eime anderen gerichte· **S** wer in deme
hogesten gerichte vorvest wirt· der is in allen ge
richten vorvest· di dar in gehorn· wer in deme mi-
sten vorvest is· he en is in deme hogesten nicht vor-
vest· he en werde da redelichen in bracht· D er nid̄-
ste richter en muz nicht richten di vestunge· wd ob
ste richter getan hat· si en si im also wizlich· daz he
ir selbe gezuk volle wesen in des hogesten rich
ters stat· **S** wurt eim richter swaz in sime gezug̑
geschen is· des sal sin nachkomelinc an deme ge-
richte gezuk wesen· alleine sege hes nicht· swenc
he mit d̄ schephen gezuge d̄ warheit gerüret wirt
nmen markete· ad̄ binnen vz wendigem gerich
te en darf nimanc antwerte· he en habe da wonu
ge· ad̄ gut. inne· he ne vor wirke sich mit unge

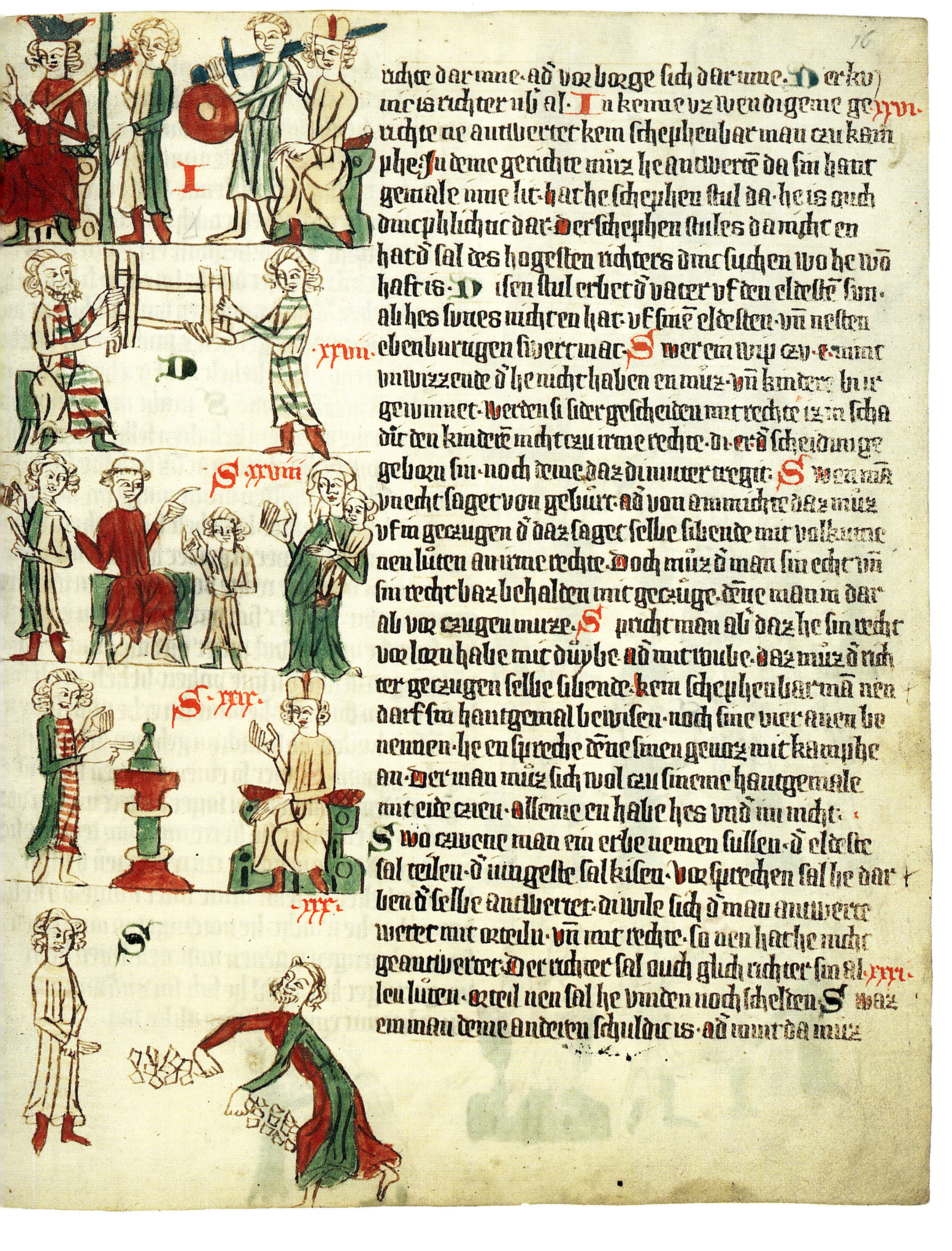

rchte darinne. ad' vor borge sich darinne. Der ku
nic is richter vß al. In keyne vz wendigeme ge
richte ne antwertet keyn schephenbar man czu kam
phe. zu deme gerichte muz he antwerte da sin hant
gemale inne lit. hat he schephen stul da. he is ouch
ouuephlichtic dar. der schephen stules da nicht en
hat. sal des hogesten richters dinc suchen wo he wo
haft is. Den stul erbet d' vater vf den eldeste sun
ab he s suues richten hat. vf sine eldesten vn nesten
ebenburtigen swert mac. Swer ein wip cz' e nimt
vnwizzende d' he nicht haben en muz. vn kinder bur
gewinnet. werden si sider gescheiden mit rechte. iz in scha
dit den kinderē nicht czu irme rechte. di er scheidūge
geborn sin. noch deme daz di muter vregit. Swen ma
vnrecht saget von geburt. ad' von amnichte. daz muz
vf ein gezugen d' daz saget selbe sibende mit volkume
nen luten an irme rechte. Doch muz d' man sin echt vn
sin recht baz behalten mit gezuge. denne man in dar
ab' vor czugen muze. Spricht man abr daz he sin recht
vorlorn habe mit duybe. ad' mit roube. daz muz d' richt
er gezugen selbe sibende. Keyn schephenbar mā nē
darf sin hantgemal beuisen. noch sine vier anen be
nennen. he en spreche dēne sinen geuoz mit kampfe
an. Der man muz sich wol cz'u sineme hantgemale
mit eide czien. allerne en habe hes vñ in nicht.
Swo czwene man ein erbe nemen sullen. d' eldeste
sal teilen. d' iungeste sal kisen. vor sprechen sal he dar
ben d' selbe antwertet. di wile sich d' man antwerte
wert mit orteiln. vn mit rechte. so en hat he nicht
geantwertet. Der richter sal ouch glich richter sin al-
len luten. orteil nen sal he vinden noch schelden. Swaz
ein man deme anderen schuldic is. ad' wurd' im

man drue erben vor antwerren· ab ich sturbit· ȝ arb
ab ich vf den di dage get· sine erben en antwerte
da vor nicht si en haben daz gut vnd in dar vmme
ich bedaget was· S wer den andere ver· ad wad
ad siec· ane tot slac· vn ane seunde· sine erben en sal
werter· he nicht· ab he sturbit nach d' iarzale· ich en
habe vor gerichte d' dage begunst· erbe sturbe· S
sich vn saget· vn ein sager daz he sin eigen si· so daz
sich im gegeben habe· des muz ich wol vnschuldic
den· iz en si vor gerichte geschen· S pricht he ab daz
sin ingeborn eigen si· he behelt im vf den heiligen vn
czwei sine eigene manne· S pricht in ein ander
an kegen deme muz he in behalden selbe sibende si
mage· ad warhaster lute· mac ab he selbe sibent
ich sine vriheit behalden di sine mage sin· di von
vater· vn di von muter· he behelt sine vriheit vn
leget im gezuk· S wer di gewer hat an eine vn
d' muz im mit merrem rechte vorczugen· den ich d'
gewer darbit· S wer sich vor gerichte czu eigen
bit· sin erbe mac iz wol· in der sprechen mit rechte
vn brengen in wid' an sine vriheit· behelt in ab s
herre biz an sinen tot· he nimt sin erbe nach sine
de· vn sine kindere ab si nach im geborn di he nach
d' gabe gewan· S wer so einem herren sich vnt
saget· vn deme anderen czu saget· vordert man in in
gerichte· vn en kunt sin herre nicht vor deme he
czu saget· daz he im vor ste czu rechte· ich d' vf in
sprichet behelt in selbe dritte siner mage· ab he
hat· en hat he ir nicht· he vorczuget in mit czwei
sinen inburigen eigenen mannen· siven he im
vorgeczuget hat· so sal he sich sin vnd' winden
czu rechte mit eime haftage ab he wil·

Vf wen der deger büze ad wergelt gewinner vor gerichte vf den hat ouch d richter sin gewere als her vorderte. Iduch man hat sin recht vor eine kunige vn muz ouch antwerte vor dem kunige in allen steten czu rechte vn nicht nach des degers rechte. he antwit vmme alle dage da man in vmme schuldeget. ane als man in czu kamphe an spricht. des mach he wol weigern czu rechte ane vf der arde he uz geborn is spricht man ouch sin eigen an da en darf hemde vor antwerte. wen in deme lande da iz vmme lit. Der kunc sal ouch richten vmme eigen. in deme nach des mannes recht. vn nach des landes da iz lit. Sven d richter vorvestet. vn mit d vestunge brenget vnders kuniges achte. czu t sich vz d achte. he sal deme houe volgen sechs wochen. so sal in d kunc vride wirken. vn he sal sweren vor czu kumene vor den richter d in an di achte brachte. vn sich da czu rechte biten vmme virczen nachte. nach d czu daz he kumen is czu lande. des kuniges brif sal he mite brengen vn sin ingesigel czu urkunde daz he vz d achte si. Swer so czu achte wirt getan ane vestunge. czu che sich vz he sal volgen deme houe sechs woche. vn si da mite ledic. swer sich vz d achte czut. vn rechtes nicht en phliget. durch es vor vinden man tut. in in di vberachte. alse ab he tac vn nac in der achte wer gewest. Swer mit d houthaften tat gevan gen wirt. mit dube. ad mit roube. des en mac he an kemen gewern geczien als man in kamph lich dar vmme grüzt. Swer eine man vor gerichte czu kamphe vet. vn wirt di dage untretelin gevrist. so wirke man in beiden vride. vn wirt he gebrochen man sal in erst bezzern. Äne kamph nach rechte. wurt

als d̄ undbrecher gevangen und vrsucha wer mā
ter vber in czu rechte · S wer sich vor gerichte czu
czuge but erbes von gerichtes halben gevraget
hes si vor deme geczuge vorleget · O er man en
tut nicht · ab he sines vakeburs ve mit sines in
but und des morgens vz daz hes nicht en louken
vn kerne mite darab en neme · S wer eines er
ven mānes irse korn sniit · so daz he went daz di
laut sin si · ad sines hiren dem he dinet · he ne vn
tut nicht daz he's nicht ab ne vore · man sal im
sine erbeit lonen · S waz d̄ man iar vn tac in
rechten geweren nicht en hat · da sal he czu hant
antwerten ab man in bedaget · O az wip en sal
nicht vorwisen uz ires mānes gute wen he stir
ut · da knir treit · er si des genese · Mustel · un morgē
gabe en erbet ken wip bi ires mānes libe · si en
he si enphange nach ires mānes tode · S erbut
mānes wip · welche ir in seele ir gerade imme
sal von d̄ gerade dem māne sin bette bereiht · al
iz stunt do sin wip lebete · sinen tisch mit ene tū
lachen · di banc mit eme pholre den stul mit en
kussen · S wer da schult vor gerichte vordert in
emen in sa d̄ he gegelden nicht en mac · och bur
gen gesetzet · dichter sal im den man antwerte
vor daz gelt · den sal he behalden gluch sinē ingē
sinde · mit spise · un mit erbeit · wil he in spannen
mit einer bezzern · daz mache tun · anders en
sal hem nicht czweigen · Leset in · ad entloufet
un do mite is he des geldes nicht ledic · Si wil he
in nicht vorgolten en hat · un daz mart volbrin
gen en kan · so is he immer sin phant vor sin
gelt

Swen man vor gerichte schuldeget vñ un d' richter czu
rechter antwerte gebut en antwerthe nicht noch entre
det unrechte sich daz he icht antwerten sulle so teilt man
in wettehaft also tut man czu dem andern male vñ czu
deme dritten male vñ en antwertet he denoch nicht
so is he gewunnē in d' schult ger im als di schult an den
lip ad' an sin gesunt di muz d' deger geczugen selbe si
bende uf in. S weme man icht gelden sal d' muz is war
ten biz di sunne unter get in sines selbes huse ad' in dem
neisten huse des richters da daz gelt gewunnē is. Wer xl.
phenninge ad' silber gelden sal buche da gewichte vore
he en is da mite nicht ledic irgelobde en ste also. Man
muz silber gelden wol mit boten keme me boten en
sal man iz aber antwerten he en si bescheiden dar czu
vor gerichte von ieme dem daz silber sal. S o gerne
phenninge vñ silber alse d' man gelobet daz sal he gel
den en is da als nicht czu bescheiden so sal man silber er
gelden alse genge vñ gebe si in deme gerichte denne.
Eines icliches gevangenen gelobede en sal durch xli.
recht nicht stete sin daz he in deme gevencnisse gelobet.
Lezt man in aber uf sine truwe uten czu tage he sal
durch recht wider kumē vñ sine truwe ledegen gilt
he ad' wirt he ane gelt ledic swelch czu rede he gelobet
ad' swert di sal he leisten vñ anders kein gelubede.
Swaz so ein man swert vñ in truwen gelobet sinē
lip mite czu vrislene ad' sin gesunt vñ en mach es
nicht geleisten iz en schadet im czu sime rechte nicht.
S wo mā eine ungeruwelich vet let mā in rec uf
sine truwe d' in gevangen hat ad' leche in swern
ad' in truwen ander dinc geloben he en darf is
nicht leisten mach ez vollenbrengen uf in daz hē

vngeruwelich czu deme gelubde czu ge S
vor gerichte gelt vordert pfraget we wor al man
im daz schuldic si he sal daz sagen weder hez von
gelub de ad von erbe daz he enphangen habe
schuldic si. G o hat den man nach im gelubdet
in mit siner marter urlost. der eine alse der an
deren in was d arme alse lip alse d riche. lv laz
uch nicht wundere daz diz buch so lucel saget von
dinestluyte rechte. wen iz is so manicvalt daz
iz niemant czu ende kumē kan. V nder iclich
me beschoue vn eyme vn eynschinae haben di
nestluyte vnterlich recht. dar vmme en kan ich
is nicht beschriden. do man auch recht sezczte v
erst. do ne was kein dinestman. alle luyte warē
vri da vnse vorderen her czu lande quamē. A
minen sinnē en kan ich is nicht uz gruenen. daz
man des anderen sulle sin. auch en habe wirs
keī orkunde. doch sagen so welche luyte in der
warheit iz iegen. daz sich eigenschafe ir hube
an kayne d sine bruder ur slus habūca geslecte
wart verchtiget do du werde mit waze czu gun
auch si geteil daz eigeschaft queme vō kame
ne swe. D oc si iz iczenne so weder ke binel
gewok hekeū eigeschaft kam besaz affter en
ham bleyp in asya. se der vnse vorem besacz e
rapam sus en bleyp irken die anderē. O n se
ger auch eigeschaft queme vō ysaac ele de v
geschrift hezat v sinageleu d ū verau sīm laze
ne luter si keiner eigeschaft von im. S o sagen
vns ouch iz queme vō elau. D och wer gesezē
er vō sine vatere. daz hūz in ize vesten haben
sint brudere. esau en verpluzte hem

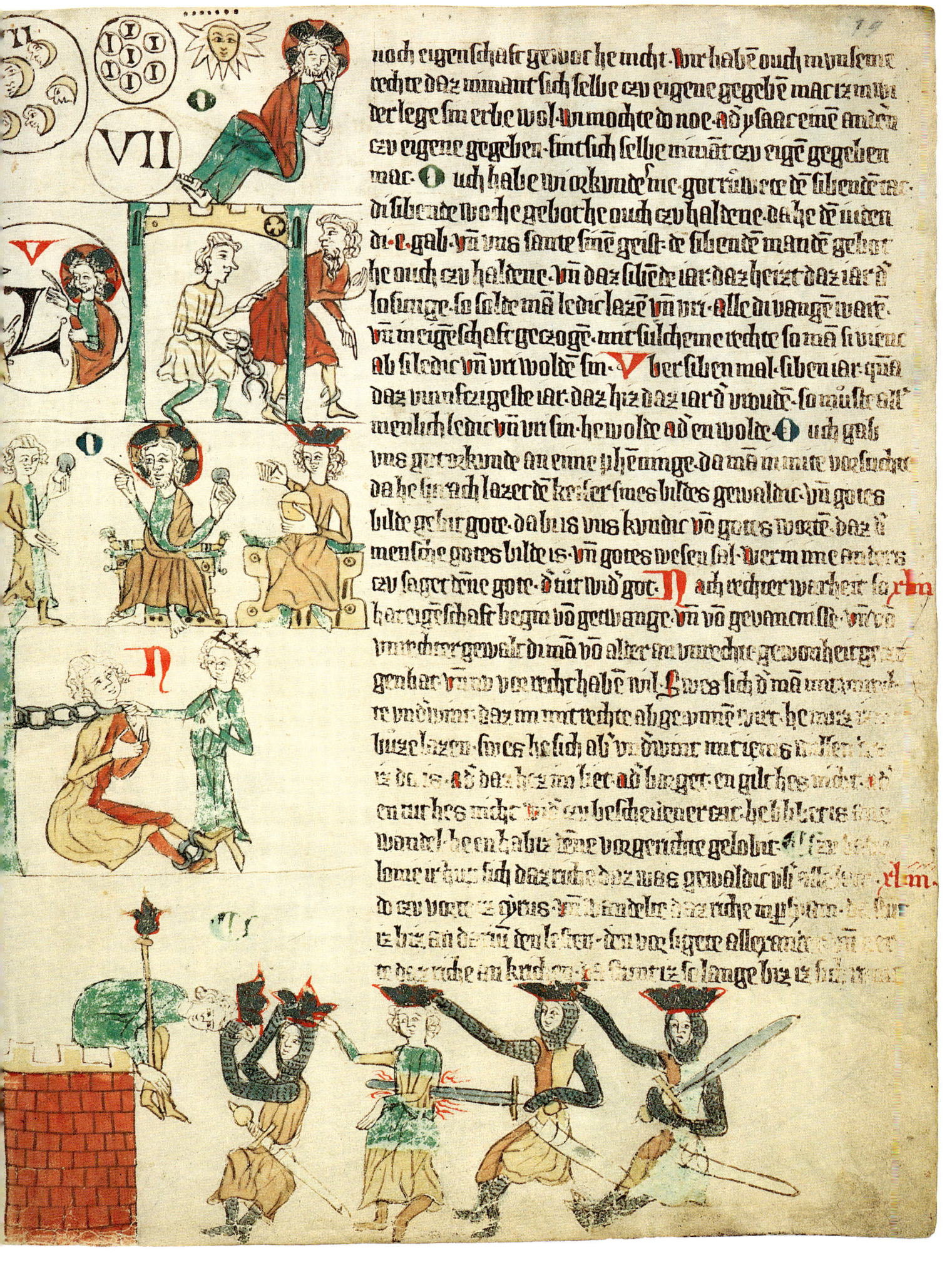

noch eigenschaft gewor he nicht. vnr habe ouch in vnseme
rechte. daz nimant sich selbe zu eigene gegebe mach. nuh
der lege sin erbe wol. vn mochte do noe. ad ysaac eme anderê
zu eigene gegeben· sint sich selbe nimant zu eige gegeben
mac. O uch habe vn orkunde. mc got ruwete dē sibendê tac
dī sibende woche geboche ouch zu haldene. da he dē iuden
di e. gab. vn vns sante sine geist. de sibende mandē gebot
he ouch zu haldene. vn daz silbē iar. daz heizt daz iar dē
losunge. so solde mā lediclaze vn vri alle di vāgē warē.
vn in eigēschaft gezogē. mit sulchē me rechte. so man si vren
ab si ledic vn vri wolde sin. V ber siben mal sibē iar. quā
daz vunfzigeste iar. daz hiz daz iard vnudē· so muste alle
mēnlich ledic vn vri sin. he wolde ad ēn wolde. O uch gab
vns got orkunde. an eine phēninge. da man mūte vor suchte
da he sprach lazer dē keiser sines bildes gewaldic. vn gotē
bilde gebur gote. da bus vns kunde võ gotes worte. daz ē
mēnsche gotes bilde is. vn gotes wesen sal. warumme an ders
zu sager. dene gote. dē ī vnd got. N ach rechter warheit. so ēn
he he eigēschaft begin võ gedwange. vn võ gevāncnisse. vn de
vnrechter gewalt. die mā võ alter in vnrechte gewonheit gez=
gen hat. vnd vor rechte habē wil. S was sich der man vnv mer=
ke vn dūt. daz im vnrechte abgewōnē hat. he mach ves
buze lazen. swēs he sich ab vn dwāt. in rechte ē. N en hē
is do is. ad daz he in her. ad burger en sulches nicht· ē
en tut hes nicht. vnd er bescheidener gewē he hēbt hare daz
wandel. he en habe. ene vor gende gelobit. A ls die bē
lome ir tuit sich daz riche· dez was gewaldic vn alle sinē
dē zu vorn. e xpus was. vnd wandet hie riche ny hērē· be sūr
te biz an dar ī den loster· den vor sigete alle ōmnia. vn ī
rē daz riche en krisē. is etwiz. so lange biz is h[...]

underwant vñ Julius keiser was. Nu hat
daz werltliche swert vñ von sente peters
geistliche da von heizet si houbet aller welte. V
der keiser in dit herquame. vñ di dinge vorrichte. die
vor in alexanders her gewest. wan wir heize kazen be-
nungen al alsam. Do alexander starp do was er ez
mehr ez ein in deme lande. durch das lande ...
schisen mit drihundert kielen. da vor uersen als...
uf vier vñ vunf ier. do quame ad herren ez pruze
vñ besazen daz lewelne besazen rwa...
ewen ezu quame her ez lade. Dor sa di ...
en was daz si den acker mochte gewnt...
ungesehen iren slugen. vñ vorraten de bezen si...
gebur sezen ungeslagen. vñ baz se mit...
ez logetanme rechte alse in nuc...
har ez quame in lace. von de laze di siu ...
ieme rechte quame in ugt vorcht. is. Nv vormerte al-
lute ingelt. vñ lize besten vuchere. schepf be...
lute. in sin gluck in buze. vñ in ugelt. doch ez en
uester vñ vmch ere mit golde ez gebant. vñ gebn ...
ezwelf guldene phennige ez buze. di sal iclicher von
phenne gewichte silbers wegen. daz phennige gewicht
goldes uf man hunt vor cent silbers ez sus waren ...
cewelf schilenge drez schillinge wert... cn scheph...
bore vnrechait gelwt vñ drez schillinge ez buze
phernscher phennige. di sullen ezwenezc schillinge ...
aber wegen. vn gelt. sin Achezen phunt phernischer
phennige. En idich wip hat ires mannes halbe buze
iñ wegelt. idich mer vñ vag. mit er wn hat halbe
bez in dez dines daz si gebuset is. Dor wan is auch ...
munde sines uabes alse si un gramme gewr. des ...
is auch des mannes genozame huen si in sin here...

XVIII

XVIII

nach des mannes tode is si ledic von des mannes rechte. Di burgelden vn phlechhaften herzen. vn des schultherzen dincsuchen. den gibit man vumf sezen schillinge czu buze. vn czen phunt czu wergelte. vnd den muz man wol kisen eine vronenbote ab man des bedarf. dí minre den di húute habe. den sal kisen dí richter vn di schepphen. Andere vrie lúute di landsezen herzen. di komen vn varn in gastes wise. vn en haben kein eigen in deme lande. den gibit man ouch vumf czen schillinge czu buze. vn wegeltis czen phunt. Zwene vol lene hanczschen. vn eine mistgabele is des tagewerhte buze. Sin wergelt is ein barkvol weizis von czwelf ruten. alse iclíche rute von dí anderen ste eines vademes lanc. iclíche rute sal haben czwelf nagele uf werc. iclich nagel sal von dí me anderen sten alse dí man lanc is biz an di schultere. durch daz man den bark geheben moge. vn nagele czu nagele. iclich nagel sal haben czwelf burele. iclich burel czwelf schillinge. Phafhten kindere. vn di vnelich geborn sin. den gibit man czu buze ein voder houwes. alse czwene rarige ochsen ge czien mugen. Spillúte vn alle di sich czu eigen geben. den gibit man czu buze den schate eines mannes. Kemphen vn iren kinderen gibit man czu buze. eines schildes blickegen dí sunnen. Czwene besemen vn eine schere is ir buze. di ir recht mit dúbe. ad mit roube. ad anderes vorwúrken. vn elicher lúite buze gibit luczel vrumen. vn is doch durch daz gesazt. daz dí buze des richters gewere volge. Ane wergelt sin vnchte lúite. dach súnderlíche wunder. ad touber. ad toter. ad vnrechte wip. notczúge vn den vride an ín brechet. man sal uber in richten nach vn des rechtes. An varenden vnden. vn an sinen ampten mac dí man sinen líp vorwurken. ob her iz eine danc beleget.

xlvii

Doch cale wir lere az man nicht vel
he gedoch dut ena rates un helfe me larre h
Sit betta en dere des sme icht nut rec
wel dar dar en der en schaft· daz sal he un gel
buze· ad he wil· daz hes mir ud g ot e
he sal hez gelten nach d vogdinge diese icht sa
die verlogen hat en cu m vare· di brun ge ma
las en d ne gel ten sal· S m gnade wie h· un sa
h wie vur dar an de schunie· u d brachen ge bo
en getene glich· daz alle gut st· ab me daz
uf de heligen · S wer de a uber e vie rove dar zu
ezen mac den kes ad ome bene der mit daz gelde
dem gesagte vn gelt· belent hez he gelt iz nar h
helben cele an buze dar czu behalten sin ne
e er waz· S wer ab wet· ad belent me ene v
cen ne dan kes daz man mir ezu cuz· he s
ma mit volleme vn gelt· vn mit buze· belent h
ab in ene cugen· he gilt ez mit deme balbe cel
Blibet ab en ne mt· ad lam vo euce mannes
schulden ane sin wille· vn nir he dazu sme eu g
gilt ez ane buze alse h vor geretcris· S welch h
en velde greten sal man in banten halten· durch daz
nimande cu schade· nir ab he schaden de salhe gelten
me d hunt volget en velde· ad sachte da hes mit h
gelten cu mac· S wo der duylsche man sr chen· g
hant vo m ker mir vngerichte· he sal he n ad n
ne dark he noch gewere noch buze er geb
nemer umme vor le· vn mit vn gelt· daz von gilt nu
mir ene halben phennie gett ex ter allo vi gar s
ene phennige· di brut gans· vn di brut henne
den brnale vier loire lar· vn di stelle ene s

Vnd den leyen is d' erste an der kore d' phalenz
greue von deme rine des richeſ truchſeze · d' ander
d' marſchalk d' hertzoge von ſachſen · d' dritte
d' kenwerer d' marcgreue von brandeburk · wer
ſchenke des riches · Der kving von beyen en
harkeme kore vmme daz he mcht drutſch en is
Sint kyſen des riches vorſten alle phaffen vn
leyen · vn zu den erſten an d' kore ſo genant
die en ſullen nicht kiſen nach irme mutwillen
wen ſwen di vorſten alle zu kvninge irwelen
den ſullen ſi erſt lin namen kiſen · Des riches
vorſten en ſullen keine leyen zu tiren habe
wen den kvninc iz en is kein van len da der lun
man ab muge vorſten geſin · he ne phantz vn
deme kvninge · Swaz ſo ein ander man vor
in emphet · da en is reht d' vorderſte an deme
lene nicht wen iz en ander vor im emphinc
vn en mac des riches vorſte dar ab nicht
geſin · S d' en man kyſer biſchove · oder
eyte · ad' einiſch emme · an den herſchilt ha
ben · daz hen ſullen ſi vor emphan · vn an ir
ſorge nach · wen ſi daz len emphangen ha
ben · ſo mugen ſi lenrecht geben · vn mehr
er ſwe man biſchove · abt · egte · ad' eini
ſchmie nunct en kyſer binnen ſech ſwoche
da ſi in lenuige an den keyſer ger he her iz
weme he wil des ſich irdelich gehalden
hat · Der keyſer lie allen geiſtlichen
vorſten mit deme ſceptrum · alle werlt
liche van ſen mit deme banner

Kem van len en muz he ouch haben ledic iar tac. I welche stat des riches d' kvinc kvmt bvnen deme riche· da is vn ledic zol vn münze. in welch lant he kvmt· da is vn ledic daz gerichte· daz he wol richten muz al di dage di gerichte nicht ne begint noch gelent ne su Swen d' kvnc ouch aller erst in daz lant kvmet so sullen un ledic sin alle geuangene recht· vn man sal si vor in brengen· vn mit te vorwinden· ad' mit rechte lazen· so man si besenden mac· sid' der zit· daz si d' kvnc h czu rechte· ad' sine boten czu deme mane selbe· czu dem houe· ad' czu dem huse· da si geuangen ad' haben gewesen Weigert man si vor czu br ne sint man si czu rechte geheischt hat· vn man gezuk an des kvnges boten hat· man tut cz hant in di achte alle di si brengen· vn di burk di luyte· di si wider recht halden V ber achte wochen sal der greue sin dinc uz legen buzen bundenen tagen czu echter dinc stat da d' schuld ze· vn scheffen· vn inmue bote si· sz en mac mant schultheize gesin· he ne si vri· vn gebor von deme lande da daz gerichte inne liget burel sal czu minuesten haben eine halbe hu eigenes G erichtes sullen alle waren di di phlichtic sin· von d' czit daz di sunne uf get· hi czu mittage als d' richter da is W uf stete di phalzen heizen ligen czu sachsen in deme lande· da der kvnc echte houe haben sal·

Wic erste is grima. di ander werle di is zu gosler geleit. walkhusen is di dritte. Alstete di vierde. Merseburk di vunfte. Siben vanen sin auch in deme lande zu sachsen. daz herzogenvm zu sachsen. di phalencze. di marke zu brandenburk. di lancgraueschaft zu duringen. di marke zu misne. di marke zu lusice. di graueschaft zu aschersleue. Ouch sin zwei erczelnschvm zu sachsen in deme lande. vnde vnsetzen andere. Deme von meideburc is vnd tan der bischof von nuwenburc vnd der von merseburc. vn der von misne. vn der von brandeburc. vn der von havelberc. Der bischof von mencze hat vier und tauen zu sachsen in deme lande. der bischof von halberstat. den von hildensem. den von verden. den von paderburne. der bischof von osenbrucke. vn der von minden. vn der von munstere. Sint vnd tan dem von kolne. Dem erczelnschofe von bremen is vnd tan der von lubeke. der von zwerin. vn der von razeburc.

Constantin der kunic gab dem geistlichen mestere wertlich gewerre zu deme gerichte. Sedezig schillinge mve zu duringen. alse di wende gote niht bezeru zu wollen cvt deme libe. daz tvan si darzu dvingen mit deme gute. Sus sal wertlich gerichte. vn. geistlich vber ein tragen si oz so deme einen vn der tat. daz man iz mit dem andern thvnge gehorsam zu besene vn rechtes zu

phlegeue. Ban schadet der sele vn en mut doch
mande den lyp noch en kreuket nimande an lar
rechte noch an lenrechte da ue volge des kunge
achte nach. Die vorstelunge mit dem mane de
lyp als he dar vmme begussen is vn mcht sin recht
vn lange he dar an is. Gebuyt der kunic des ri
ches durest ad sine hof nit ortein vn let he in
kundigen den vorsten mit sinen bruen vn ingese
gele sechs wochen er he werden sulle den sullen si
suchen bunnen dvischer art svo he is en kum
si nicht si weten dar vmme. Die vorsten di
van len haben di weten dem kunge hundert
phunt. Alle andere luyte weten czen phunt
da man vmme ungerichte nicht en weuet.
Deme herzogen wetet idich edel man czen
phunt der gegnote is doch genuc binnen deme
herzogetome di sunderlich recht wollen haben
alse holtsezen vn stormere vn hedelere von ire
rechte noch von ir gewette en sage ich nicht. S
czic schillinge wetet man dem greuen vn ouch
dem vogte der vnd kunges banne dinget als he
den ban vō deme kunge hat kunges ban en
muz nimant lien wen der kunic selbe. Der ku
nic en mac mit rechte nicht geweigern den ban
czu liene deme daz gerichte gelgen is. Vorlet
en greue siner graueschaft en teil ad en vogt
siner vogtne daz is vnrecht der belente man ne
muz dar vber kenen kunges ban haben al
man daz von ime dulten durfe ban lien man
ane manschaft. P halencgreue vn lantgre
ue dinget vnd kunges banne alse der greue

deme weret man sech zic schillinge. Ime ome
markeberen duzic der drager in sines selbes
hulden. Ome schultheizen werer man achte
schillinge suner wergelden. Ome belenten d
des kyniges ben nicht en hat deme wer er man
dri schillinge zu me hogesten. Ome gougreuen
sechs phennige. ad ome schillinc. ad un d lant
huse hare hat. Ome burmestere weret man
sechs phenninge. un underwilen dri schillinge en hur
be ne vor hat. daz is d gebure genossme zu trunken.
Der margreue drager in sines selbes hulden vnd
sechs wochen. da mac idlich un in apel uber den en
deren. den man en sine wrene nicht bescheten en
mac. doch en ander mer da mmen zu kampe. he si
me vngenozē. hurt en man sines genossen richt
sine gebure noch sin lantrecht har he mide geker
ket. huen be schult har he aber geandert. On
en muz keinen market buwen deme andiren
euer rule na. On en muz keine bure bu
wen noch stat bestenen. mit blenken. noch mit
muren. noch berc. noch weiter virme burc. ane
des richters orlop des landes. Ane sin
orlop muz man wol graben also uf als en
man mit ome spaten uf gesetzen mac der
erden so daz he kinen schemel mache. On
muz wol buwen ane sin orlop mit holze.
ader mit steine. Dri bunen uber en ander.
ene bunen der erden. di anderen zwu dar
uber daz man ome nur habe in deme modsten.

gademe boben der erden enes knies hoch. M
muz ouch wol vestenen enen hof mit zunē
ad' mit stecken. ader also ho muren alse en
man gereichen mac uf enne rosse sitzende.
czinnen vnde brust were en sal dar nicht
an sin. Mͤ an en muz keine burc ane des
richters orlou under buwen. di vuane vn
gerichte mit ortelu gebrochen wirt. bricht
man aber ene burc geweldidich. ader
let si der herre czu gen von mit willen.
ad' durch ermute. die muz man wol un
der buwen ane des richters orlou. S' wer
deme anderen sine burc an gewinnet mit
vnrechte. da ger iener dar uf czu rechte. hyn
vn helt man im di burc geweldidich vor
al di wile he ir vngewaldic is. der si da czu
rechte haben solde. so ne mac man uffe di
burc keine dage getun. da man si mit
rechte vmme brechen sulle. ͤ er richter
sal czu deme ersten mit enem tile du ste
ge slan an ene burc. ad' an en gebu. daz
mit ortelu vor velt is. da sullen di landluͤ
te czu helfen mit houwen. vn mit rumē.
nicht en sal man buruen. noch holz. noch
stein deume vuren. noch nicht des dar uffe
is. iz en si rumplich dar uf gevort. czuyt
sich da un aur mit rechte czu. der vurer
iz dannen. den graben. vn den berc. sal
man ebenen mit spaten. Alle di in deme
gerichte gesezzen sin sullen dar czu

helten bi nes selbes hulfe. ab si dar cz gela
den werden mit geruste. Wo man dinget lxx.
In kvnges banne da ne sal noch schephen
noch richter kappen ane habē. hut. hutelin
huben. noch hantschē. mentele sullen si uf
den schulderen habē. ane wapen sullen si sin.
Orteil sullen si vinden vastende vn idichē ma-
he si duysch. ad wendisch. ad eigen. ad vri. da
ne sal nimant orteil vinden ane si. Sizende
sullen si orteil vinden. schult ir orteil en ir ge-
noz he sal d banc buten en anderz cz vin-
dene. so sal ich uf sten d daz orteil vant. vn dur-
te sal sich seczen an sine stat. vn vinde daz un-
recht dunket. vn czie is da hes durch recht cze-
sal. vn halde iz. ad laze iz cz rechte alse hie
vor geredet is. Swo man nicht en dinget lxx.
vnd kvnges banne da muz idich man wol
orteil vinde vn vn den anderē den man rechtelos
nicht bescheltē en mac. ane d went uf den
sachsen vn d sachse uf den went. Wirt alz
d sachse ad d went mit vngerichte gevange
mit hanthafter tat. vn mit geruste bracht
vor gerichte. d sachse gezuget uf den went
vn der went uf den sachsē. vn muz ir idicher
des anderen orteil liden. d also gevangen
wirt. Idich man den man beschuldeget lxx.
mac wol weigern cz antberten. man
en schuldege in an der sprache di im an-
geborn is. als he duysch nicht en kan.
vnde sin recht dar cz tut. schuldeget man

in deme in siner sprache he muz antwerten
ad sin vorspreche von sinent halben. Also
daz der cleger vn d richter vorneme. hat ab
he in duyschen gedaget. ad geantwertet. ad
orteil gevunden vor gerichte. vn mac man in
des vorzugen. he antwertet in duyschen. ane
vor deme riche. Wen da hat menlich recht nach
siner geburt. Echt kint vn vn behelt sines
vater schilt. vn sin erbe vn d muter. also ab
iz ir ebenburtic is. ad daz geborn vn
als ein vri schephenbare wip einen tvergel
den. ader einen lantzeten. vn gewinnt si kin
dere bi in. di en sint ir nicht ebenburtic. an
buze. vn an wergelde. Wen si haben ires vat
recht vn nicht d muter. Durch daz en nemen
si der muter erbe nicht. noch nimandes der ir
mac von muter halben is. Diz selbe recht
halden ouch di dinestman biz an den bischof
wichman von meideburc. daz der sun behelt
des vater recht. vn di tochter der muter. vn
gehorten nach in ab si dinestluyte waren.
da ne bedorste man keiner wechsele vnder
den dinestmannen. An anegenge des
rechtes was recht daz vri wip nimmer
eigen kint gewinne. sint des bischoues
wichmannes getzuten hat aber daz
recht gestanden. daz sune vnde tochtere
gehoren nach der duyschen muter. deme
den sie bestet. der vater si duysch ader
wendisch. vnde der wendinnen kint.

gehoret nach deme vatere. ab he em wenet is.
Is he aber duisch so gehoret iz nach der muter.
Man sait daz alle wendinnen vri sin. durch
daz ire kindere nach deme wendischen vatere
gehoren. des en is nicht. wen si geben ire
burmete irme herren alse dicke so si man
numt. Lezet si ouch iren man alse recht wen
disch is. si muzen irme hiren di urschen phe
ninge geben daz sin dri schillinge. vn anders
wo me nach des landes gewonheit. Wirt
ein wip mit rechte von irme manne gesche
den si behelt doch ir lipgedinge daz he ir
gab an sime eigene. vn urgelu daz darvf
stet. daz en muz als si nicht alse brechen
noch danne vuren. anders en blibet ir kein
gebu. noch nicht der morgengabe. ir gerade
behelt si vn ir mus teil. man sal ir ouch wid
lazen vn geben waz si zu irme manne brach
te. ad also vil ires manes gutes. alse ir gelo
bet wart do si zu samene quamen. An eige
ne is recht lipgedinge der vrouwen. waz in daz
nummet gebrechen en mac. zu ir warschefte. vn
an lene nicht. Wen in daz zu nande wis ge
brechen maciden. len vn ires manes libe is ge
dinge. nach ires manes tode ist iz ir rechte len.
Weder man noch wip en hat lengere len wen
zu irme libe. Alleine erbet der man vn daz wip
nicht. S abere dem wibe ir man. vn blibet si in
des manes gute vngezweiet mit den kindere
lange wile ad kurze. wen si sich zeweien da

nach sommt di vrouwe ir morgengabe vn ir
rade. vn ir musteil an al deme gute. daz da deu
is. alse si neme solde czu d' czit da ir man starp
hatte als daz wip man genome vn was he
czu ir. vn czu den kinderen in daz vngeczweiete
gut gewaren. stirbit dene daz wip d' man behel
al des wibes recht mo varnde habe. ane gebu
vn gerade. Hunt ein man eine wituwe die
gen ad' len. ad' lipgedinge. ad' czins gut hat. w
he in deme gute mit sime phluge geerbeuet.
stirbit sin wip er d' sache sal iz vol arbeiten. vn
sen. vn sniden. vn czins ad' phlege dar ab geld
ieme uf den daz gut ir stirbit. Stirbit ab' daz
wip nach d' sat alse di eide daz lant begange
hat di sat is ires mannes. he en is da nicht
phlichtic ab czu gelden. phlege noch czins
da si kein czinsgelde ab en was. Swaz czinse
ad' phlege in des wibes gute was. da man ir
ab gelden solde. Starb si nach den rechten czins
tagen daz gut is ires mannes vordmete gut
alse iz d' erben wesen solde ab si ane man we
Tut ein man sin lant besait uz czu czinse
ad' czu phlege. czu bescheidene iaren daz
man iz in besait und laze. czu welcher czit
he vnder des stirbit. man sal iz den erben
besait under lazen. wen he is in nicht leng
gereit in en mochte wen di wile he lebete.
Die erben sullen ouch von d' sat so geta
nen czins. ad' phlege ieme geben dem daz
gut geboret. alse man ieme solde d' iz uz

ter wen iz sin phlic nicht en begne do he starb.
Der kunc vn iclich richter muz wol richten vns̄ hxvm
hals vn hant vn ubˀ icliches sines mannes · ad
mages gut · vn en tut wider sinen truwe nicht.
Der man muz ouch wol sine kunge vn sine
richtere vnrechtes widersten · vn czu aller wis
helfen weren · al si he sin mac · ad sin herre · vn
en tut wider sinen truwen nicht. Der man
muz ouch wol volgen sime herren · vn dˀ herre
dem manne · der mac dem mage · vn san helfe
bestetigen von gerichtes halben vmme vnge
richte da he mit deme geruste czu geladen wirt.
an einer hanthaften tat · vn en tut under sime
truwen nicht. Der man muz wol volgen
vor sines herren burk · vn dˀ herre vor des
mannes · dˀ mac vor des mages · da he durch vn
gerichte mit deme geruste vorgeladen wirt · vn
muz si wol helfen brechen · als man iz mit rech
te nicht entredet · vn en tut under sime truwen
nicht. Ein iclich man muz wol helfen wer
stere · burge · vn lant · vn sines herren lip · vn
ges · vn mannes · vn sines vrundes · vnder
herren · vn mage · vn manne · in si gewaldlichen
suchen · vn muz wol uf si sturen · vn en tut
wider sinen truwen nicht · daz he selbe ere
habe nicht en neme. Wirdet em man
sinen herren · ad slet he in czu tode · an
not were · ad dˀ herre den man · he en tut
under sinen truwen nicht · ab di not vf in
mit rechte vol bracht wirt.

Sine wegeuertigen gesellen · vn̄ sine gast
vn̄ sine wirte da he geherberget is · vn̄ uz
sinen genaden ulut · sal ō man helfen daz he
sich unrechter not wider aller menlich uwere
vn̄ en tut wider sine truwen nicht · S icht ō
herre den man · ad' der man den herren un uor
dager vor sinen mannen nach rechte · he tut
wider sinen truwen · en kumt he aber uf sin
schaden nicht uz · vn̄ geschiet ī schade võ ī
ad' von den di durch sine willen da sin · ad' de
he helfer czu is unwizzende · den schaden sal
he gelden uf recht · vn̄ en tut wider sine truwe
nicht · S wo aber ein man in einer reise is ·
vn̄ nicht ein houbet man en is · ruen luyte
an in · vn̄ an di sinen · tut he schaden sime he
ren · ad' sime manne · ader sime mage · ad' sus
me daz si ane sinen rat · vn̄ ane sine tat · ge
werer hez uf den heiligen · he blibet is ane
gelt · vn̄ ane laster · S wo gebure ein nu
we dorf besitzen von wilder worczeln · den
mac des dorfes herre wol geben erbe czins
recht an deme gute · alleine en sin si czu deme
gute nicht geborn · kein recht mac he aber
in gegeben noch si selbe gekisen · da si des
landes richtere sin recht mite brechen · ader
sin gewette mite geminren ader geme
ren mugen · K ein uz wendic man en
is phlichtic in deme dorfe czu antwerten
nach irme sunderlichem dorse rechte · me
wen nach gemeineme lantrechte · he en

dage da uf erbe. ader uf gut. ader umme schult. wo der man daget da muz he antwerten ab man uf in daget ane zu kamphe. Sturbit em eigen von eime biergelden erbelos. dri huven ad minne. daz gehoret in daz schult heiztum. Von drizic huven ader minne. ursturbit daz iz gehoret in di graueschaft. Is iz ab me denne drizic huven iz is deme kunige ledic. let der kunic ader ein ander herre sinen dinestman. ad sinen eigenen man vnder behelt vnter landes en recht. Zu getzuc der schephen in einer graueschaft. d kunic muz wol des riches dinestman mit orteiln vrlazen vn machen zu schephen durch daz man rechtes bekume vn kuniges ban da behalden muge. He sal ab des riches gutes in so vil zu eigene geben daz si schephen dar ab gewesen mugen. irtzicheme dri huven ad me. daz gut muz he wol nemen uz deme gute des grauescaft. Swo iz der greue ledic hat. durch daz der schephen eigen wd graueschaft is. Dinestman erbet vn minnet erbe alse vrie luyte nach lant rechte. Wen alleine daz he buzen sines herren gewalt icht erbet noch erbe mmet. Swer sin recht varluyset in einer stat vorgerichte behat iz uber al varlorn. ab man des an dem gerichte gezuik hat. des gerichtes getzuyk en is nemant phlichtic zu brengene in ein ander gerichte. me wen der richter var deme he recht elos

gesaget wirt· d̄ sal czwene smerboten senden
vor den richter da he sin recht vorloren hat·
daz si horen als man is in vor czugen muge·
vn si sullen des deme gezuyk sin· S̄ werew
gut eime anderen herren gibit· vn let im in
sine gewere· da he selbe keine gewer an
hatte· vn wirt ien von gerichtes halbē dar
in gewist· iener d̄ di gewer hat· muz wol dī
in unsunge wider reden· vn ienen uz wisen·
daz hez vor ste zu deme nesten uz geleiten
dinge· Wen ein man en is nicht phlichtic si
ne gewere czu rumene he newerde dar vm
me betaget· vn vor geladen· Wirt eime deñe
di gewer urteilt· vn unser man in darin von
gerichtes halben· man en muz in nicht uz
wisen ane urteilen· S̄ waz ein mā· einē
manne ad eime wibe gibit· daz sullen si be
sitzen dri tage· swaz si mer dage ir vordert
ad uf si geerbet wirt· des en dorfen si nicht
besitzen· Wer ein gut her ad let eime ande
ren· iar vn tac sal hes in gewere· S̄ wer
eigen ad varende habe vorkouft des sal
he gewer sin di wile he lebet· man sal abir
im daz gut in sine gewere lazen czu behal
dene· vn czu vorlisene di wile hez vor sten
sal· Wen he en mac da nicht an gesprech
deme iz gegeben is wen eine gabe· S̄ w̄
dem anderen gut geweldichlichen nimt bin
an ienes tot· allez recht hat he vorlorn·
daz in an deme gute an irsterben mochte
nach ienes tode· O uet d̄ man sine hren

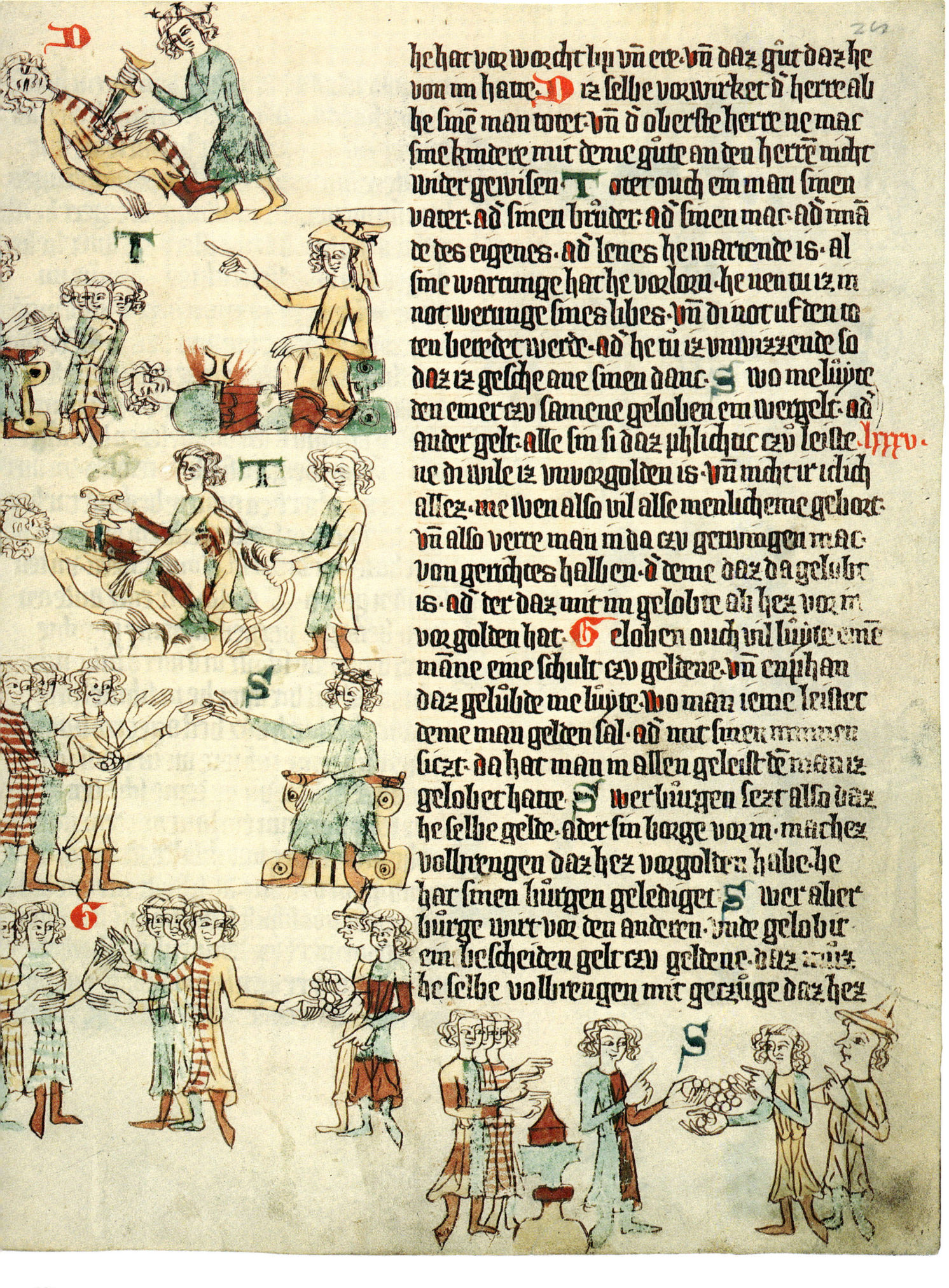

he hat vorworcht lip vñ ere· vñ daz gut daz he
von im hatte· **D**iz selbe vorwurket d' herre al
he sinē man totet· vñ d' oberste herre ne mac
sine kindere mit deme gute an den herrē nicht
under gewisen· **T**otet ouch ein man sinen
vater· ad' sinen bruder· ad' sinen mac· ad' imā
de des eigenes· ad' lenes he wartende is· al
sine warunge hat he vorlorn· he en tu iz in
not werunge sines libes· vñ di not uf den to
ten beredet werde· ad' he tu iz unwizzende so
daz iz geshe ane sinen danc· **S** wo me lüte
den eincr zu samene geloben ein wergelt· ad'
ander gelt· alle sin si daz phlichtic zu leiste
ne di wile iz unvorgolden is· vñ nicht ir idich
allez· me wen also vil alse menliche me gebort·
vñ also verre man in da zu getwingen mac·
von gerichtes halben· d' deme daz da gelobt
is· ad' der daz mit im gelobte ab hez vor in
vorgolden hat· **G**eloben ouch vil lüte eine
manne eine schult zu geldene· vñ entphan
daz gelubde nicht lüte· wo man ieme leistet
deme man gelten sal· ad' mit sinen willen
sizet· da hat man in allen geleist de' man iz
gelobet hatte· **S** wer burgen sezt also daz
he selbe gelde· oder sin borge vor in· machez
vollnbrengen daz hez vorgolden habe· he
hat sinen burgen gelediget· **S** wer aber
burge wirt vor den anderen· vñde gelobt
ein bescheiden gelt zu geldene· daz muz
he selbe vollnbrengen mit gezuge daz hez

vor golden habe· ad umant von smen that si
Swer siner nakebure gemeine ab ert· ad
girbet· ad czunet· wirt he vor deme bur
meistere dar umme bedaget· ad geruget
he muz wetten dri schillinge· weigert he al
rechtes vor dem burmeistere· vn wirt he be
daget den obersten richtere· he muz im
wetten· vn den geburen mit dritc schillinge
buzen· vn ir gemeine wid lazen· Czu du
ir selben uns bezzern eine geburschaft d
anderen mit dritc schillingen· vn gelten iren
schaden als man si den vnmundigen bedaget
alse recht is· weigern si als rechtes· vn wer
den si deme obersten richtere bedaget ir bur
meister muz vor si alle wette ein gewerte· vn
de gebure mit dritcu schillinge buzen· vn den
schaden gelten· Swelch leie einen anderen
leien bedaget vor geistlichem gerichte
durch sogetane schult di d wertliche richt
richten sal· vn brenget he im schaden·
vn wirt he durch daz bedaget zu lantrech
te· he muz deme richtere wetten· vn ieme
sme buze geben· vn uz deme schaden neme
iz selbe muz tun ein leie mit dem anderen
ab he in bedaget wirt bi halde· ad in eime uz
wendigen gerichte· ab si ei[n]e in eime dorfe
ad in einer gantschaft sizzen in ne si rechtes
deme geweigert vor deme richte· [·] ethes
weigert d richter wen he nicht richte wil· ad
sine rechte deme czale mehren heist· Rechtes

weigert ouch d' man uf den man da ger swen
he vorvest wurt ad' mehr en gilt schult dn he gel
den sal. vn man in vo gerichtes halben des wur
phandes nicht bewisen en mac. so muz man
wol uf in dagen aller weige wo man rech
tes vf in bekumen mac. S Waz en man
mit gerichte gezugen sal. des sal d' richter in
des kunges hulden sich vorphlegen da nach
di schephen also. al an de d'me phlichten in sme
eide. S wen man ab eme vorvesten man ane
hanthafte tat vor gerichte vuret. vn bitet d' sit
unge vf in. vn he der vorvestunge loukent. di
vorvestunge sal man gezugen er d' sitzunge
mit deme richtere. vn mit den d'nic phlichten.
selbe en darf d' deger nicht gezuk sin. wo he
mit gerichte gezuges volkumt. S wen ab' d'
man gesagt wurt. so muz d' deger aller erst
uf in swere daz he d' tat schuldic si durch di he
vorvest si. da nach sal swere sin gezuk. daz
sin eit reine vn nicht meineide si. S us sal
ouch d' deger. vn sin gezuk swere uf eme vor
vesten man d' durch ungerichte vn hanthaf
ten tat wurt gevange. vn vor gerichte mit or
teiln gesagt. S welches gezuges ab' d' man
vor gerichte ad' kegen deme gerichte volkume
sal. iz si durch gut ad' durch gewere. daz sal sin
gezuk vor sagen in dem eide. vn sal iz nach swe
ren. S wer des anderen swert. ad' deit. ad' bec
ken. ad' schermezzer sine glich nach wer lunge
wane von d' bas doben uret.

A der sac uel ad vol von d̄ molen vorez· ad̄
sattel· ad̄ czoum· ad̄ sporn· ad̄ bette· ad̄ kussen
ad̄ lilachen· ad̄ ander gut· waz daz si vor da·
sime vrunt· vn smez da let· helt hez denne wid̄
wane daz iz sin si vnuorholn· vn iz the sine
eit dar czu· aneuangen macman iz wol· vn
vnd im beclagen· duybe ab· vn raubes ab
man in des schuldeget dar an· entschuldege
he sich uf den heiligen· ab hes geczik hat·
daz hez vnhehugen gehalten habe· W
em man gemordet uf dem velde· vn eu wer
man nicht elver iz getan hat· Wer den begre
bet uf dem velde· ader in deme dorfe nut siner
makebure wizzenschaft· he ne musse nit
nicht· Wir ouch eme manne sin mak
ad̄ sin vrunt uslagen· he muz in begraben·
ab hez wol weiz wū iz getan hat· he en ha
be d̄ dage mit deme toten begonst vor ge
richte· so en muz he sin nicht begraben
ane des richter's orlov· di wile di dage
ungeant is· V ellet em man· ad̄ wirt
he gewundet· ad̄ so sere geslagen daz he
czu dorfe nicht kumen en mac· Wer den in
ureget vn sturbit he denne bvnne sinen ge
weren· he blibet is ane schaden· sine erbe
sullen in sine kost gelden· ab sin gut daz
he in in hat· wen he sturbit manne wert is
den di kost· H erberget em man luyte
ster ir em den anderen tot ane schult in
siner herberge· ad̄ dar vze· ad̄ welch

ungerichte ir em dem Anderen tut· d̅ wirt bli
bir is ane schaden· vn̅ ouch di gebure als si den
vridebrecher nicht uf gehalden mogen· Vnde
daz geweren uf den heiligen· ¶ Sus getane
dinc sal man ab' czu goudingen rugen· Der
richter en mac nimande ane gesprechen nuͦt
vormunden noch ane vormunden sunder
den der czu kampf wart· noch hoger
den czu siner unschulc· ab he si nicht menlich
nach sime rechte· he ne muz ouch kein gebot
noch herberge gebuten· noch dinest· noch
kein recht uf daz lant gesetzen· iz enwille
kore daz lant·

Nu vornemet vmme di herre gebürt von deme lande czu sachsen. Der von anehalt vn di von brandeburc vn di von salzwnde vn di von bren. Dise vorsten sin alle swauee vnd ten vnenherte sin swauee di von hakeburc vn di von gnerez vn di vo mochele vnd des riches schephen. Di von tvbule di von eckleresdorf henrich vn das d vojet Albrecht von spandowe vn aluenk vn cunrat von sueuinge vn scrapen kmt von versleue Anne von ekesdorf hinan von meringe heidulues lande vn wininge vn di vor sedorf di sin alle swauee. Di lantgreuen vō torīge sin vranken vn di vō regenstein vn vō blankenburck vn di burgreuen vō wrin vn di von dodene vn di von daueke vn di vō godebuz di sint alle vranken. Di von bremelunc vn di vō lunelunc vn di vō pappenbure vn di vō osterbure vn di von altenhusen sint swauee vn di von nuningerode vn di von ernesten vn di vō besenrode vn di vō emersleue vn di burgreuen vō gevekenstein vn d tum voyt von halberstat vn di von suselis vn di vō lichtenberc vn di vō dolmuusse sint alle geborne swauee. Di herczoge von lmbardz vn sin geslechte sint alle geborne sachsen. Dar czu alle di vn herren vn schephen di czu sachsen sint wonhaft vn di war sint kundic brennen czit sind in hir vor benāt sint. Swelch bischof von dem riche belenis mit van lene binnen dem lande czu sachsen vn den h schilt oer ab hat di heizen alle sachsen von welcheme lande he geborn si vn mac wol orteil vinten vn orteiles volgen vn vorspreche sin czu lenrechte vn czu lantrechte vor deme riche vber idichen man. dar in an den lip. Alb in di hant nicht en get vn anders nirgen czu lantrechte noch czu lenrechte.

ZUR NEUAUSGABE

ZUR NEUAUSGABE

Dem Andenken des 1978 verstorbenen Leitenden Direktors der Universitätsbibliothek Heidelberg, Dr. jur. Walter Koschorreck, gewidmet.
W.W.

Als im Jahre 1970 das Vollfaksimile der Heidelberger Bilderhandschrift des Sachsenspiegels mit dem hier unverändert nachgedruckten Kommentar von Walter Koschorreck erschien, da wurde diese Publikation von der Fachwissenschaft, insbesondere der Rechtsgeschichte, ebenso wie von historisch interessierten Kreisen, nicht zuletzt der Juristen, mit Lebhaftigkeit begrüßt: War dies doch das erste Mal, daß Bilder und Texte einer ganzen – wenn in diesem Falle auch stark fragmentarisch überlieferten – Handschrift von Eikes Werk dank moderner Reproduktionstechnik für eine breite Öffentlichkeit zugänglich wurden. Bis dahin vermittelten nur sechs Seiten von den 92 Blättern der Dresdener Handschrift in der Ausgabe Karl von Amiras (1902) sowie die Wiedergaben in dem von Freih. von Künßberg betreuten Bändchen der Insel-Bücherei (Nr. 347, 1934) einen unvollkommenen Eindruck von der differenzierten Farbigkeit der Originale – einer Farbigkeit, die, wie die Kommentare v. Amiras (1925/26) und Koschorrecks deutlich machten, für die Interpretation der Bilder und ihrer Funktion von höchster Wichtigkeit ist.

Hans Thieme vermochte die Leistung Koschorrecks am gültigsten dadurch zum Ausdruck zu bringen, daß er in seiner Besprechung[1] die Ausgabe Karl von Amiras »zwar nach wie vor wissenschaftlich grundlegend« nennt, jedoch anerkennt, daß Koschorreck »mit seinem Kommentar jene in mancher Hinsicht nicht nur ergänzt, sondern überbietet«.

Auch Eberhard Schmidt würdigt den »höchst gehaltvollen Kommentar« und die »ganz ausgezeichnete Übertragung des alten Textes..., eine Leistung übrigens, die nur dem möglich ist, der der Problematik des Sachsenspiegels völlig gewachsen ist«[2]. Verdeutlichend weist er darauf hin, daß jene von Koschorreck (S. 94) als »mit ... zweckrationalen Erwägungen ... nicht erklärbar« bezeichneten »Differenzierungen in dem Strafensystem«, wie sie etwa darin sich offenbarten, daß »der Dieb schimpflich am Galgen endet, der Räuber aber enthauptet wird«, »ihren Grund in den Ehrbegriffen und -anschauungen der Zeit des Sachsenspiegels« haben. »Im mittelalterlichen Strafrecht walten noch die rational nicht mehr faßbaren Volksanschauungen über Gut und Böse, Recht und Unrecht, Belohnung und Bestrafung. Das gerade macht das mittelalterliche Strafrecht so eigenartig und so interessant.« Mit etwas anderen Worten hat es Koschorreck wohl ähnlich sagen wollen.

Wenn es die Absicht des Kommentators war, »nicht nur ein bereits vorhandenes Interesse an diesen Bildern [zu] befriedigen, sondern neues [zu] wecken« (S. 79), so hat er sein Ziel zweifellos erreicht. Nächst dem »Codex Manesse« ist der Sachsenspiegel heute diejenige Handschrift der Heidelberger Universitätsbibliothek, aus der die meisten Abbildungen – von wissenschaftlichen und Schulbuchverlagen, von Museen, Kommunen und Privatgelehrten – bestellt werden.

Die größte Wirkung übte die Ausgabe wohl auf die Germanistik aus, die dem Text des Sachsenspiegels bis dahin wenig Beachtung geschenkt hatte. Im Zusammenhang mit dem Entstehen neuer Forschungsschwerpunkte gewann das Buch bald ein doppeltes Interesse: einmal als Objekt einer wissenschaftlichen Hinwendung zur Sach-(Fach-)Prosa der Volkssprache, zur »pragmatischen Schriftlichkeit«, zum andern im Komplex der Untersuchungen des Verhältnisses von »Bild und Text« in den mittelalterlichen Handschriften.

Für Ruth Schmidt-Wiegand steht es »außer Zweifel, daß diese Faksimileausgabe der Heidelberger Bilderhandschrift durch Walter Koschorreck die Beschäftigung mit dem ›Sachsenspiegel‹ und seiner Bildüberlieferung belebt hat. Durch die auf ihr beruhende Taschenbuchausgabe des Insel Verlags, die mit ihrem Aufbau nach sachlichen Gesichtspunkten weithin die Funktion eines Sachregisters erfüllt, wurde das Interesse an dem Gegenstand in weite Kreise getragen.«[3] Es ist selbstverständlich und zweifellos im Sinne des Herausgebers und Verfassers, daß durch die ausgelösten Impulse die Forschung teilweise über seine eigenen Ergebnisse hinausgelangt ist, in einigen Punkten auch diese hat korrigieren können.

Nicht zuletzt R. Schmidt-Wiegand selbst und der von ihr geleitete Sonderforschungsbereich 7 »Mittelalterforschung« an der Universität Münster haben die offenen Fragen formuliert, untersucht, diskutiert und mit teilweise überraschenden Beobachtungen und Hinweisen einige von ihnen beantwortet. Ein gewichtiges Zwischenergebnis stellt der Aufsatzband »Text – Bild – Interpretation« (s. Anm. 3) dar, der aus Anlaß eines ›Arbeitsgesprächs‹ entstanden ist, »das vom 14. bis 17.

März 1984 im Zusammenwirken der Herzog August Bibliothek Wolfenbüttel und des Sonderforschungsbereichs 7 ... stattgefunden hat« (S. 79).

In dem reichen Spektrum der Thematik gibt es einige Punkte, die die Heidelberger Handschrift selbst berühren.

In seiner Einleitung (S. 80) erklärt Koschorreck, die »handschriftenkundliche Beschreibung ... auf die Mitteilung derjenigen Fakten« beschränken zu wollen, »die nicht dem Faksimileteil ... zu entnehmen sind«. So plausibel dieser Standpunkt erscheint, so ist es doch nicht ganz realistisch, anzunehmen, jeder Benutzer sei ohne weiteres in der Lage, dem Faksimile (oder auch der Handschrift selbst) alle die Informationen zu entnehmen, die für die kodikologisch-historische Gesamtbeurteilung von mehr oder weniger großer Wichtigkeit sind oder auch nur am Rande von Bedeutung sein könnten. Insofern wäre einiges nachzutragen.

So läßt sich aus dem Umstand, daß die Handschrift in Rom in der zweiten Hälfte des 17. Jahrhunderts einen neuen, schlichten Pergamenteinband erhielt, mittelbar der Schluß ziehen, daß sie in Heidelberg durch einen Holzdeckeleinband geschützt war, den der römische Legat Leo Allacci gleich vielen anderen hatte abtrennen lassen, um den Transport über die Alpen zu erleichtern. Gleichzeitig wird man vermuten dürfen, daß dies kein dynastisch geprägter Einband gewesen ist, mit Wappen- oder Bildnis-Supralibros, da alle Einbände dieser Art von solcher Maßnahme verschont geblieben zu sein scheinen, sondern ein bescheidener mittelalterlicher Einband. Die Handschrift ist, wie Koschorreck vermerkt, in dem Katalog der Bibliothek des Ulrich Fugger verzeichnet, die nach seinem Tode 1584 in pfälzischen Besitz gelangte. Sie findet sich aber nicht in dem Inventar der mehr als 2500 Bände – darunter 150 Handschriften – umfassenden Sammlung des 1610 verstorbenen Kurfürsten Friedrichs IV. (in Cod. Pal. Germ. 809, Bll. 74^r-175^v). Die Kurfürsten haben den Sachsenspiegel also offensichtlich nicht für wert befunden, ihn in ihre Privatbibliothek aufzunehmen, vielleicht wegen des sehr fragmentarischen Zustandes (von ursprünglich etwa 90 Blättern sind nur 30 erhalten) oder auch wegen der nicht durchweg verborgen gebliebenen Spuren einer intensiven Benutzung (wozu auch das wiederholte, jeweils mit Beschneiden des Buchblocks einhergehende Neueinbinden gehörte). Das läßt den Schluß auf eine Gebrauchshandschrift zu, was für die Erkenntnis über die Zweckbestimmung der Sachsenspiegelhandschriften schlechthin nicht ohne Belang ist.[4]

Nach Koschorreck (S. 97) könnte die Handschrift frühestens 1325 entstanden sein. Er kommt zu diesem terminus post quem aufgrund der Beobachtung, daß die Artikelzählung und die Bezeichnung der Bücher sowie die Niederschrift der offensichtlich nachgetragenen Vorrede »Von der Herren Geburt« (Bl. 30^v) dem Schreiber zwar nicht von Anfang seiner Tätigkeit an vorgelegen haben, ihm aber doch nicht viel später bekannt geworden seien. Da er an der häufig vertretenen Meinung festhält, die Dreibüchereinteilung stamme von dem Glossator Johann von Buch, nimmt er die Entstehungszeit der Glosse als frühestmöglichen Termin für die Niederschrift des Kodex.

Eine nähere Betrachtung der Schrift mußte zu einem anderen Ergebnis gelangen.[5] Nach Buchstabenverbindungen, Bogenligaturen, Quadrangelbildung usw. wäre die Entstehungszeit wesentlich näher an die Jahrhundertwende heranzurücken.

Dem Mechanismus einer zeitlichen Verknüpfung mit der Glosse Johanns von Buch von 1325 setzt Nass (s. Anm. 5) die – allerdings wohl immer noch nicht ganz gesicherte[6] – These entgegen, der Glossator habe bereits einen in Bücher und Artikel gegliederten Sachsenspiegel vorgefunden; seine Textgrundlage stamme aus der Zeit um 1300 (S. 254 mit Anm. 118). Man wird auch fragen dürfen, ob die Markierungen der Buchanfänge und die Artikelzählungen in unserer Handschrift wirklich unmittelbar nach der Niederschrift des Textes entstanden sein müssen.

Nass führt aber weitere Gründe für eine Frühdatierung an, die den Entstehungszeitraum wesentlich stärker einengen würden, als es die Paläographie vermag.

Wichtig ist sein Hinweis, daß in der Heidelberger Handschrift (H) der Anteil der Ledig- oder Leerschilde (insgesamt 14 gegenüber 46 kompletten Wappen) sehr gering, sie damit »der mit Abstand heraldisch sorgfältigste Überlieferungszeuge« sei (S. 235). Unter den 177 heraldischen Schilden der am vollständigsten überlieferten Dresdener Handschrift (D) sind nur 84 voll ausgeführt (Nass, S. 232). Die Tingierung spielt dabei übrigens eine zweitrangige Rolle, da die einzelnen Handschriften offensichtlich unabhängig von einer heraldischen Begründung diese oder jene Farben (H Gold/Gelb und Rot, D Rot und Silber) bevorzugten.

ZUR NEUAUSGABE

Immerhin bietet der Heidelberger Sachsenspiegel ». . . – vielleicht als einziger Codex – in natürlicher Darstellung das Pelzwerk Kürsch« (vgl. Bl. 1ʳ1 und 1ʳ4 zu Lehnrecht 1) und stattet einzelne Wappen mit einem Gittermuster aus (vgl. Bl. 1ʳ1, 1ᵛ1, 2ʳ1; 22ʳ2, 22ᵛ5, 26ʳ4), das teils wohl als Damaszierung, teils als Farbwertangabe (Schwarz?) zu verstehen ist (vgl. Nass, S. 238 mit A. 32 u. 33).

Größer ist die Bedeutung der Wappenbilder. So kann Nass den 5. Schild in der Heerschildordnung zu Lehnrecht 1 (Bl. 1ʳ1, von rechts nach links absteigend = 2. Reihe, Mitte) als das Wappen der Herren von Heimburg in ihrer Eigenschaft als Vertreter der Schöffenbarfreien und Ministerialen identifizieren: in gegittertem Gold drei rote Balken[7], und den 6. Schild (2. Reihe links: dreimal geteilt von Silber und Kürsch) als das Wappen der Herren von Hoym, stellvertretend für die Vasallen der Schöffenbarfreien und Ministerialen (ebda.). Beide Schilde waren Koschorreck noch nicht bekannt (vgl. S. 118). Es läßt sich nachweisen, daß die Wappen der – als Vertreter der Heerschildordnung – ausgewählten Dynastien und Familien historisch belegbare Lehnsverhältnisse des 13. Jahrhunderts widerspiegeln (Nass, S. 242f., sowie R.G. Hübbe a.a.O.)! Mit Hilfe eines Parallelvergleichs der Darstellungen der Heerschildordnung in D (an drei Stellen), H und O (jeweils einmal) kommt Nass zu dem Schluß, daß der Befund in H den des Hyparchetyps Y, der Vorlage von H und D, bewahrt hat (S. 241f.), während die Oldenburger Handschrift (O) hier den Archetypus X vertrete (Nass, S. 243). Während H und auch O auf die Wappenlandschaft des nordöstlichen Harzraumes hinwiesen, habe D als Vertreter einer jüngeren Redaktion eine Anzahl von Wappen den vasallischen Verhältnissen des Raumes Meißen angepaßt (S. 245). Dagegen ist Koschorreck (S. 126 und S. 248, Anm. 12) eher skeptisch bezüglich der konkreten historischen Aussage mancher Wappenvorkommen und des Gewichts, das man ihnen im Hinblick auf Lokalisierungsversuche beimessen darf. So zieht er ausdrücklich keinen Schluß aus der Häufigkeit des »Hirschstangenwappens« der Harzgrafen von Blankenburg-Regenstein in den Bilderhandschriften (insgesamt 16 Belege). In einem Falle verknüpft er (S. 186f.) – irrtümlich, wie Nass (S. 246, Anm. 78) wohl zu Recht vermerkt – den Bildstreifen zu Landrecht III 40 §4, in dem dieses Wappen begegnet (18ʳ3), mit Landrecht III 40 §3; tatsächlich ist aber der Graf von Blankenburg-Regenstein hier als Münzherr heraldisch zitiert, in dessen Gebiet Schulden in der dort gültigen Prägung zu zahlen sind (Nass, S. 246f.).

Aufgrund seiner Interpretation der Wappen der sächsischen Fahnlehen zu Landrecht III 62 §2 kommt Nass in einer Argumentationsreihe, die hier nicht wiedergegeben werden kann, zu einer Datierung der Urhandschrift (X) auf den engen Zeitraum von 1292-1295 (Nass, S. 248-252); seiner Meinung nach »dürften der Hyparchetypus Y und der Heidelberger Codex nicht sehr viel jünger sein«. Für das Alter unserer Handschrift möchte er wiederum einen Anhaltspunkt aus der Darstellung der sächsichen Fahnlehen (Bl. 22ʳ) gewinnen. Durch rote Umrandungen und rote Lehnsfahnen sind drei Schilde (die drei ersten) herausgehoben, womit eine dynastische Gruppe – der Marken Meißen und Lausitz und der Landgrafschaft Thüringen – gebildet sei, die sich als wettinisch zu erkennen gebe. Auch an einer weiteren Stelle, nämlich in der Illustration zu Landrecht III 78 §5 (Bl. 26ʳ4) sind die Markgrafen von Lausitz und von Meißen – als die beiden Angreifer – enger einander zugeordnet und nach der Ansicht von Nass als Wettiner gekennzeichnet gegenüber den verteidigenden Askaniern, dem Fürsten von Anhalt und dem Markgrafen von Brandenburg. Diese vier Wappen sind Sondergut der Heidelberger Handschrift. Die Konstellation setzt nach der Interpretation von Nass voraus, daß die Lausitz zur Zeit der Anlage des Kodex noch wettinisch war; das gilt jedoch nur bis 1304, d.h. bis zum Verkauf der Lausitz an die brandenburgischen Askanier (Nass, S. 252f.), wodurch ein terminus ante quem gefunden wäre. Einen terminus post quem glaubt Nass aus der Beobachtung ableiten zu können, daß für das Wappen des Herzogtums Sachsen, das der Illustrator aus der Vorlage übernommen hat, in die betreffende Lehnsfahne im Unterschied zu fünf anderen kein Buchstabe (zum Beispiel L für Lausitz: Bl. 22ʳ2) eingetragen ist – nach Nass vermutlich, weil er »den alten gespaltenen Adler-Balken-Schild mit Rautenkranz aus seiner Vorlage nicht mehr zu identifizieren vermochte, da ihm nur der seit 1295 bezeugte neue Balkenschild mit Rautenkranz als Wappen des Herzogtums Sachsen vertraut war« (S. 254). Man wird eine solche Unkenntnis jedoch allenfalls für das Ende des von Naß abgesteckten Entstehungszeitraums von H (zwischen 1295 und 1304) gelten lassen; der paläographische Befund könnte dazu passen. Ob man den scharfsinnigen Überlegungen von Nass in jeder Hinsicht wird folgen können, muß wohl eine künftige Diskussion erweisen.

Eine vergleichbare Möglichkeit der Einengung des Entstehungs*gebiets* sieht Nass für H nicht gegeben. An heraldischem Sondergut (Bl. 14ʳ3 zu Ldr. III 9 §5 und Bl. 16ᵛ2 zu Ldr. III 32 §2) lasse sich nur das mehrfach geteilte Rosenwappen (Bl. 16ᵛ2, Mitte) der Merseburger Ministerialenfamilie von Liebenau sicher identifizieren. »Jedenfalls kann der Illustrator nicht sehr vertraut mit der Heraldik der Wettiner gewesen sein« (Nass, S. 254f.).

Leider bietet auch die Untersuchung der Sprache keinen sicheren Hinweis. Durchgehende Abweichungen von der als meißnisch eingestuften Dresdener Handschrift lassen sich zwar beschreiben, aber kaum sprachgeographisch einordnen (Werner, Bilderhandschrift S. 217f.). Die in beiden Handschriften auffallende Verwendung der Affrikate ph, pph auch in der Gemination und im Inlaut nach -m (schephe, stuppheln, hopphe, kampfe) scheint zwar im Bereich der thüringisch-obersächsischen Mundarten, was die gesprochene Sprache betrifft, das Obersächsische und das Nordthüringische auszuschließen, doch gilt das nicht für die Schreibung: »Die sächsische Kanzlei schreibt seit 1282 für pp ebenfalls ph, pf [pph, ppf].«[8] So muß auch bei den übrigen orthographischen Einzelheiten mit schriftsprachlichen Ausgleichstendenzen gerechnet werden (Werner, S. 218). Jedenfalls ist es ohne eine gründliche Bestandsaufnahme der Schreibgewohnheiten landesherrlicher oder städtischer Kanzleien nicht möglich, ein gesichertes Urteil abzugeben. –

Einige Aussagen Koschorrecks sind hier und da auf Widerspruch gestoßen. So möchte R. Schmidt-Wiegand[9] die von Koschorreck versuchte Antwort auf die Frage nach der Funktion der Sachsenspiegelillustrationen – die Bilder seien als Gedächtnisstützen, insbesondere für den Leseunkundigen, bestimmt (vgl. S. 98-100) – »modifizieren« (S. 11), indem sie vom »Fachbuchcharakter« des Sachsenspiegels ausgeht und in den Bildern eine Akzentuierung und Konkretisierung ausgewählter Textstellen erkennt, die dadurch gleichsam die Funktion eines »Index« (S. 31), eines »Registers« (S. XIX) erhalten. Von einer »bequemen Orientierungshilfe« auch für den Lese*kundigen* war schon früher gesprochen worden.[10] Dem hätte und hat Koschorreck zugestimmt: Die Memorialfunktion der Bilder wird auch hierbei letztlich vorausgesetzt. Es zeugt für den hohen Bekanntheitsgrad des Sachsenspiegel-Faksimiles von 1970 und für die Bedeutung, die man dem Kommentar von W. Koschorreck beimißt, wenn man sein dort abgegebenes Urteil auch für scheinbar recht abgelegene Themen heranzieht. Als Beispiel sei zum Schluß der Aufsatz von Manuela Jahrmärker[11] genannt, die Koschorrecks Deutungen von Sachsenspiegelbildern für ihre Interpretation von Details der Süßkind-Miniatur heranzieht, meist zustimmend (Anm. 28, 40, 45, 46), in einem Falle (S. 345, Anm. 53 zu Koschorreck S. 104) korrigierend: In Abweichung von Koschorrecks Feststellung, die Walther-Miniatur im Codex Manesse gebe nicht den Richtergestus wieder, nennt sie Belege[12] dafür, daß der Richter nicht nur mit unterhalb des Knies gekreuzten, sondern auch mit übereinandergeschlagenen Beinen dargestellt werde. –

Möge die Neuausgabe dieses längst bewährten Buches, dessen Bildteil gegenüber der Handschrift auf 90 Prozent verkleinert wurde, den Kreis seiner Interessenten noch erweitern, neue Fragen provozieren und ihre Beantwortung erleichtern.

Heidelberg, im Mai 1989   Wilfried Werner

ANMERKUNGEN

Anmerkungen

1 Zeitschr. f. Rechtsgesch. 89, 1972, Germ. Abt., S. 416-419.
2 Zeitschr. f. d. gesamte Strafrechtswissenschaft 83, 1971, S. 1037-1039.
3 Text – Bild – Interpretation. Untersuchungen zu den Bilderhandschriften des Sachsenspiegels, 1. Textband, hrsg. von R. Schmidt-Wiegand, München 1986, Einl. S. IX.
4 Vgl. zum Ganzen W. Werner, Die Heidelberger Bilderhandschr. des Sachsenspiegels – Anmerkungen zu ihrer Geschichte und zur Kodikologie, in: Text – Bild – Interpretation, 1986, S. 213-218.
5 Werner, Bilderhandschrift, S. 217; vgl. auch Klaus Nass, Die Wappen in den Bilderhandschriften des Sachsenspiegels. Zu Alter und Herkunft der Codices picturati, in: Text – Bild – Interpretation, 1986, S. 229-270, hier: S. 254.
6 Vgl. I. Buchholz-Johanek, Artikel »Johannes von Buch«, in: Die deutsche Literatur des Mittelalters, Verfasserlexikon, Bd. 4, ²1983, Sp. 555.
7 Nass, S. 242 und 267; vgl. auch Ruth Gesa Hübbe, Der fünfte Heerschild in der Heidelberger Bilderhandschrift des Sachsenspiegels, in: Text – Bild – Interpretation, 1986, S. 271-276.
8 Victor Michels, Mittelhochdeutsche Grammatik, 5. Aufl., hrsg. von Hugo Stopp, 1979, § 173 A; ähnlich Virgil Moser, Frühneuhochdeutsche Grammatik I, 3: Konsonanten..., 1951, § 135, 1b, S. 126: »... auch die kursächsische Kanzlei gebraucht bereits von Anfang an [d. h. seit Ende des 13. Jh.s] durchaus ph [pph], pf... Anders verhalten sich dagegen offenbar die omd. Stadtkanzleien... Doch selbst in den obs.-thür. Hss. ist die Affrikate scheinbar schon seit Beginn des Fnhd. in der Hauptsache durchgedrungen.«
9 Text und Bild in den Codices picturati des Sachsenspiegels – Überlegungen zur Funktion der Illustration, in: Text – Bild – Interpretation, 1986, S. 11-31.
10 W. Werner, Cimelia Heidelbergensia, Wiesbaden 1975, S. 66.
11 Die Miniatur Süßkinds von Trimberg in der Manessischen Liederhandschrift, in: Euphorion 81, 1987, S. 330-346.
12 In Ergänzung zu R. Schmidt-Wiegand, Artikel »Gebärde«, in: Handwörterbuch z. dt. Rechtsgesch. 1, 1971, Sp. 1416.

EINLEITUNG DER AUSGABE VON 1970

LITERATUR, ABKÜRZUNGEN

Mit seinem Entschluß, der Öffentlichkeit eine möglichst originalgetreue Wiedergabe der Heidelberger Bilderhandschrift des Sachsenspiegels vorzulegen, kommt der Verlag vielseitigen Interessen entgegen. Die bisherige große Nachfrage nach fotografischen Kopien aus der Originalhandschrift zeigt, wie weit der Wunsch verbreitet ist, gute farbige Abbildungen davon zu besitzen und für die verschiedensten Zwecke verwenden zu können. Aber die Verbreitung einer gediegenen Nachbildung der sorgsam gehüteten, zu den größten Kostbarkeiten der Heidelberger Universitätsbibliothek gehörenden Handschrift soll – in Abwandlung eines Wortes von Goethe zu diesem Gegenstand – nicht nur ein bereits vorhandenes Interesse an diesen Bildern befriedigen, sondern neues wecken. Hier liegt eine kulturelle Aufgabe, deren sich der Verlag mit dieser wohlfeilen Edition angenommen hat. Schließlich sei auch noch auf ein wissenschaftliches Bedürfnis hingewiesen, das sich in einem Wunsch äußert, den C. G. Homeyer einst zum Ausdruck gebracht hat (Ssp. I S. 115), das Bedürfnis, jederzeit alle erhaltenen Bilderhandschriften des Sachsenspiegels in vollständigen Nachbildungen von guter Qualität zu Vergleichszwecken an einem Ort zur Verfügung zu haben. Die vorliegende Ausgabe ist, was ihren Faksimileteil betrifft, der erste vollkommene Schritt in dieser Richtung, da die Dresdener Handschrift bis auf wenige Farbtafeln nur in Schwarz-Weiß vervielfältigt wurde.

Der Kommentarband soll vor allem dem der Sache Fernerstehenden die Beschäftigung mit dem Stoff erleichtern. Es schien deshalb erforderlich, den übrigen erläuternden Abschnitten auch eine Umschrift des Textes der Handschrift und eine Übersetzung hinzuzufügen.

Als bloße Lesehilfe, die das Original nicht ersetzen soll, folgt die Transkription dem handschriftlichen Text so weit, wie dies für ihren Zweck erforderlich ist. Übergangen wurden Besonderheiten von ausschließlich paläographischer Bedeutung, wie die durchgehende Unterscheidung von langem »s« im An- und Inlaut und auslautendem Rund-s, die meisten der in der Handschrift vorkommenden Ligaturen u. ä. Eine moderne Interpunktion soll dem Verstehen des transkribierten Textes förderlich sein und zur besseren Orientierung wurde eine Artikel- und Paragraphenzählung beigefügt, die ohne Rücksicht auf die Artikelzählung im Original nach der Sachsenspiegelausgabe von Homeyer eingesetzt wurde. Abweichungen dieser Art sind um so eher möglich, als dem Benutzer der Ausgabe der nachgebildete Originaltext vorliegt. Deshalb konnten auch nachträglich übergeschriebene Zeichen auf die Zeilen gesetzt werden: 11^v Zeile 26 das von einer späteren Hand zugleich mit einem Komma hinter »alle« eingefügte Relativpronomen »di«, 14^r Zeile 10 das »i« in »gebotit« und 19^r Zeile 5 das (versehentlich lange?) Genitiv-s hinter »orkvnde«, beides wahrscheinlich vom Schreiber des Textes nachträglich zugesetzt.

Erhebliche Schwierigkeiten bereitete in zahlreichen Fällen die Entscheidung über Zusammen- oder Getrenntschreibung der Wörter. Die geringe Sorgfalt, die der Schreiber auf seine Arbeit verwendet hat, machte es unmöglich, dieses Problem in der Umschrift befriedigend zu lösen. Es konnte hier weder eine Regel ermittelt noch Regellosigkeit getreu nachgeahmt werden, weil in zahlreichen Fällen gar nicht auszumachen war, ob das eine oder andere gemeint ist. Die Umschrift versucht, in allen Zweifelsfällen der am häufigsten vorkommenden Schreibweise zu folgen, doch ließ sich auch dieser Grundsatz nicht völlig konsequent durchführen. Auch hier bietet die Nachbildung des Originals dem Leser die Möglichkeit der Nachprüfung und Korrektur.

Offenkundige Schreibfehler, die der Schreiber der Handschrift verschuldet hat, kommen selten vor: 9^r Zeile 8 »abegant« statt »abeganc«, 10^r Zeile 26/27 »schibar« statt »schībar« (»schinbar«), 18^r Zeile 11 »siber« statt »silber«, zeile 30 »daf« statt »darf«. Andere Schreibfehler gehen bereits auf die Vorlage zurück, z. B. 11^r Zeile 2 »vi« statt »in«, 17^v Zeile 7 »mite« statt »rut(t)e«, 19^v Zeile 10 »rivan« statt »ruian« u. a.

Auf Blatt 13^v sind in Zeile 7/8 die Worte: »al habe he im sin v'lisē gesazt« von einer anderen Hand nachträglich eingesetzt. Blatt 15^v Zeile 15 weist eine Rasur auf, in die die Negationspartikel »ī« eingesetzt ist. Eine weitere Rasurstelle wird auf Blatt 30^v, linke Spalte, Zeile 24 von dem Wortteil »(ar)nestein« eingenommen.
Die Grundsätze für die Übersetzung sind ebenfalls von der

Tatsache wesentlich mitbestimmt, daß der Urtext sowohl im Faksimileband wie auch in transkribierter Form im Kommentarband beim Lesen der Übersetzung gegenwärtig ist. Dadurch wurde es möglich, an die Stelle jener in Satzbau und Ausdruck so weitgehenden Übereinstimmung mit dem Originaltext, durch die sich die meisten der bisherigen Übersetzungen auszeichnen, eine sprachliche Freiheit zu setzen, die alles Gewicht auf die Sinngenauigkeit legt, dabei aber die Möglichkeit bietet, den Text interpretierend zu verdeutlichen und lesbarer zu machen. Dazu war einmal eine gegenüber dem Urtext stärkere sprachliche Differenzierung und zum anderen an vielen Stellen die Einfügung erläuternder Zusätze erforderlich, die in Kursivdruck erscheinen. Alte Rechtswörter wurden, soweit sie sich nicht adäquat durch neuhochdeutsche Begriffe ersetzen ließen, meistens beibehalten, wenn sie auch in der modernen rechtshistorischen Literatur gebräuchlich sind, so daß sich dort die Erläuterungen leicht beschaffen lassen. An einzelnen Stellen, an denen der vorliegende Text so verderbt ist, daß sich keine sinnvolle Übersetzung ergab, z. B. Ldr. III 66 § 2, wurde auf andere Textfassungen (vor allem Homeyer und Eckhardt) zurückgegriffen. Die Namensformen in der »Vorrede von der Herren Geburt« sind überwiegend ungeprüft aus der Übersetzung von K. A. Eckhardt übernommen.

Für die Erläuterungen der Bilder wurden in der Hauptsache DS II und TD zugrundegelegt. Die knappen und summarischen Deutungen in TD konnten in den meisten Fällen nur Anregungen, nicht aber detaillierte Ergebnisse bieten. In v. Amiras Werk steht die Dresdener Bilderhandschrift im Vordergrund. Deshalb mußten bei der gewaltigen Menge an zu verarbeitendem Stoff die von ihm zum Vergleich herangezogenen Handschriften an manchen Stellen zu kurz kommen. Erschwerend für seine Arbeit mit der Heidelberger Handschrift wirkte sich aus, daß er das Original nicht während der ganzen Dauer der Bearbeitung zur Verfügung hatte. Er war vielmehr weitgehend auf die groben und oft ungenauen Nachzeichnungen in TD angewiesen. Zwar hatte er sein eigenes Exemplar dieser Ausgabe anhand des Originals selber »genau koloriert und korrigiert« (vgl. Hirsch, Lehnrecht. S. 234), dabei ist ihm aber manche Einzelheit entgangen, die für die Bilderklärungen von Belang gewesen wäre. So waren beide Erläuterungswerke an zahlreichen Stellen zu ergänzen oder zu korrigieren, was jedoch in der vorliegenden Ausgabe zumeist nicht kenntlich gemacht wurde.

Im Gegensatz zu v. Amira, der die Orientierungsbegriffe »rechts« und »links« in seinem Werk heraldisch verstanden wissen will, sind sie in der vorliegenden Ausgabe, wenn nicht ausdrücklich ein anderer Bezugspunkt gesetzt ist, auf den Standpunkt des Betrachters ausgerichtet. Wenngleich zugegeben werden muß, daß diese Orientierungsweise nicht wie die heraldische in jedem Fall ohne weiteres eindeutig ist, so erspart sie doch dem Leser ein ständiges Umdenken. Mißverständnisse und Zweifel durch geeignete Formulierungen auszuschließen, war Sache des Verfassers.

Die den einzelnen Bilderläuterungen beigefügten Hinweise auf den zugehörigen Rechtssatz beziehen sich auf die Übersetzung des Sachsenspiegeltextes.

Die handschriftenkundliche Beschreibung der Heidelberger Bilderhandschrift (S. 95 ff.) beschränkt sich auf die Mitteilung derjenigen Fakten, die nicht dem Faksimileteil dieser Ausgabe zu entnehmen sind.

Für sorgfältiges Mitlesen der Korrekturen ist Frau Hiltraud Zell, Heidelberg-Wieblingen, zu danken.

LITERATUR

Amira, Karl von: Die Genealogie der Bilderhandschriften des Sachsenspiegels. In: Abhandlungen der Kgl. bayer. Akademie der Wissensch. 1. Kl. Bd. 22, Abt. 2. München 1902. S. 325–385.

–: Die Handgebärden in den Bilderhandschriften des Sachsenspiegels. In: Abhandlungen der Kgl. bayer. Akademie der Wissensch. 1. Kl. Bd. 23, Abt. 2. München 1905. S. 161–263.

–: Die germanischen Todesstrafen. Untersuchungen zur Rechts- und Religionsgeschichte. München 1922. (Abhandlungen der Bayerischen Akademie der Wissenschaften. Philos.-histor. Kl. 31,3.)

Die Dresdener Bilderhandschrift des Sachsenspiegels. Auf Veranlassung d. Kgl. Sächs. Kommission f. Gesch. hrsg. von Karl v. Amira. Bd. 1.2,1.2. Leipzig 1902–26.
  1: Facsimile Band in Lichtdruck und Farbendruck. 1902.
  2: Erläuterungen. T. 1.2. 1925–26.

Conrad, Hermann: Deutsche Rechtsgeschichte.
  Bd. 1: Frühzeit und Mittelalter. 2. Aufl. Karlsruhe 1962.

Teutsche Denkmäler. Hrsg. u. erkl. von Batt, v. Babo, Eitenbenz, Mone und Weber. Lfg. 1: Bilder zum Sächsischen Landrecht und Lehnrecht. Heidelberg 1820.

Fehr, Hans: Kunst und Recht. Bd. 1–3. 1923–36.
  1: Das Recht im Bilde. Erlenbach-Zürich, München, Leipzig 1923.
  2: Das Recht in der Dichtung. Bern 1931.
  3: Die Dichtung im Recht. Bern 1936.

Grimm, Jacob: Deutsche Rechtsaltertümer. 4. Ausg. bes. durch Andreas Häusler u. Rudolf Hübner.
  Bd. 1.2. Neuer Abdruck. Leipzig 1922.

Handwörterbuch zur deutschen Rechtsgeschichte. Hrsg. von Adalbert Erler u. Ekkehard Kaufmann. Lfg. 1ff. Berlin 1964ff.

His, Rudolf: Das Strafrecht des deutschen Mittelalters. T. 1.2. 1920–1935.
  1: Leipzig 1920.
  2: Weimar 1935.

Kötzschke, Rudolf: Die Heimat der mitteldeutschen Bilderhandschriften des Sachsenspiegels. Leipzig 1943. (Berichte über die Verhandlungen d. Sächs. Akademie d. Wissensch. zu Leipzig. Philolog.-hist. Kl. Bd. 95.)

Kopp, Ulrich Friedrich: Bilder und Schriften der Vorzeit. Mannheim 1819.
  Bd. 2: Mannheim 1821.

Lehmann, Paul: Eine Geschichte der alten Fuggerbibliotheken. T. 1.2. Tübingen 1956–60. (Schwäb. Forschungsgemeinschaft bei d. Kommission f. Bayer. Landesgesch. Reihe 4, Bd. 3 u. 5. Studien zur Fuggergeschichte. Bd. 12 u. 15.)

Planck, J. W.: Das deutsche Gerichtsverfahren im Mittelalter. Bd. 1.2. Braunschweig 1879.

Der Richtsteig Landrechts nebst Cautela und Premis. Hrsg. von Carl Gustav Homeyer. Berlin 1857.

Der Sachsenspiegel. Bilder aus der Heidelberger Handschrift. Eingel. u. erl. von Eberhard Freiherrn v. Künßberg. Leipzig 1934. (Insel-Bücherei Nr. 347.)

Schröder, Richard: Lehrbuch der deutschen Rechtsgeschichte. 6. Aufl., fortgeführt von Eberhard Freiherrn v. Künßberg. T. 1.2. 1919–22.
  1: Leipzig 1919.
  2: Berlin und Leipzig 1922.

Wilken, Friedrich: Geschichte der Bildung, Beraubung und Vernichtung der alten Heidelbergischen Büchersammlungen. Heidelberg 1817.

Sachsenspiegel. Textausgaben und Übersetzungen

Sachsenspiegel. Hrsg. v. Carl Gustav Homeyer. T. 1.2 Berlin.
  1: Sächsisches Landrecht. 3. Aufl. 1861. 2, Bd. 1: Sächsisches Lehnrecht und der Richtsteig Lehnrechts. 1842. 2, Bd. 2: Der Auctor vetus de beneficiis, das Görlitzer Rechtsbuch und das System des Lehnrechts. 1844.

Sachsenspiegel oder Sächsisches Landrecht, zusammengestellt mit dem Schwäbischen nach dem Cod. Pal. 167, unter Vergleichung des Cod. pict. 164, mit Übersetzung … von Carl Robert Sachße. Heidelberg 1848.

Der Sachsenspiegel (Landrecht) … hrsg. von Julius Weiske. Neu bearb. von Rudolf Hildebrand. 11. Aufl. Leipzig 1929.

Sachsenspiegel. Landrecht. Hrsg. von Karl August Eckhardt. (2. Bearb.) Göttingen, Berlin, Frankfurt 1955. (Germanenrechte. N. F. Land- und Lehnrechtsbücher.)

Sachsenspiegel. Lehnrecht. Hrsg. von Karl August Eckhardt. (2. Bearb.) Berlin, Frankfurt 1956. (Germanenrechte. N. F. Land- und Lehnrechtsbücher.)

Das Landrecht des Sachsenspiegels. Hrsg. von Karl August Eckhardt. Göttingen, Berlin, Frankfurt 1955. (Germanenrechte. Texte und Übersetzungen. Bd. 14.)

Das Lehnrecht des Sachsenspiegels. Hrsg. von Karl August Eckhardt. Göttingen, Berlin, Frankfurt 1956. (Germanenrechte. Texte u. Übersetzungen. Bd. 15.)

Sachsenspiegel. (Landrecht). Hrsg. von Claudius Freiherr v. Schwerin. Stuttgart 1964. (Reclams Universal-Bibliothek Nr. 3355/56.)

Eike von Repgow: Der Sachsenspiegel. (Landrecht). In unsere heutige Muttersprache übertragen … von Hans Christoph Hirsch. Berlin, Leipzig 1936.

Eike von Repgow: Sachsenspiegel. Lehnrecht. Übertragen … von Hans Christoph Hirsch. Halle (Saale) 1939. (Schriften d. Hall. Wissenschaftl. Gesellschaft. Bd. 3.)

Sachsenspiegel. Hrsg. von Karl August Eckhardt. 5: Landrecht in hochdeutscher Übertragung. Hannover 1967. (Germanenrechte. N. F. Land- und Lehnrechtsbücher.)

ABKÜRZUNGEN

DS I. II,1.2.	Die Dresdener Bilderhandschrift des Sachsenspiegels ... hrsg. von Karl v. Amira. Bd. 1. 2,1.2. (s. Literaturverzeichnis)
Genealogie	Amira, Karl von: Die Genealogie der Bilderhandschriften des Sachsenspiegels. (s. Literaturverzeichnis.)
Handgebärden	Amira, Karl von: Die Handgebärden in den Bilderhandschriften des Sachsenspiegels. (s. Literaturverzeichnis.)
(Hs.) D	Dresdener Bilderhandschrift des Sachsenspiegels.
(Hs.) H	Heidelberger Bilderhandschrift des Sachsenspiegels.
Homeyer Ssp. I.II 1.2	Sachsenspiegel. Hrsg. v. C. G. Homeyer. Teil 1. 2,1.2. (s. Literaturverzeichnis.)
HRG	Handwörterbuch zur deutschen Rechtsgeschichte. (s. Literaturverzeichnis.)
Kopp 1	Kopp, Ulrich Friedrich: Bilder und Schriften der Vorzeit. 1819. (s. Literaturverzeichnis.)
Ldr.	Landrecht des Sachsenspiegels.
Lnr.	Lehnrecht des Sachsenspiegels.
nd.	niederdeutsch
mhd.	mittelhochdeutsch
RA 1.2.	Grimm, Jacob: Deutsche Rechtsaltertümer. 1922. (s. Literaturverzeichnis.)
RLdr.	Richtsteig Landrechts.
RLnr.	Richtsteig Lehnrechts.
TD	Teutsche Denkmäler. (s. Literaturverzeichnis.)
ZRG. Germ. Abt.	Zeitschrift der Savigny-Stiftung für Rechtsgeschichte. Germanistische Abteilung.

DAS RECHTSBUCH

DIE BILDERHANDSCHRIFTEN DES SACHSENSPIEGELS

DIE BILDER DER HEIDELBERGER HANDSCHRIFT

DAS RECHTSBUCH

I

Der Verfasser des Sachsenspiegels, Eike von Repgow, führt seinen Namen nach dem Dorfe Reppichau in der Nähe von Dessau. Sein Geburts- und sein Todesjahr sind unbekannt, doch wird er in der Zeit zwischen 1209 und 1233 mehrmals urkundlich erwähnt[1]. Er schrieb das Rechtsbuch zuerst in lateinischer Sprache und übersetzte es dann ins Niederdeutsche, wobei er es in einer gereimten Vorrede seinem Lehnsherrn, dem Grafen Hoyer von Falkenstein widmete, vielleicht als Dank dafür, daß Graf Hoyer durch seine Anteilnahme am Zustandekommen der Übersetzung die Arbeit wesentlich gefördert hat. In einem unter dem Titel »Auctor vetus de beneficiis« überlieferten, in lateinischer Reimprosa geschriebenen Werk ist uns die Urfassung des Lehnrechts erhalten, während die des Landrechts verschollen ist.

Die Entstehungszeit des Rechtsbuches fällt wahrscheinlich in das dritte Jahrzehnt des 13. Jahrhunderts. Bis 1230/31 jedenfalls war neben der lateinischen Urfassung und der Übersetzung ins Deutsche noch eine zweite deutsche Fassung von Eike selber abgeschlossen, die gegenüber der ersten um einige Zusätze erweitert ist[2]. Der Sachsenspiegel enthält Landrecht und Lehnrecht. Die Einteilung des Landrechts in 3 Bücher ist wahrscheinlich im ersten Drittel des 14. Jahrhunderts erfolgt. Der Text hat nachmals noch mehrere Erweiterungen erfahren. Der Bearbeiter einer vierten deutschen Fassung hat dem Werk eine zweite Reimvorrede hinzugefügt, in der er das Rechtsbuch und seinen Verfasser gegen Angriffe und falsche Auslegungen in Schutz nimmt. Einem unbekannten Autor wird auch die »Vorrede von der Herren Geburt« zugeschrieben, doch dürfte sie bereits in den Jahren 1232 bis 1235 abgefaßt sein[3].

Der moderne Leser des Sachsenspiegels wird darin vor allem die strenge Systematik vermissen, die er bei der Rechtsliteratur unserer Zeit gewöhnt ist. Schon die Juristen des 16. Jahrhunderts fanden ihn »confuse und unordentlich« geschrieben[4]. Eine im Ansatz vorhandene systematische Ordnung wird durch ständiges Abirren zu neuen Themen und Gegenständen, die gänzlich aus dem Rahmen fallen, unterbrochen, der rote Faden verliert sich fortwährend im Gestrüpp von Einschüben, die, für sich genommen, zum Teil durchaus, wenn auch an anderer Stelle, in das Rechtsbuch passen, zum Teil aber in einem Werk, das der praktischen Rechtsanwendung dienen soll, jedenfalls auf uns recht befremdlich wirken. Die historische Rechtswissenschaft unserer Tage bemüht sich daher immer wieder von neuem um den »Gedankengang« im Sachsenspiegel[5]. Auch wenn man bedenkt, daß das System des Rechts in Eikes Augen noch ganz anders ausgesehen hat als in unseren, auch wenn man spätere Zusätze von fremder Hand berücksichtigt, kann man den Eindruck nicht verwischen, daß die innere Ordnung des Werkes von Anfang an durch einen gewissen Mangel an Denkdisziplin stark beeinträchtigt war. Man spricht deshalb auch davon, daß Eike, in systematischem Denken, wie wir es heute verstehen, noch nicht hinlänglich geschult und gefestigt, leicht bloßen Gedankenassoziationen nachgab[6]. Als Fremdkörper wirken auf uns auch biblische Exkurse oder Geschichten wie die von den vier Weltreichen (Ldr. III 44 § 1) oder die Herkunftssage der Sachsen (Ldr. III 44 §§ 2 u. 3), obgleich der Verfasser sie durchaus logisch zur Begründung anschließend mitgeteilter Rechtsbestimmungen anführt und obwohl sie uns damit wertvollen Aufschluß über seine Rechtsanschauung geben. Ungewöhnlich für unser Stilgefühl ist ferner die häufige Verwendung von rhythmischen Sätzen, von reimenden und stabenden Versen und Wortpaaren in einem Werk der Rechtsliteratur, die wir nach Stoff und Sprache nüchtern, trocken, pedantisch anzutreffen gewohnt sind:

»Men scal ok deme erven gelden
dat men deme doden sculdich was«.
(Ldr. I 6 § 4)

»It ne erft neman nen len
wan de vader op den sone«.
(Ldr. 21 § 3)

»Svar it kint is vri unde echt,
dar behalt it sines vader recht«.
(Ldr. I 16 § 2)

»Manlik sal ok bescuren
sinen oven unde sine muren«.
(Ldr. II 51 § 2)

»Herren unde mannes valsche rat
geliket wol ungetruwer dat.«
(Ldr. 76 § 6)

»tune unde timmer« (Ldr. I 20 § 1), »to hut unde to hare« (Ldr. II 13 § 1), »mach unde manc«, »lant unde lif«, »over hals unde over hant« (Ldr. III 78) sind Beispiele solcher poetischen Stilelemente im Sachsenspiegel. Ihre Verwendung war jedoch nichts weniger als bloße Spielerei. Wenn es richtig ist, daß der lateinische Ur-Sachsenspiegel gleich dem »Auctor vetus de beneficiis« in Reimprosa verfaßt war, dann muß man sich eher wundern, daß Eike nicht auch seine niederdeutsche Übersetzung durchweg in gebundener Sprache geschrieben hat. Das gereimte oder gestabte Rechtssprichwort, der rhythmische Satz, die Reimprosa, sie dienten in erster Linie dazu, das Recht besser im Gedächtnis zu behalten und es auswendig vortragen zu können, und wirkten dann auch gleichzeitig einer willkürlichen Veränderung des »guten alten Rechts«[7] entgegen. Für die mündliche Überlieferung des Rechts waren solche Hilfen kaum zu entbehren. Die Notwendigkeit, die Rechtssätze auswendig zu können, entfiel aber damit, daß Eike sie schriftlich fixierte, zunächst durchaus nicht. Er selbst wird kaum auf den Gedanken gekommen sein, daß der bis dahin schriftlos ablaufende Rechtsgang jetzt plötzlich auf die Verwendung des Buches im Gericht selber umgestellt würde. Dem stand nicht allein die viel zu geringe Verbreitung der Kunst des Lesens entgegen, sondern auch die übertriebene Formenstrenge, die den Rechtsgang beherrschte. Wo man bei Strafe nicht einmal husten oder niesen, eine Mücke wegscheuchen oder sich auch nur umsehen durfte[8], da wäre das Blättern in einem Buch undenkbar gewesen. Eike hätte deshalb allen Grund gehabt, denen, die er sich als Benutzer seines Werkes dachte, das Recht in einprägsamer Form darzubieten. Daß er sich darüber im klaren war, zeigt die Reimprosa seiner lateinischen Urfassung.

Über die Motive, die ihn bewegten, den Sachsenspiegel zu schreiben, äußert sich Eike selber in seiner Reimvorrede. Es war vor allem die Absicht, seine gute Rechtskenntnis der Mitwelt mitzuteilen und der Nachwelt zu erhalten (V. 154 ff.). Bei der Abfassung des deutschen Textes hatte er jedoch bereits die Erfahrung gemacht, daß sein Wunsch sich mit einem starken Bedürfnis der Zeitgenossen nach schriftlicher Rechtsaufzeichnung, die die allgemeine Verbreitung der Rechtskenntnisse ermöglichte, begegnete. Er war sich aber sehr wohl auch der Gefahren bewußt, die darin lagen. Einerseits fürchtete er, daß Lücken in seinem Rechtsbuche, die auf sein eigenes Versehen zurückgingen, eine dem vollständigen Recht gemäße, richtige Rechtsprechung behindern könnten. Er bittet daher die Benutzer seines Buches, wenn sie auf solche Lücken stießen, sich mit rechtskundigen Leuten darüber zu bereden und nach deren Rat und besserem Wissen oder auch aus eigener Rechtskenntnis die Lücke zu füllen und unabhängig von seinen Aufzeichnungen eine zutreffende Entscheidung zu suchen (V. 141-147; 195-211; Prologus, Satz 1-3). Andererseits schwebte ihm die Gefahr vor, verantwortungslose Menschen könnten die Autorität seines Namens und seines Werkes dazu mißbrauchen, den Sachsenspiegel in unrechter Weise zu vermehren und dadurch das Recht zu verdrehen. Gegen solchen bösen Willen schleudert er seinen Fluch (V. 221-260).

Die Einsicht, daß offensichtlich ein dringender Bedarf an schriftlich fixiertem Recht bestand, von dem auch diejenigen Kenntnis nehmen konnten, die kein Latein verstanden, war für Eike sicher der Anlaß, sein Werk ins Deutsche, in die Volkssprache zu übersetzen. Nur auf diese Weise konnte seine Absicht verwirklicht werden, das Gottesgeschenk, das er besaß, Allgemeingut werden zu lassen (V. 157/158). Man braucht daher gewiß keine Bedenken zu haben, die Initiative zu dem schwierigen Werk der Übersetzung bei seinem Verfasser zu suchen, wenn er selber das auch ablehnt und das Verdienst, die Übersetzung ins Deutsche veranlaßt zu haben, dem Grafen Hoyer von Falkenstein zuweist (V. 261-280). Wir wissen zwar heute, daß diese letzten Verse seiner Reimvorrede eine jener Bescheidenheitsformeln enthalten, die, aus antiker Überlieferung stammend, im Mittelalter weit verbreitet waren[9]. Ist es aber wirklich nichts mehr als der formelhafte Ausdruck einer konventionellen Bescheidenheit, was aus jenen Versen spricht? Eike hat seinen lateinischen Sachsenspiegel, wie heute feststeht, in das Niederdeutsch seiner Heimat übersetzt[10]. Aber diese Sprache war literarisch bis dahin noch in keiner Hinsicht erprobt oder gar durchgebildet, insbesondere auch als Rechtssprache nicht. Er, der selber am Anfang der mittelniederdeutschen Literatur steht[11], konnte auf keine Vorbilder zurückgreifen, mußte in der Tat »ane helpe unde ane lere« (V. 275) an diese Arbeit gehen. Soll man ihm da nicht glauben, daß er es ernst meinte, wenn er die Mühsal (V. 279: »arbeit«), die er damit auf sich zu nehmen hatte, als ein rechtes Wagnis (V. 278: »genande« von genenden = wagen, riskieren) ansah und zunächst vielleicht doch recht verzagt vor dieser Aufgabe stand? Da mag ihm denn sein Lehnsherr mehr als einmal drängend zugeredet haben, und sein Zuspruch hatte sicher einen wesentlichen Anteil daran, daß Eike sein Zögern schließlich überwand.

Der Spiegler will in dem Buch nicht persönliche Rechtsauffassungen äußern, er hat die Rechtssätze nicht selber erdacht, sondern empfindet es als seinen Auftrag, das bestehende Recht darzustellen, wie er es aus der Überlieferung geschöpft hat (V. 151-153). Dabei hält er sich aber nicht nur an die mündliche Tradition. Auch schriftliche Quellen hat er verwendet, das Decretum Gratiani und andere Dekretalensammlungen zum Beispiel, einige Landfriedensgesetze, verschiedene chronikalische Werke aus unmittelbarer oder mittelbarer Überlieferung, ferner besonders auch die Bibel u.a.m. Weil er bestehendes Recht wiedergeben will, nennt er sein Buch »Spiegel der Sachsen«, denn es soll, wie der Spiegel ein Frauenantlitz, das objektiv vorhandene Sachsenrecht nur zurückstrahlen (V. 178-182). Allerdings ist es Eike in zweifacher Hinsicht nicht völlig gelungen, diesen Grundsatz mit der letzten Konsequenz durchzuführen. Einmal ist es nicht sächsisches Stammesrecht, das sein Spiegel wiedergibt, sondern das Recht seiner ostfälischen Heimat, und zweitens sind doch auch manche eigenen Gedanken in das Rechtsbuch mit eingeflossen, die dann allerdings nachträglich Rechtskraft erhielten, wie denn überhaupt diese Privatarbeit rasch zu so hohem Ansehen gelangte, daß sie schon frühzeitig wie ein Gesetzbuch behandelt und großen Gesetzgebern zugeschrieben wurde; das Landrecht sah man für ein Privileg Karls des Großen, das Lehnrecht als Gesetz Friedrich Barbarossas an. Dem entsprach seine Verbreitung. Noch bis zum Zweiten Weltkrieg gab es rund 200 vollständige Sachsenspiegelhandschriften und eine erhebliche Anzahl von Fragmenten, die die Zeiten überdauert hatten. Schon bald wurde das Buch ins Mittel- und Oberdeutsche übertragen, dann ins Holländische, Polnische, Tschechische und mehrfach auch wieder ins Lateinische. Das Recht des Sachsenspiegels breitete sich über das deutsche Sprachgebiet hinaus weiter aus, besonders nach dem Osten, nach Polen, Südwestrußland und Ungarn.

Im ersten Drittel des 14. Jahrhunderts begann eine juristisch gelehrte Beschäftigung mit dem Sachsenspiegel, seit der altmärkische Ritter und Hofrichter in Diensten der Markgrafen von Brandenburg, Johann von Buch, - nach 1325 - den Sachsenspiegel mit einer Glosse versah, um seine Übereinstimmung mit dem römischen und kanonischen Recht darzutun. Andere Glossatoren folgten. Zahlreiche weitere Rechtsbücher entstanden in den auf Eike folgenden zwei Jahrhunderten in mehr oder weniger starker Abhängigkeit vom Sachsenspiegel, bekannt vor allen der in Augsburg entstandene »Deutschenspiegel«, der wesentlich auf einer oberdeutschen Übersetzung des Sachsenspiegels beruht, ferner der mit dem Deutschenspiegel eng verwandte, jedoch weitaus bedeutendere »Schwabenspiegel« (Kaiserrecht), ein »Frankenspiegel« (Kleines Kaiserrecht), sodann die auf Grund des Sachsenspiegels verfaßten systematischen Darstellungen des Rechtsganges vor Gericht, der »Richtsteig Landrechts«, dessen Verfasser Johann von Buch ist, und - aus einer anderen Feder - der »Richtsteig Lehnrechts« und andere.

II

Eikes Rechtsauffassung entspricht der seiner Zeit[12]. In »Gott, der da ist Beginn und Ende aller Dinge« (Textus prologi) liegt auch der Ursprung des Rechts. Damit ist jedoch nicht eine abstrakte Rechtsidee gemeint, sondern das konkrete irdische Recht, wie es christliche Könige, Konstantin und Karl der Große, gegeben haben. Denn das Recht, das sie setzten - und dazu gehört auch das Sachsenrecht, das, wie Eike sagt, immer noch von Karl dem Großen abgeleitet wird[13] - ist nichts anderes als das Gesetz und Gebot Gottes, »dat uns sine wissagen gelart hebben unde gude geistlike lude« (das uns seine Propheten gelehrt haben und gute geistliche Leute) (Textus prologi). Mit jener sagenhaften Anknüpfung an Karl den Großen soll nicht der irdische Ursprung des Rechts behauptet werden; denn wie jeder »mythische Gesetzgeber« wird er nur »als eine besonders kräftige und deutliche Enthüllung des Wahren und Guten aufgefaßt. Gott ist der einzige Gesetzgeber im vollen und wahren Sinne des Wortes«[14]. Die Abkunft von Gott und aus seiner »e« des Alten und Neuen Testaments ist deshalb der letzte Prüfstein für die Richtigkeit, d.h. Rechtmäßigkeit, einer rechtlichen Institution. Nehmen wir etwa die Unfreiheit: Weil sie, an diesem Maßstab gemessen, der Prüfung nicht standhält, deshalb kann sie nur aus widerrechtlicher Gewohnheit herrühren, die keinen Anspruch darauf hat, als Recht zu gelten (Ldr. III 42 §§ 1, 3-6). Seinem Ursprung zufolge ist das Recht, und zwar ebenfalls wiederum der konkrete Rechtssatz, aber auch allgemein und überzeitlich: Da gibt es Leute, so etwa heißt es Ldr. III 42 § 3, die meinen, die Knechtschaft leite sich von Noahs Sohn Ham oder von Isaaks Sohn Esau her, denen beiden aus verschiedenem Anlaß der Segen ihrer Väter verlorenging. Indessen, von allen anderen Gründen abgesehen, »so haben wir in unserem Rechte«, d.h. im Recht der Sachsen (!)[15] »daß niemand sich selbst zu eigen geben kann, ohne daß sein Erbe dies widerrufen könnte«. Da dies im Sachsenrecht so überliefert ist, »wie hätten da Noah oder Isaak einen anderen zu eigen geben können, da sich doch selbst niemand zu eigen geben kann«. Die Idee eines zeitlosen Universalrechtes, die hier durchschimmert, läßt es denn auch plausibel erscheinen, daß Konstantin und Karl der Große ein Recht gesetzt haben, das der sächsische Ritter in seinem »Sachsenspiegel« als Sachsenrecht einfangen konnte, um es als solches widerstrahlen zu lassen. Sie konnten es, wie gesagt, als mythische Gesetzgeber. Als zeitlicher und irdischer König war Karl der Große für Eike durchaus der Franke, dessen gesetzgeberischer Tätigkeit der Sachse mit allem Vorbehalt gegenüberstand, dem er einst sein ganzes altes Recht abtrotzte (Ldr. I 18 § 3)[16], allerdings nur soweit, als es christlichen Rechtsgrundsätzen und christlichem Glauben nicht widersprach. Eike ging es um die Mitteilung des richtigen und guten, weil gottentsprossenen und alten Rechts, das er jedenfalls in seinem sächsischen Stammesrecht verkörpert sah. Seine Rechtskenntnis war ihm Rechtsoffenbarung von Gott, die er weiterzugeben hatte, und was er »mine lere« nennt, ist nichts als eben diese Vermittlung an andere:

157 »Van Goddes halven diu gnade min
scal alle der werlde gemene sin«.
(Die mir von seiten Gottes zuteil gewordene Vergünstigung soll Gemeingut aller Welt sein.)

Anders wären die Verse 133-137 seiner Reimvorrede:

»Swe buten miner lere gat,
he sprikt lichte, des he laster hat,
unde dut sunde jegen Got;
went he brikt der e bot

swe so recht verkeret«
(Wer von meiner Lehre abweicht, der redet leichtsinnig zu seiner Schande und tut Sünde gegen Gott; denn wer so das Recht verdreht, der bricht das biblische Gebot).

eine ungeheuerliche, blasphemische Überheblichkeit. Entsprechend sind auch die ersten Verse seiner Vorrede zu verstehen:

»Got hevet de Sassen wol bedacht,
sint dit buk is vorebracht
den luden algemene;«
(Gott hat die Sachsen gut bedacht, indem dies Buch den Menschen allgemein zur Kenntnis gebracht wurde.)

Nicht, daß er eigentlich sich selber oder seine persönliche Schöpfung meinte, wenn er das Buch als ein gutes Geschenk Gottes an die Sachsen bezeichnet. Gott war es, der die Sachsen damit bedacht hat, während er selber nur dienendes Werkzeug ist, und vielleicht nicht einmal ein ganz vollkommenes. Deshalb soll man sich nicht blindlings nur auf sein Buch verlassen, sondern gegebenenfalls auch noch andere fragen (V. 195 ff.).

209 »Went vil wiser lude leren,
de it an gut keren,
is beter den min enes si.«
(Denn die Lehre vieler weiser Leute, die sich das Gute dabei denken, ist besser als die von mir alleine.)

Auch die folgenden Verse (212 ff.) sind wohl weniger der Ausdruck eines berechtigten Selbstgefühls als vielmehr die Bitte um Nachsicht an seine Kritiker: Man möge immerhin bedenken, daß sich bisher ja noch niemand an dies Werk gemacht habe und ihm das zugutehalten. Trotz solcher Einschränkungen weiß sich Eike aber im Besitz des richtigen Rechts, und das »unrecht« (V. 249), das er diesem entgegensetzt, ist weder Ungerechtigkeit noch rechtswidriges Verhalten, sondern ein verkehrtes Recht, ein Aberrecht. Deswegen die Heftigkeit, mit der er die Rechtsverdreher verflucht (V. 221-248). Kehren wir noch einmal zu den oben zitierten Versen 133-137 zurück. Im Vergleich mit V. 195-211, wo Eike es für durchaus möglich erklärt, daß es weise Leute gibt, die in dem oder jenem Punkte gegenüber seinem Buch das »rechtere« wissen und wo er dies Besserwissen voll anerkennt, wird endgültig klar, daß sein Fluch nicht der

Abweichung von »seiner Lehre« im Sinne einer subjektiven Leistung, sondern der Abkehr von dem darin zur Offenbarung gelangten richtigen Recht gilt.

Die von Gott stammende Rechtsordnung ist eine Friedensordnung. Die allgemeine Friedensidee (pax et ius), die das christliche Mittelalter beherrscht, findet wie in den Rechtsauffassungen der Zeit überhaupt und in der Landfriedensgesetzgebung so auch im Sachsenspiegel seinen konkreten Niederschlag: Alt wie das Recht ist auch der Friede (Ldr. II 66 § 1). Der »pax antiqua« des Sächsischen Landfriedens vom 1. September 1221, auf der diese Sachsenspiegelstelle im wesentlichen beruht, entspricht hier das Wort vom »alden vride«, den der Kaiser von neuem bestätigt hat. Zu Friedenszeiten für alle Menschen sind neben den Feiertagen und den »gebundenen Tagen« der Donnerstag, Freitag, Sonnabend und Sonntag jeder Woche bestimmt. Ldr. II 66 § 2 gibt für jeden dieser Tage eine ausführliche Begründung aus der christlichen Heilsgeschichte.

III

Die Wahrung von Frieden und Recht ist Sache des Gerichts. Da aber bei der göttlichen Herkunft dieser beiden der Welt gesetzten Ordnungsprinzipien soziales Wohlverhalten, Unterordnung unter das Recht, Erhaltung des Friedens letzten Endes eine Frage des Gehorsams gegen Gott sind, so sollen weltliches und geistliches Gericht zusammenwirken, diesen Gehorsam zu erzwingen, wo es nötig ist (Ldr. I 1; III 63 § 1). Unmittelbar von Gott – so der Sachsenspiegel Ldr. I 1 – hat der Kaiser das »weltliche Schwert«, das neben dem dem Papst übertragenen »geistlichen Schwerte« zum Schutz der Christenheit gegen ihre äußeren und inneren Feinde bestimmt ist. Es ist gleichzeitig Symbol für die weltliche Gerichtsgewalt.

Oberster Richter ist der König. Seine sachliche und örtliche Zuständigkeit ist unbegrenzt. Wohin er im Reiche auch kommt, fällt ihm ohne weiteres anstelle des sonst für das Gebiet oder den Ort zuständigen Richters das Richteramt zu (Ldr. I 58 § 2; III 60 § 2; Lnr. 69 § 8). Ja, eigentlich ist er der einzige Richter »über Eigen und Lehen und über jedes Menschen Leben«, und nur, weil er selber nicht überall gleichzeitig sein kann, hat er Gerichtsgewalt nach unten weiterverliehen (Ldr. III 52 § 2). Wie für jeden Richter, so gilt auch für ihn der Grundsatz in Ldr. III 30 § 2: »De richtere scal gelik richtere sin allen luden.«

Die Vorstellung vom altherkömmlichen, von Gott gegebenen Recht beherrscht auch den Rechtsgang. An Gottes Statt sitzt der Richter im Gericht, darum soll man ihn »Herr« heißen[17]. Das im Einzelfall zutreffende seit je vorhandene und allgegenwärtige Recht muß im Gericht gefunden werden, wenn eine Sache streitig ist oder Klage wegen Ungericht erhoben wird. Der Richter allein kann in der Regel dieses richtige Recht nicht finden (Ldr. III 30 § 2), er muß es erfragen, und zwar von denen, die dazu berechtigt sind, auf diese Fragen zu antworten. Das sind in dem ordentlichen und regelmäßigen Gericht des sächsischen Landrechts, dem echten Ding des Grafen, die Schöffen (Ldr. III 69 §§ 1 u. 2), sonst alle Freien (Ldr. III 70 § 1). Das echte Grafending findet dreimal im Jahr an »echter Dingstätte«, d. h. am herkömmlichen Ort, statt. Außer dem Grafen als Richter sind die wesentlichen Gerichtspersonen der Schultheiß als Vertreter des Richters, die Schöffen und der Fronbote. Ohne den Schultheißen kann der Graf kein echtes Ding abhalten, ihn soll er um das erste Urteil befragen (Ldr. I 59 § 2; III 52 § 3). Der Fronbote lädt die Parteien, hat für den Gerichtsfrieden zu sorgen und ist im übrigen vor allem Vollstreckungsorgan (Ldr. I 2 § 9; III 56 § 2; 55 § 2). Richter und Schöffen versehen sitzend ihr Amt, barhäuptig und ohne Handschuhe, mit Mänteln auf den Schultern. Waffen dürfen sie nicht tragen (Ldr. III 69 §§ 1 u. 2). Zur Eröffnung des Dinges nimmt der Richter auf dem Richterstuhl Platz (RLdr. 1 § 2). Darauf fragt er den Schultheißen, ob es rechte Dingzeit sei, und verbietet sodann »dingslete und unlust«, Dingstörung und Unruhe. Dieses Gebot wurde außerordentlich streng gehandhabt, obwohl Eike gegen die zu seiner Zeit allgemein verbreiteten Übertreibungen Stellung nahm: Wenn sich jemand vor Gericht schneuze, wenn er spucke, gähne, huste oder niese, Fliegen, Mücken, Bremsen abwehre, dann brauche er entgegen der Ansicht einiger Leute kein Gewette an den Richter zu zahlen (Lnr. 68 § 7). Die Praxis verfuhr nach der gegenteiligen Ansicht[18]. Ebenso unerbittlich wurde auch auf die Beobachtung aller sonstigen Formen und Formeln geachtet. Jede Verletzung seitens der Partei – etwa schon durch bloßes Versprechen, falsche Formulierung, gelegentliches Stottern – konnte dem Prozeß eine ungewollte Wendung geben oder seinen Verlust herbeiführen (Ldr. I 59 § 2; 60 § 1). Deshalb tat jede Partei gut daran, sich einen »Fürsprecher« zu nehmen, dessen Wort nicht galt, wenn der Vertretene sich nicht dazu bekannte (Ldr. I 60 § 1). Der Richter bestimmte den Fürsprecher nach dem Wunsch der Partei. Niemand durfte sich in seinem eigenen Gerichtsbezirk weigern, dies Amt zu übernehmen (Ldr. I 60 § 2).

Es gehörte zu den Dingpflichten, daß der vom Richter um das Urteil Gefragte auch mit einem Urteile antwortete[19]. Dabei war »Urteil«, anders als heute, jede Feststellung, jeder Beschluß, jede Entscheidung des Gerichts, ob sie nun die Sache selbst oder auch nur das Verfahren betraf. Ein Urteil war es also schon, wenn der Schultheiß auf die Frage des Richters, ob es rechte Dingzeit sei, bejahend antwortete. Die Antwort wurde in feierlicher Form gegeben:

»Herre her richter, wolt ir das recht horen?«
So spricht der richter: »ich hore ys gerne«.
»So vinde ich uch zcu rechte, das . . .«[20]

Durch die vom Richter erfragte Zustimmung der Dingpflichtigen (vulbord, volbort) wurde das Urteil rechtskräftig[21]. Wer mit dem Urteil nicht einverstanden war, konnte erklären, daß er ihm die Folge versage und ein besseres vorschlagen (RLdr. 48 § 3). Ein schwerer Angriff nicht nur gegen das Urteil, sondern auch gegen den Urteilsfinder war die Urteilsschelte. Der Schelter mußte dem Urteiler ebenbürtig sein. Während man sitzend das Urteil finden mußte, mußte man es stehend schelten (Ldr. II 12 § 13), und zwar mit bestimmten, genau einzuhaltenden Formeln (Ldr. II 12 § 11). Dann hatte der Schelter sich den Platz auf der Bank des gescholtenen Urteilsfinders auszubitten, und nun seinerseits sitzend das neue Urteil zu finden (Ldr. III 69 § 3). Der beleidigende Charakter der Urteilsschelte führte ursprünglich zur Gerichtsfehde, in der die obsiegende Mannschaft sich durch den Waffenkampf die Geltung ihres Urteils erstritt. Der Sachsenspiegel hat davon in Ldr. I 18 § 3 noch einen Rest erhalten: Der Sachse konnte vor dem königlichen Hofgericht, wenn es in Sachsen tagte, ein dort ergangenes Urteil durch einen Kampf von sieben gegen sieben Mann schelten. Im übrigen entschied der höhere Richter, als letzte Instanz der König, über ein gescholtenes Urteil.

IV

Nach dem Sachsenspiegel trat der Mensch in die Rechtsordnung ein und nahm gestaltend an ihr teil, sobald er geboren war und sich als lebensfähig erwies. Das war der Fall, wenn seine Stimme an den vier Enden des Hauses zu hören war oder wenn man aus der Körpergröße des Säuglings auf seine Lebensfähigkeit schließen konnte. Wurde er öffentlich zur Kirche getragen, dann konnte jeder, der das sah, »seines Lebens Zeuge sein« (Ldr. I 33; Lnr. 20 § 1). Aber die Lebendgeburt alleine bestimmte nicht die Rechtsstellung des einzelnen. Seine Rechtsfähigkeit war noch nicht wie heute lediglich von seinem Menschsein abhängig. Verschiedene Umstände konnten die Rechtsfähigkeit mindern oder aufheben. Ihren vollständigen Verlust hatte die Oberacht zur Folge. Der so Geächtete war friedlos, er verlor sein Eigentum und sein Lehen, jedermann konnte ihn ungestraft verwunden oder töten (Ldr. I 38 § 2 und die Glosse dazu). Berufskämpfer und ihre Kinder, Spielleute und unehelich Geborene sowie Leute, die wegen Diebstahls oder Raubes verurteilt waren oder die sich von einer Lebensstrafe oder einer Strafe zu Haut und Haar losgekauft hatten, nennt der Sachsenspiegel ebenfalls rechtlos (Ldr. I 38 § 1), aber sie waren es nicht so vollkommen wie der von der Oberacht Betroffene. Sie hatten kein Wergeld, die Buße, die sie erhalten konnten, war nicht viel wert, sie konnten nicht Urteilsfinder oder Fürsprecher sein. Wer sich aber auf irgendeine Weise an ihnen verging, wurde bestraft (Ldr. I 61 § 4; II 12 § 3; III 45 §§ 9-11; 65 § 1; 70 § 1).

Von entscheidender Bedeutung für die Rechtsstellung des einzelnen war der Stand, dem er angehörte. Angehörige desselben Standes waren einander »ebenbürtig«. Ebenbürtigkeit war die Voraussetzung für volle Gleichberechtigung im Verhältnis zueinander. Der einem höheren Stande Zugehörige war »besser«, wer aus niedrigerem Stande war, war »schlechter geboren« (Ldr. I 63 § 3). Ebenbürtigkeit war erforderlich im Erbrecht, zur Vormundschaft, zum gerichtlichen Zweikampf (Ldr. I 17 § 1; 23 § 1; 48 § 2; 63 § 3 u.ö.). Die Frau höheren Standes war für die Dauer der Ehe Standesgenossin ihres schlechter geborenen Mannes (Ldr. I 45 § 1; III 45 § 3), die Kinder »folgten der ärgeren Hand« (Ldr. III 73 § 1). Auch Buße und Wergeld waren nach dem Stande festgesetzt. Obenan in der Ständeordnung des Sachsenspiegels standen die Reichsfürsten, die ihr Lehen unmittelbar vom König mußten erhalten haben, und zwar mit dem Lehnssymbol des Szepters, wenn sie geistliche Fürsten waren, mit der Fahne als Laienfürsten (Ldr. III 60 § 1). Es folgten die freien Herren; sodann die schöffenbarfreien Leute, die mindestens drei Hufen Grundeigentum haben mußten und im Grafengericht das erbliche Schöffenamt bekleideten (Ldr. II 12 § 13; III 26 § 3; III 81 § 1). Freie Bauern, die an den Grafen Abgaben zu leisten hatten, waren die »Pfleghaften« oder »Biergelden«, freie Bauern auf fremdem Grund und Boden die »Landsassen«, »die kommen und gehen in Gastes Weise und haben kein Eigengrundstück im Lande« (Ldr. III 45 § 6). Einen weiteren Stand bildeten die halbfreien »Laten«, hörige Bauern, die von ihrem Grundherrn Land zur Leihe erhielten und dafür zu Abgaben verpflichtet waren. Sie waren an die Scholle gebunden. Im Sachsenspiegel werden sie nur kurz erwähnt (Ldr. I 6 § 2; III 44 § 3; 45 § 7). Unfrei waren die Dienstmannen (Ministerialen), deren Recht Eike nach seinen eigenen Worten nicht darstellen konnte, weil es zu verschieden war (Ldr. III 42 §§ 2 u. 3). Einiges davon findet sich im Sachsenspiegel aber doch: Die Herren konnten ihre Dienstmannen vor Gericht austauschen (Ldr. I 52 § 1); die Kinder von Dienstmannen verblieben in diesem Stande (Ldr. I 16 § 2; III 73 § 2). Der Dienstmannen Grundeigentum und Erbe blieb in der Gewalt ihres Herrn (Ldr. I 38 § 2; III 81 § 2). Vor dem königlichen Hofgericht konnten Reichsdienstmannen wie freie Leute Zeugen und Urteilsfinder sein (Ldr. III 19). Während die Ministerialen sich im 13. Jahrhundert bereits in einem sozialen Aufstieg befanden und schließlich die Freiheit erlangten, blieben im Stande der Unfreiheit die Leibeigenen und die »dagewarchten«, nicht angesiedelte Landarbeiter. Leibeigen war man entweder von Geburt oder durch Ergebung in die Leibeigenschaft vor Gericht (Ldr. III 32 §§ 3, 7 u. 8). Von den »dagewarchten« erzählt Eike, sie seien durch Rechtsverwirkung aus den Laten entstanden.

Eine Reihe eigener Rechtsbestimmungen enthält der Sachsenspiegel für die Juden. Für sie galt wie für die Geistlichen, für Frauen und Mädchen ein königlicher Sonderfriede, der ihr Vermögen und ihr Leben schützte und sich auf alle Tage erstreckte (Ldr. II 66 § 1). Deshalb durften sie keine Waffen führen (Ldr. III 2). Ein an ihnen von einem Christen begangenes Verbrechen wurde als Bruch eines königlichen Sonderfriedens, d.h. als qualifiziertes Delikt behandelt (Ldr. III 7 § 3)[22], es sei denn, der Jude habe gegen das Waffenverbot verstoßen (Ldr. III 2) Beging umgekehrt der Jude an einem Christen ein Verbrechen, so war die gewöhnliche Strafe darauf gesetzt (Ldr. III 7 § 2). Ein erhöhtes Risiko ging der Jude ein, wenn er christliche Kultgegenstände kaufte oder zum Pfand nahm. Hatte er dafür keinen Gewährsmann, dann wurde er als Dieb gerichtet (Ldr. III 7 § 4 Satz 1). Diese Stelle ist eng verwandt mit einer rabbinischen Verordnung aus dem 12. Jahrhundert (Takkanah), die es den Juden wegen der damit verbundenen Gefahr überhaupt verbot, die in der obengenannten Sachsenspiegelstelle angeführten Gegenstände anzunehmen[23]. Andererseits war er, wenn es sich um andere Dinge handelte, gegen Vermögenseinbuße selbst dann geschützt, wenn die Sachen gestohlen waren. Voraussetzung dafür war allerdings, daß er sie »unverholen und unverstolen« bei Tageslicht und nicht hinter verschlossenen Türen gekauft hatte und dafür Zeugen besaß. Konnte er diese Zeugen nicht beibringen, dann verlor er das Geld, das er dafür gezahlt hatte (Ldr. III 7 § 4 Satz 2). Außerdem war der Jude bei der Veräußerung von Sachen von der Gewährspflicht gegenüber dem Christen frei, sofern er die Gewährschaft nicht freiwillig übernahm (Ldr. III 7 § 1).

V

Mit der allgemeinen ständischen Gliederung befand sich im Bereich des Lehnswesens die Heerschildordnung im Einklang, wenngleich beides deutlich voneinander geschieden ist[24]. Die Lehnsverfassung des mittelalterlichen Staates, zu Eikes Zeit noch in höchster Blüte, war aus der fränkischen Heeresverfassung entstanden und trug ausgesprochen militärischen Charakter, geprägt durch den Reiterdienst der Vasallen. Zur Stauferzeit beeinflußte sie nicht nur maßgebend den Gang der politischen Geschichte, sondern durchdrang und bestimmte auch das gesamte Kultur- und Geistesleben. In der Heerschildordnung spiegelte sich der hierarchische Aufbau des Lehnssystems wieder. Der Heerschild, clipeus militaris, war ursprünglich ein Terminus der Wehrverfassung und hatte das Recht, Vasallen aufzubieten und zu befehlen, zum Inhalt. Als Gliederungsprinzip des Lehnsstaates gab es anfänglich nur drei Heerschilde, den des Königs, den der Fürsten und den der freien Herren. Eike kannte bereits sieben Heerschilde, wobei allerdings nach seinen Worten ungewiß blieb, ob der siebente überhaupt noch in das Lehnssystem und die Heerschildordnung hineingehörte (Ldr. I 3 § 2, Lnr. 1). An der Spitze stand der König, er hatte den ersten Heerschild. Den zweiten hatten die Bischöfe, Äbte und Äbtissinnen, die Laienfürsten den dritten, den vierten die freien Herren, den fünften die schöffenbaren Leute und die Vasallen der freien Herren und den sechsten deren Mannen. Die Stellung eines Lehnsträgers in der Rangordnung der Heerschilde wurde beeinträchtigt, wenn er von einem Heerschildgenossen ein Lehen annahm, er »erniedrigte« damit seinen Heerschild, ohne daß davon jedoch seine Rechtsstellung nach Landrecht und seine ständische »ebenburt« berührt wurde (Ldr. III 65 § 2).

Als lehnsfähig, »volkumen an deme herschilde« (Lnr. 2 § 6) galt, wer vom Vater und vom Großvater her von »Ritters Art« war (Lnr. 2 § 1). Die Belehnung war ein zweiseitiger Akt, der von seiten des Lehnsempfängers das »hulde tun« (Lnr. 3), von seiten des Herrn die Investitur, die »lenunge«, forderte[25]. Das »hulde tun« umfaßte die »Mannschaft« und den »Treueid« (hulde sweren). Mannschaft leistete der Mann in der Form der Kommendation, indem er, wie Lnr. 22 § 1 es beschreibt, vor den Herrn hintrat oder, wenn der Herr saß, vor ihm hinkniete, ihm die gefalteten Hände entgegenstreckte und dazu einen formelhaften Spruch hersagte (Lnr. 22 § 2). Der Herr umschloß die dargereichten Hände mit den seinen. Die Bilder unserer Handschrift machen diesen Vorgang anschaulich (1r/2 rechts u. ö.). Auf der »Mannschaft« beruhte die Dienstpflicht des Vasallen. Der Treueid war zwar in eine positive Formel gekleidet (Lnr. 3), aber die damit übernommene Treuepflicht war wesentlich negativ bestimmt als die Pflicht, alles zu unterlassen, was dem Grundgedanken des Lehnsverhältnisses widersprach oder dem Herrn schaden konnte. Die in der Treue wurzelnden Pflichten entsprachen denen, die zwischen Blutsverwandten bestanden[26]. Aber auch die Lehnstreue war keine einseitige Pflichtbindung. Der Vasall hatte ebenfalls einen Anspruch auf Treue gegen seinen Herrn, wenngleich der Herr keinen Treueschwur leistete. Auch hier bestand die Treue hauptsächlich in einer Unterlassungspflicht: Der Herr sollte dem Mann weder durch Rat noch durch Tat Schaden zufügen[27].

Lehnsdienst war entweder »Heerfahrt« oder »Hoffahrt«. Die Heerfahrt war der Waffendienst für das Reich. Sie konnte durch eine »Heersteuer« abgelöst werden, die den zehnten Teil der jährlichen Lehnseinkünfte ausmachte (Lnr. 4 § 3). Diese Ablösung mußte erfolgen, wenn der Vasall Lehnsgüter von mehreren Herren besaß; da er nur einem Herrn auf die Heerfahrt folgen konnte, mußte er die anderen mit der Heersteuer abfinden (Lnr. 46 § 2). Die Hoffahrt ging an den Hof des Lehnsherrn, sobald dieser sie gebot. Als Dienstpflicht umfaßte sie vornehmlich die Verpflichtung des Vasallen, am Lehnsgericht teilzunehmen und dem Herrn, der dort das Richteramt ausübte, als Urteilsfinder zu dienen (Lnr. 4 § 4).

Verlust des Lehens, Auflösung des Lehnsbandes trat bei Verletzung der Treuepflicht des Mannes gegen den Herrn und der Dienstpflicht ein. Daneben gab es noch zahlreiche andere Gründe, so z. B. eine Straftat, durch die der Vasall rechtlos und damit auch lehnsunfähig (Lnr. 2 § 1) wurde, aber auch vertragsrechtliche Gründe, etwa die Auflassung des Gutes an den Herrn oder das »Aufsagen« (untseggen) des Lehnsverhältnisses u. a. m. Der Herr konnte ebenfalls den Anlaß zur Beendigung des Lehnsverhältnisses geben. Ein solcher Anlaß war zum Beispiel der Treubruch des Herrn gegen den Mann, oder wenn der Herr seinen Heerschild erniedrigte oder seinerseits dem Manne aufsagte (untseget).

VI

Eikes Rechtsbuch umfaßt das gesamte Recht. Es trennt noch nicht scharf zwischen verschiedenen Rechtsgebieten. Zivilrechtliche, strafrechtliche, öffentlich-rechtliche Normen folgen einander in buntem Wechsel, gehen zum Teil ineinander über. Besonders zahlreich sind Bestimmungen aus dem Prozeßrecht, dem Erbrecht, Grundstücksrecht, Ehe- und Familienrecht. Daneben sind – oft nur mit wenigen Sätzen – viele Einzelmaterien berücksichtigt, wie z. B. Rechtsfragen, die den Dorfhirten betreffen, insbesondere seine Haftung für das ihm anvertraute Vieh (Ldr. 48 § 1; 54), Nachbarrecht (Ldr. II 49–52), Straßenverkehrsrecht (Ldr. II 59 § 3), die ständische Abstufung von Wergeld und Buße (Ldr. III 45), Königswahlrecht (Ldr. III 52 § 1; 54 §§ 2 u. 3; 57 § 2) und vieles andere mehr.

Hart und grausam nach unserem heutigen Empfinden sind

die Strafen im Sachsenspiegel[28]. Das gilt nicht nur für die Art, wie, sondern auch für das, was bestraft wurde. Wenn der Diebstahl eines Gegenstandes, der weniger als 3 Schillinge wert war, weil er bei Nacht geschah, mit dem Tode, die Beraubung eines Pfluges[29] sogar mit einer der schrecklichsten und qualvollsten Todesstrafen, die das Mittelalter kannte, dem Rädern, geahndet wurde, dann muß uns das Strafrecht jener Zeit schon als ein sehr dunkles Kapitel erscheinen, durchaus geeignet, das – keineswegs freilich durchweg zutreffende – Schlagwort vom »finsteren Mittelalter« zu bestätigen. Dabei ist der Bestand an Strafen, den der Sachsenspiegel aufweist, gegenüber dem, was andere Quellen bieten, noch arm zu nennen. Unter den Todesstrafen fehlen so ausgemachte Scheußlichkeiten wie das Vierteilen, das Pfählen, das Lebendigbegraben, das Sieden in Öl, unter den Leibesstrafen das Ausstechen der Augen, Ohrabschneiden, Abschneiden der Nase, Entmannen. Der Strafenkatalog des Sachsenspiegels enthält an Todesstrafen das Hängen, Enthaupten, Verbrennen und Rädern, an Verstümmelungsstrafen nur das Abhauen der rechten Hand sowie das Ausschneiden der Zunge.

»Den Dieb soll man hängen« (Ldr. II 13 § 1). Fand der Diebstahl aber bei Tage statt und war der Wert der Diebesbeute geringer als 3 Schillinge, dann sollte der Täter mit einer Strafe zu Haut und Haar davonkommen[30]. Der nächtliche Diebstahl galt als qualifiziertes Delikt. Auch wer Korn stahl, wurde schwerer bestraft, wenn er die Tat bei Nacht beging: Dann drohte ihm der Tod am Galgen, stahl er das Korn am Tage, dann wurde er enthauptet (II 39 § 1). Die Strafmilderung bestand bei der Enthauptung darin, daß sie für weniger schimpflich gehalten wurde als das Hängen. Nach dem Sachsenspiegel wurde sie bei den meisten von ihm für todeswürdig erklärten Straftaten angewendet. Sie traf den Totschläger (Ldr. II 13 § 5; 14 § 2; III 84 § 2; I 68 § 4) den Räuber und seine Gehilfen (Ldr. II 13 §§ 5 u. 6), den Brandstifter (Ldr. II 13 § 5), denjenigen, der Ehebruch oder Notzucht beging (Ldr. II 13 § 5; III 45 § 11; 46 § 1), den Friedensbrecher (Ldr. II 13 § 5; 71 § 1; I 63 § 4; III 9 § 2; 20 § 3), den Münzer, der beim Kauf Falschgeld anbot (Ldr. II 26 § 2), und denjenigen, der widerrechtlich einen Menschen gefangenhielt (Ldr. II 13 § 5).

Die gräßlichste Todesstrafe, die der Sachsenspiegel kennt, ist das Rädern. Es wurde für besonders schwere Verbrechen verhängt (Ldr. II 13 § 4). Dem Verurteilten wurden mit einem Rade Arme und Beine zerbrochen die zerstoßenen Glieder zwischen die Speichen des Rades geflochten und Rad und Körper dann auf einem Pfahl aufgerichtet. So kam es vor, daß der Geräderte noch tagelang lebte[31], gelegentlich wohl sogar überhaupt mit dem Leben davonkam[32], wenn er nicht vor oder nach dem Zerbrechen der Glieder aus Gnade durch einen Schlag auf den Kopf oder die Brust getötet wurde (den »Gesellenschlag« erhielt). Wie das Hängen gehörte auch das Rädern zu den schimpflichen Strafen[33]. Auf Zauberei und der dazugehörigen Giftmischerei sowie auf Ketzerei stand die Strafe des Scheiterhaufens (Ldr. II 13 § 7).

Das Abhauen der rechten Hand ist Ldr. II 15 § 1 und II 16 § 2 als »spiegelnde Strafe« anzusehen. Der Täter verlor das Glied, mit dem er das falsche Gelöbnis abgegeben oder die Wunde geschlagen hatte. Spiegelnde Strafe war auch das Herausschneiden oder Herausreißen der Zunge, vom Sachsenspiegel (Ldr. I 59 § 1) über denjenigen verhängt, der unberechtigt bei Königsbann Gericht hielt. Nach dem zugehörigen Bilde der Dresdener Bilderhandschrift wurde die Zunge nicht herausgeschnitten, sondern mit einer Zwinge abgequetscht.

Bei leichteren Vergehen und bei schwangeren Frauen sollten nur Strafen zu Haut und Haar angewendet werden. Das Bild Ldr. III 3 zeigt die Verwendung von Rutenbündeln für die Prügelstrafe, mit denen die Haut blutig geschlagen wurde. Dem Fronboten, der seinen Gerichtsdienst vernachlässigte und dafür nach Ldr. II 16 § 4 den »Königsmalter« erhielt, wurden 32 Schläge mit einer etwa 90 cm langen grünen Gerte aus Eichenholz aufgezählt. Schon an diesen beiden Beispielen sieht man, daß auch diese Strafen keineswegs harmlos waren. Viel schlimmer ist, was man von der Methode, den Verurteilten seiner Haare zu berauben, erfährt. Die Bilder[34] zeigen zwar die Anwendung der Schere. Die Glosse zu Ldr. II 13 § 1 spricht aber davon, daß man das Haar »mit eme cloven« aus dem Kopf winden soll. Der »klof« war ein gespaltener Stock. Man hat sich die Prozedur so vorzustellen, daß das ganze Haar des Delinquenten um den Stock gerollt und so mitsamt der Kopfhaut langsam heruntergerissen wurde. Der Bedauernswerte wurde so auf eine unmenschliche Weise skalpiert[35].

Ein Recht zur Ablösung durch Geld hatte der Verurteilte

nach dem Sachsenspiegel nur bei den Strafen zu Haut und Haar. Außerhalb des Sachsenspiegels war das Loskaufrecht auch bei den Verstümmelungsstrafen weit verbreitet. Bei den Todesstrafen dagegen gab es durchweg kein Lösungsrecht. Hier galt vielmehr, daß es der Gnade des Richters anheimgegeben war, ob der Verurteilte sich auslösen durfte, und der Richter war dabei von der Zustimmung des Klägers abhängig. Der Loskauf bedeutete jedoch nicht die Rehabilitation des Verurteilten. Nach Ldr. I 65 § 2; I 38 § 1 (II 13 § 1) blieb er vielmehr rechtlos (»erenlos unde rechtelos« II 13 § 1).

Man könnte versucht sein, die Grausamkeit dieses Strafrechts aus den kriminalpolitischen Erfordernissen seiner Zeit verstehen zu wollen. Als es noch keine wirksamen Methoden und keine effektiv arbeitenden Institutionen der Verbrechensaufklärung gab, habe, so könnte man meinen, die harte Abschreckung als das einzig erfolgversprechende Mittel der Verbrechensbekämpfung angesehen werden müssen. Aber mit solchen zweckrationalen Erwägungen ist vieles an diesem Strafrecht nicht erklärbar. Unerklärbar bleiben die Differenzierungen in dem Strafensystem. Warum wird der Dieb gehängt, der Räuber aber enthauptet? Wieso ist der Tod am Galgen schimpflicher als der durch das Schwert? Unerklärbar bliebe das ganze Ritual, mit dem der Strafvollzug umgeben ist und das gerade bei der Galgenstrafe eine erstaunliche Vielfalt aufweist. Unerklärbar blieben strafrechtliche Maßnahmen wie die Wüstung, d.h. die Zerstörung des Hauses, in dem das Verbrechen geschah, und die Tötung aller der Tat beiwohnenden Lebewesen bei der Notzucht (Ldr. III 1 § 1). Da das Haus der Tatort und ebenso wie die für die Tötung etwa in Betracht kommenden Tiere nicht Eigentum des Täters ist, scheidet der Gesichtspunkt der Vermögensstrafe aus. Ebenso unzutreffend ist die Deutung als Gehilfenstrafe, wenn es sich bei den Lebewesen, die außer dem Täter und seinem Opfer bei dem Verbrechen anwesend sind, um Menschen handelt. Denn der Begriff »al levende dink« schließt auch den Säugling in der Wiege mit ein.

Ein solches Strafrecht muß dem Menschen des 20. Jahrhunderts rätselhaft vorkommen. Er wird nur zu leicht bereit sein, es in das düstere Kapitel der Verirrungen des menschlichen Geistes einzuordnen. Aber wenn man bedenkt, daß manche dieser Strafen, etwa die Galgenstrafe und ihr Ritual, sich in eine ganz ferne Vergangenheit zurückverfolgen lassen, daß anderes, wie z.B. die Ordalien, von denen der Sachsenspiegel neben dem Zweikampf im strafrechtlichen Bereich noch den Kesselfang und die Eisenprobe (Ldr. I 39), im Prozeß um Eigen und Lehen das Kaltwasserordal (Ldr. III 21 § 2; Lnr. 40 § 2) als Beweismittel kennt, unter den primitiven Völkern fast der ganzen Erde verbreitet war, dann wird man eine solche Deutung kaum noch für befriedigend halten können. Archaisches, nicht Abnormes hat sich hier erhalten. Aus magischen und mythischen Vorstellungen erwachsen[36], sind Formen und Ansichten bestehengeblieben, deren ursprünglicher Sinngehalt und deren ursprüngliche Begründung zwar zumeist in Vergessenheit geraten war, die aber auch im Hochmittelalter noch immer auf einem tragfähigen Fundament magischen Denkens ruhten und daraus ständig neues Leben zogen.

Für Eike waren auch die unmenschlichen Bestimmungen seines Strafrechts schon alleine dadurch gerechtfertigt, daß er sie aus der Überlieferung geschöpft hatte. Aber es ist kein Zweifel, daß das meiste davon auch seiner eigenen Überzeugung entsprach, und damit befand er sich in völliger Übereinstimmung mit den Anschauungen seiner Zeit. Im übrigen war Härte für ihn kein Gegensatz zu Gerechtigkeit, auf die es letzten Endes ankommt. Die Aufzeichnung des richtigen Rechts bedarf der Ergänzung durch seine gerechte Handhabung. So will es Gott. Denn: »Got is selve recht, darumme is em recht lef. Dar umme sen se sek vore alle de, den gerichte van Goddes halven bevolen is, dat se also richten, dat Goddes torn unde sin gerichte gnedeleken over si irgan mote«.
(Prologus)
(»Gott ist selber gerecht[37], darum ist ihm Recht lieb. Deshalb mögen alle die, denen von seiten Gottes das Richteramt aufgetragen ist, zusehen, daß sie so richten, daß Gottes Zorn und sein Gericht gnädig über sie ergehen kann«.)

I

Unter den illustrierten Rechtsbüchern des Mittelalters[1] zeichnen sich einige Handschriften des Sachsenspiegels dadurch aus, daß in ihnen die Mehrzahl der Rechtssätze von Bildern begleitet wird, die den Sinngehalt des Textes mehr oder weniger ausführlich in figürlichen Symbolen wiedergeben. Vier dieser Handschriften sind erhalten geblieben: Der Cpg 164 der Universitätsbibliothek Heidelberg (527)[2], die Handschrift A 1,1 der Großherzoglichen Privatbibliothek auf Schloß Rastede[3], »Oldenburger Bilderhandschrift« (917), die Handschrift M 32 der Landesbibliothek Dresden (315)[4] und Ms. Aug. 3.1 fol. der Herzog August Bibliothek zu Wolfenbüttel (1210). Die Handschriften dieser Gruppe gehen auf einen gemeinsamen, verschollenen Urtyp (Handschrift X) zurück, der nach der von Karl von Amira begründeten Ansicht etwa zwischen 1291 und 1295 hergestellt sein könnte[5]. Seine Heimat ist wohl im Bistum Halberstadt[6] oder in der Mark Meißen zu suchen[7]. Aus dieser Urhandschrift entstanden, soweit die erhaltenen Bilderhandschriften in Betracht kommen, mit mindestens zwei verlorengegangenen Zwischengliedern (Y und N) im Laufe des 14. Jahrhunderts zwei Handschriftengruppen, von denen die eine durch die Oldenburger, die andere durch die Heidelberger, Dresdener und Wolfenbütteler Bilderhandschrift repräsentiert wird. Das Verwandtschaftsverhältnis der drei letztgenannten hat man sich so vorzustellen, daß die Heidelberger und die Dresdener Handschrift unabhängig voneinander und zu verschiedenen Zeiten nach der gleichen Vorlage (Y) kopiert sind, während die Wolfenbütteler eine Kopie der Dresdener ist[8].

Der Oldenburger Kodex gehört zu der von N abgeleiteten Handschriftengruppe. Er wurde, wie der Schreiber am Ende des Buches selber mitteilt, im Jahre 1336 von dem Mönch Heinrich Gloyesten im Kloster Rastede fertiggestellt. Als die älteste der überlieferten Kopien gilt die Heidelberger[9], über deren Ursprungsort sich keine genauen Angaben machen lassen. Für den Dresdener Kodex hat v. Amira das dritte Viertel des 14. Jahrhunderts als Entstehungszeit wahrscheinlich gemacht[10]. Zahlreiche Merkmale ihres Bildinhaltes weisen auf Meißen als Entstehungsgebiet[11], und H dürfte nicht sehr weit davon entstanden sein[12]. Die Wolfenbütteler Handschrift ist wahrscheinlich nicht später als 1375 angefertigt; auch ihre Herkunft ist unbestimmt[13].

II

Der Codex Palatinus Germanicus (Cpg) 164 der Universitätsbibliothek Heidelberg ist eine Pergamenthandschrift im Format 23,5 × 30 cm. Vom ursprünglichen Umfang sind noch fünf, zum Teil unvollständige, Lagen erhalten. Jede Lage bestand ursprünglich aus 4 Doppelblättern (Quaternien). Nur die dritte (fol. 9–16) und die fünfte Lage (fol. 23–30)[14] sind vollständig geblieben. Lage 1 besteht noch aus drei Doppelblättern (fol. 1–6); es fehlt das innerste Doppelblatt (zwischen fol. 3 und 4). Die Lage trägt außerdem auf fol. 6ᵛ die Kustode VIII[9]. Sie folgte also anfänglich auf die jetzige fünfte Lage, die mit fol. 30 endet und (fol. 30ᵛ) die Kustode VII[9] trägt. Daß die achte Quaternie irgendwann beim Wiedereinbinden an den Anfang gelangte, ist wohl darauf zurückzuführen, daß sie als einzige in dem ganzen Bruchstück mit einer besonders großen Initiale beginnt. Diese irrtümliche Umordnung hat dann weiter zur Folge gehabt, daß der Kodex nach dem Einbinden auf einem vorgesetzten Papierblatt die – wohl von einer Hand des 17. Jahrhunderts stammende – jedenfalls für das Ganze unzutreffende Bezeichnung »Jus feudale saxonicum« erhielt.

Die zweite Lage besteht nur noch aus einem einzigen Doppelblatt (fol. 7/8), dem äußeren der ursprünglich vierten Quaternie. Fol. 8ᵛ zeigt am unteren Rand noch Spuren der abgeschnittenen Kustode.

Die jetzige vierte Lage umfaßt fol. 17–22. Fol. 19 und 20 sind im Falz zusammengeklebt. Sie sind die übriggebliebenen linken Teile von zwei Doppelblättern, deren rechte Hälften abgetrennt wurden und verlorengegangen sind. Wahrscheinlich wurden sie absichtlich vernichtet, nachdem sie durch irgendein Mißgeschick verdorben waren, worauf auch der Zustand von fol. 19ᵛ und 20ᵛ schließen läßt. Dem geschilderten Befund entspricht es auch, daß sich die Textlücke, die hier 2 Blätter umfaßt, zwischen fol. 20 und 21 befindet. Das letzte Blatt dieser Lage (fol. 22) trägt die Kustode VI[9]. Es sind dieser Lage also 40 Blätter vorausgegangen, von denen nur noch 10 erhalten sind (fol. 7/8, 9–16). Die fehlenden 30 Blätter enthielten das ganze erste Buch des Landrechts und die Textstellen des zweiten und dritten Buches, die in unserer Handschrift ausgefallen sind. Ein Vergleich mit der Dresdener Bilderhandschrift lehrt, daß von den dem jetzigen fol. 7 vorausgegangenen, nicht mehr vorhandenen 24 Blättern dreiundzwanzig von Ldr. I und II 1–19 § 2 eingenommen wurden. Was das erste Blatt enthielt, ist ungewiß, vielleicht ebenso wie der Dresdener Kodex auf der Rückseite den »Prologus« (»Des heiligen geistis minne, die sterke mine sinne ...«) und den sog. »Textus prologi« (»Got, der da is begin unde ende aller guten dinge ...«), während die Vorderseite leer war.

Das Lehnrecht hat – auch hier gibt die Handschrift D wieder den Maßstab her – etwa 36 Blätter umfaßt. Außer dem verschwundenen innersten Doppelblatt der erhaltenen Lage fehlen also mindestens drei weitere Lagen zu je 4 Doppelblättern, wahrscheinlich aber – D entsprechend – zwei Quaternien und eine Sexternie. Der ursprüngliche Gesamtumfang der Heidelberger Bilderhandschrift des Sachsenspiegels dürfte demnach 92 Blatt betragen haben.

Auf den übriggebliebenen 30 Blättern verteilt sich der restliche Text folgendermaßen: Lehnrecht Art. 1–10 § 1 Anfang: »Etteliche luyte sagen ...« (fol. 1–3); Art. 14 § 3 Ende: »... mûz daz gût vorsten ...« bis Art. 24 § 4: »... kegen sime herren ...« (fol. 4–6). Landrecht II 19 § 2: »... (daz her der tat un)schuldic si ...« bis II 22 § 5: »... wider recht vnde wider sine (wissenschaft)« (fol. 7); II 48 § 12: »... (daz nunde) mit eineme halben ...« bis III 51 § 1: »vn̄ di stelle ente. daz selbe ...« (fol. 8–20); III 57 § 2: »Vnder den leien ist der erste an der kore ...« bis III 91 (Schluß des Landrechts) sowie die sogenannte »Vorrede von der Herren Geburt« (fol. 21–30).

Gewisse Eigentümlichkeiten der Abschrift lassen vielleicht Rückschlüsse auf die Geschichte des Textes zu. Auffallend ist, daß weder die Textkolumne in Absätze gegliedert ist, die den Artikeln entsprechen, noch die Artikelnummern bei den Artikelanfängen stehen. Die Zählung ist vielmehr ziemlich unsorgfältig und daher oft ungenau rechts am Rande oder links zwischen den Bildern[16], wo gerade Platz war, angebracht. Sie beruht zwar auf der Dreibüchereinteilung, aber diese selbst wird nicht weiter hervorgehoben. Obgleich sich am Anfang des dritten Buches (fol. 12ᵛ/3) das Zeichen »III⁹« findet, das jetzt ohne Zweifel als »tertius (liber)« zu lesen ist, ist es doch sehr unwahrscheinlich, daß diese Ziffer von Anfang an den Beginn des dritten Buches kennzeichnen sollte. Denn wenn schon die Artikelnummern mit roten Zahlzeichen wiedergegeben sind, dann hätte man die Nummern der Bücher ganz gewiß mindestens ebenso ausgezeichnet[17]. Man wird wohl eher annehmen müssen, daß die »III« ursprünglich zum Bild gehörte und darin die »3 Tage und Nächte« zum Ausdruck bringen sollte, von denen der Text spricht, und daß sie frühestens erst vom Schreiber unserer Handschrift, als er nachträglich die Artikelnummern hinzusetzte, vielleicht sogar von einer noch späteren Hand durch Anfügen des Kürzels »⁹« zur Bezifferung des 3. Buches umgestaltet wurde. Außerdem müßte man bei einem Text, dem die Dreibücherteilung von vornherein eigen war, irgendeine augenfällige Kennzeichnung der Buchanfänge erwarten, mindestens einen Absatz und, wie beim Lehnrecht, eine besonders große, geschmückte Initiale. Das Fehlen dieser Merkmale legt den Schluß nahe, daß der Schreiber eine Vorlage benutzte, die die Einteilung des Landrechts in drei Bücher noch nicht kannte und auch keine Artikelzählung hatte[18]. Ob die »Vorrede von der Herren Geburt« in der Vorlage (Hs. Y) enthalten war, ist fraglich. In D kommt sie nicht vor, sie soll aber, wie v. Amira aus einem Vergleich mit W entnehmen möchte, in den verlorengegangenen Teilen der ersten Lage gestanden haben[19]. Das muß hier offenbleiben. Auffallend ist aber, daß sie sich in H auf der zufällig freien Rückseite des letzten Landrechtsblattes befindet. Das läßt jedenfalls die Annahme zu, daß sie vom Schreiber von H nach Fertigstellung der Textabschrift nachgetragen wurde. Außerdem wäre diese Abweichung ihrer Einordnung in den Kodex von der (vermuteten) in D nur schwer zu erklären, wenn man voraussetzen müßte, daß diese Vorrede bereits in Y vorhanden war. Mehr Wahrscheinlichkeit hat die Vermutung für sich, daß der Schreiber von H und – wenn v. Amiras Ansicht richtig ist – der Schreiber von D – anderenfalls der Schreiber von W – die »Vorrede von der Herren Geburt« in Abweichung von ihrer Vorlage jeweils aus verschiedenen Quellen entnommen haben. Das könnte auch der Grund für die von v. Amira vermerkte Abweichung im Text sein[20]. Es spricht also einiges dafür, daß diese Vorrede in der Hs. Y noch nicht vorkam. Nimmt man hinzu, daß der Handschrift D zufolge auch in H Ldr. I 26 gefehlt haben dürfte, dann kann man den Text, der dem Schreiber zur Vorlage diente, der Textklasse IIa der Sachsenspiegeltexte[21] zuordnen. Bucheinteilung und Artikelzählung wurden offenbar aus einer anderen Quelle übernommen. Das wiederum kann für die Altersbestimmung der Heidelberger Handschrift von Bedeutung sein, wenn sich das Aufkommen der Dreibücherteilung zeitlich einigermaßen festlegen läßt. Bislang gilt für unsere Handschrift die von v. Amira angenommene Entstehungszeit 1300–1315[22]. Zwingende Gründe für das Jahr 1315 als terminus ad quem lassen sich kaum finden. Wenn die oft vertretene Meinung[23] richtig ist, daß die Einteilung des Landrechts in 3 Bücher von dem Glossator Johann von Buch stammt, so daß ihre Verbreitung wohl nur zusammen mit der nach 1325 verfaßten Glosse denkbar wäre, dann wäre damit auch der früheste Zeitpunkt für die Anfertigung unserer Handschrift gegeben, d.h., ihr Alter müßte gegenüber der bisherigen Ansicht um mindestens ein bis einhalb Jahrzehnte herabgesetzt werden.

Bei seiner Rückkehr aus Rom nach Heidelberg[24] trug der Kodex einen flexiblen Pergamenteinband. Am Anfang und am Ende des Buches befanden sich je 3 wahrscheinlich erst bei der Herstellung des Einbandes in Rom hinzugekommene Papierblätter (1*, 2*, 3*; 30*, 30**, 30***). Die Einbanddecke wurde etwa 1962, als der Kodex zur Vorbereitung der Reproduktionsarbeiten für diese Faksimileausgabe auseinandergenommen wurde, entfernt und wird künftig nicht wieder verwendet werden.

Über die Schicksalswege der Handschrift von ihrer Entstehungszeit bis in die zweite Hälfte des 16. Jahrhunderts hinein ist nichts bekannt. Unterdessen war in Heidelberg, teils aus den Bedürfnissen der 1386 gegründeten Universität, teils durch die Bücherliebe des kurfürstlichen Hofes eine Büchersammlung entstanden, die im 16. Jahrhundert als »Bibliotheca Palatina« internationalen Ruf erlangte. Maßgebenden Anteil an der glanzvollen Entwicklung dieser Bibliothek hatte nach dem 1556–1559 in Heidelberg residierenden Kurfürsten Ott-Heinrich der Augsburger Ulrich Fugger, ein Sproß der bekannten Bankiersfamilie. Wegen seines Übertrittes zum evangelischen Glauben und seiner beträchtlichen Schulden, die nicht zuletzt auf seine großzügigen Bücherkäufe zurückzuführen waren, mit seiner Familie völlig zerfallen, fand er bei dem Kurfürsten Friedrich III. von der Pfalz in Heidelberg Zuflucht.

1567 wurde seine Bibliothek von Augsburg nach Heidelberg überführt und bei seinem Tode 1584 auf Grund seines Testaments der Bibliotheca Palatina endgültig einverleibt. In einem 1571 in Heidelberg angefertigten Inventar[26] der Fuggerbibliothek sowie in einer späteren Kopie davon[27] findet sich jeweils der Vermerk »Ein altt uff Perment geschrieben buchlin von Lehenrechten und andern, mit alttfranckischen Figuren«[28]. Schon Rudolf Sillib hatte diese Angabe nach einem inzwischen verschollenen alphabetischen Index[29] zum Inventar von 1571 auf die Heidelberger Bilderhandschrift des Sachsenspiegels bezogen, trotz der Dürftigkeit der Beschreibung sicher mit Recht[30].

Mit der Bibliotheca Palatina wurde auch die Bilderhandschrift des Sachsenspiegels nach der Eroberung Heidelbergs durch Tilly im Jahre 1622 von dem Bayernherzog Maximilian dem Papst Gregor XV zum Geschenk gemacht und 1623 nach Rom gebracht[31]. Dort blieb sie Bestandteil der vatikanischen Bibliothek, bis der Papst im Jahre 1816 alle deutschsprachigen Handschriften der Palatina, darunter auch die Bilderhandschrift des Sachsenspiegels, zurückgab[32]. Seitdem ist sie wieder in Heidelberg und gehört zu den Handschriftenbeständen der Universitätsbibliothek.

I

Es kann nicht wundernehmen, daß die auffallende Besonderheit der Buchillustration, wie sie in den Bilderhandschriften von Heidelberg, Dresden, Wolfenbüttel und Oldenburg überliefert ist, immer wieder die Frage nach dem Zweck dieser Art der Bebilderung herausforderte. Wer sich je mit diesen Werken genauer beschäftigte, dem drängte sich die Beobachtung auf, daß die Bilder, ja sogar die einzelnen Bildelemente in einer innigeren, tieferen Beziehung zum Text stehen als sonst in der Buchillustration jener Zeit. Er konnte gar nicht umhin zu bemerken, wie der Künstler ständig bemüht war, nicht nur reale Vorgänge als Aktionseinheit bildlich zu veranschaulichen, sondern einzelne Begriffe oder Begriffskomplexe aus ihrer im Text gegebenen sprachlichen in eine Bildgestalt zu transformieren. Wahrgenommen hat man ferner, daß manche Bilder den Text erklären halfen und daß sie verschiedentlich Interpretationen enthielten, die nicht jeweils die einzige Möglichkeit der Textauslegung darstellten. Aus derartigen Beobachtungen entstanden hinsichtlich des Zwecks der Sachsenspiegelillustration vornehmlich zwei Theorien, die in mehreren Abhandlungen in der Literatur begegnen. Die eine sieht in den Bildern so etwas wie eine Bilderschrift, die dazu bestimmt ist, dem Leseunkundigen die Schreibschrift zu ersetzen[1], die andere einen Ersatz für die Glosse, die dem Rechtsuchenden den Text erläutern soll[2]. Diese Auffassungen gehen an der Tatsache vorbei, daß durchaus nicht allen Rechtssätzen Bilder beigefügt sind, daß die Illustrationen zumeist nicht den vollen, oft nicht einmal den wesentlichen Inhalt des zugehörigen Rechtssatzes wiedergeben, daß viele Bilder nicht das mindeste zur Erläuterung der Rechtssätze beitragen[3] und schließlich, daß die Bilder in ihrer Mehrzahl selber erst durch den Text verständlich werden[4]. Karl von Amira kommt daher in der Auseinandersetzung mit diesen Ansichten zu der heute geltenden Auffassung, die Sachsenspiegelillustrationen hätten einzig den Zweck gehabt, dem Anschauungsbedürfnis der Zeitgenossen zu dienen[5]. So unbefriedigend diese Antwort auch ist[6], so schwer ist es, ihr etwas Überzeugendes entgegenzusetzen, wenn man sie so nimmt, wie ihr Urheber sie dem ersten Anschein nach zunächst genommen wissen wollte: Es genüge, wie auch heute noch bei Kinderbüchern, wenn der Leser von dem, was er liest, nur irgend etwas, ganz gleich was, vor Augen sehe. In der Tat werden wir bei dem Zutrauen, das wir in die Imaginationskraft des mittelalterlichen Menschen zu setzen gewohnt sind, ein solches Argument nicht ohne weiteres von der Hand weisen wollen. Das Bild zu Ldr. III 2 etwa könnte – für sich allein gesehen – vielleicht in der Tat einem naiven Anschauungsbedürfnis genügen. Der Betrachter liest den Satz: »Wenn man Geistlichen und Juden, die Waffen führen und nicht geschoren sind, wie es ihr Stand erfordert, Gewalt antut, dann soll man ihnen Schadensersatz leisten wie einem Laien; denn diejenigen, die in den Königsfrieden mit einbegriffen sind, dürfen keine Waffen führen.« Er betrachtet das zugehörige Bild (12ᵛ/5). Es zeigt ihm einen bewaffneten Geistlichen und einen bewaffneten Juden, beide zu Pferde; weiter nichts. Dürfen wir annehmen, daß damit sein »Anschauungsbedürfnis« befriedigt ist? Vielleicht! Aber die Zweifel daran, daß nichts anderes als dies die Absicht der Illustrationen sein soll, werden damit nicht beseitigt. Hätte der Auftraggeber dem Zeichner einen solchen Endzweck gesetzt, dann hätte dieser sich die Ausführung ganz sicher sehr viel leichter gemacht. Für die Aufgabe, aus jedem Rechtssatz nur irgend etwas Beliebiges zu verbildlichen, anschaubar zu machen, hätte er sich fast durchweg an das einfache Modell des angeführten Beispiels der Illustration zu Ldr. III 2 zu halten brauchen. Er hätte es nicht nötig gehabt, seine Phantasie, seine Erfindungsgabe so angestrengt zu bemühen, um etwa für die Ausführung mehrerer gleichzeitiger Handlungen durch einen einzigen Mann eine plausible Form zu finden, um abstrakte Rechtsbegriffe, die sich im Grunde gar nicht versinnbildlichen lassen, dennoch in bildliche Symbole zu übersetzen[7].

v. Amiras Ansicht ist deshalb immer – nicht zuletzt auch von ihm selber[8] – so verstanden worden, daß die Bilder »den Inhalt veranschaulichen«, die Schrift verständlich machen und verdeutlichen[9], den Text erläutern[10] sollen. Damit nähert sich diese Auffassung sehr der Glossentheorie und steht denselben Einwänden offen wie jene. Vor allem ist dagegen vorzubringen, daß sehr viele Bilder den Inhalt des Werkes durchaus nicht veranschaulichen, verdeutlichen, erläutern. Trotzdem stehen, wie schon gesagt, alle in einer besonderen, sehr engen Beziehung zu den Rechtssätzen, denen sie zugeteilt sind.

Die Frage, welche Absicht letzten Endes mit den Illustrationen verbunden war, soll deshalb hier noch einmal gestellt werden. K. v. Amira selbst hat dazu in einer flüchtigen Bemerkung einen neuen Gesichtspunkt geliefert. Die Bilder beschränkten sich, so sagt er, streng auf das für ihren Zweck Notwendige und brächten auch »in der Gestikulation im Allgemeinen nicht mehr als was dazu dienen kann, dem Beschauer den Text einzuprägen«[11].

Hiervon abgesehen, ist die mnemotechnische Zweckbestimmung der Illustrationen bisher nicht weiter erörtert worden, so nahe dieser Gedanke auch liegt. In einer Zeit, da man vom Richter oder Urteilsfinder noch nicht verlangte, daß er schreiben und lesen könne, muß das Bedürfnis, beim Memorieren der Rechtssätze vom schriftlichen Text unabhängig zu sein, oft genug empfunden worden sein. Wie schon früher, als das Recht nur mündlich überliefert wurde, stabende oder endreimende Verse oder ein besonders einprägsamer Sprachrhythmus der Sätze dem Gedächtnis zu Hilfe kamen, so trat hierfür mit der Aufzeichnung des Rechts eine weitere Möglichkeit hinzu: Das Bild. Nicht, daß Bilder geeignet gewesen wären, Leseunkundigen den Wortlaut der Rechtssätze unmittelbar zu erschließen. Sie brauchten vielmehr zunächst einen Schriftkundigen, der ihnen den Text vorlas, so daß sie ihn in die richtige Beziehung zu den Bildschriften setzen konnten. War dies aber erst einmal geschehen, dann boten ihnen die Figuren die besten Gedächtnisstützen und befreiten sie von der Notwendigkeit, beim Nachschlagen und Wiederholen sich der Hilfe anderer bedienen zu müssen.

Für die Aufgabe der Illustrationen, Leseunkundigen als Erinnerungshilfen zu dienen, ist eine minutiöse Umsetzung aller oder auch nur der wesentlichen Worte des Textes in Bildsymbole nicht erforderlich. Es genügt, Merkpunkte zu setzen, die, Stichworten gleich, dem Gedächtnis jederzeit das Ganze vergegenwärtigen können. Gerade so aber sind die Illustrationen des Sachsenspiegels ihrer Grundidee nach, die in zahlreichen Bildern auch ganz rein zum Ausdruck kommt, angelegt. 2^r/5 (zu Lnr. 4 § 5) ist der Satz: »Wer ein Pferd oder etwas von dem Seinen seinem Herrn geliehen oder in dessen Dienst etwas verloren hat, was ihm noch nicht vergütet ist, der ist währenddessen nicht verpflichtet, seinem Herrn Dienste zu leisten oder seine Pflichten beim Lehnsgericht wahrzunehmen« in die Aktionseinheit dreier Figuren eingefangen: Eines Pferdes, das der Lehnsherr an sich nimmt und des Lehnsmannes, der die Gebärde des Verweigerns macht. 4^v/2 (zu Lnr. 16) bietet eine etwas komplizierte Gedankenreihe: »Verkauf eines Lehnsgutes – Nichtbesitz – Jahr und Tag – Wiederbelehnung« sind die bildlichen Merkbegriffe für den Satz: »Niemand braucht ein Gut, das ihm sein Herr verliehen hat, zum zweiten Male als Lehen zu empfangen, wenn er es veräußert oder verkauft, es aber wieder empfängt, es sei denn, er habe es sechs Wochen und ein Jahr nicht mehr im Besitz.« Ein Beispiel aus dem Landrecht: 9^r/1 (zu Ldr. II 56 § 1) ersetzt den ganzen, ziemlich umfangreichen Rechtssatz durch die drei Begriffe »Dorf – Dorfbewohner – Bau eines Dammes«. Das nächste Bild zeigt für Ldr. II 56 § 2 nur die Insel, die in einem Fluß liegt.

Nicht immer hat sich der Illustrator so eng an das Grundschema seiner Aufgabe gehalten wie in diesen Beispielen, die sich noch durch viele andere vermehren ließen. Teils mag er das Gefühl gehabt haben, schwierigeren Textstellen mit so knappen Mitteln nicht hinreichend gerecht werden zu können, teils mag der Anreiz, der seiner Phantasie und seiner Gestaltungsgabe hier geboten wurde, allzu verlockend für ihn gewesen sein. So finden sich zahlreiche Bilder, in denen er den Versuch gemacht hat, auf dem engen Raum, der ihm zur Verfügung stand, und mit geringen bildnerischen Mitteln seinen Bildkompositionen einen möglichst umfangreichen und differenzierten Begriffsinhalt zu geben. Ein besonders schönes Beispiel findet sich 6^v/4 (zu Lnr. 24 §§ 3, 4). Der zugehörige Rechtssatz lautet: »Was (d. h. das Lehnsgut, das) er (der Lehnsmann) ihm (dem Lehnsherrn) aber benennt, das vermag er mit Zeugenbeweis für sich zu erstreiten, und zwar, wenn er kann, auf der Stelle, wenn der Herr es ihm nicht zuerkennt. Wenn er das nicht kann, so soll er 14 Nächte Frist haben. Als seine Zeugen muß er aber sofort von des Herrn Mannen soviele benennen, wie er will. Von diesen soll der Herr sieben zum Gerichtstag mitbringen, aber diejenigen, die der Mann wünscht und nicht die, welche der Herr will. Wer von diesen sieben schon dort anwesend ist, den braucht der Herr nicht mehr zur Gerichtsverhandlung mitzubringen, wenn er ihn sogleich um sein Zeugnis befragt. Wer von denen, die der Herr mitbringen soll, nicht zum Gerichtstage kommt, mit dem hat der Mann seinen Zeugenbeweis gegen seinen Herrn erbracht.« Der Illustrator hat es sich nun als Aufgabe gesetzt, das, was sich alternativ an dem ersten und an dem zweiten Termin mit den Zeugen abspielt, in einem einzigen Bilde gleichzeitig darzustellen[12]. In Stichworten ausgedrückt lautet die Bildaussage: »Lehnsgericht-Termin nach 14 Nächten – sieben Zeugen in zwei Gruppen, die eine anwesend, die andere abwesend – beide üben ihre Zeugenfunktion aus a) zu verschiedenen Terminen vor Gericht oder b) beim zweiten Termin die eine durch ihr Zeugnis, die andere einfach durch Abwesenheit.« So ist gerade der schwierige Teil des Gedankengerüstes dieser Textstelle im Bild zum Ausdruck gebracht, um die Erinnerung an den Inhalt des Rechtssatzes wachzurufen.

Der Schöpfer der Bilder hat sich seine Aufgabe also nicht immer leicht gemacht. Es konnte deshalb auch nicht ausbleiben, daß die Übertragung des Textinhalts in die Sprache seiner Bilder häufig mit Erläuterungen und Interpretationen verbunden war. So legt er z. B. Ldr. II 22 § 4 in dem Bild 7^v/4 so aus, daß beim Siebenereid einundzwanzig (vom Beweisführer benannte) Personen nacheinander vom Gericht befragt werden[13], eine Deutung, die nicht die einzig mögliche ist[14]; auf Bild 10^r/2 (zu Ldr. II 60 § 2) läßt der Illustrator den Verleiher sein Eigentum vom Richter mit seinem Eineid zurückfordern, was der Glossator nachmals ablehnt[15], u. a. m.

In seinem Bemühen, demjenigen, der zur Wiederholung des Textes auf die Bilder angewiesen ist, die Arbeit möglichst zu erleichtern, schreckt der Zeichner auch vor dem schwierigen Unternehmen nicht zurück, abstrakte Begriffe, zumal abstrakte Rechtsbegriffe, bildlich zu umschreiben, wovon an anderer Stelle noch ausführlich die Rede sein soll[16].

Zur richtigen Auswahl des für den mnemotechnischen Zweck Geeigneten gehört auch, daß nicht unbedingt immer der wesentliche Kern des Rechtssatzes, sondern gelegentlich auch nur seine eindrucksvollsten Teile in Bilder umgesetzt werden. Ein besonders bezeichnendes Beispiel hierfür ist 10^v/4 (zu Ldr. II 63 § 1): Nicht, daß es einer Frau verwehrt ist, Vorsprecherin zu sein, ist dort gezeigt, sondern die Affäre der »Calefornia« (Calpurnia), die gerade mit der obszönen Anspielung, die in dem ihr beigegebenen Haarpinsel liegt, für einen derbsinnigen Schöffen gewiß sehr einprägsam war. Auch das in seiner prägnanten Abkürzung leicht zu behaltende Bild mit den 6 Schwertern für die zulässigen 30 nur mit Schwertern bewaffneten Begleiter bei einem Ungerichtsverfahren (11^v/2 zu Ldr. II 67) kann hier stellvertretend für viele ähnliche Beispiele genannt werden.

Platzmangel zwang zu Auslassungen. Der Illustrator mußte sich damit abfinden, einen Teil des Inhalts unberücksichtigt zu lassen und darauf zu vertrauen, daß die Bilder, die unmittelbar vor und hinter einem nicht illustrierten Rechtssatz stehen, auch für diesen Festpunkte darstellen, die dem Gedächtnis beim Behalten seines Inhalts zu Hilfe kommen können.

II

A. Der Schöpfer der Sachsenspiegelbilder und jedenfalls auch der Kopist der Heidelberger Handschrift haben sich bei der Ausführung ihres Auftrages nicht auf rationale Zweckgesichtspunkte beschränkt. Bei aller Primitivität der zeichnerischen Technik ist das Bestreben nach künstlerischer Gestaltung nicht zu verkennen[17]. So war dem Urheber der Illustrationen ganz offensichtlich an einem gefälligen Bildaufbau gelegen. Er sah ihn in der möglichst strengen Ausgewogenheit der KOMPOSITION. Mit seinem Einfallsreichtum, der auch in der Erfindung passender bildlicher Ausdrucksmittel für Sachverhalte, die einer bildnerischen Versinnlichung große Schwierigkeiten entgegensetzen, immer wieder erkennbar wird[18], ist er ständig um einen möglichst gleichgewichtigen Bildaufbau bemüht. Das ist auch noch in der Heidelberger Kopie auf Schritt und Tritt zu erkennen, ja es hat den Anschein, als ob der Verfertiger der Heidelberger Bilder dieses Bestreben seiner Vorlage durchschaute und bewußt nachzuahmen versuchte, mit gutem Geschick, wenn auch vielleicht nicht an allen Stellen gleich gutem Ergebnis. Nur auf einige charakteristische Beispiele kann hier hingewiesen werden[19]. 1^r/2 rechts: Das Gleichgewicht zu dem massigen Thron und dem daraufsitzenden Lehnsherrn stellen links die beiden hintereinanderstehenden Figuren des Bauern und seines Sohnes her. Auf dem Bild unmittelbar darunter (1^r/3 rechts), auf dem, durch das Reliquiar als Mittelachse getrennt, je zwei Personen einander gegenübergestellt sind, ist der Lehnsherr gleichfalls sitzend abgebildet, aber ohne Thronsessel, der, wie etwa auch 1^v/3 links dem Gleichgewichtsstreben des Illustrators zum Opfer gefallen ist. In der letzten Bildzeile dieser Seite (1^r/5) sind fünf Personen in zwei Gruppen angeordnet. Da infolge-

DIE BILDER DER HEIDELBERGER HANDSCHRIFT

dessen eine der beiden Gruppen aus drei Personen bestehen muß, hat der Maler die Frau nicht nur so neben den Kleriker gestellt, daß sie von diesem halb verdeckt ist, sondern im übrigen auch durch die Wahl der blaßgelben Farbe für ihr Kleid ihr optisches Schwergewicht herabgemindert. Auffallend ist die Symmetrie des Bildaufbaues in 1ᵛ/2. Auf 3ᵛ/2 sind die beiden Wappenschilde am linken Rand für die Bildaussage ganz und gar entbehrlich, da sie sie höchstens in einem Punkt unterstreichen, keinesfalls aber erweitern. Ihre Aufgabe, das bildliche Gleichgewicht herzustellen, ist gar nicht zu verkennen. Auch aus dem Landrechtsteil lassen sich zahlreiche Beispiele anführen, so etwa 14ʳ/2, wo die Sorgfalt, die an die streng symmetrische Anordnung der Figuren gewendet wurde, sofort ins Auge fällt.

B. In den Heidelberger Bildern wird noch ein weiteres künstlerisches Anliegen erkennbar, das für seine Zeit ganz ungewöhnlich ist, der Wunsch, den menschlichen Gestalten lebensvolle GESICHTSZÜGE zu geben[20]. In zahlreichen Fällen geht die Absicht des Zeichners sogar noch darüber hinaus; er versucht – mit ganz bemerkenswertem Erfolg –, Mienenspiel und Gesichtsausdruck bestimmten zum Bildinhalt gehörenden Vorgängen anzupassen und sie so in die Bildaussage mit einzubeziehen. Auch hier müssen einige Beispiele genügen. 4ʳ/3: Die beiden Streitgegner in der anstehenden Lehnsrechtssache blicken einander mit recht mißvergnügten Gesichtern an. Die Miene des Mannes drückt Verärgerung aus. Der Oberherr dagegen lächelt dem Lehnsmann, der bei ihm sein Recht gegen seinen Herrn sucht, huldvoll zu. 10ʳ/1: Das Gesicht des verlierenden Spielers zeigt seine Bestürzung über die Wendung, die das Spielerglück für ihn genommen hat. 13ʳ/1: Der Zustand des Geisteskranken wird auch an seinem verstörten Antlitz sichtbar. Kummervoll ist die Miene seines Vormundes, der – vielleicht zum wiederholten Male – für seine Untaten zahlen muß. 14ʳ/2: Der Friedensbrecher, der, noch während er für sich selber den Frieden zu halten gelobt, bereits die Absicht hegt, ihn zu brechen, hat einen hinterhältigen und verschlagenen Gesichtsausdruck, sein Kontrahent dagegen spricht mit dem halbgeöffneten Mund und den hochgezogenen Brauen deutlich eine ernste Warnung aus. Auch die beiden Zeugen hinter ihm blicken besorgt mahnend auf den Friedensbrecher, während der Henker recht grimmig dreinschaut.

28ʳ/3: Voll Entsetzen sieht der rechts stehende Mann dem Vatermord zu. Man vergleiche auch (13ᵛ/4 u. 5) den lebensvollen Blick Noahs mit den verinnerlichten Gesichtszügen des blinden Isaak.

Nicht auf die Bilderhandschriften des Sachsenspiegels beschränkt ist dagegen die Anwendung physiognomischer Ausdrucksformen zur Unterscheidung höherer und niederer Standeszugehörigkeit. Vor allem Bauern (z. B. 1ʳ/2-4 u. ö.), Knechte (z. B. 13ᵛ/1), Tagelöhner (z. B. 20ʳ/2 rechts, wohl auch 23ʳ/5 u. 6), rechtlos Gewordene (20ʳ/5 links, 27ʳ/6, 27ᵛ/1), Henker und Henkersknechte[21] (12ᵛ/5 rechts) haben grobe, dumme, rohe, jedenfalls häßliche Gesichtszüge, während die sozial Höherstehenden sich durch eine feinere Physiognomie auszeichnen. Allerdings kommen hier die Grenzen der zeichnerischen Fähigkeiten unseres Illustrators zum Vorschein. Grobe und häßliche Gesichter gelingen ihm nur im Profil, feine und edle nur en face, oder genauer gesagt, fast von vorn (Halb- oder Viertelprofil). Hiervon kommen nur wenige Ausnahmen vor, die zumeist ungewollt sind. Deutlich erkennt man das vor allem da, wo dieselbe Person zweimal in verschiedener Ansicht dargestellt ist, wie z. B. 8ᵛ/2 u. 3 oder 30ʳ/1. In 8ᵛ/2 hat sich der Zeichner selber durch dieses Unvermögen täuschen lassen. Der rechts Stehende ist derselbe Bauer wie der Gleichgekleidete im nächsten Bild, wo er denn auch die weiteren Kennzeichen dieses Standes trägt, die weißen Binden um die Unterschenkel und den kürzeren Rock. In 8ᵛ/2 dagegen, wo er in Vorderansicht und deshalb mit feineren Gesichtszügen abgebildet ist, hat der Zeichner jene Identität nicht erkannt und darum sowohl die Riemen fortgelassen als auch das Kleid länger gemacht. Gelegentlich und wohl mehr zufällig gelingen ihm freilich derbere Gesichter auch im Halbprofil wie der von rechts kommende Gespannführer auf 9ᵛ/5. Aber schon dessen Berufs- und Standesgenosse auf dem gleichen Bild läßt jede Derbheit im Gesicht vermissen, genauso wie auch der Bauer mit dem Pflug eine Zeile darüber. Andererseits werden Gesichter oft grob und unschön – und zwar durchweg ungewollt – die der Zeichner genau in Vorderansicht darstellt: Der Lehnsherr 3ʳ/2, der König 5ʳ/5, der Richter (Graf) 15ʳ/5. Auch hiervon gibt es ebenso Ausnahmen wie von dem groben Profil: Der König 21ʳ/5 hat ein hübsches und feines Gesicht, was ohne Zweifel, gewollt aber wohl nur durch Zufall gelungen ist, der im

Profil abgebildete Verfestete (29ʳ/3) zeigt ausgesprochen edle Züge, wobei jedoch zweifelhaft bleibt, ob das der Absicht des Zeichners entsprach.

C. In das Chiffrensystem der Bildersprache unserer Handschrift sind auch die FARBEN DER GEWÄNDER, mit denen die Figuren bekleidet sind, einbezogen. An vielen Stellen entsteht sogar der Eindruck, als habe der Illustrator der Urhandschrift (Hs. X) dabei durchgehend eine strenge Regel befolgt, die sich erst in der Kopienfolge mehr und mehr gelockert und verwischt hat. In der Handschrift H ist aber noch vieles davon sichtbar geblieben. Von den Kleiderfarben als Identitäts- oder Verwandtschaftszeichen (z. B. 8ᵛ/2 u. 3; 9ʳ/3 oder 7ʳ/1; 27ᵛ/5 u. ö.) oder zur Kennzeichnung von Amtsträgern (König, Graf, Fronbote, Schultheiß usw.) wird, soweit nötig, bei der Erläuterung der einzelnen Bilder die Rede sein. Die Färbung der Gewänder ist jedoch auch sonst noch in mancherlei Hinsicht ein wesentliches Element der Sachsenspiegel-Bildsymbolik, wenn auch bereits in unserer Handschrift wegen der in der Abfolge der Reproduktionen eingetretenen Inkonsequenzen nicht mehr überall ganz verständlich. So trägt der Lehnsmann häufig einen rot und gelb längsgeteilten Rock (z. B. 1ᵛ/3; 2ʳ/3 u. 4 u. ö., im Landrecht etwa in 9ᵛ/2 u. 3), doch ist sein Kleid oft auch anders gefärbt, etwa grün und gelb längsgeteilt, grün und gelb, rot und grün quergestreift usw. Grün ist überhaupt die bevorzugte Farbe zur Bezeichnung lehnsrechtlicher Beziehungen oder Sachverhalte[22]. Der Lehnsherr, überdies noch durch das Lilienschapel auf dem Kopf ausgezeichnet, trägt fast immer einen grünen Rock. Abweichungen sind oft ohne weiteres erklärbar, so wenn es sich beispielsweise um den Oberlehnsherrn handelt, wie auf Blatt 4ʳ/1-4. Das höfische Grün hat der Maler hierfür gewählt, weil Lehnsfähigkeit Ritterbürtigkeit voraussetzt (Lnr. 2 § 1). Ritterliche Abkunft, vornehmer Stand, Adelszugehörigkeit sind wohl die Grundbedeutungen des grünen Kleides: 1ʳ/1 der junge Edelmann als Schüler des Lehnrechts, 7ʳ/3 die Frau von Ritters Art, 24ᵛ/4 die schöffenbarfreie Frau und besonders 21ʳ/5 die fürstlichen Empfänger von Fahnlehen. Wenn Gott (Christus) einen grünen Rock und roten Mantel trägt (10ʳ/3; 11ʳ/6 u. ö.), so drückt sich in dieser Summierung der höfischen Farben wohl ebenso die Vorstellung von »gotes hövescheit«[23] aus wie die Idee seiner obersten Lehnsherrnstellung gegenüber Kaiser und Papst.

Noch weitere Zusammenhänge zwischen Kleiderfärbung und Bildaussage glaubt man zu ahnen, aber sie werden immer schwerer faßbar. So kommt beispielsweise häufig ein Rock mit grünen und weißen Querstreifen vor. In vielen dieser Fälle ist damit ein Verbrecher gekleidet: 11ᵛ/4 der Friedensbrecher, der auf der Flucht erschlagen wird, 14ᵛ/2 der in Abwesenheit einer Straftat wegen Angeklagte, 20ᵛ/6 der »Deutsche«, dem die Hand wegen eines Verbrechens abgehauen wird, 22ᵛ/1 der soeben enthauptete Verfestete, 22ᵛ/4 der Straffällige, der an den Grafen das Gewette zahlt, 27ʳ/6, 27ᵛ/1 der auf Grund von Verbrechen rechtlos Gewordene, 29ʳ/3 u. 4 der »gesatzte« Verbrecher. Auch der die Totschlagsbuße zahlende Vormund des Kindes, das einen Mann getötet hat (11ʳ/1) und der Schöffe, der als Zeuge für einen Verfesteten auftritt (15ʳ/3), passen wohl noch in diesen Rahmen. Nicht einzuordnen sind darin aber beispielsweise der Spieler, der dem Knecht das Gut des Herrn abgewinnt (13ᵛ/1), der Arbeiter, der das Marktkreuz aufrichtet (23ʳ/5), oder gar das Kind, das des Vaters Heerschild und der Mutter Erbe behält (24ᵛ/3), der freigelassene Reichsdienstmann (27ʳ/3) oder der Gespannführer in Bild 25ᵛ/3.

Weit dürftiger noch ist das Ergebnis, wenn man den Sinngehalt des Rockes mit den gelben und weißen Querstreifen zu erfassen sucht. Mehrmals bekleidet er die Figur des »Schuldners«, dessen, der einem anderen etwas zu zahlen hat (10ʳ/1; 13ʳ/1; 13ʳ/5; 17ᵛ/5; 18ʳ/2; 23ʳ/2). Die weitaus größere Zahl der so angezogenen Figuren aber läßt sich weder unter diesem noch sonst einem gemeinsamen Gesichtspunkt einordnen.

Dennoch wird man bei genauerer Beschäftigung mit den Illustrationen das Gefühl nicht los, daß die richtige Deutung dieser und ähnlicher Farbgestaltungen der Kleidungsstücke der Schlüssel zur weiteren Dechiffrierung der Bilder wäre, besonders auch der zahllosen Fälle, in denen die Kleider in sich farblich verschieden gestaltet sind, etwa zur Hälfte einfarbig, zur Hälfte gestreift. Daß der Maler damit nur Extravaganzen der zeitgenössischen Mode überliefern wollte, ist weniger wahrscheinlich, als daß hier Kombinationen mehrerer Grundchiffren vorliegen, die dem Illustrator die Möglichkeit boten, die Aussagefähigkeit der Bilder zu vermehren oder zu differenzieren.

D. Waren die Bilder als Gedächtnisstützen für Leute, die nicht lesen konnten, gedacht, so war die Umsetzung der für diesen Zweck ausgewählten Begriffe oder Sinnzusammenhänge des Textes in BILDSYMBOLE für den Zeichner keine einfache Aufgabe. Am leichtesten verständlich waren die Bildzeichen dann, wenn sie Gegenstände des täglichen Lebens jener Zeit in unveränderter oder doch möglichst wenig veränderter Bedeutung wiedergaben: Ackergeräte, welche die Feld- und Gartenarbeit meinen (9r/5; 28v/1), Schleier (10v/4) oder Gebände (17v/5) zur Kennzeichnung der verheirateten Frau oder der Witwe (17v/4), geistliche Tracht (1r/2), der Judenhut (13v/3), jedenfalls auch Sonne (2r/4) und Mond (6v/4) als Zeitmesser, schließlich wohl auch noch gerüstete Krieger, welche die Heerfahrt (1v/4 u. 5, 2r/1 u. 2) oder noch mehr im übertragenen Sinne die Anwendung von Gewalt (6r/2; 23v/3; 26r/4) repräsentieren, und vieles andere. Hierzu gehören auch die Rechtssymbole, die gerade dem Personenkreis geläufig waren, der an dem Gebrauch der Bilderhandschrift am meisten interessiert sein mußte, den Dinggenossen, vor allem Richtern und Schöffen. Von den Rechtssymbolen wird unten noch ausführlicher die Rede sein[24].

Eine Reihe von Motiven ist der bildenden Kunst entlehnt und konnte deshalb ebenfalls als bekannt vorausgesetzt werden, so etwa der »Trauergestus«, der in seiner ursprünglichen Bedeutung 2v/4 und 17v/5 vorkommt[25], die »Unfähigkeitsgebärde« und die Redegebärden[26] sowie vor allem religiöse Motive, wie Tod und Auferstehung Christi (11r/5), die Gestalt Gottes (Christi), das Jüngste Gericht (11v/1).

Auch dem Rechtsbuch selber wurden charakterisierende Formen entnommen. Die so häufig begegnende Darstellung der Kommendation geht auf Lnr. 22 §§ 1, 2 (5v/3) zurück, der kurze Mantel als kennzeichnendes Attribut des Schöffen auf Ldr. III 69 § 1 (24r/1), Bekleidung und Ausrüstung des Zweikämpfers auf Ldr. I 63 § 4.

Mit diesem Vorrat an bereits vorhandenen bildlichen Ausdrucksmitteln war jedoch allein nicht auszukommen. Jedes Sprachwerk – und ein Rechtsbuch noch ganz besonders – enthält zahlreiche Vorstellungen und Begriffe, für die sich dem Illustrator des Sachsenspiegels anderswo keine oder keine so knappen Darstellungsmöglichkeiten, wie seine Aufgabe sie verlangte, zur Nachahmung anboten. In solchen Fällen war er auf die Erfindungskunst seiner eigenen Phantasie angewiesen. Er hatte aber auch dabei, so gut es ging, anzustreben, daß seine Sinnbilder leicht verständlich und einprägsam waren. Symbole dieser Art kommen häufig vor. Die »Verfestung« zum Beispiel ist ein unanschaulicher Rechtsbegriff, dessen bildliche Darstellung einige Schwierigkeiten bereitet. Der Zeichner hat sich damit geholfen, daß er den Verfesteten mit Anspielung auf Ldr. I 68 § 5 (dgl. Ldr. III 63 § 3), wonach es ihm ans Leben, oder, mit anderen Worten, an den Hals geht, mit einem durch seinen Hals gestoßenen Schwert abgebildet hat (6r/3). Was für die Verfestung, d.h. die Bezirksacht gilt, gilt auch für die Reichsacht. Sie ist des Königs Acht, und deshalb wurde dem Schwert eine Krone hinzugefügt (5r/3). Der häufig vorkommende Begriff des liegenden Gutes, des Grundstückes, mußte in eine kurze, prägnante, leicht verständliche Form gebracht werden: ein paar Kornähren sind – als pars pro toto – der treffende Ausdruck; durch die Darstellung verschiedener Manipulationen an den Ährenbüscheln werden rechtliche Vorgänge, die sich auf Grundstücke beziehen, in die Bildersprache des Kodex übersetzt; das Besitzergreifen 27r/1, 2, 4 (zu Ldr. III 80 § 1), das Erben und Vererben 6r/1, 27r/5 (zu Lnr. 22 § 3 und Ldr. III 81 § 2), das »wec leien« 4v/3 (zu Lnr. 17), »sich underwinden« 4r/2 (zu Lnr. 14 § 4), »loukenen« 4r/1 u. 3 (zu Lnr. 14 § 4 und 15 § 1). Nichtbesitz wird durch einen Kreis, der Geld, Ähren und Getreide umschließt (4v/2) ausgedrückt. Im Grundgedanken hiermit verwandt ist das Symbol für den Rechtsbegriff »Gedinge«. Es besteht gleichfalls aus einem Kreis; in ihm befindet sich aber nur das Grundstückssymbol, die Ähren (2v/2–4). Gedinge ist eine Anwartschaft, also auch (noch) kein Besitz. In beiden Fällen hat der Kreis somit die gleiche Aufgabe: Er schließt bestimmte Personen vom Besitz aus, schützt wie ein magischer Schutzkreis das in ihn eingeschlossene Gut vor dem Zugriff des Nichtberechtigten[27].

Andere Begriffe aus dem Bereiche des Rechts, die nur durch Sinnbilder zeichnerisch dargestellt werden können, sind z.B. das Urteil, das durch Rosen (24r/2), der Friede, der durch eine Lilie (11r/3; 14r/2) symbolisiert wird[28]. Die »Gerade« ist durch eine Schere, das »Heergewäte« durch ein Schwert vertreten (14v/4).

Eine recht schwierige Aufgabe war dem Maler mit der bildlichen Darstellung von Zeitbestimmungen, Fristen und Terminen gestellt. Er hat sie auf eine ebenso einfache wie einleuchtende Weise gelöst.

Das Jahr wird durch das Zahlzeichen LII, das in einen Kreis eingeschlossen ist, dargestellt (6ʳ/2). Dasselbe Symbol steht auch für das »voriaren«, die Fristversäumnis (6ʳ/2). Der Zeitraum von sechs Wochen wird in der Regel durch die Zahl VI, gelegentlich auch durch sechs senkrecht nebeneinandergestellte Striche symbolisiert (1ᵛ/4 u. 5; 12ᵛ/2). Für die häufig vorkommende Frist von »Jahr und Tag« stehen das Jahreszeichen und die VI sowie häufig dazu noch das Bild der Sonne als Tagessymbol, da diese Fristbezeichnung im Sinne von »1 Jahr, 6 Wochen und 3 Tage« aufgefaßt wird (4ᵛ/2; 5ᵛ/3; 3ʳ/5; 21ᵛ/1; 27ᵛ/3). Als Tageszeichen dient die Sonne auch dazu, einzelne Tage anzugeben. Die Zahl der Tage wird durch Punkte bezeichnet (19ʳ/1; 27ᵛ/3 links). Auch Tageszeiten (21ᵛ/5) oder Zeitverhältnisse (3ʳ/3) werden durch das Bild der Sonne wiedergegeben. Ein Viertelmond unter einer II (6ᵛ/3 u. 4) oder auch nur die Zahl II alleine (17ʳ/4 u. 5) bedeuten die Frist von vierzehn Nächten. Zeitliches Nacheinander wird in räumliches Hintereinander umgesetzt (29ʳ/3–5; vgl. auch 2ʳ/1). Das Symbol für Feiertage ist ein farbiger Ring, auf dem ein Kreuz steht; wenn »gebundene Tage« gemeint sind, dann ist das Kreuz von dem Kreis umschlossen (2ʳ/4).

Auch Wortspiele finden Anwendung. Der »Biergelde« bekommt einen Schöpfkübel, mit dem man Bier schöpfte, die »Biergelte«, als Attribut (20ʳ/1). Die Figur eines Schultheißen, dem Gläubiger beigegeben, besagt, daß dieser eine ausstehende Geldschuld einfordert (»heischt«) (28ʳ/5 u. 6). Das »Behalten« i. S. v. »etwas vor Gericht erstreiten« wird durch das Festhalten des streitigen Gutes ausgedrückt (3ʳ/2). Den Begriff »schöffenbar« versinnbildlicht ein Schiff (24ᵛ/4), wobei sich der Illustrator die Lautverwandtschaft von nd. »schep« (Schiff) mit »schepe« (Schöffe) für sein Symbol zunutze macht. Wer sich ehrsam und ordentlich verhalten hat, wird mit der Redegebärde dargestellt (21ʳ/4), denn mhd. »redelich« heißt sowohl »rechtschaffen, ordentlich« wie auch »redend, beredt«. Zur bildlichen Verkörperung des im Text (Ldr. III 79 § 2) vorkommenden Ausdrucks »kein uz wendic man« eignet sich wegen der Klangverwandtschaft des Namens die Gestalt eines Wenden.

Vom Illustrator frei erfunden sind auch einige der Handgebärden: Die Verweigerungsgebärde *(Handgebärden* 14 S. 230 f.)²⁹, wie sie z. B. 6ʳ/3 bei dem grüngekleideten Lehnsherrn vorkommt, das Ruhen *(Handgebärden* 17 S. 233 f.), das 2ʳ/1 bei dem Ritter auf der rechten Seite des Bildes und 19ʳ/1 in der Darstellung des Ausruhens Gottes am siebenten Schöpfungstage begegnet, die ohne weiteres verständliche Gebärde des Schweigens *(Handgebärden* 20 S. 235), die 4ᵛ/3, 5ʳ/1 zeigen.

Alle Bildzeichen sind mit äußerster Strenge und Rücksichtslosigkeit dem Zweck des Ganzen untergeordnet. Er allein bestimmt nicht nur ihre Auswahl, sondern auch Gestalt und Bedeutung. Nirgendwo kommt es dem Zeichner darauf an, seine Vorbilder, seien sie der Kunst oder dem Leben entnommen, getreu nachzuahmen. Sowenig er sich der Anatomie des Menschen verpflichtet fühlt und bedenkenlos seinen menschlichen Figuren 5 Arme oder 2 Köpfe gibt, wo er meint, daß seine Aufgabe es von ihm fordere, sowenig sieht er sich gehalten, anderswoher übernommene Symbole nach Form und Inhalt richtig wiederzugeben oder anzuwenden. Das Schwert als Symbol der Gerichtsbarkeit³⁰ trägt der Richter nur an ganz wenigen Stellen, vom Richterstab in seiner Hand³¹ ist in der Heidelberger Handschrift nirgendwo etwas zu sehen, weil er meistens beide Hände für Gestikulationen braucht, die dem Illustrator im Hinblick auf den Zweck seiner Illustrationen nötig schienen. Was im wirklichen Gerichtsgebrauch streng verpönt war³², das Schwören mit der linken Hand, ist in unseren Bildern mehrmals anzutreffen (besonders deutlich 8ᵛ/2; 11ʳ/2). Weil der Illustrator dem Richter den Grafenhut als ständiges Attribut zugeteilt hat, läßt er ihm diese Kopfbedeckung selbst dort, wo der Text verlangt, sie abzulegen (III 69 § 1), und gibt ihm zur Befolgung der Rechtsvorschrift einen zweiten Hut (24ʳ/1). Daß der Rechtlose, wenn er vor Gericht erschien, die Gegenstände, die ihm nach Ldr. III 45 § 9 als Buße zukamen, auf den Rücken gebunden trug, entsprach nicht wirklichem Rechtsbrauch, ist vielmehr eigene Erfindung, »subjektive Symbolik«³³ des Schöpfers der Bilder. Besonders reich an solcher subjektiven Symbolik, und zwar sowohl an neu geschaffenen Formen wie auch vor allem an Bedeutungsänderungen gegenüber ihren Vorbildern in der Kunst und im Rechtsbrauch sind die Handgebärden, wie v. Amira in seinem Buch über *Die Handgebärden in den Bilderhandschriften des Sachsenspiegels* in eingehender Untersuchung festgestellt hat.

Bei dieser Willkür, mit welcher der Illustrator alles, was ihm für seine Absichten brauchbar erschien, in den Dienst des eigentlichen Zwecks seiner Arbeit stellte, kann die Beobachtung nicht überraschen, daß die Bilder an echter, dem Leben entnommener und nach Form und Inhalt getreu wiedergegebener Rechtssymbolik weniger reich sind, als man es zunächst bei dem Bilderbestand eines Rechtsbuches vermuten und wünschen möchte. Jacob Grimm hat darüber recht abfällig geurteilt: »Für die erläuterung der rechtssymbole sind diese bilder ganz geringfügig«[34]. Demgegenüber enthalten v. Amiras Arbeiten zu den Bilderhandschriften des Sachsenspiegels einen Katalog von rechtssymbolischen Ausdrucksbewegungen und Sachen, der eine bessere Meinung rechtfertigt[35]. Die wichtigsten der in der Heidelberger Bilderhandschrift abgebildeten echten Rechtssymbole sind im folgenden zusammengestellt:

Das Schwert in der Hand des sein Richteramt ausübenden Grafen kommt in H nur auf den Blättern 10–12 vor und dient hier nicht allein als Wahrzeichen »der vollen strafrichterlichen Gewalt«[36], sondern unterschiedslos der Gerichtsgewalt überhaupt[37], da mindestens 3 dieser Bilder (10r/2, 10v/1 u. 2) sich nicht auf Strafsachen beziehen. In der Hand des Klägers symbolisiert das bloße Schwert die Klage mit Gerüft (10v/5; 12r/3; 14r/3)[38].

Die Fahne als Lehnssymbol (gemäß Ldr. III 60 § 1) kommt öfter, und zwar in verschiedenen Farben, vor (vgl. bes. 21r/5). Tatsächlich war diese Fahne, als »Blut-« oder »Feuerbanner« uraltes Wahrzeichen des Reiches, immer rot[39].

Wie die Fahne so ist auch das Szepter, im übrigen ständiges Attribut des Königs auf den Bildern unserer Handschrift, nach der gleichen Landrechtsstelle Investitursymbol, und zwar bei der Verleihung geistlicher Reichslehen (21r/5 u. ö.).

Der Handschuh als Zeichen des vom Kaiser verliehenen Marktrechts (Ldr. II 26 § 4) kommt 23r/5 und, als Symbol für die Stadt, 28v/4 vor und entspricht tatsächlichem Rechtsbrauch[40]. Er hängt an einem hohen Kreuz, das gleichfalls die Marktgerechtigkeit versinnbildlicht (s.a. 15v/5) und auch in Wirklichkeit zusammen mit dem daranhängenden Handschuh in dieser Bedeutung vorkam[41].

In Übereinstimmung mit alter Rechtsgewohnheit erscheint der Zweig als Auflassungssymbol bei der Grundstücksübereignung[42] auch auf den Bildern unserer Handschrift. Dabei hat der Maler sich eine Differenzierung in der Anwendung dieses Symbols und eine subjektiv-symbolische Erweiterung seiner Bedeutung erlaubt. Als grüner Zweig, an einer Stelle als gelber Ast, begegnet er bei der Übergabe von Grundstücken in 19v/3, 27v/3 u. 4. Öfter dagegen tritt er als blühender Zweig auf und ist das Bildzeichen für die Belehnung in verschiedenen Zusammenhängen, z. B. auch da, wo es sich um ein bloßes Lehensangebot handelt, das zurückgewiesen wird, d.h. er ist eine richtige Bildchiffre für den Begriff »Belehnung« (3r/2, 5r/3 links, 5v/1, 22v/5 rechts, 25v/4).

Der Ring, Sinnbild der Eheschließung, ist auf den Bildern das Zeichen für »heiraten« (25r/2; 25v/2).

In das Gebiet echter Rechtssymbolik gehört auch der »blickende Schein«, den unsere Bilder in zwei seiner Erscheinungsformen zeigen: 10v/5 wird der Ermordete vor Gericht gebracht (Klage mit dem Toten)[43], und in demselben Bilde sieht man den gefesselten Dieb, dem das Diebesgut auf den Rücken gebunden ist und der so dem Richter vorgeführt wird[44].

Von den unten näher beschriebenen Handgebärden gehören dem Rechtsleben des Mittelalters folgende an:

Die Redegebärden des Richters, der Urteilsfinder, der Prozeßparteien und des Vorsprechers;
die Befehlsgebärde;
die Gelöbnisgebärde;
der Fingerzeig beim Zeugenführer, bei den Zeugen, bei den Prozeßparteien, bei der »leiblichen Beweisung« (20v/1, 29v/3);
die Schwurgebärden;
die Handreichung beim Vertragsabschluß;
die Kommendation bei der Begründung eines Lehnsverhältnisses.

Dazu kommen

das Raufen der eigenen Haare, das zur Notzuchtklage gehört, welche die betroffene Jungfrau nach den alten Rechtsquellen u.a. mit »struppigem«, »flatterndem«, »zerfallenem«, »gesträubtem« Haar vorbringen soll, wie Bild 10v/5 es zeigt,

der »kämpfliche Gruß«, der so dargestellt ist, wie ihn das Rechtsbuch selber (Ldr. I 63 § 1) vorschreibt: Der Kläger packt den Gegner beim Halsausschnitt (30r/2), um sich seiner zu »unterwinden« (bemächtigen). Mit der gleichen Gebärde unterwindet sich auch der Herr des Mannes, der sich vor Gericht freiwillig in Leibeigerschaft begeben hat (16v/4). Ob die Geste auch in diesem Fall wirklichem

Rechtsbrauch entstammt, oder ob es sich hier nur um symbolischen Ersatz des Begriffes »sich unterwinden« handelt, ist mangels sonstiger Belege nicht völlig gewiß. Für ihre rechtshistorische Realität spricht, daß auch die andere, Ergebung bedeutende, Ausdrucksbewegung, das Sich-Neigen, der Wirklichkeit angehörte[46].

Den objektiven Rechtssymbolen sind ferner zuzurechnen die Übernahme in die Schuldknechtschaft durch Ergreifen bei der Hand,

wahrscheinlich auch das Ergreifen am Rockschoß (am »Geren«), wie es 16^v/5 der Herr vor Gericht an dem Mann vollzieht, den er als Eigenmann in Anspruch nimmt, eine Handlung, die als rechtssymbolischer Akt unter vergleichbaren Umständen öfter belegt ist[47],

auf jeden Fall aber der an derselben Stelle und im gleichen Zusammenhang abgebildete »Halsschlag« als rechtssymbolische Form des »Sich-Unterwindens« gegenüber einem Unfreien[48], dessen der Herr sich noch formell bemächtigt, nachdem er ihn vor Gericht bereits für sich gewonnen hat,

die Besitzergreifung mittels der »traditio per ostium« (7^r/3 u. 5)[49] und bei der Fahrnisverfolgung in Gestalt des »Anefangs« (13^v/1),

und schließlich der »Scheltegestus«, der darin besteht, daß der Scheltende die erhobene Schwurhand des Gegners herabzieht, und der rechtsritueller Bestandteil der Eidesschelte ist[50], auf den Bildern unserer Handschrift aber nicht in dieser Bedeutung, sondern nur als subjektiv-symbolischer Ausdruck für das »Verlegen« des Eides (1^r/3 rechts, 4 links) und der Urteilsschelte (24^r/3) verwendet wird.

An sonstigen Ausdrucksbewegungen, die dem Rechtsleben entnommen sind, sind zu nennen:

Das Stehen vor Gericht. Die Prozeßparteien stehen dem Richter gegenüber (14^r/4 u. 5); stehend wird der Eid vor Gericht geleistet, was jedenfalls neben dem Knien beim Schwur ebenfalls wirklichem Brauch entspricht (7^v/3–5); dasselbe gilt, wenn ein anderer den Eid abnimmt (8^v/2 u. 4), sowie für den Richter beim Gerichtszeugnis (29^r/2) oder den Fronboten (7^v/1 u. 2).

Die Aufstellung der Parteien und Zeugen vor Gericht. Beim Siebenereid stehen die 6 Zeugen in 2 Reihen zu je drei. Neben einer steht der Beweisführer (7^v/3, 11^v/4, 16^v/3).

Die Einreihung des Beweisführers zwischen seine beiden Zeugen (2^v/3, 8^v/4) kam in Wirklichkeit ebenso vor wie seine Aufstellung vor ihnen (29^r/3), obwohl an dieser Stelle die Anordnung in einem räumlichen Hintereinander subjektiv symbolisch das zeitliche Nacheinander darstellen soll. Die Partei steht hinter ihrem Vorsprecher (5^r/1, 24^v/1).

Das Sitzen. Der Richter sitzt immer, ob es sich um den Grafen (passim), den Gogreven (30^r/1), den Schultheißen (27^r/1) oder den Bauernmeister (26^v/5) bei der Ausübung dieses Amtes handelt. Sitzend versieht auch der geistliche Richter (16^r/3, 28^v/3) sein Amt und ebenso der Lehnsherr im Lehnsgericht (2^r/4 u.ö.). So ist es bei den germanischen Völkern seit jeher gewesen[51]. Im Sitzen drücken sich Ruhe und Würde des Richters aus, noch betont durch die ihm vorgeschriebene Haltung der Beine. Er soll, wie es im Soester Recht heißt, »sitzen als ein griesgrimmender Löwe, den rechten Fuß über den linken schlagen«[52]. Diese Haltung hat man sich nicht so vorzustellen, wie sie etwa die Manessische Liederhandschrift bei Walther von der Vogelweide nach dessen Gedicht: »Ich saz ûf eime steine und dahte bein mit beine« zeigt, sondern als ein Kreuzen der Füße wie auf Bild 28^v/3, 29^r/4, 29^v/4 oder beim Lehnsrichter auf Bild 3^v/3, 5^r/1[53].

Sitzen müssen auch die Urteilsfinder beim Gericht unter Königsbann. So will es der Sachsenspiegel selber in Ldr. II 12 § 13, III 69 § 2, und die Bilder zeigen es besonders 24^r/1 u. 3, 21^v/4, und für das Lehnsgericht 2^r/4.

Für die »Satzung« (29^r/3 u. 4 zu Ldr. III 88 §§ 2–4) sind die illustrierten Sachsenspiegel die einzigen Bildquellen[54].

E. Bei der Suche nach Mitteln, die Aussagefähigkeit seiner Bilder soweit als möglich auszudehnen, bot sich dem Illustrator vor allen anderen Ausdrucksformen die MIMIK DER HÄNDE an. Sie begegnete ihm und den zukünftigen Benutzern seines Werkes täglich in zahllosen Varianten im Leben wie in der Kunst. Ihre Vielseitigkeit, ihre zumeist unmittelbare Verständlichkeit und nicht zuletzt auch ihr geringer Platzanspruch machten sie für seinen Zweck wie nichts anderes geeignet. Er konnte, was er bereits vorgebildet vorfand, entweder unverändert übernehmen oder auf eine leicht durchschaubare Art abwandeln, ebenso der Form wie dem Inhalt nach, und der Spielraum für die Erfindung neuer Gesten war nahezu unbegrenzt. In der Tat wendet der

Maler diesem Ausdrucksmittel denn auch seine besondere Sorgfalt zu, rückt es optisch in den Vordergrund, indem er die sprechenden Hände[55] besonders groß und oft mit einer schablonenhaften Exaktheit zeichnet[56], auffallend gegenüber der meist lässigen Zeichnung der mit Nebentätigkeiten beschäftigten[57] oder ruhenden Hände.

Demgegenüber fällt allerdings auf, daß der Illustrator die Ausdrucksmöglichkeiten, welche ihm die mimischen Handbewegungen bieten, bei weitem nicht ausgeschöpft hat[58]. Gesten, die Affekte oder sonstige seelische Vorgänge ausdrücken sollen, kommen nur vor, wenn sie sich – umgedeutet – auch zur Wiedergabe rationaler, rechtlich relevanter Begriffe oder Sachverhalte verwenden lassen, wie der Trauergestus oder die Gebärde der Ehrerbietung. Man könnte diese Zurückhaltung daraus zu erklären versuchen, daß der Illustrator unter Verzicht auf jede nur als Beiwerk zu wertende künstlerische Gestaltung sich ganz streng auf das zu begrenzen strebte, was zur Erfüllung seines mnemotechnischen Illustrationsauftrages unbedingt erforderlich war. Allein dieser Ansicht stünde entgegen, daß er sich eine solche künstlerische Abstinenz keineswegs durchweg auferlegt hat, wie bereits festgestellt wurde[59], während er andererseits auf die Verwendung mancher Handgebärden verzichtete, welche die Rechtspraxis ihm anbot und deren Benutzung auch bei der strengsten Beschränkung auf seine Aufgabe vollkommen gerechtfertigt gewesen wäre[60]. Man wird deshalb am ehesten anzunehmen haben, daß der Maler im Hinblick auf die Absicht, die er mit seinen Illustrationen verfolgte, darauf bedacht war, eine möglichst große Ausdrucksfähigkeit seiner Bildersprache mit einem Minimum an Ausdrucksformen zu verbinden, um den Benutzer nicht zu verwirren. Sollten seine Bilder als Merkhilfen dienen, dann durfte ihr Vorrat an Symbolen nicht allzu reichhaltig sein, um nicht das Gedächtnis, das sie stützen sollten, gleichzeitig zu belasten.

Daher ist denn auch trotz anscheinender Vielfalt der Bewegungen der eigentliche Formenbestand der Handgebärden verhältnismäßig gering und überschaubar. Karl von Amira hat sie zusammengestellt und geordnet[61]. Nicht alle der von ihm festgestellten 34 Typen haben sich in der Heidelberger Handschrift erhalten. Die wichtigsten aus ihr werden im folgenden aufgezählt und näher beschrieben[62].

1. Die Redegebärden. Der sogenannte »ältere Redegestus« (*Handgebärden* Nr. 1 S. 170 ff.)[63] wird in der Regel so dargestellt, daß die flache Hand ohne Drehung mit dem mehr oder weniger stark angewinkelten Unterarm angehoben wird. Die Finger sind gestreckt, der Daumen öfter abgespreizt, bei exakter Darstellung parallel den übrigen Fingern angelegt. Die Achsen von Hand und Unterarm bilden eine gerade Linie. Es treten mehrere leichte Varianten der Grundform auf, die aber wohl nur auf weniger sorgfältige Zeichnung zurückzuführen sind. Beispiele für eine einigermaßen exakte Zeichnung finden sich 18^v/4 rechts bei Abel oder 27^r/6 bei dem auf handhafter Tat ertappten Missetäter. Weitere Beispiele des älteren Redegestus zeigen Blatt 1^v/5, erste und zweite Figur links, 2^r/3, linke Figur, 5^r/1 der Richter u.a.m. Der Gestus reicht in die Antike zurück und findet sich oft in der frühchristlichen und in der Kunst des Mittelalters.

Der »jüngere Redegestus« (*Handgebärden* Nr. 2 S. 191 ff.) unterscheidet sich von dem vorigen dadurch, daß die Hand nicht mit gestreckten, sondern mäßig gekrümmten Fingern erhoben wird, also eine Hohlform bildet. Zur Veranschaulichung dieser häufig vorkommenden Geste seien beispielshalber genannt 8^v/2 die Figur rechts im Bild, 10^v/4 der König oder 11^r/2 der Mann im gelbgrün geteilten Rock. Auch von dieser Gebärde gibt es zahlreiche Varianten, die teils der Flüchtigkeit der Zeichnung, teils aber vielleicht auch dem Wunsch des Zeichners nach Abwechslung ihre Entstehung verdanken. Eine bemerkenswerte Abweichung besteht darin, daß der Zeigefinger abgespreizt wird, so daß die Gebärde Ähnlichkeit mit dem weiter unten zu behandelnden »Fingerzeig«, einem Zeigegestus, bekommt, von dem sie sich jedoch zumeist dadurch unterscheidet, daß beim Fingerzeig in der Regel die Finger vollständig eingekrümmt sind (z.B. 1^r/1 rechts der Lehrer; 2^r/4 der Lehnsrichter; 2^r/5 der Lehnsherr).

Wie ihr Name sagt, dienen die Redegebärden dazu, die Figuren sprechend darzustellen. Dabei kommt es nicht darauf an, daß sie einen bestimmten Redeinhalt zum Ausdruck bringen. Das gilt auch für die richterlichen Personen, denen zum überwiegenden Teil die jüngere Redegebärde zugeteilt ist. Sie werden damit schlechthin als Urteilsverkünder gekennzeichnet, ohne daß in jedem Fall auf einen bestimmten Urteilsinhalt angespielt würde. Die Redegebärde gehört zu den richterlichen Attributen. Auch die Parteien vor Gericht,

Zeugen oder Leute, die miteinander verhandeln, sind oft mit dieser Gebärde ausgestattet. Sie findet sich aber auch bei Figuren, bei denen sie weder durch den Text noch durch ihre Funktion im Bildzusammenhang noch sonst irgendwie erkennbar motiviert sind. Es mag stimmen, daß hier eine Abnutzungserscheinung des Motivs sichtbar wird, die es zu einem schematisch angewandten Dekor hat werden lassen, der nur zur Belebung der Gestalten dienen soll[64]. In H sind diese Fälle nur ganz selten (1r/2 links die grüngekleidete Frau; 1v/3 links der Lehnsherr). Zuweilen sollen sie nur die Aufmerksamkeit des Betrachters fesseln, seine Phantasie dazu anregen, zur Wiederbelebung seiner Erinnerung sich den Inhalt der Rede aus dem früher gehörten Text selber zu gestalten (z.B. 11v/6; 12v/5 links).

2. Zeigegebärden. Die in *Handgebärden* Nr. 4 S. 204ff. beschriebene, als »weisende Hand« bezeichnete Zeigegebärde kommt in H sehr selten vor, eindeutig nur 2r/3 (der gerüstete Lehnsherr) und 15r/1 (die zweite Figur von links)[65].

Der »Fingerzeig« (*Handgebärden* Nr. 5 S. 208ff.) ist dagegen in H allenthalben als Zeigegestus anzutreffen. Mit ausgestrecktem Zeigefinger, während die übrigen Finger fest eingekrümmt sind und der Daumen den gekrümmten Fingern anliegt, weist die Hand in Richtung auf das Objekt. Als ein Mittel der Bildaussage stellt dieses Zeigen Zusammenhänge her oder verdeutlicht sie oder macht besonders auf sie aufmerksam, und zwar Zusammenhänge nicht immer nur innerhalb eines Bildes (3r/3), sondern mehrfach auch von Bild zu Bild (6v/2, wo auf das darüberstehende, 25v/2, wo nach unten auf das folgende Bild gezeigt wird[66]. Auch als Symbol für den Begriff »wisen, bewisen« wird der Zeigegestus verwendet (4v/1; 28r/2).

3. Der »Befehls- und Aufmerksamkeitsgestus« (*Handgebärden* Nr. 6 S. 212ff.) ist mit dem Fingerzeig völlig formgleich und daher in zahlreichen Fällen von ihm gar nicht oder nicht mit Sicherheit zu unterscheiden. Als Aufmerksamkeit heischende Gebärde bedingt er jedoch, daß die Hand und der Zeigefinger mehr oder weniger steil nach oben gerichtet sind. Als Befehlsgestus erlaubt er zwar auch eine andere Richtung, doch gibt es in H keine Stelle, an welcher die Befehlsgebärde zu vermuten ist, wenn die Hand über die Waagerechte hinaus abwärts zeigt. Unmöglich ist es, zwischen einem Befehl und der Forderung nach Aufmerksamkeit zu unterscheiden, wenn nicht, wie in 22v/2 (Ldr. III 64 § 1), der Text zu Hilfe kommt. Sowohl das eine wie das andere kann die Gebärde bedeuten, wenn die rechtsetzende Gewalt mit ihr ausgestattet ist (18v/3 zu Ldr. III 42 § 2 die Geistlichen oder 24v/5 zu Ldr. III 73 § 2 der Bischof Wichmann). Beim Richter, der im mittelalterlichen Gerichtsverfahren von der Hegung des Gerichts bis zur Verkündung des Urteils und dem Gebot, es zu halten, seine Funktionen wesentlich in Befehlsform ausübt, wird diese Handgebärde vorwiegend als Befehlsgestus aufzufassen sein, wenn sich nicht, wie beispielsweise in 2r/4; 3r/3 u. 5; 21v/5 u.ö., aus dem Text ergibt, daß der Fingerzeig gemeint ist.

4. Die »Gelöbnisgebärde« (*Handgebärden* Nr. 7 S. 216ff.) findet sich in H als Symbol für einseitiges Versprechen oder Geloben. Mit dieser Gebärde geben (14v/2; 15r/1) die Bürgen ihr Bürgschaftsversprechen ab, huldigt (1v/3 links) der Lehnsmann seinem Herrn, geloben die zum Reichsdienst aufgebotenen Mannen, dem Aufgebot zu gehorchen (1v/4 u. 5), geloben (17r/4) Fronbote und Kläger, den dem Ächter vom König gewirkten Frieden zu halten, verspricht (12r/2 zu Ldr. II 71 § 5) der Anführer der Männer, denen der Friedensbrecher ausgeliefert wurde, »rechtes gericht« über ihn zu halten[67].

5. Der »Ablehnungsgestus«, wie er *Handgebärden* S. 220ff. genannt wird, erscheint in H als Gebärde der Absonderung, der Trennung. Er besteht darin, daß ein Mensch von einem anderen mit der flachen Hand und ausgestrecktem Arm von jemand oder von etwas fortgeschoben wird[68]. So schiebt 14r/3 der Täter den Gefangenen, den er gewaltsam befreit, vom Gericht fort, 16r/3 der Geistliche den Ehemann, dessen Ehe nichtig ist, von seiner Frau, um die Auflösung der Ehe anzudeuten, trennt 25r/3 der Geistliche die beiden Ehegatten, um damit die Ehescheidung symbolisch darzustellen. In übertragenem Sinne verbildlicht der Gestus sodann nicht nur ein räumliches, sondern auch ein rechtliches Verdrängen aus Besitz oder Erbfolge: 27v/5; 28r/3. Als Symbol für Widerspruch und Ablehnung dient er in 5r/1 und 17v/1, zur Darstellung eines Verbotes in 6r/4.

6. Schwurgebärden (*Handgebärden* Nr. 13 S. 227ff. und Nr. 34 S. 257ff.) werden durchweg mit zwei Fingern meist der rechten, gelegentlich auch der linken Hand (z.B. 8v/2) ausgeführt. Die Schwurfinger berühren das Heiltum oder werden darüber gehalten, in vielen Fällen aber auch nur in Richtung auf das Reliquiar ausgestreckt, wenn die Bildkomposition

es verlangt (z.B. 7ᵛ/1, 2, 5). An einigen Stellen wird beim Überführungseid auf oder über dem Haupte des zu Überführenden geschworen (7ᵛ/3 u. 5; 24ʳ/5; 29ʳ/3 u. 4).

7. Der »Unfähigkeitsgestus« (*Handgebärden* Nr. 15 S. 231f.) tritt in H in drei verschiedenen Formen auf: a) Die eine Hand erfaßt den schräg vor der Brust emporgehobenen anderen Unterarm unterhalb des Handgelenkes (1ʳ/2 links, 3 links, 5; 2ʳ/5); b) die eine Hand erfaßt die schräg vor dem Unterleib herabhängende andere über dem Handgelenk (1ʳ/1 rechts; 2ʳ/4); c) die eine Hand erfaßt den schräg vor dem Unterleib herabhängenden anderen Unterarm weiter oberhalb des Handgelenks (3ʳ/5; 4ᵛ/4). Ein Bedeutungsunterschied zwischen den drei Formen ist nicht feststellbar. Die Gebärde drückt in mehreren Fällen ein faktisches oder rechtliches Nichtkönnen aus: 1ʳ/1 der Schüler, der Lehnrecht »nicht kann«, 24ᵛ/1 u. 2 die Parteien, die sich sprachlich nicht verständigen können, 29ᵛ/5 der Verwundete, der die Krankenpflege nicht zu zahlen imstande ist, 30ʳ/1 der Wirt, der den Totschläger nicht aufzuhalten vermag. Nichtkönnen aus Rechtsgründen begegnet in 1ʳ/2 links bei dem Lehnsherrn, der an lehnsunfähigen Personen die Belehnung nicht vornehmen kann, 1ʳ/3 links bei dem Herrn, der aus lehnsrechtlichen Gründen die angetragene »Lehnsfolge« ablehnt, sowie 1ʳ/5, 4ᵛ/3 bei dem Mann, der das Lehnrecht an einem Gut durch »Sich-Verschweigen« verloren hat, 22ᵛ/5 rechts bei dem König, der dem Text gemäß die Bannleihe nicht rechtswirksam erteilen kann, 24ʳ/4 dem Wenden, der nicht über den Sachsen Urteil finden darf. Sodann nimmt er auch die Bedeutung eines rechtlich begründeten Verweigerndürfens an wie in 2ʳ/5 zu Lnr. 4 § 5, wonach der Lehnsmann in gewissen Fällen seinen lehnrechtlichen Pflichten gegenüber seinem Herrn nicht nachzukommen braucht, in 4ᵛ/4 zu Lnr. 18, wonach der Herr während der Ladungsfrist dem Manne nicht »antworten« muß, in 5ʳ/3 links zu Lnr. 20 § 3, wonach die Mannen sich weigern dürfen, von dem unebenbürtigen Erben das Lehngut zu empfangen, in 26ᵛ/5 zu Ldr. III 79 § 2, wonach der »auswärtige« Beklagte sich weigern darf, sich vor dem Dorfgericht nach Dorfrecht zu verantworten. Von dieser erlaubten Ablehnung geht die Bedeutung des Gestus zur willkürlichen, rechtlich nicht sanktionierten Verweigerung über: 2ᵛ/1 verweigert der Lehnsherr seinem Mann das Recht, 28ᵛ/5 verweigert es der Richter. Ohne rechtlichen Grund verweigert 18ʳ/1 der Beschuldigte die Antwort, weigert sich 3ʳ/5 der Mann, das ihm vom Herrn zugewiesene Gut in Besitz zu nehmen. Gemeinsam ist diesen Bedeutungsvarianten ein Nichtstun, ein Untätigsein jeweils in einer bestimmten Hinsicht. Untätig sein ist der Form dieser Gebärde nach auch ihre Grundbedeutung, die an zwei Stellen hervortritt in 16ʳ/5, wo der »Jüngere« untätig abwartend dasteht, bis der Ältere geteilt hat, und in 21ʳ/4, wo die Bischofswähler tatenlos die Wahlfrist versäumt haben. Abwartendes Nichtstun – ursprünglich wohl gegenüber dem siegreichen Feind, dessen Edelmut sich der Unterlegene damit preisgibt[69] – ist denn wohl auch die ursprüngliche Bedeutung dieser Gebärde als Geste der Ergebenheit und von da aus schließlich der Ehrerbietung wie in 18ᵛ/4 links bei den beiden Noah-Söhnen.

8. Der »Trauergestus« (*Handgebärden* Nr. 18 S. 234) erscheint in einer ähnlichen Form wie im Sachsenspiegel bereits in der Antike[70] und ist auch in der christlichen Kunst des Mittelalters ein weitverbreitetes Motiv. Der Trauernde stützt das seitwärts geneigte Haupt in eine Hand, der Ellbogen ruht auf der anderen. In H fehlt durchweg die Neigung des Hauptes, die Hand ist nur mit den Fingerspitzen an die Wange gelegt, der andere Unterarm ist zwar waagerecht vor dem Leib angehoben, aber seine Hand liegt mit Ausnahme von 17ᵛ/5 nicht am anderen Ellbogen. Als Ausdruck der Trauer kommt er in H an zwei Stellen vor: 2ᵛ/4 trauert der Sohn um den verstorbenen Vater, 17ᵛ/5 der Ehemann um seine tote Frau. Im Zweifel kann man bei 18ᵛ/5 sein, ob Esau hier mit dem Trauergestus den Verlust seiner Erstgeburt meint oder ob die Gebärde eine Anspielung auf die Schilderung der Bibel vom Kummer Esaus über den entgangenen väterlichen Segen ist[71]. Im übrigen aber dient der Gestus dazu, einen Rechtsmangel oder Rechtsverlust auszudrücken (1ʳ/2 rechts; 3ʳ/2; 5ʳ/3 rechts; 15ʳ/4).

9. Die »Handreichung« (*Handgebärden* Nr. 22 S. 239ff.) ist die Gebärde des vertraglichen Gelöbnisses. Die Partner legen ihre rechten Hände flach aneinander. So wird 14ʳ/2 der Frieden gelobt, werden 28ʳ/4 u. 5 vertraglich Schuldverhältnisse begründet, verspricht 28ᵛ/1 ein Bauer die Zahlung eines Gewettes. 28ᵛ/2 hat der Zeichner den Text offenbar mißverstanden und einen gegenseitigen Vertrag gesehen, wo nur eine einseitige Bußzahlungspflicht besteht. 22ᵛ/5 links wird die Bannleihe mit dieser Gebärde vollzogen.

10. Die »Kommendation« (*Handgebärden* Nr. 23 S. 242) ist ein Teil des Belehnungsritus, wie er Lnr. 22 §§ 1 u. 2 geschildert wird: Der Mann streckt dem Herrn die gefalteten Hände hin, kniend, wenn der Herr sitzt, stehend, wenn er steht. Nimmt der Herr das Gesuch um Belehnung an, dann umschließt er die Hände des Mannes mit den seinen (1^v/1 u. 2; 3^v/2). Nicht selten weicht der Illustrator von dem vorgeschriebenen Ritus ab, indem er den Lehnsmann auch vor dem sitzenden Herrn stehen läßt (1^r/2; 4^r/3 u. 4).

11. Mehrfach begegnet in H eine Gebärde[72], die darin besteht, daß die linke oder rechte Hand eine Haltung einnimmt, die wie ein Fingerzeig nach unten aussieht, d.h. sie hängt – Handrücken nach vorn – herab, wobei der Zeigefinger abwärts gestreckt ist, während der Daumen meist etwas absteht und die übrigen Finger eingekrümmt sind. Varianten entstehen durch mehr oder weniger starkes Anwinkeln des Unterarms.

Die Bedeutung des Gestus wird an folgenden Stellen klar erkennbar: In 24^v/1 u. 2 ist diese Gebärde ganz betont der Handgebärde des Klägers gegenübergestellt, dessen Identität jedenfalls in 24^v/2 nicht zweifelhaft ist. Auf diesen beiden Bildern ist sie also der beklagten Partei (hier dem Vorsprecher des Beklagten) zugeordnet. In 28^v/3 u. 4 kann die Figur, bei der diese Gebärde vorkommt, nur der Beklagte sein. Auch in 15^v/5 und 16^r/1 handelt es sich bei den Figuren, die diese Gebärde machen, jeweils um einen Beklagten, wie sich aus dem Text ergibt. Aber es ist nicht der Beklagte schlechthin, der mit diesem Gestus bezeichnet wird. Die angeführten Bilder haben alle gemeinsam, daß der Beklagte sich von Rechts wegen weigern durfte, vor Gericht »zu antworten«. Von diesem Fall, daß der Beklagte einer sonst allgemeinen Rechtspflicht nicht nachzukommen braucht, geht die Bedeutung der Geste über zu dem, daß er einer Rechtspflicht nicht genügen will: 29^r/1 der Rotgekleidete, der dem Text zufolge »rechtes weigert«. Sodann wird die Gebärde dazu verwendet anzuzeigen, daß eine als möglich denkbare Rechtspflicht tatsächlich nicht besteht und deshalb nicht ausgeübt zu werden braucht. Ein Beklagter ist hierzu nicht erforderlich. Als Beispiel bietet H 22^v/5 den Grafen, der bei der Königsbannleihe nicht Mannschaft zu leisten braucht. Schließlich wird damit ganz allgemein rechtliche Resignation ausgedrückt, insbesondere der Verzicht auf die Inanspruchnahme von Rechtsmitteln, wo der Text des Rechtsbuches von vornherein gegen den Betroffenen spricht. Das deutlichste Beispiel hierfür ist 1^r/4 links der Bauer, der gleichzeitig mit einem Ritterbürtigen Anspruch auf dasselbe Gut erhebt und gemäß Lnr. 2 § 4 im Beweisverfahren unter allen Umständen unterliegen muß. In 20^v/4 links (zu Ldr. III 48 § 2) braucht es der Täter gar nicht erst auf einen Rechtsstreit ankommen zu lassen. Seine Prozeßniederlage ist nach dem zugehörigen Rechtssatze völlig gewiß. Vielleicht ist hier auch 12^v/2 (zu Ldr. II 72 § 4) mit einzubeziehen[73]: Der Burgherr muß nach Fristablauf ohne Einspruchsrecht zahlen, weil er die Burg nicht »entreden« konnte.

Die Gebärde ist wahrscheinlich aus dem jüngeren Redegestus[74] abzuleiten, der bei den vor Gericht stehenden Parteien als Andeutung ihres Prozeßvortrags öfter vorkommt (z.B. 13^v/1 u. 4; 16^r/3; 16^v/1 u. 4). Wird die Hand, die den Redegestus ausführt, gesenkt, so ergibt sich ohne weiteres die hier besprochene Gebärde, die demnach etwa so zu deuten ist, daß der Beklagte, der sonst vor Gericht redet, »antwortet«, hier die Antwort unterläßt, weil er sie nicht zu erteilen braucht oder auf sie verzichtet. Der Gestus ist also sowohl seiner Entstehung wie seiner Anwendung nach ein Gestus des Antwortverzichts.

12. In zwei Formen tritt in H eine Handgebärde auf, die mehrfach dazu dient, den Kläger zu kennzeichnen. Von dem angewinkelten linken Unterarm hängt die Hand, Rücken nach vorn, Finger geschlossen und gestreckt, schlaff herab. So die eine Form; bei der anderen sind Arm und Hand schräg vor dem Körper abwärts gestreckt. Beide Formen werden abwechselnd gebraucht. Ein Bedeutungsunterschied ist nicht erkennbar.

Als Klägergebärde ist der Gestus dort eindeutig zu bestimmen, wo die Figur, welche die Rolle des Klägers spielt, durch den Text sicher ausgewiesen ist: 4^v/4 der Lehnsmann, der als Kläger gegen seinen Herrn auftritt, 10^v/4 Calefornia als Klägerin vor dem Königsgericht, 10^v/5 die beiden weiblichen Gestalten, die wegen Notzucht klagen, 14^v/4 der Fronbote als Offizialkläger im Ungerichtsverfahren, 14^v/5 der Reichsächter als Kläger. Den eindeutigen Fällen können noch 10^v/1, 18^v/1 und 24^v/2 hinzugerechnet werden. Wenn sich hier die Identifizierung der Klägerfiguren auch nicht unmittelbar aus dem Text herleiten läßt, so lassen doch die Bildinhalte (Komposition, Farben, Symbole)

DIE BILDER DER HEIDELBERGER HANDSCHRIFT

keinen Zweifel daran, daß auf Bild 10ᵛ/1 die vor dem Richter stehende grüngekleidete Figur, auf Bild 18ᵛ/1 die zweite und dritte Figur von rechts, in 24ᵛ/2 der Wende die Klägerrolle spielen.

Die Gebärde wird sodann auch da verwendet, wo jemand, ohne in einem strengen Sinne im Bild als Kläger aufzutreten, einen rechtlich begründeten Anspruch geltend macht. An erster Stelle sind hier zu nennen 9ᵛ/2 das mündig gewordene Kind, das die aus dem Text sich ergebenden Ansprüche gegen den Herrn, 20ʳ/4 der Spielmann, der seinen Bußanspruch erhebt und dafür den Schatten eines Mannes erhält, 21ᵛ/1 die zwei Reichsfürsten, die dem Text entsprechend ihren Anspruch auf das Fahnlehen zum Ausdruck bringen. Als Anspruchsberechtigter macht auch der Eigentümer einer verliehenen Sache die Gebärde, um damit anzudeuten, daß er sein Gut zurückfordert (10ʳ/2). Selbst beim Richter findet sie sich in 16ʳ/4, wo er von dem Schöffenbarfreien den Nachweis des »Hantgemals« fordert. In 13ʳ/2 ist ein Zeuge des Anspruchgegners und stellvertretend für ihn mit dem Gestus ausgestattet, weil seine Partei einen Gegenanspruch erhebt. Den Anspruch, nach den sieben Vorwählern auch ihrerseits das Königswahlrecht ausüben zu dürfen, erheben »des Reiches Fürsten alle, Geistliche und Laien« in 21ʳ/3.

Auf Grund dieses Befundes läßt sich jetzt auch umgekehrt nach der Gebärde der Kläger oder der Anspruchsberechtigte bestimmen. Danach fällt diese Rolle in 1ʳ/3 rechts und in 2ᵛ/3 dem Lehnsherrn zu, obwohl der Text das offen läßt. In 16ᵛ/1 deuten sowohl der Verstorbene wie auch sein Erbe mit der Geste an, daß sie den aus dem Text sich ergebenden Anspruch besitzen und daß der Erbe ihn geltend macht[75]. In 24ᵛ/1 ist dieser Gebärde wegen die auf der rechten Bildseite stehende Zweiergruppe als die klägerische Partei anzusehen[76].

F. Im folgenden sollen die Kennzeichen der personellen Typen, die in den Bildern häufiger vorkommen, der besseren Übersicht halber zusammengestellt werden. Es handelt sich um die Repräsentanten der unterschiedlichsten sozialen Gruppen, die ihren Symbolcharakter und die dafür erforderliche Wiedererkennbarkeit durch Attribute erhalten haben, die bei ihnen ständig wiederkehren.

1. Der »Fürst« vertritt als Bildtypus nicht nur den Reichsfürsten (2ʳ/2; 5ᵛ/1; 22ᵛ/4 Herzog; 23ʳ/1 Pfalzgraf und Landgraf; 23ʳ/2 Markgraf), sondern, wenn Mehrstufigkeit von Lehnsverhältnissen dargestellt werden soll, auch den Oberherrn (4ʳ/4, 5), in einem Falle (4ʳ/3) den Lehnsherrn der zweiten Stufe, während der Oberherr ein geistlicher Fürst ist[77].

Der Fürst ist nicht durchgehend einheitlich gekennzeichnet. Der Maler verwendet dafür zumeist zwei Attribute, die teils alternierend, teils gemeinsam auftreten, eine gugelartige Kopfbedeckung und die Lehnsfahne (2ʳ/2; 19ᵛ/4). Der »Fürstenhut«, wie der Rock zumeist von lichtgelber Farbe, trägt öfter auch das Herrenschapel: 4ʳ/3 mit, 19ᵛ/4 ohne Schapel. Bei der rechten Figur 5ᵛ/1 ist der Hut in Angleichung an den Rock grün[78]. Die Farbe des Kleides wechselt mehrfach. Sie ist grün, wenn lehnrechtliche Bezüge hervorzuheben sind (2ʳ/2; 4ʳ/2; 5ᵛ/1), doch kommt im Landrecht die grüne Farbe in den Fürstenröcken gelegentlich auch vor, ohne daß lehnrechtliche Zusammenhänge ausgedrückt werden sollen (21ʳ/2 u. 3). Die Lehnsfahne als Bestimmungsmerkmal des Reichsfürsten entspricht Ldr. III 60 § 1; 58 § 2; Lnr. 71 § 21.

An einigen Stellen sind die Fürsten überhaupt nicht als solche kenntlich gemacht, sondern nur nach dem Text zu identifizieren (21ʳ/2, 3, 5).

2. Der »Richter« und zumeist auch das Gericht schlechthin werden durch eine Figur repräsentiert, die, wie sich aus 27ʳ/1 rechts (zu Ldr. III 80 § 1) und 21ᵛ/4 (zu Ldr. III 61 § 1)[79] ergibt, einen Grafen darstellen soll (7ᵛ/1–5). Während im Landrecht die Farbe seiner Bekleidung Gelb ist, sind im Lehnrechtsteil Rock und Hut grün, weil er hier als Richter im Lehnsgericht erscheint. An mehreren Stellen trägt er über dem Grafenhut noch das Herrenschapel.

3. Den »Bauern« kennzeichnet das grobe Profil, der nur knielange Rock und eine Art weißer Wickelgamaschen um die Unterschenkel (1ʳ mehrfach). Abweichungen von diesem Grundschema beruhen auf Verzeichnung oder Versehen (8ᵛ/2; 12ʳ/1–3)[80].

4. Die »Schöffen« tragen als einziges kennzeichnendes Attribut gemäß Ldr. III 69 § 1 kurze Mäntel über den Schultern (7ᵛ/2); aber auch die fehlen zuweilen (15ʳ/3; 15ᵛ/4).

5. Der »Schultheiß« hat einen Hut mit breiter, leicht aufgebogener Krempe und einer gebogenen Spitze auf dem Kopfteil. Sein Gewand ist abwechselnd von je zwei grünen und

zwei roten, teilweise auch nur einem roten Streifen auf weißem Grunde quergestreift (21ᵛ/4; 27ʳ/1 links).
6. Der »Bauernmeister« trägt zu der gewöhnlichen Bauernkleidung einen Strohhut. Sein Rock ist stets weiß, ins Gelbliche hinüberspielend (23ʳ/4 rechts; 26ᵛ/4 u. 5; 28ᵛ/2).
7. Das Kleid des »Fronboten« ist rot-weiß-grün quergestreift. Häufig trägt er eine Peitsche in der Hand (7ᵛ/1 u. 2), die aber öfter fehlt (7ᵛ/4; 12ᵛ/2; 14ʳ/3; 14ᵛ/1), und zwar meistens dann, wenn er nur Zutat des Malers ist, ohne im Text erwähnt zu werden. Eine Ausnahme macht 15ʳ/4; hier ist er mit der Peitsche ausgestattet, vertritt aber den im Text allein genannten Richter. 1ʳ4/3 zeigt ihn in Ausübung der Ordnungsgewalt vor Gericht mit einem Schwert. 14ᵛ/3 hat sich der Maler von H wohl geirrt, als er der einen der beiden Parteien des Vergleichs das Kleid des Fronboten gab; Ursache dieses Irrtums dürfte sein, daß diese Figur schon in der Vorlage neben den Richter postiert war wie häufig der Fronbote (7ᵛ/4; 12ᵛ/2; 14ʳ/3; 14ᵛ/1).
8. Zu Kleidung und Ausrüstung des »Zweikämpfers« s. Bilderläuterungen zu 16ʳ/1 rechts.
9. »Sachse«, »Franke«, »Thüringer« treten als Vertreter deutscher Stämme (17ʳ/2), der Sachse auch für den Deutschen schlechthin (20ᵛ/6; 24ᵛ/2) auf. Herkunft und primäre Bedeutung der Attribute des Franken (Fehkragen über dem Mantel) und des Thüringers (Fisch) sind bisher nicht zweifelsfrei geklärt. Der Fisch in der Hand des Thüringers soll eine Anspielung auf seine spottweise Bezeichnung als »Heringsesser« sein[81]. Das Bestimmungsmerkmal des Sachsen, das Messer in seiner Hand, läßt sich sicherer ableiten:

> »ein Sahsin du dir siddi was,
> daz si mihhili mezzir hiezin sahs, ...
> von den mezzerin also wahsin
> wurdin si geheizzin Sahsin.«
> (Annolied v. 339/40 u. 345/46.)

10. Die »Wenden« tragen auffallend kurz geschnittene Haare, knielange Röcke wie der deutsche Bauer, die weißen Beinlinge von roten schräg hochlaufenden Binden weitläufig umwunden (24ʳ/2, 4 u. 5)[82].
11. »Juden« tragen die ihnen im Mittelalter vorgeschriebenen spitzen Hüte[83] und durchweg lange Bärte (11ʳ/3).
12. Die weiblichen Figuren sind in fußlange Gewänder gekleidet, verheiratete Frauen haben als Kopftracht den Schleier (7ʳ/3 u. 4), wie ihn auch die Witwe trägt (17ᵛ/4 rechts; 25ʳ/5; 25ᵛ/2) oder das Gebände (17ᵛ/5), das sich auch bei der fahrenden Frau und der Amye findet (20ʳ/5 rechts). Der Kopf der Jungfrau ist unbedeckt (11ʳ/3; 24ᵛ/4).

III

Trotz aller Vorbehalte, die man bezüglich des WIRKLICHKEITSGEHALTS der Sachsenspiegelillustrationen machen muß, kann man ihnen ihren kulturhistorischen Quellenwert nicht absprechen. Sie tragen deutlich die Züge ihres Zeitalters in materieller wie in geistiger Hinsicht. Blutige Szenen des Kampfes, des Mordes und des Vollzugs einer grausamen Gerechtigkeit gehören ebenso zum Bild ihres Jahrhunderts wie der Abglanz höfischer Verfeinerung und Gesittung, von dem trotz aller künstlerischen Ungeschliffenheit der Darstellung, trotz der naiven Roheit ihrer malerischen Technik und trotz des Fehlens jeder äußeren Prachtentfaltung etwas in ihnen sichtbar wird. Es paßt zu der Vorstellung des höfischen Rittertums von Gott als dem obersten Lehnsherrn des miles christianus, wenn ihn der Maler allenthalben in die Farben Rot und Grün kleidet, deren eine sonst an erster Stelle dem König zugeteilt ist, während die andere den Lehnsherrn kennzeichnet. Noch unmittelbarer wird die Idee seiner Lehnsherrnstellung im Bilde sichtbar, wenn (19ᵛ/1) St. Peter, gleichsam in Vertretung Gottes[84], in unverkennbar lehnsrechtlichen Formen dem Papst das Symbol seiner geistlichen Gewalt verleiht. Höfische Wohlerzogenheit zeigt sich (2ʳ/1) bei dem Ritter, der im Feldlager an ordentlich gedecktem Tisch sittsam mit zierlichen Fingern die Speise zum Munde führt, und selbst bei dem »schatrowe« haltenden Ritter im gleichen Bild drückt eine beinahe manirierte Haltung, ähnlich wie die zierliche Fußstellung des Lehnsherrn und des Königs in 1ᵛ/4 zuchtvolles Benehmen aus. Das Obszöne wird, soweit es vom Text her nicht völlig vermeidbar ist, nur in schicklichen Formen angedeutet, so in 20ʳ/5 die Vergewaltigung oder in 10ᵛ/4 Calefornia, der dem ihr nachgesagten Verhalten zufolge eine ganz andere Stellung zukäme. Auch Nacktheit zeigt sich nur recht verschämt (10ʳ/3; 11ʳ/5), so daß selbst die Auferstandenen beim Jüngsten Gericht nicht völlig unbekleidet sind, soweit es anstößig wirken konnte (11ᵛ/1)[85].
Kleidung, Waffen und Geräte haben die Formen, die sie in

der Entstehungszeit der Bilderhandschriften besaßen[86]. Sie lassen sich also als Zeugnisse der materiellen Kultur jener Zeit wohl verwerten, doch ist dabei Vorsicht geboten. Nicht nur, daß die Zeichnungen sehr summarisch sind, daß sie keinen Wert auf Genauigkeit und Vollständigkeit im Detail legen; infolge der rücksichtslosen Unterordnung aller Bildelemente unter den Illustrationszweck sind sie an vielen Stellen völlig wirklichkeitsfremd. Die Färbung der Gewänder zum Beispiel, die in vielfacher Hinsicht zum Symbolbestand der Bildersprache gehört, läßt keinen Schluß auf die derzeitige Mode zu. Das Schwert mit der Krone am Knauf im Halse des Reichsächters besagt nicht, daß es solche Schwerter gegeben haben muß. Wenn der Ritter in 2ʳ/1 gewappnet bei Tisch sitzt, dann widersprach das entschieden höfischer Sitte. Da der Maler es vom Illustrationszweck her für notwendig hielt, mußte der Ritter hier »gewâpent ezzen«[87].

Andererseits gibt es vieles, was wahrscheinlich oder sicher in Wirklichkeit so war, wie es auf den Bildern dargestellt ist. Der öfter vorkommende Pflug (9ᵛ/4; 11ʳ/4 u.ö.) etwa oder Äxte (12ᵛ/4), Beile (20ᵛ/3 u. 6), Spaten (29ᵛ/3 u. 4), Sicheln (11ᵛ/3) u.a.m. können kaum anders ausgesehen haben als die dargestellten Gegenstände[88]; da die Bilder sowohl Rad- (13ᵛ/5) als auch Stachelsporen (29ᵛ/2) zeigen, müssen beide damals noch in Gebrauch gewesen sein, usw.

Auf zahlreiche Übereinstimmungen in den Bildern mit wirklichen Vorgängen im Rechtsleben wird an anderer Stelle hingewiesen[89]. Aber auch hier gilt, daß die Wirklichkeitstreue der Darstellung in jedem Falle dem Illustrationszweck untergeordnet ist. Ebensowenig, wie man beispielsweise aus 20ᵛ/6 entnehmen kann, daß der Delinquent beim Vollzug einer Verstümmelungsstrafe ein Messer in der Hand trug, ebensowenig kann man etwa aus 27ʳ/3 Einzelheiten eines Freilassungsritus unmittelbar herauslesen. Andererseits können die Bilder Vorgänge, die nur aus schriftlichen Quellen bekannt sind, anschaulich machen und ihre Kenntnis im Detail ergänzen wie z. B. 29ʳ/2 u. 3 das Überschwören des »Gesatzten«, für das diese Bilder, wie schon gesagt, die einzigen bekannten Darstellungen sind.

IV

Als die pfälzische Bilderhandschrift des Sachsenspiegels nach nahezu zweihundert Jahren aus Rom nach Heidelberg zurückkehrte, war auch für sie die Zeit eine andere geworden. War man einst noch achtlos an dem »altt uff Perment geschrieben buchlin von Lehenrechten und andern, mit alttfranckischen Figuren«, wie es in dem Inventar der Fuggerbibliothek von 1571 heißt, vorübergegangen, so wurden 1816 die wiedererlangten deutschen Handschriften der Palatina unter dem Einfluß der Romantik als nationale Kulturdenkmäler von höchstem Rang mit Begeisterung begrüßt, und es konnte unter diesen Umständen und auch weil der Boden dafür inzwischen noch besonders bereitet war, nicht ausbleiben, daß unsere Bilderhandschrift des Sachsenspiegels die Aufmerksamkeit der jungen Mediävistik auf sich zog.

DIE WISSENSCHAFTLICHE BESCHÄFTIGUNG MIT DEN SACHSENSPIEGELBILDERN hatte schon einige Jahrzehnte vorher begonnen. In den vierziger Jahren des 18. Jahrhunderts hat Christian Ulrich Grupen (1692–1767) zwei Schriften in Druck gegeben, deren eine[90] mehrere Bilder vornehmlich der Wolfenbütteler Bilderhandschrift zu Gegenständen rechtsantiquarischer Einzeluntersuchungen macht, während die andere[91] einen Vorbericht zu einem geplanten, jedoch nicht ausgeführten »Corpus juris Saxonici« darstellt, das neben einer kritischen Textausgabe des Sachsenspiegels und der ihm verwandten Rechtsquellen auch die durch Bilder der Dresdener Handschrift ergänzten Wolfenbütteler sowie die Oldenburger Illustrationen enthalten sollte, weil diese Bilder, wie er meinte, »der Teutschen Rechtsgelahrtheit, insonderheit der Jurisprudentiae Germanicae Symbolicae ein Licht verschaffen«[92].

Erneut angeregt wurde das Interesse an den Sachsenspiegelillustrationen durch Goethe. Er hatte im Jahre 1810 eine Anzahl auf Ölpapier durchgezeichneter Bilder erhalten; da ihnen der begleitende Text fehlte, stellte sich erst nach längeren Untersuchungen heraus, daß es sich dabei um Pausen aus der Oldenburger Bilderhandschrift des Sachsenspiegels handelte. Goethe sandte die Bilder an Johann Gustav Büsching und schlug ihm vor, daraus ein bildliches Alphabet herauszusuchen und in seiner Zeitschrift *Wöchentliche Nachrichten für Freunde der Geschichte, Kunst und Gelahrtheit des Mittelalters* zu veröffentlichen. Büsching befolgte den Rat Goethes wohl nicht ganz in dessen Sinne, stellte aber im 4. Bande (1819) der *Wöchentlichen Nachrichten* einige der Bilder in alphabetischer Reihenfolge (»Ähren«, »Bock und Ziege«, »Daum und Zeigefinger« usw.) mit den zugehörigen Textstellen aus dem Sachsenspiegel zusammen und fügte ihnen kurze Erläuterungen hinzu. Goethe war es zufrieden und äußerte sich darüber zu Büsching: »Es kommt ja hier darauf an, daß man das Interesse erregt, nicht daß man es befriedigt, und ich bin überzeugt, daß wir nach Erscheinen dieser Aufsätze und der dazu bestimmten Bilder gar bald von vielen Seiten Beiträge und nähere Bestimmung erhalten werden«[93].

Es war ein reiner Zufall, daß diese Worte im selben Jahr, in dem sie veröffentlicht wurden, in Erfüllung gingen. Zwischen dem von Büsching publizierten Aufsatz über die Oldenburger Bilder und der Abhandlung von Ulrich Friedrich Kopp über »Gemählde des Sachsenrechts«[94] bestand keinerlei Zusammenhang. Der in Mannheim lebende Kabinettsrat Kopp war der erste, der eine Arbeit über die Heidelberger Bilderhandschrift des Sachsenspiegels veröffentlichte. Auf 25 Farbtafeln hat er 35 Bilder wiedergegeben und sehr eingehend aus dem Text und anderen historischen Quellen zu erläutern versucht. Die Bilder haben, obwohl in den Farbtönen durchweg ungenau, in Ermangelung besserer Farbwiedergaben der Forschung noch lange als Vorlagen dienen müssen. Kopps Bilderläuterungen verdienen zum Teil auch heute noch Beachtung.

Zur gleichen Zeit wie Kopp beschäftigte sich eine Gruppe anderer Gelehrter mit den Bildern der Heidelberger Sachsenspiegelhandschrift. Als ersten Teil eines unter dem Titel *Teutsche Denkmäler* angelegten, im übrigen aber nicht zur Ausführung gelangten, Corpuswerkes deutscher Kunstdenkmäler veröffentlichten Batt, v. Babo, Eitenbenz, Mone und Weber sämtliche Bilder des Heidelberger Kodex in nichtkolorierten Umrißzeichnungen mit einer allgemeinen Einleitung von Mone, in der er vor allem den Symbolcharakter der Sachsenspiegelbilder und besonders ihren Gehalt an Rechtssymbolik, den er sehr hoch anschlägt, behandelt; ferner mit einer zusammenfassenden Abhandlung zu den Illustrationen der Heidelberger Handschrift und – was am Text wohl die Hauptsache ist – kurzen Erklärungen der einzelnen Bilder von Weber.

Die Beiträge Webers zur Erläuterung der Bilder sind gleichfalls heute noch durchaus aktuell, wenngleich sie in ihrer meist summarischen Kürze ihren Gegenstand nicht immer erschöpfend behandeln. Trotzdem findet man in ihnen eine Fülle guter Deutungshinweise. Die Bilder dagegen leiden unter großen Unzulänglichkeiten. Am meisten wird ihre Brauchbarkeit durch das Fehlen der Farben beeinträchtigt. Da die Farben in vielfältiger Verknüpfung zu den konstitutiven Elementen der Bildersprache gehören[95], sind sie für jede Arbeit mit den Bildern unentbehrlich. Die am Ende beigefügte Farbtafel mit einzelnen personellen Typen ist dafür ganz bedeutungslos. Ein weiterer Mangel ist die öfter anzutreffende Ungenauigkeit der Zeichnung, von der bereits in der Einleitung die Rede war[96].

Dessenungeachtet haben die *Teutschen Denkmäler*, da sie die einzige vollständige Wiedergabe der Heidelberger Illustrationen und überhaupt die umfangreichste Veröffentlichung von Sachsenspiegelbildern waren, bis zum Beginn unseres Jahrhunderts als wesentlichste Quelle für alle Arbeiten, die sich auf diese Bildwerke bezogen, gedient.

Als erster griff Jacob Grimm in seinem Werk *Deutsche Rechtsaltertümer*[97] auf die Zeichnungen zurück. In einem längeren Abschnitt behandelt er die Sachsenspiegelillustrationen anhand der Bildbeschreibungen von Weber und Kopp und kommt zu dem Ergebnis, daß sie unbeschadet ihres kulturhistorischen Wertes über die mittelalterliche Rechtssymbolik nicht viel aussagen können (s. o. S. 23).

Sehr häufig werden die Bilder – soweit als möglich die der Heidelberger Handschrift – von Homeyer in seiner Sachsenspiegelausgabe[98] zitiert. Zumeist handelt es sich um einfache Beschreibungen der Bildinhalte in den Anmerkungen zu den einzelnen Artikeln. Doch kommen gelegentlich eigene Bildinterpretationen vor. Auch in seiner Abhandlung »Das System des Lehnrechts«[99] weist er an verschiedenen Stellen auf die Bilder hin.

Die ersten Jahrzehnte des 20. Jahrhunderts brachten dann nach einigen gesondert erschienenen Vorarbeiten das große Standardwerk zu den Illustrationen der Bilderhandschriften des Sachsenspiegels von Karl von Amira[100]. Im Jahre 1902 kam zunächst der Faksimileteil des Werkes heraus, eine Nachbildung der Dresdener Bilderhandschrift in 190 Tafeln, davon leider nur 6 in den Farben des Originals. Als Ergänzung der wenigen Lücken des Dresdener Kodex waren dem

DIE BILDER DER HEIDELBERGER HANDSCHRIFT

Werk 3 Tafeln mit Bildern aus der Wolfenbütteler Handschrift beigefügt, die jedoch, da die Handschrift selber für diesen Zweck nicht zur Verfügung stand, den von Christian Ulrich Grupen aus ihr angefertigten Bleistiftpausen nachgebildet werden mußten.

Erst in den Jahren 1925-1926 folgte der zweite Teil, der – in zwei Bände aufgeteilt – die auf eine sehr breite wissenschaftliche Basis gestellten Erläuterungen zu den einzelnen Bildern enthält. Wie in der Einleitung zum Faksimileteil, die vor allem sehr ausführliche kodikologische Beschreibungen und Erörterungen gibt, die Heidelberger Handschrift neben den drei anderen berücksichtigt ist, so sind auch in den Erklärungen der einzelnen Illustrationen die Heidelberger Bilder – soweit vorhanden – durchgehend mit herangezogen.

Unter den Vorarbeiten für den Kommentarband, zu denen K. v. Amira auch seine beiden Akademieschriften *Der Stab in der germanischen Rechtssymbolik* (1909)[101] und *Die germanischen Todesstrafen* (1922)[102] und die Herausgabe des Tafelwerkes *Die Bruchstücke der großen Bilderhandschrift von Wolframs Willehalm* (1921)[103] zählt, stehen an unmittelbarer Bedeutung für das Verständnis der Bildwerke die Abhandlung über *Die Genealogie der Bilderhandschriften des Sachsenspiegels* (1902)[100] und vor allem die über *Die Handgebärden in den Bilderhandschriften des Sachsenspiegels* (1907)[100] vornan. Die Herausgabe der Bruchstücke der illustrierten Willehalmhandschrift, vor deren Veröffentlichung v. Amira bereits zwei Akademieabhandlungen über den Gegenstand hatte erscheinen lassen[104], gehören deswegen zu den Vorarbeiten zur Faksimileausgabe des Dresdener Sachsenspiegels, weil diese Illustrationen zu Willehalm, was schon F. J. Mone erkannt hat[105], eine sehr enge Verwandtschaft mit den Sachsenspiegelbildern aufweisen und unter deren nächste Vorläufer zu rechnen sind[106].

Das Werk v. Amiras behandelt die illustrierten Sachsenspiegel umfassend und schlechthin vollständig. Alle möglichen Aspekte, seien sie handschriftenkundlich, allgemeinhistorisch, kunsthistorisch, kulturhistorisch, rechtshistorisch, vor allem rechtsarchäologisch oder was immer im einzelnen sonst noch an Gesichtspunkten in Betracht kommt, gelangten darin zur Geltung. Was zu den einzelnen Bildern gesagt ist, muß auf den ersten Blick endgültig erscheinen. Dennoch wußte niemand besser als v. Amira selber, daß bei sehr vielen Bildern niemand sich einbilden kann, das letzte Wort zu ihrer Deutung gesprochen zu haben. Er fühle, so sagt er in seinem Nachwort, »wieviel noch trotz aller aufgewandten Mühe ... zu tun übriggeblieben ist, wie oft insbesondere meine Erläuterungsversuche Widerspruch erfahren können, auch wo sie scheinbar ohne Vorbehalte gegeben sind«. Das gilt freilich nur fürs einzelne. Im ganzen ist über dies Werk nicht hinauszukommen. Hier ist mit einer umfassenden Gelehrsamkeit, mit einer Sorgfalt ohnegleichen alles ausgebreitet, was bei der Beschäftigung mit den Bildern bedacht und angewendet werden muß. Hier sind alle Gedanken, alle Zweifel, die den intimen Kenner der Sachsenspiegelbilder bewegen, ausgesprochen. Unter Einsatz des halben Forscherlebens einer großen Gelehrtenpersönlichkeit ist der Gegenstand so vollkommen durchgearbeitet, wie es selten einem geisteswissenschaftlichen Forschungsobjekt zuteil geworden ist. Dergleichen läßt sich an diesem Stoff nicht wiederholen. Nur Untersuchungen zu Einzelfragen sind noch möglich.

Die bislang wichtigste dieser Art ist die Abhandlung von Rudolf Kötzschke über *Die Heimat der mitteldeutschen Bilderhandschriften des Sachsenspiegels*[107], in der er sich mit der These v. Amiras auseinandersetzt, die Bilderhandschriften, einschließlich der Urhandschrift X, aber ohne N und O[108], seien in Stadt oder Land Meißen entstanden. Er kommt zu dem Ergebnis, das treffe wohl für die Dresdener, nicht aber für die früheren Handschriften zu, deren Heimat er in der Gegend um Halberstadt zu finden glaubt[109]. Die Heidelberger Bilder hat Kötzschke vornehmlich in dem von v. Künßberg herausgegebenen Inselbändchen benutzt.

Dies, 1934 in der »Insel-Bücherei« erschienen, enthält Farbwiedergaben der Heidelberger Bilder in moderner Reproduktionstechnik[110]. Abgedruckt sind 91 Einzelbilder und eine vollständige Seite der Handschrift (fol. 4v). Die Einzelbilder sind, abweichend von ihrer Reihenfolge in der Handschrift, nach thematischen Gesichtspunkten angeordnet. Das Buch enthält außerdem zu jedem Bild eine kurze Beschreibung seines Inhalts mit Ausnahme der Bilder von fol. 4v der Handschrift. Die Illustrationen sind verkleinert und verschönt und in den Farbtönen stark verändert. Trotzdem hat das Werkchen seit seinem Erscheinen in unzähligen Fällen auch wissenschaftlichen Zwecken gedient, weil es bisher die einzige Veröffentlichung war, die in so großer Zahl farbige Bilder aus einer der vier großen Sachsenspiegelhandschriften einem größeren Interessentenkreis zugänglich gemacht hat.

In der Absicht, »die lebendigen und tiefen Schönheiten unsres Rechts endlich aufzudecken und weiten Kreisen das Auge dafür zu öffnen«[111] führt Hans Fehr in seinem Werk *Kunst und Recht. Band 1: Das Recht im Bilde*[112] unter vielen anderen auch einige Bilder der Heidelberger Sachsenspiegelhandschrift an[113]. Der Verfasser erklärt die Bilder einzeln und fügt den Erläuterungen meist noch allgemeinhistorische, kulturhistorische oder rechtshistorische Betrachtungen hinzu, die zum Themenkreis des besprochenen Bildes gehören.

Damit sind die wichtigsten Werke, die sich ganz oder zum Teil auf die Heidelberger Bilder beziehen, genannt. Daneben gibt es zahllose Publikationen der verschiedensten Art, in denen einzelne dieser Illustrationen, meist als kulturhistorische Zeugnisse, verwendet wurden oder, soweit sie noch nicht erschienen sind, verwendet werden sollen. Das Interesse an diesem Bildwerk ist seit den Tagen der Romantik nicht wieder eingeschlafen.

ERLÄUTERUNGEN DER BILDER

UMSCHRIFT

ÜBERSETZUNG

1 rechts
(Lnr. 1.) Vor seinem Schüler sitzt der Lehrer des Lehnrechts. Der Bart gibt ihm das Aussehen des Älteren, die Rute in seiner Rechten kennzeichnet sein Amt[1]. Sein Schüler trägt das grüne Kleid und die roten Strümpfe, die im Lehnrechtsteil durchweg als die Tracht des Lehnsherrn anzutreffen sind, und erweist sich dadurch als junger Edelmann, dem die Kenntnis des Lehnrechtes besonders zukommt. Die Gebärde seiner Hände drückt seine vorerst noch vorhandene Unkenntnis des Lehnrechtes aus[2].

1 links
(Lnr. 1.) Hier ist die Heerschildordnung[3] durch sieben Wappenschilde dargestellt, und zwar in jeder Reihe von rechts nach links (heraldisch links nach rechts). Der Adlerschild ist der des Königs, dann folgt der Heerschild der hohen Geistlichkeit; der dritte ist der der Laienfürsten und wird durch das Wappen der Markgrafen von Meißen vertreten, der vierte, der Heerschild der »freien Herren«, zeigt die beiden Fische des Wappens der Grafen von Wernigerode. Es folgen zwei unbekannte Wappen. In der dritten Reihe steht der siebente Schild, von dem man nach Ldr. I 3 § 2 nicht weiß, »ab he len recht od herschilt gehabin muze«. Daher ist seine Fläche nicht ausgefüllt[4].

2 links
(Lnr. 2 § 1.) Ein Geistlicher, neben ihm ein Kaufmann mit der Elle, dahinter ein Bauer mit einem Knüppel zum Viehtreiben sowie eine Frau stehen vor einem Lehnsherrn. Er verweigert ihnen durch Abwenden und Unfähigkeitsgebärde die Belehnung.

2 rechts
(Lnr. 2 § 2.) Einen von ihnen jedoch, und zwar den Bauern, belehnt der Herr trotz § 1 mit einem Grundstück. Der Sohn des Bauern steht im Hintergrund und deutet mit der Gebärde der Trauer an, daß er kein Erbrecht an dem Lehnsgut hat.

3 links
(Lnr. 2 § 2 Satz 1 letzter Halbsatz.) Derselbe Bauer wie im rechten Teil des vorigen Bildes, wenn auch in anderer Kleidung, steht vor dem neuen Herrn und ersucht ihn um die Lehnserneuerung, indem er ihm mit dem Kommendationsgestus Mannschaft bietet. Der Herr verweigert sie ihm, dem Text entsprechend, aus lehnrechtlichen Gründen.

3 rechts
(Lnr. 2 § 2 Satz 2.) Der Lehnsherr tritt hier als Kläger in einer Lehnssache auf, wie sich aus der Haltung seiner linken Hand ergibt. Er hat zwei lehnsunfähige Bauern als Zeugen für sich aufgeboten, aber sein Gegner »verlegt«, d.h. verhindert ihr Zeugnis, indem er ihre zum Schwur über dem Reliquiar erhobenen Arme an den Handgelenken packt.

4 links
(Lnr. 2 § 4.) Links steht ein Bauer, also ein Mann, der nicht in die Heerschildordnung hineingeboren ist, ihm gegenüber ein Ritterbürtiger, als solcher erkennbar an dem umgehängten Wappenschild. Er als Lehnsfähiger verhindert das Zeugnis des anderen wie im vorigen Bild. Der Bauer deutet durch die Haltung seiner linken Hand an, daß ihm keine rechtliche Möglichkeit gegeben ist, sich mit seinem Anspruch durchzusetzen.

4 rechts
(Lnr. 2 § 5.) Beide Figuren sind (lehnsunfähige) Bauern. Der eine belehnt den anderen in der lehnrechtlich vorgeschriebenen Form. Da der Belehnende seinem Partner gegenüber die Stellung eines Lehnsherrn innehat, ist sein Bauernkittel mit breiten grünen Streifen versehen, was an das grüne Kleid des adligen Lehnsherrn erinnert. Auch trägt er rote Strümpfe wie jener.

5
Lnr. 2 § 6.) Links wird ein Ritterbürtiger von einem Geistlichen belehnt, neben dem entsprechend dem Text eine Frau als weitere Vertreterin der Heerschildlosen steht. Der Belehnte ersucht rechts einen »anderen Herrn« um die Lehnserneuerung, die ihm aber verweigert wird.

1 Wer sich im Lehnrecht auskennen will, der folge der Lehre dieses Buches. Zuerst wollen wir uns einprägen, daß die Heerschildordnung bei dem König beginnt und mit dem siebenten Heerschild endet. Es haben jedoch die Laienfürsten den sechsten Schild zum siebenten gemacht, indem sie der Bischöfe Mannen geworden sind, was früher nicht der Fall war. 2 § 1 Geistliche, Kaufleute, Dorfbewohner, Frauen und alle, die rechtlos oder unehelich geboren sind, sowie alle, die nicht vom Vater und vom Großvater her von Ritters Art sind, die müssen auf Lehnrecht verzichten. § 2 Wenn jedoch ein Herr einen von diesen mit einem Gut belehnt, dann hat er von ihm Lehnrecht an dem Gut, vererbt es indessen nicht auf seine Kinder und entbehrt auch selber des Rechts der Lehnsfolge an einen anderen Herrn. Von Zeugenschaft und Urteilsfindung im Lehnsgericht kann man alle ausschließen, die an der Heerschildordnung nicht teilhaben. Ihr Herr aber, von dem sie Lehnrecht *erworben* haben, der muß ihr Zeugnis und ihr Urteil dulden, darf sie aber *seinerseits* gegen niemand in Anspruch nehmen. § 4 Wenn zwei Männer, von denen einer nicht in die Heerschildordnung hineingeboren ist, ein Gut gleichermaßen beanspruchen und Zeugnis dazu anbieten, dann soll dessen Zeugnis den Vorzug haben, der ritterbürtig ist, und das von jenem sei verworfen. § 5 Wer nicht in die Heerschildordnung hineingeboren ist, der darf sich nicht weigern, den mit einem Gut zu belehnen, dem gleichfalls der Heerschild fehlt, und kann keinen als seinen Herrn zurückweisen, wenn er bei ihm die Erneuerung der Belehnung nachsuchen soll, obgleich er keinen Heerschild hat. § 6 Wenn ein Ritterbürtiger von einem Geistlichen oder von einer Frau oder von einem, der keinen Heerschild hat, belehnt wird, so kann er das *Recht* der Lehnsfolge an einen an-

Lehnrecht.

1 Swer lenrecht kunnen wil, dʼ volge dis buches lere. alrest sul wi mer ken, da zdʼ herschilt an deme kvnige begint vn̄ in deme sibenden lent. Doch habē di leien vorsten den sechsten schilt in den sibendē bracht, sint si dʼ bischoue man worden, des er nicht en was. 2 § 1 Phaffen, koufluyte, dorfere, wip vn̄ alle, di rechtes darben adʼ vnelich geborn sin, vn̄ alle, di nicht sin von ritters art vō vater vn̄ vō elder vater, di sullen len rechtes darbē. § 2 Welch hʼre doch diser eime liet gůt, von deme haben si len recht in deme gůte vn̄ en erben daz nicht an ire kindere vn̄ darben selbe dʼ volge an einē anderen hʼren. Von geczüge mac man si vʼlegē in len rechte vn̄ orteil czu vindene alle, di des herschildes darben. ir hʼre abʼ, von deme si len recht haben, dʼ můz iren geczůk liden vn̄ ir orteil vn̄ en mac si uffe nimande genůczen. § 4 Ab czwene man ein gůt ansprechen gliche vn̄ geczuik dar czv biten – einʼ, dʼ czv deme herschilde nicht geborn si – des geczuyk sal vorgen, dʼ in deme herschilde volkůmen is, vn̄ ienis si vorlegit. § 5 Welch man czv deme herschilde nicht geborn is, dʼ en mac nicht geweigern, gůt czv liene deme, dʼ des herschildes darbit, vn̄ en mac keinē sinē hʼren uorlegen, ab he an in volgen sal, dēnoch he des herschildes nicht en hat. § 6 Ab ein man, volkůmen an deme hʼschilde, von phaffen adʼ von wibe adʼ von eime, dʼ des herschildes nicht en hat, belent wirt, deme lene en mac he nicht volgen an einen an-

1
(Lnr. 2 § 6 Satz 1, zweiter Halbsatz u. Satz 2.) Ein Geistlicher und eine Frau erhalten unmittelbar vom König Reichsgut als Szepterlehen, wodurch sie gleichzeitig, wie die Schilde zeigen, heerschildfähig werden. Links nehmen die beiden je eine Unterbelehnung vor.

2
(Lnr. 2 § 7.) Links wird von einem Geistlichen ein Burglehen vergeben, rechts durch Übergabe eines Kirchenschlüssels als Lehnssymbol ein Kirchenlehen. In beiden Fällen sind die Lehnsherren sitzend, die Lehnsempfänger kniend gedacht.

3
(Lnr. 3.) Kniend huldigt der Mann mit Gelöbnisgebärde seiner linken Hand dem Lehnsherrn, der hier den Richterhut trägt, weil er zugleich das Lehnsgericht repräsentiert, vor dem der Mann – wie dem 2. Satz des Artikels durch Umkehrschluß zu entnehmen ist – nunmehr, d.h. nachdem er »Hulde getan«, Zeuge sein kann. Deshalb sein Schwur auf den Reliquienschrein⁵.
Rechts ist Satz 3 des Artikels illustriert. Der Mann befindet sich im Hause seines Herrn, was dieser dadurch zum Ausdruck bringt, daß er einen Pfosten des Hauses umfaßt. Der Mann läßt den Herrn zum Zeichen der Ehrerbietung vorangehen und deutet durch Aufmerksamkeitsgestus und erhobenen Schwurfingern an, daß auch dies in seinen Huldigungseid mit einbegriffen ist.

4
(Lnr. 4 § 1.) Der König erläßt das Aufgebot an den bereits gerüsteten Vasallen, der links als Lehnsherr wiederum seinen Lehnsmann aufbietet. Die Aufgebotenen versprechen durch Kniefall und Gelöbnisgeste, dem Aufgebot zu gehorchen. Die Zahl VI gibt die Sechswochenfrist an.

5
(Lnr. 4 § 1 Satz 2.) Mitten durch das Bild fließt die Saale. Rechts bietet der König seinen Vasallen auf, dessen Lehen ostwärts der Saale gelegen ist. Dort erscheint er mit einem anderen Reichsvasallen und bekämpft gemeinsam mit ihm die in jenem Gebiet sitzenden Fremdvölker, deren Repräsentanten bereits blutige Köpfe haben. Zwei von ihnen tragen Herrentracht und sind durch ihre Kopfbedeckungen als Fremde kenntlich gemacht.

deren Herrn nicht ausüben, es sei denn, daß ein Geistlicher oder eine Frau Reichsgut durch Wahl empfange und dadurch den Heerschild erhalte. Dies Gut können sie verleihen und auch das Recht der Lehnsfolge an einen anderen Herrn ausüben. § 7 Burglehen aber und Kirchen und alle Lehen, aus denen man dem Reich nicht dienstpflichtig ist, diese kann ein Geistlicher verleihen und eine Frau, obwohl sie keinen Heerschild haben, und hierfür kann man das Recht der Lehnsfolge an einen anderen Herrn geltend machen. 3 Der Mann ist verpflichtet, seinem Herrn den Huldigungseid zu leisten und zu schwören, daß er ihm so treu und ergeben sei, wie ein Mann von Rechts wegen seinem Herrn sein soll, solange er sein Mann sein und sein Gut haben will. Solange er das nicht tut, kann er niemandes Zeuge vor dem Lehnsgericht sein. Er muß seinen Herrn auch mit Worten und mit der Tat ehren, wenn er bei ihm ist, und vor ihm aufstehen und ihn vorangehen lassen. 4 § 1 Des Reiches Dienst, der dem Manne sechs Wochen vor dem Tage, da er aufbrechen soll, mit Urteil geboten und der ihm so angekündigt wird, daß es zwei Mannen des Herrn hören, den muß er innerhalb des deutschen Sprachgebietes, das dem Römischen Reiche zugehört, pflichtgemäß wahrnehmen. Alle aber, die *mit Land* östlich der Saale belehnt sind, die müssen in Wendenland, in Böhmen und in Polen dienen. Sechs Wochen soll der Mann bei eigener Verpflegung seinem Herrn dienen. Sechs Wochen vorher und sechs Wochen nachher soll er des Reiches Frieden und Befreiung vom Heeresdienst genießen, so daß ihn keiner seiner Herren vor das Lehnsgericht

deren herren, Iz en si, daz ein phaffe ad' ein wip des riches gůt bi kore entfa vn̄ dē h'schilt dar ab habe. daz gůt můgen si lien vn̄ ceme gůte volgen an einen anderē herren. § 7 Bůrc len aber vn̄ kirchen vn̄ alle lien, da ein mā deme riche nicht phlichtic en is ab czv dinēde, daz mac phaffe lien vn̄ wip, alleine en habē si des herschildes nicht, vn̄ deme mac man vol gen an einen anderē herren. 3 Der man sal bi phlicht sime herren hůlde tvn vn̄ sweren, daz he im also getrůwe vn̄ also holt si, alse durch recht ein man sime herren sulle, di wi le he sin man wesen wil vn̄ sin gůt haben wil. di wile hes nicht en tůt, so ne mac he nie mandes geczůik sin an lenrechte. he sal ouch sinen herren mit worten vn̄ mit tat eren, wo he bi im is, vn̄ vf sten kegen im vn̄ in lazen vor gen. 4 § 1 Des riches dinest, daz dem manne geboten wirt mit orteiln sechs wo chen vor deme tage, e he varen sulle, vn̄ im daz gekundeget wirt, daz iz czwene man des herren horen, daz sal he dinen bi phlicht binnen duyscher czvngen, di romischerne riche vndertan is. Alle, di aber in oster halp der sale belent sin, di sullen dinen czv wenden, czv bemen vn̄ czv polen. Sechs wochen sal der man dinen sime herren bi siner kost; sechswochen vor vn̄ sechswochē nach sal he des riches vride habē vn̄ schat rowe, so daz im kein sin herre czv lenrechte

1

(Lnr. 4 § 1 Satz 3, 4.) An einem Tisch, auf dem Speisen stehen, sitzt der gewappnete Lehnsmann: Er dient bei eigener Verpflegung. Die VI über dem Tisch zeigt die 6 Wochen an.

Rechts genießt der Mann den Reichsfrieden, indem er auf seinen Schild gestützt schläft. Die »Schaftruhe« (schat rowe) ist durch den hinter ihm liegenden – ruhenden – Speer-(schaft) bildlich wiedergegeben. Die zwei römischen Ziffern VI zu beiden Seiten des Schlafenden veranschaulichen die 6 Wochen vor und nach der Heerfahrt.

2

(Lnr. 4 § 2.) Der König ist nach Rom gezogen, um vom Papst die Königsweihe zu empfangen. Der Weiheakt wird durch den Weihwasserwedel in der Hand des Papstes und das Weihwasserbecken, das einer der beiden hinter ihm stehenden Geistlichen trägt, symbolisch angedeutet. Hinter dem vor dem Oberhaupt der Christenheit zum Empfang der Weihe niederfallenden König stehen die drei geistlichen und hinter diesen wiederum – an ihren Lehnsfahnen[6] erkennbar – die drei weltlichen Fürsten, die zusammen bereits im 13. Jhdt. den engeren Kreis der Vorwähler bei der Königswahl bilden[7], aus denen später das Kurfürstenkollegium hervorgegangen ist. Die Erzbischöfe legen dem König ihre Hände auf die Schulter, um so dem Papst die Rechtmäßigkeit der Königswahl zu bestätigen.

3

(Lnr. 4 § 3.) Der Lehnsherr, hier ohne Lilienschapel, zur Romfahrt gerüstet, gebietet die Heerfahrt, indem er auf die Zahlen deutet, die die Aufgebotsfrist anzeigen: LII Wochen = 1 Jahr, VI Wochen und drei – durch Punkte bezeichnete – Tage. Der Vasall löst die Heerfahrt durch einen Geldbetrag ab, was durch die Münzen ausgedrückt ist, auf die er hindeutet. Die Geldsumme entspricht dem zehnten Teil der Einkünfte von seinem Lehnsgut, wie die X am unteren Bildrand anzeigt. Mit der linken Hand macht er eine Redegebärde.

4

(Lnr. 4 § 4.) Das Bild zeigt eine Szene vor dem Lehnsgericht. Rechts sitzen der Lehnsrichter und der zur Urteilsfindung verpflichtete Vasall. Um in Erinnerung zu bringen, daß in dem zugehörigen Rechtssatz die Tageszeit eine Rolle spielt, weisen beide auf die Sonne, die im Zenit, also auf der Grenze zwischen Vormittag und Nachmittag, steht, weil beide Tageszeiten im Text vorkommen. Der Kugelkranz in der Hand des Richters symbolisiert die gebundenen und die Feiertage. Für beides gibt das Bild noch zwei weitere Symbole: Die Ringe mit den Kreuzen unterhalb der Sonne. Von ihnen meint der rote Ring, der das Kreuz einschließt, die gebundenen, der gelbe, bei dem das Kreuz auf dem äußeren Rand steht, die Feiertage. Im übrigen ist der Rechtssatz in den Parteien zum Ausdruck gebracht, die links im Bilde stehen. Ihre Redegebärden spielen auf ihren Vortrag vor Gericht an und weisen sie als die Rechtsuchenden aus. Der Vordere erklärt mit seinem Fingerzeig auf das Symbol für die gebundenen Tage, daß die zur Verhandlung anstehende Sache auch an solchen beendet werden darf, der gelb Gekleidete hinter ihm will mit seiner Unfähigkeitsgebärde sagen, daß die Streitsache an Feiertagen (das Gelb seines Kleides und das Gelb des Ringes stehen in Beziehung zueinander) nicht erledigt werden kann.

5

(Lnr. 4 § 5 Satz 1.) Der Herr nimmt das ausgeliehene Pferd in Empfang. Sein Lehnsmann als Verleiher weigert sich mit der Unfähigkeitsgebärde, ihm Lehnsdienst zu leisten.

laden noch *ihm* des Reiches Dienst gebieten kann. § 2 Wenn die Deutschen einen König wählen und er zur Weihe nach Rom zieht, dann sind die sechs Fürsten verpflichtet, mit ihm zu ziehen, welche bei der Königswahl die ersten sind: Der Bischof von Mainz, der von Trier und der von Köln, der Pfalzgraf vom Rhein, der Herzog von Sachsen und der Markgraf von Brandenburg, wodurch dem Papst die Rechtmäßigkeit der Königswahl erkennbar werden soll. § 3 Ferner soll da jeder Mann, der Reichsgut zu Lehen hat, mit seinem Herrn ziehen, oder er muß die Heerfahrt mit dem zehnten Teil der Einkünfte ablösen, die er jedes Jahr von *dem Lehen* erzielt. Diese Heerfahrt soll man sechs Wochen, ein Jahr und drei Tage vor der Versammlung *des Heeres* gebieten. Die Heerfahrt endet für die Deutschen, wenn der König geweiht ist. § 4 Der Mann muß seinem Herrn auch damit dienen, daß er im Lehnsgericht für ihn Urteil findet, und zwar am Vormittage außerhalb der gebundenen Tage und außerhalb der Feiertage. *Ein Verfahren* aber, das vormittags sowie außerhalb gebundener Tage und außerhalb von Feiertagen mit einem Urteil eröffnet wird, das darf man durchaus auch am Nachmittag und an gebundenen Tagen beenden, nur nicht an Feiertagen. § 5 Wer ein Pferd oder etwas von dem Seinen seinem Herrn geliehen oder in dessen Dienst etwas verloren hat, was ihm noch nicht vergütet ist, der ist währenddessen nicht verpflichtet, seinem Herrn Dienste zu leisten oder seine Pflichten beim Lehnsgericht wahrzunehmen.

geteidingen mac noch des riches dinest gebitē. § 2 Swen aber di duyschen einen kv́nic kisen vn̄ he czv rome vert nach d' wiunge, so sint phlichtic sechs vorsten mit im czv varene, di di ersten an d' kore sin: der bischof von men cze, von trire, von kolne, der phallenzgreue von deme rine, Der herczoge von sachsen, d' marckereue von brandenbůrc, durch daz dem pabeste wizlich si des kv́niges redeliche kore. § 3 Ouch sal da varen iclich man mit sime herren, d' des riches gůt czv liene hat, ad' he sal losen di vart mit deme czendē phunde, daz he alle iar von im hat. dise heruart sal man ge biten sechswochen vn̄ ein iar vn̄ dri tage vor er d' samenunge, vn̄ di heruart lent der duy schen, alse d' kv́nic gewiet is. § 4 Der man sal ouch sime herren dinen da mite, daz he im orteil vinde czv lenrechte vor mittage vnde buzen gebundenen tagen vn̄ buzen vierta gen. swaz ab' vor mittage vn̄ buzen gebun denen tagen vn̄ buzen viertagen mit er teiln begriffen wirt, daz můz man wol en den nach mittage vn̄ in gebundenen tagē ane in viertagen. § 5 Swer ein phert ader sines gůtes icht sime herren geligen hat ader icht an sime dienste vor loren, daz im vnuorgolden is, di wile en is he nicht phlichtic, sime herren czv dinene noch lenrechtes czv phlegene.

1

(Lnr. 4 § 5 Satz 2.) Links steht der Lehnsmann in der Rolle des Klägers. Er verklagt seinen Herrn in Gegenwart der übrigen Mannen, auf die er zeigt. Von diesen wird die Klage mit Aufmerksamkeitsgestus quittiert. Der Herr dagegen verweigert dem Mann sein Recht, indem er sich abwendet und die Gebärde der Unfähigkeit macht.

2

(Lnr. 5 § 1 Satz 1.) Der Herr belehnt gleichzeitig zwei Mannen mit demselben Gut. Der eine bekommt den Besitz, was dadurch zum Ausdruck gebracht wird, daß er ein Büschel frei stehender Ähren umfaßt, der andere das »Gedinge«, das durch die von einem Kreis umschlossenen Ähren versinnbildlicht wird.

3

(Lnr. 5 § 2.) Der Lehnsherr tritt hier als Kläger oder doch wenigstens als derjenige auf, der einen lehnsrechtlichen Anspruch auf ein verliehenes Gut geltend macht. Das drückt die Haltung seiner linken Hand aus. Der Besitzer des Lehnsgutes, der sich als solcher dadurch ausweist, daß er ein Ährenbüschel umfaßt, schwört mit zwei Wissenszeugen auf die Reliquien, daß das Gut sein Lehen ist. Daß auch die beiden Zeugen Ährenbüschel ergriffen haben, will besagen, daß sich ihr Wissen auf den Lehnsbesitz des Beweisführers bezieht.

In der vorderen Reihe steht zwischen zwei Zeugen der Inhaber des Gedinges, wie sich aus dem zugehörigen Ährensymbol ergibt. Daß es sich um Wahrnehmungszeugen handelt, erkennt man daran, daß der eine auf sein Ohr, der andere auf sein Auge deutet.

4 rechts

(Lnr. 6 § 1.) Der – wie immer bärtig dargestellte – Vater hinterläßt bei seinem Tode dem Sohn den Besitz am Lehnsgut, den dieser auch alsbald ergreift. Indem er die Linke an seine Wange hebt, bekundet er Trauer um den toten Vater.

4 links

(Lnr. 6 § 2.) Der Lehnsbesitz des ohne Sohn Verstorbenen geht auf den Lehnsherrn über. Weil der Verstorbene dem Rechtssatz nach ein Vater und als solcher mit einem Bart bezeichnet ist, hat der Illustrator auch dem Lehnsherrn mit ein paar Strichen ein Kinnbärtchen gegeben, um dem Mißverständnis vorzubeugen, der Herr sei des Verstorbenen Sohn wie der Bartlose im Bilde daneben (2ᵛ/4 rechts). Die im Text im Falle eines Gedinges gemachte Einschränkung wird hier nur durch das Gedingesymbol leicht angedeutet.

5

(Lnr. 7 § 1.) Der Herr belehnt einen Mann mit einem unbenannten Gedinge. Um die Bildaussage ganz eindeutig zu machen, hat der Illustrator dem Herrn einen dritten Arm gegeben, damit er neben der Entgegennahme der Kommendation des Mannes, für die er schon zwei Hände benötigt, auch noch auf den Gegenstand der Belehnung hinweisen kann, die Ähren, die hier allerdings nur ganz allgemein ein Grundstück oder Lehen bezeichnen, ohne daß das »unbenannte Gedinge«, die »wardunge« zeichnerisch einen Ausdruck gefunden hätte.

Verweigert der Herr seinem Manne das Recht, wenn er vor seinen Mannen von ihm beklagt wird, dann braucht *der Mann* ihm so lange nicht Dienste zu leisten oder seine Pflichten beim Lehnsgericht wahrzunehmen. 5 § 1 Der Herr kann zwei Mannen mit einem Gut in der Weise belehnen, daß der eine den Besitz, der andere eine Anwartschaft darauf *für den Fall* erhält, daß der, der es im Besitz hat, ohne Lehnerben stirbt. An der Anwartschaft gibt es keine Lehnsfolge. Läßt es der, der es in Besitz hat, *aus den Händen*, dann ist die Anwartschaft *damit* erloschen, es sei denn, daß jener, der es aufgegeben hat, es wieder empfängt und *im Besitz des Gutes* stirbt. § 2 Wer das Gut im Besitz hat, der kann das, wenn nötig, mit des Herrn Mannen bezeugen, die wissen, daß es sein Lehen ist. Wer *aber nur* die Anwartschaft darauf hat, der muß das, da ihm der Besitz fehlt, mit denen bezeugen, die sahen und hörten, daß es ihm verliehen wurde. 6 § 1 Der Vater vererbt mit dem Gute auch den Besitz des Gutes auf den Sohn. Infolgedessen ist es nicht erforderlich, daß man den Sohn in das Gut des Vaters einweist. § 2 Wenn aber ein Mann keinen Sohn hat, dann vererbt er den Besitz des Gutes auf den Herrn, es sei denn, daß der Herr die Anwartschaft darauf verliehen hat und der damit Belehnte das innerhalb der ihm zukommenden Frist rechtmäßig beweist. 7 § 1 Wenn ein Herr seinen Mann mit einem Gut, »wo immer dies für ihn zuerst frei wird, es sei klein oder groß«, belehnt, und danach einem anderen eine namentlich bestimmte Anwartschaft verleiht, so kann jener mit der ersten Belehnung diesem seine bestimmte Anwartschaft nicht brechen, wenn derjenige

Weigert abʼ der hʼre sime manne rechtes, wē he von im beclaget wirt vor sinē mannē, di wile en darf he nicht im dinen noch len rechtes phlegen. 5 § 1 Czwen mannē mac dʼ herre ein gůt lien also, daz einʼ di gewʼ dar an habe vn̄ dʼ andere daz gedinge, ab dʼ andere ane len erbe sterbe, dʼ iz in gewe ren hat. an gedinge is keine volge. let iz ouch ienʼ, dʼ iz in geweren hat, daz gedinge is gebrochen, he en pha iz wider, der iz ge lazen hat, vn̄ sterbe dar an. § 2 Swer daz gůt in geweren hat, dʼ mac iz geczuigē, ab hes bedarf, mit des herren mannē, di iz wiz zen, daz iz sin len si. dʼ daz gedinge dar an hat, dʼ můz iz geczuigen mit den, di iz sagen vn̄ hor ten, daz iz im geligen si, durch daz he dʼ gewer darbet. 6 § 1 Der vater erbet uf den svn di gewʼ des gůtes mit deme gůte; durch daz erbe darf dʼ svn nicht, daz man im des vater gůt bewise. § 2 Swelch man abʼ des svnes darbit, dʼ erbit vf den hʼren di gewer des gutes, iz en si denne, daz dʼ herre daz gedinge dar an vor ligen habe vn̄ der belente man daz beha de nach rechte binnen siner iar czale. 7 § 1 Swel ich herre ein gůt liet sinem manne, swo im daz aller erst ledic werde, iz si luczel ader vil, Unde dar nach liet eime an deren ein benant gedinge, mit deme er sten lene en mac iener diseme sin benant gedinge nicht gebrechen, wen iener

1

(Lnr. 7 § 1.) Das Bild stellt die Fortsetzung des vorhergehenden dar. Der Vorbesitzer ist gestorben, der Herr belehnt den aus dem »benannten Gedinge« Berechtigten mit dem Gut. Des Näheren ergibt sich der Zusammenhang aus dem Text.

2

(Lnr. 7 § 2.) Links steht der mit einem unbenannten Gut, rechts im roten Rock der mit einem benannten Gedinge Belehnte. Der Lehnsherr erkennt beiden die Belehnung an, indem er jedem von ihnen einen Zweig hinreicht[9]. Der rechts stehende Lehnsmann ergreift den Zweig und hält ihn fest, d. h. er »behelt« sein Lehen gegenüber dem Herrn ohne weiteres. Gegenüber seinem Mitvasallen aber muß er den Beweis, daß er ein benanntes Gedinge erhalten hat, welches dem unbenannten des anderen vorgeht, »nach gedinges rechte«, d. h. gemäß Lnr. 5 § 2 mit Augen- und Ohrenzeugen führen, was hier bildlich wiedergegeben wird. Der Anspruchsgegner links macht den Trauergestus, weil er als Inhaber des geringeren Rechtes seinen Anspruch auf das Gut nicht durchsetzen, es also nicht »behalten« kann, was er durch den gleichzeitigen Unfähigkeitsgestus, der sich auf den dargereichten Zweig bezieht, zum Ausdruck bringt. Daß die Wappen auf den Schilden (Regenstein und Wernigerode) auf diese Familien oder gar einen tatsächlichen Vorgang anspielen, ist kaum anzunehmen. Wahrscheinlich sollen sie nur aussagen, daß die beiden Parteien zwei verschiedenen ritterlichen Geschlechtern mit gleichem Rang in der Heerschildordnung angehören.

3

(Lnr. 7 § 4.) Beide Parteien stehen einander gegenüber. Die links stehende schwört mit ihren Zeugen, daß ihre Belehnung zur Zeit des Sonnenaufgangs erfolgt ist, die andere, daß sie mittags, also später als die erste, belehnt wurde.

4

(Lnr. 7 § 5.) Der rechts im Bilde sitzende Oberlehnsherr hatte ein Gut dem am Boden liegenden Verstorbenen verliehen. Dieser hatte damit zu seinen Lebzeiten als der im roten Rock mit Herrenschapel Dargestellte einen Untervasallen belehnt, der es noch jetzt im Besitz hat und zum Zeichen dafür das Symbol des Gutes, die Ähren, umfaßt. Noch vor dem Tode des Obervasallen aber hatte der Oberherr dasselbe Gut als unbenanntes Gedinge (Lnr. 7 § 1) dem grüngekleideten Mann verliehen, der deshalb seine Hände dem Oberherrn zur Kommendation entgegenstreckt, den aber der Zeichner irrtümlich mit dem inzwischen verstorbenen Obervasallen identifiziert und daher zu einer Doppelfigur vereinigt hat. Auch das Gedingezeichen steht nicht an der richtigen Stelle[10]. Es müßte zwischen dem Grüngekleideten und der Gruppe von Zeugen stehen, die er aufgeboten hat, um sein unbenanntes Gedinge zu beweisen.

5

(Lnr. 7 § 8.) Der Lehnsmann weist mit Weigerungsgebärde und Abwendung das ihm vom Herrn zugewiesene in den Ähren sinnbildlich verkörperte Gut zurück. Der Herr macht ihn darauf aufmerksam, daß er das Gut binnen »Jahr und Tag« in Besitz nehmen müsse, indem er auf die Fristsymbole (LII Wochen + VI Wochen + durch die Sonne dargestellten Tag) und auf das Gut zeigt.

stirbt, der *das benannte Gut* in Besitz hat. § 2 Jener muß aber seine Anwartschaft nach *den für die* Anwartschaft *geltenden* Rechtssätzen vor dem Herrn gegen den Mann bezeugen, der auf sein Gut Anspruch erhebt, obgleich der Herr ihnen beiden ihre Belehnung anerkennt. Mit der Anerkennung seitens des Herrn erstreitet der Mann ohne Zeugenbeweis sein Gut gegen den Herrn, nicht aber gegen seine Mitvasallen. § 3 Wenn ein Herr seinen Mann mit einem Gut belehnt, dann ist ihm damit der Besitz gegenüber seinem Herrn nicht entzogen, wenn ihm sein Herr das Gut nicht anerkennt, da es doch sein Mann von seiner Seite aus in Besitz hatte. § 4 Wenn zwei Mannen, denen beiden der Besitz fehlt, ein Gut beanspruchen, so sollen sie beide den Zeitpunkt der Belehnung angeben. Wer die zuerst erfolgte Belehnung bezeugen kann, der behält das Gut von Rechts wegen. § 5 Wenn ein Herr seinem Mann ein Gut *mit der Maßgabe* verleiht, *er solle es erhalten*, sobald eins durch den Tod eines seiner Mannen für ihn frei wird, und dazu nichts anderes bestimmt, dann soll der Mann das erste Gut haben, das für den Herrn frei wird, mag es ledig oder unterverliehen sein. § 6 Ein Gut, mit dem der Mann belehnt wird, ohne eingewiesen *zu sein*, muß der Mann, sobald es ihm verliehen wird, mit dem Zeugenbeweis erstreiten, weil er keinen Besitz daran hat. § 7 Von dem Gut, das zuerst frei wird, soll der Mann Besitz ergreifen, mag es auch größer oder kleiner sein, als es ihm verliehen wurde, bis er seine Belehnung in vollem Umfang erlangt hat. § 8 Wenn dem Mann das Lehen, das für den Herrn frei wird, nicht gefällt und er es nicht binnen Jahr und Tag in Besitz nimmt, dann sei der Herr fortan *von den Verpflichtungen aus dieser Belehnung* frei,

stirbit, der iz in geweren hat. § 2 Iener můz ab' sin gedinge geczugen nach gedinges rechte vor deme herren kegen dem manne, d' sin gůt an spricht, alleine bekenne d' herre in beiden irre lenunge. mit dem bekentnisse des h'ren behelt d' man sin gůt kegen dem herren ane geczuik vñ nicht kegen sinen husgenozen. § 3 Swelch herre ein gůt liet sime manne, da mite en is im di gewere nicht gevernt kegen sime herren, ab im sin herre des gůtes nicht en bekennet, daz doch sin man von sinent halben in geweren hatte. § 4 Ab czwene man ein gůt an sprechen, di beide d' gewer darbē, beide sullen si benennen di czit der lenunge, vñ welcher di erste lenunge geczuigē mac, d' behelt daz gůt mit rechte. § 5 Swen ein h're sime māne liet gůt, wo iz im erst ledic wirt von sines mānes tode, vñ daran nicht anders en bescheidet, d' man sal daz erste gůt haben, daz deme h'ren ledic wirt, iz si ledic ad' v'ligen. § 6 Swelch vmbewiset gůt, daz deme māne geligen wirt, sal d' man behaldē mit geczuige, wen iz im geligen wirt, da he d' gewer an darbit. § 7 daz gůt, daz da erst ledic wirt, des sal sich d' man vnderwinden, alleine si is me ad' minre, den im geligen si, biz daz he siner lenvnge di vůlle habe. § 8 Ab dem māne vorsmat daz len, daz deme herren ledic wirt, vñ hez im nicht czv en czuit binnen iare vñ tage, von deme si der herre ledic vor baz me,

1
(Lnr. 7 § 9.) Vor dem Herrn, der auf das (ungeteilte) Lehnsgut deutet, steht nur ein Lehnsmann als Zeuge, weil nicht beide zur gesamten Hand mit dem Gut belehnte Mannen Zeuge sein dürfen.

2
(Lnr. 8 § 1.) Ein Lehnsherr belehnt zwei Mannen mit ein- und demselben Gut, was dadurch angedeutet wird, daß die beiden Vasallen gleichzeitig ihre Hände zwischen die des Herrn legen. Links von dieser Szene verleihen die beiden als Doppelfigur, wodurch ihre Stellung als Gesamthänder veranschaulicht wird, das empfangene Gut an einen Untervasallen weiter. Auch die beiden Wappenschilde sollen durch ihre Stellung aussagen, daß der Untervasall Gesamthandslehen der beiden Wappenträger als Afterlehen erhalten hat.

3
(Lnr. 8 § 2.) Der Lehnsrichter gebietet den zur gesamten Hand Belehnten, sich binnen »VI« Wochen zu entscheiden, von wem der Lehnsherr seinen Dienst fordern kann. Der unmittelbar vor dem Richter Stehende erklärt mit dem Fingerzeig auf sich selbst, daß er derjenige sei. Seine beiden Mitvasallen hinter ihm drücken dasselbe dadurch aus, daß der eine den Dienstpflichtigen dem Richter zuschiebt (Empfehlungsgebärde), der andere auf ihn zeigt.

4
(Lnr. 9 § 2.) Vor dem Lehnsrichter steht der Mann, der dreimal Urteil gescholten hat. Er »bezzert« die Urteilsschelte, indem er dem Richter ein dreifaches Gewette, den drei Gescholtenen je einmal Buße zahlt.

falls nicht der Mann seinen Eid darauf leistet, daß er nicht wußte, daß das Gut für seinen Herrn frei war. § 9 In ein und derselben Lehnssache können nicht zwei *Mannen* Zeugen sein, solange das Lehen nicht unter ihnen aufgeteilt ist. 8 § 1 Wenn zwei mit einem Lehen belehnt sind und einen Teil des Gutes einem *anderen* Mann weiterverleihen, dann kann, solange das Gut nicht unter ihnen aufgeteilt ist, keiner von ihnen ohne den anderen seinem Manne etwas von dem Gut durch Urteil absprechen oder an seinen Herrn rückübertragen, so daß es dem anderen in irgendeiner Hinsicht schadet. § 2 Der Herr kann seinen Mannen, die *gemeinsam* ein Gut von ihm haben, durch ein lehnsgerichtliches Verfahren gebieten, sich binnen sechs Wochen zu entscheiden, damit er wisse, von wem er seinen Dienst zu fordern habe. Tun sie es nicht, werden sie dafür gewettepflichtig und man spricht ihnen ihr Gut durch Urteil ab, wenn ihr Herr sie durch das Lehnsgericht verfolgt. 9 § 1 Wer eines Herrn Mann ist, der darf im Lehnsgericht Vorsprecher sein und Urteil finden, wenn er auch kein Gut von dem Herrn hat. Ein Urteil der Mannen *seines Herrn* darf er aber nur schelten, wenn er einen Lehnsmann des Herrn zum Bürgen dafür setzt, daß er *unter Übernahme* der Rechtsfolgen von seinem Urteil Abstand nimmt, falls er im Verfahrenszuge nicht durchdringt. § 2 Wenn ein Mann dreimal ein Urteil schilt und dann gegen ihn die Entscheidung gefällt wird, daß er es nicht so gescholten habe, daß es zu seinen Gunsten ausging, so darf er kein Urteil mehr schelten, solange er nicht Sühnegeld für das gezahlt hat, was er sich an den drei Urteilen zuschulden kommen ließ. 10 § 1 Einige Leute sagen...

he nē tv̄ sine vnschult da czv, daz hes nicht en woste, daz iz sime h'ren ledic were. § 9 In einer sache von eime lene en mügen si czwene nicht geczuic sin, di wile si an deme lene nicht beteilt en sin. 8 § 1 Ab czwene mit eime lene belent sin vn̄ des gûtes ein teil v'lien einē māne, ir keiner en mac an den anderen an deme gûte sinē manne nicht vorteilen noch vf lazen sime h'ren, also daz iz dem anderen icht schade, di wile si an deme gûte vn beteilt sin. § 2 Der herre mûz wol sinē mannen gebiten mit orteilen, di ein gût vō im haben, daz si sich binnen sechswochen bescheiden, daz he wizze, uf wen he sines dinestes se; vn̄ en tvn si is nicht, si werden wettehaft dar vmme, vn̄ man vorteilt in ir gût, ab in ir herre mit lenrechte volget. 9 § 1 Swer eines herren man is, vorspreche mûz he wol sin vn̄ orteil vinden binnē lenrechte, alleine en habe he kein gût von deme herrē. orteil siner māne en mûz he ab' nicht schelden, he nē secze borgen einē belenten man des h'ren, daz he mit rechte volkûme ad' daz orteil mit rechte laze. § 2 Swelch man dries orteil schilt vn̄ im daz wider vunden wirt, daz hez nicht also bescholden en habe, als iz im helfen de si, kein orteil en mûz he me schelden, he en habe gebezzert, daz he an den dren orteiln missetet. 10 § 1 Etteliche luyte sagen...

1

(Lnr. 14 § 4 Satz 1.) Links steht der Mann, der dem Lehnsherrn, einem Bischof, das Lehnrecht an seinem Gut bestreitet und dies dadurch zum Ausdruck bringt, daß er die das Gut vertretenden Ähren in einer Falte seines Gewandes verschwinden läßt. Herr und Mann unterstreichen ihre Verhandlung durch Aufmerksamkeitsgesten. Auf der rechten Seite des Bildes stehen die übrigen Mannen, die die Ableugnung zur Kenntnis nehmen, wozu der Herr sie mit dem Aufmerksamkeitsgestus noch besonders auffordert, und die daher als Zeugen des Vorgangs auftreten können, was der eine von ihnen mit Redegebärde und ausgestreckten Schwurfingern bestätigt.

2

(Lnr. 14 § 4 Satz 2.) Der Oberherr ist wieder ein geistlicher Fürst. Sein Vasall, ein Reichsfürst[11] und an dritter Stelle in der Heerschildordnung stehend, wie sich aus dem Wappen (vgl. Bl. 1r/1) ergibt, hat das Gut als Afterlehen weiterverliehen, und zwar an einen Untervasallen, der dem Wappenschild nach dem vierten Heerschild, dem der »vrien herren« (Ldr. I 3 § 2), zugehört[12]. Dieser Untervasall ist hier, was zwar möglich ist, aber vom Text nicht verlangt wird, als Lehnsherr der dritten Stufe dargestellt. Als Aftervasall veranlaßt er seinen unmittelbaren Herrn, sein Gut gegen den Anspruch des Oberlehnsherrn zu vertreten, der es, wie im Bild die Ähren, an sich genommen hat. Der Unterherr kommt dieser Aufforderung nach, indem er in einer Frist von »VI« Wochen das Gut durch eine Geldzahlung einlöst.

3

(Lnr. 15 § 1 Satz 1.) Der Unterherr leugnet das Recht des Aftervasallen an dem Lehnsgute, indem er, wie in Bild 1, die das Gut symbolisierenden Ähren in seinem Kleid versteckt. Darauf sucht und erreicht der Mann die Anerkennung seines Lehens durch Kommendation beim Oberherrn.

4

(Lnr. 15 § 2.) Der Mann zeigt, d.h. hier er »benennt« dem Oberherrn das Gut und den früheren Lehnsherrn, der hier als verstorben dargestellt ist, und erhält von dem Oberherrn die Lehnserneuerung.

14 § 3 ... muß für das Gut einstehen und die Lehnsanerkennung bei dem obersten Herrn nachsuchen. § 4 Wenn ein Mann *das Recht* seines Herren an dem Gut, das er von ihm hat, in Abrede stellt, und es vor seinen Mannen bestreitet, dann soll das Gut für den Herrn frei sein. Hat er es aber weiterverliehen und übernimmt es der oberste Herr, dann soll der Mann, der das Gut in Besitz hat, seinen Herrn gerichtlich auffordern, sein Gut zu vertreten und den Anspruch des obersten Herrn im Rechtsstreit zum Erliegen zu bringen. Das muß er von Rechts wegen binnen sechs Wochen tun. Weigert der Herr sich aber zu Unrecht, es zu tun, dann verlange der Mann von dem obersten Herrn die Anerkennung seiner Belehnung mit dem Gute und verliere es damit nicht, mag es auch sein Herr danach *als Lehen* behalten. 15 § 1 Wenn ein Herr *das Recht* seines Mannes an dem Lehnsgut vor dem obersten Herrn bestreitet oder es nicht benennt, wenn er es empfängt und nach den Rechtsvorschriften benennen muß, so suche der Mann innerhalb der ihm zustehenden Frist die Anerkennung seiner Belehnung bei dem obersten Herrn nach. Der Herr kann durch Reden und Schweigen sein *eigenes* Recht beeinträchtigen, nicht aber das seiner Mannen, wenn sie es vertreten, wie Rechtens ist. § 2 Wenn der Mann von seinem Recht der Lehnserneuerung gegenüber dem obersten Herrn Gebrauch macht und die Belehnung oder Verweisung *an einen neuen Unterlehnsherrn* von ihm begehrt, so ist er verpflichtet, dem *Oberherrn* das Gut und den Herrn, von dem er es gehabt hat, zu benennen, bevor man ihn belehnt und verweist.

14 § 3 ... můz daz gůt vor sten vñ ime volgen an den obersten herren. § *4* Swenne ein man sime herren gůtes loukent vñ iz im entsaget vor siněn manně, daz he von im hat, daz gůt sal deme h'ren ledic sin. Hat aber hez vor ligen vñ vnderwintes sich d' oberste herre, der man, d' daz gůt in gewerē hat, d' sal sinen h'ren mit orteilen manē, daz he sin gůt vor ste vñ des obersten herren ansprache irlege mit rechte. daz sal he tvn durch recht binnen sechswochen. weigert ab' der herre des czv tvnde wider recht, der man volge an den obersten herren sime gůte vñ en vorlise da mite nicht, ab iz sin herre dar nach behalde. *15 § 1* Ab ein herre sines mannes gůtes loukēt vor deme obersten herren ader iz nicht en benennet, swen hez entphet vñ hez durch recht benennen sal, der man volge sime lene an den obersten herren bin sinen rechten teidingen. Der herre mac sich vorsprechen vnde vorswigen an sime rechte vnde nicht sine man, ab si daz gůt vor sten nach rechte. § *2* Swen der man in den obersten herren volget sime gůte vnde der lenunge ader der wisunge an in gert, he is phlichtic, deme herren daz gůt czu benennene vnde den herren, von deme hez gehabit hat, er man in belene ader wise.

1
(Lnr. 15 § 3.) Der Oberherr hat den Vasallen an den Unterherrn verwiesen. Dies will das grüne Band zwischen Oberherrn und Unterherrn und die Zeigegebärde des Oberherrn besagen. Der Vasall hat – im Bilde mit einer dritten Hand – dem Oberherrn gegenüber eidlich seinen Rechtsanspruch auf die Verweisung dargetan. Deshalb empfängt er ohne weitere Beweisführung vom Unterherrn das Lehen.

2
(Lnr. 16.) Ein Lehnsmann, die mittlere der drei Figuren, verkauft sein Lehen. Da er es daraufhin länger als Jahr und Tag nicht mehr in Besitz hatte, muß er dem Text zufolge neu wieder damit belehnt werden, was in der rechten Bildhälfte geschieht[13]. Die Frist von Jahr und Tag wird durch die Zahlen LII + V[14] Wochen, der Nichtbesitz durch die Einkreisung der Erträgnisse des Gutes – Getreide, eine Garbe, Geld – ausgedrückt.

3
(Lnr. 17.) Der Herr verleiht das Gut des linkerhand von ihm stehenden Mannes an einen anderen. Dieser Vorgang wird dadurch veranschaulicht, daß der Herr neben dem Vollzug des bekannten Belehnungsaktes die das Gut vertretenden Ähren mit einer dritten Hand zu dem neuen Lehnsempfänger hinüberzieht, der sie ergreift, d.h. das Gut in Besitz nimmt. Der bisherige Besitzer des Lehens verzichtet auf den Widerspruch, indem er sich den Mund zuhält, während der Herr sich fragend nach ihm umsieht. Mit dem Unfähigkeitsgestus will er sagen, daß er an dem Gut kein Recht mehr geltend machen kann.

4
(Lnr. 18 Satz 1.) Der Lehnsmann tritt, wie die Geste seiner linken Hand besagt, als Kläger gegen seinen Herrn auf, der es aber mit Weigerungsgestus ablehnt, ihm zu antworten.

5
(Lnr. 18 Satz 2.) Das Bild hängt eng mit dem vorigen zusammen und ist deshalb auch kompositorisch damit verschränkt. Das Lehnsgericht, in dem hier offenbar der Oberherr als Richter fungiert, hat den vom Unterherrn anberaumten Gerichtstermin vertagt. Währenddessen ist für den Kläger aus dem vorigen Bilde durch Tod eines anderen ein Gedinge frei geworden, auf das der Richter hinweist. Er erstreitet es sich mit Zeugen vor Gericht und nimmt das Gut durch Ergreifen der Ähren in Besitz.

§ 3 Will ihn aber der Herr verweisen, dann soll jener die Verweisung gegenüber dem Herrn mit Zeugen dartun und mit dem Eid seiner Mannen *bekunden*, daß er die Lehnserneuerung so begehrt habe, daß er ihn von Rechts wegen verweisen müsse. Bezeugt er dies gegenüber dem obersten Herrn, so braucht er keinen Zeugenbeweis gegenüber dem Herrn, an den man ihn verweist. 16 Niemand braucht ein Gut, das ihm sein Herr verliehen hat, zum zweiten Male *als Lehen* zu empfangen, wenn er es veräußert oder verkauft, es aber wieder empfängt, es sei denn, er habe es sechs Wochen und ein Jahr nicht mehr in Besitz. 17 Wenn der Herr das Gut eines Mannes in Gegenwart dessen, der das Gut *zu Lehen* hat, ohne seinen rechtmäßigen Widerspruch anderweit verleiht, so kann der, dessen Lehen es zuvor war, kein Recht an dem Gut mehr geltend machen. 18 Wenn der Herr seinem Manne einen Tag zur lehnsgerichtlichen Verhandlung bestimmt, so ist er vor dem Gerichtstag nicht verpflichtet, sich dem Mann gegenüber *gerichtlich* zu verantworten, wenn er ihn einer Sache beschuldigt, solange sein Rechtshandel noch nicht zum Abschluß gebracht ist. Wird aber der von dem Herrn *anberaumte* Lehnsgerichtstag von seiten des Gerichts aufgeschoben und wird durch Tod für den Mann ein Gut frei, sei es eine Anwartschaft oder ein Lehen, das er von dem Herrn begehrt oder in einem Gerichtsverfahren zu gewinnen sich erbietet, dann muß ihm der Herr von Rechts wegen vor seinem Gerichtstag den Rechtsweg eröffnen, obgleich die Anschuldigung des Herrn noch unerledigt ist; der Herr könnte anderenfalls mit *seiner* Anschuldigung den Mann hinziehen, bis er die Frist für sein Lehnsbegehren versäumt hat. 19 § 1 Wenn ein Mann sich zu seines Vorsprechers Wort nicht bekennt und wenn der Herr den Vorsprecher deswegen beschuldigt,

§ 3 Wil in ouch der herre wisen, iener sal di wisvnge behalden mit geczuige kegen den herren mit siner manne rechte, daz he an in so geuolget habe, alse he in durch recht wisen sulle. geczuiget he diz kegē den obersten h'ren, so en bedarf he keines geczuiges kegen den herrē, da man in wiset. 16 Niemant en darf and'weide en phan gůt, daz im sin h're geligen hat, ab hez uf let ad' v'kouft vn̄ iz ab' wid' entfet, he en darbe d' gewere sechswochen vn̄ ein iar. 17 Swelches mānes gůt d' h're wec liet in sine antwerte, des daz gůt is, ane des mānes rechte wid'sprache, kein recht en mac he mer an deme gůte beredē, des len iz er was. 18 Ab d' herre sinē māne czv lenrechte teidinget, bin deme teidinge en is he nicht phlichtic, dē māne czv antwertene, ab he in ichtes schuldeget, di wile sin sache vnvolent is. Wirt ab' des h'ren lenrecht geurist mit orteilen vn̄ irstirbit dem māne ein gůt an, iz si gedinge ad' len, des he an den herrē sin net ad' buyt czv behaldene mit rechte, d' h're sal im lenrecht tv̊n mit rechte bin sinē teidingen, al si des herrē schuldegunge vn vorendet. d' herre mochte anders an der schulde geczogen den man, wen biz he sich v'iarete an siner sinnūge. 19 § 1 Ab ein man an sines vorsprechen wort nicht en iet vn̄ ab d' herre den vorsprechen schuldeget

1

(Lnr. 19 § 1.) Vor dem Lehnsgericht steht im rot-gelb-grün quergestreiften Rock »ein Mann«, der mit der einen Hand einen anderen dem Lehnsrichter zuschiebt und damit zum Ausdruck bringt, daß dieser andere sein Vorsprecher ist. Um anschaulich zu machen, daß er sich nicht zu des Vorsprechers Wort bekennt, hält er sich den Mund zu und wendet sich halb von ihm ab. Der Vorsprecher dagegen erklärt mit dem Fingerzeig auf seinen Mund und Aufmerksamkeitsgestus in Richtung auf seinen Klienten, daß er genau nach dessen Auftrag gesprochen habe. Mit einer dritten Hand beschwört er diese Aussage »auf den Heiligen«.

2

(Lnr. 20 § 1.) Die halben Menschenfiguren in den vier Ecken des Raumes, in dem sich die Wöchnerin im Bett und der neugeborene Sohn in der Wiege befinden, sind hier lediglich als Verkörperungen des unpersönlichen Fürwortes »man« im Text gedacht. Sie deuten auf ihre Ohren, um das Hören figürlich zu umschreiben. Daß »man« die Stimme des Kindes an den Wänden des Hauses gehört hat, besagen auch die Zeigegesten der Mutter. Diese trägt einen Witwenschleier, weil der Vater des Kindes dem Text zufolge gestorben ist.

3 rechts

(Lnr. 20 § 1 Satz 2.) Der Trauergestus des Vaters bezieht sich hier, wie sein Fingerzeig unterstreicht, zwar auf den Sohn, aber wohl weniger auf dessen Tod als auf seinen Rechtsverlust. Die beiden gleichen Schilde deuten das Verwandtschaftsverhältnis an.

3 links

(Lnr. 20 § 3.) Der umgekehrte Schild und das bäuerischgrobe Gesichtsprofil des Sohnes zeigen an, daß er dem verstorbenen Vater nicht ebenbürtig ist. Daher verweigern die Mannen des Vaters mit dem Unfähigkeitsgestus die Annahme der Lehnserneuerung, die der Sohn ihnen mit dem Lehnssymbol, dem blühenden Zweig, anbietet.

4 links

(Lnr. 20 § 4.) Die Aufkündigung des Lehnsverhältnisses wird dadurch symbolisiert, daß der Herr das Haus des Vasallen mit einer Fackel anzündet. Außerdem zieht er ostentativ seine Hand zurück und nimmt die Einkünfte des Gutes nicht an, die der Lehnsmann ihm in Form von Ähren darbietet und damit bekundet, daß er das Lehnsverhältnis seinerseits fortsetzen will. Mit der Rechten umfaßt der Mann die im Boden wurzelnden Ähren, Symbol des Gutes, weil er das Gut und – worauf das Gedingezeichen hindeutet – auch ein Gedinge durch die ungerechtfertigte Aufkündigung seitens des Herrn nicht verliert.

4 rechts

(Lnr. 20 § 2.) Die grüne Gabel am Halse des Mannes sagt aus, daß ihm sein Grundstück durch lehnsgerichtliches Urteil abgesprochen wurde[15], die Übergabe des Handschuhs versinnbildlicht die Auflassung an den Herrn[16]. Der Verlust des Gedinges wird von dem Mann dadurch mitgeteilt, daß er auf das Gedingezeichen weist.

5

(Lnr. 20 § 5.) Dargestellt ist nur das Verleihen von Bischofsgut, das einem Bischof als »Szepterlehen«, und von »Fahnlehen«, das einem weltlichen Reichsfürsten mit der Fahne als Lehnssymbol vom König übertragen wird[17]. Das Verbot der Teilung ist nicht berücksichtigt.

so muß er dafür Gewette zahlen, falls er nicht beschwört, daß er nicht anders gesprochen habe als so, wie jener es *von ihm* erbat, dem er als Vorsprecher beigegeben ist. § 2 Der Mann kann sich mit seinem Eineid von jeder Anschuldigung reinigen, von der niemand bezeugen kann, daß sie *eine Handlung zum Gegenstand hat*, die vor Gericht geschehen ist. 20 § 1 Wenn der Sohn nach dem Tode seines Vaters so lange lebt, daß man seine Stimme an den vier Wänden des Hauses hören kann, so ist ihm seines Vaters Lehen als Erbteil zugefallen, und er hat es allen denen entzogen, die die Anwartschaft darauf hatten. Der Sohn, der vor seinem Vater stirbt, ist kein Lehnserbe, weil er kein Lehen als Erbteil erhalten hat. Infolgedessen bricht er niemandes Anwartschaft an des Vaters Lehen. § 2 Wenn man einem Manne sein Gut durch *lehnsgerichtliches* Urteil abspricht oder wenn er sich seiner entäußert, so verliert er mit dem Gute jede Anwartschaft, die ihm etwa damit verliehen war. § 3 Wo der Sohn dem Vater nicht ebenbürtig ist und die Mannen sich weigern können, ihr Gut von ihm *als Lehen* zu empfangen, da entzieht der Sohn, auch wenn er nach dem Tode des Vaters noch lebt, niemandem eine Anwartschaft an verliehenem Gut seines Vaters. § 4 Wenn ein Herr seinem Manne zu Unrecht *das Lehnsverhältnis* aufkündigt, der Mann dem Herrn aber nicht, so verliert der Mann damit weder Anwartschaft noch Lehen und behält das Gut, für das er die Lehnserneuerung von einem Oberherrn nicht verlangen kann, ohne Dienstverpflichtung auf Lebenszeit. § 5 Bischofsgut und Fahnlehen soll der König als Ganzes verleihen und nicht teilen. Wer von einem Fürsten belehnt wird, der Fahnlehen hat,

des, he mûz dar vmme gewetten, he en swere da vor, daz he anders nicht gesprochen habe, wen alse iener bete, deme he czv vʼsprechen gegeben si. § 2 Der man mac aller schulde gunge mit vnschult enken, di nimant geczvigen mac, daz si vor gerichte geschen si. 20 § 1 Swenne dʼ svn nach des vater tode lebet al so lange, daz man sine stimme horen mac in vier wenden des huses, so is he beerbet mit sines vater lene vn̄ hat daz gevirnt alle den, di daz gedinge dar an hatten. Der svn, dʼ da stirbit er deme vatere, en is kein len erbe, wen he mit keineme lene beerbit en is. durch daz en bricht he nimandes gedinge an des vater lene. § 2 Swelcheme māne man sin gût vorteilt adʼ hez uflet, was im icht gedinges dar an geligen, des darbet he mit deme gûte. § 3 Swo dʼ svn deme vater nicht ebē bûrtic is vn̄ di man geweigerē mvgen, ir gût von im czv enphane, allebet dʼ svn nach des vater tode, he ne vernt nimande kein gedinge an vorligeneme gûte sines vatʼ. § 4 Ab ein herre czv vnrechte sime māne entsaget vn̄ dʼ man deme herrē nicht, nie weder gedinge noch len en vorluiset dʼ man da mite vn̄ behelt daz gût ane dinest czv sime liebe, mit deme he nicht vorbaz geuolgen en mac. § 5 Bischoue gût vn̄ van len sal dʼ kvnic gancz lien vn̄ nicht czweien. Swer ouch von eime vorsten belent wirt, dʼ van len hat,

1

(Lnr. 20 § 5 Satz 2.) Links und rechts sitzen zwei »geborene Fürsten«, deren gleichrangige Stellung in der Heerschildordnung der beiden beigegebene gleiche Wappenschild zeigt. Aber nur der rechts Sitzende hat ein Fahnlehen. Der Vasall verschmäht daher das Lehnsangebot des gelb gekleideten Fürsten, indem er ihm den Rücken zuwendet und sich nur abweisend nach ihm umschaut, während er gleichzeitig dem Inhaber des Fahnlehens »Mannschaft« leistet.

2

(Lnr. 21 §§ 1. 2.) Links steht der »Sohn«, des Vaters Heerschild zu seinen Füßen, und deutet mit Zeigegesten nur ganz allgemein das Erhöhen und Erniedrigen an, womit er seinem mnemotechnischen Auftrag übrigens voll gerecht wird.
Die zweite Figur von links ist auch ein »Sohn«. Es ist der, der nicht an des Vaters Stelle Lehnsmann werden will und deshalb sitzend abgebildet ist, weil ein Lehen kniend oder stehend empfangen werden muß. Damit ist aber sein Heerschild nicht erhöht. Deswegen steht sein Heerschild ihm zu Füßen und er zeigt nur von ferne auf den höherstehenden grünen Schild.
Rechts wird die Belehnung mit einem Fahnlehen gezeigt. Der Empfänger des Fahnlehens hat seinen Heerschild erhöht. Er steht deshalb in Haupteshöhe zwischen ihm und dem König.

3

(Lnr. 22 § 1.) Hier ist das »Sinnen«, das an den Herrn gerichtete Ersuchen um Lehnserneuerung nach der Schilderung des Textes abgebildet. Die römischen Zahlen bedeuten wieder die Frist von Jahr und Tag. Da der Mann unbedingt zwei Hände braucht, um dem Herrn seine Mannschaft zu bieten, hat ihm der Zeichner noch eine dritte gegeben, mit der er die hinter ihm stehenden Mannen des Herrn durch Fingerzeig zu Zeugen setzen kann.

4

(Lnr. 22 § 3 Satz 1.) Der Herr lehnt mit Weigerungsgebärde und Abwendung des Gesichts die erbetene Lehnserneuerung ab.

der braucht das Lehen von niemand anzunehmen, der kein Fahnlehen hat, mag er auch ein geborener Fürst sein. 21 § 1 Der Sohn behält nach Lehnrecht des Vaters Heerschild, wenn er ihm ebenbürtig ist, solange er sich nicht durch Mannschaft erniedrigt. § 2 Wenn der Sohn nicht an des Vaters Stelle Lehnsmann werden will, so ist damit sein Heerschild nicht erhöht. Nichts erhöht des Mannes Schild außer einem Fahnlehen, das ihm verliehen wird. § 3 Niemand sonst vererbt ein Lehen als der Vater auf den Sohn. 22 § 1 Nach des Vaters Tode komme der Sohn binnen Jahr und Tag zu seinem Herrn und biete ihm mit gefalteten Händen die Mannschaft an; er trete, wenn der Herr steht, so nahe auf ihn zu, daß er ihn erreichen kann. Sitzt er aber, so soll er sich vor ihn hinknien. Einige Leute sagen, daß er die Hände auf den Herrn zu bewegen soll. Das stimmt nicht; denn sowie der Mann geht, wenn der Herr steht, oder sich vor ihn hinkniet, wenn er sitzt, so bewegt sich sein ganzer Leib und müssen sich auch die Hände bewegen. § 2 So spreche der Mann, wenn er sein Gut begehrt, mit gefalteten Händen: »Herr, ich begehre von Euch solch ein Gut zu Lehen, wie ich es nach Lehnrecht vor Euch gebracht habe, und biete Euch dafür meine Mannschaft an, zum ersten Male, zum zweiten Male, zum dritten Male, und setze dafür Euere Mannen als Zeugen ein«. § 3 Wenn der Herr sich zu Unrecht weigert, ihn zum Manne anzunehmen, so soll der Mann das Gut, für das er seine Mannschaft bot, behalten und

he en darf daz len von niemande enphan, der van lenes darbet, al si he ein geborn vor ste. 21 § 1 Der sv̊n behelt des vater schilt czv lenrechte, d`im ebenbůrtic is, di wile he sich mit manschaft nicht en nideret. § 2 ab d` sv̊n in des vater stat en wil nicht man werden, da mite en is sin herschilt nicht gehoget. Iz en hoget nicht des mānes schilt wenne van len, ab iz im geligen wirt. § 3 Iz en erbit nimant kein len, wen d` vater uf den sv̊n. 22 § 1 Nach des vater tode d` sv̊n kůme binnen iare vn̄ tage czv sime herrē vn̄ bite im di manschaft mit gevaldenen henden vn̄ ge im also na, ab d` herre ste, daz he in gereichen mv̊ge; siczt he ab`, so sal he vor in knien. sv̊meliche luyte sprechen, daz he di hende sulle wegen deme herren czv. des en is nicht; wen alse d` man get, da he stet, ad` kniet vor in, da he siczet, so weget sich al sin lip vn̄ mv̊zen ouch die hende wagen. § 2 Sus spreche d` man, alse he sines gůtes sinnet, mit gevaldenē hen den: „herre, ich sinne an vch sogetanes gů tes, als ich mit rechte an vch bracht habe, vn̄ biete vch mine manschaft dar vm me czv einem male, czvm ander male, czv̊me dritten male, vn̄ secze des vwere man czv̊ geczuige." § 3 Ab d` herre weigert mit vnrechte, daz he in czv manne nicht enphet, der man sal behalden daz gůt, da he sine manschaft vmme bot, vnde

1

(Lnr. 22 § 3 Satz 2.) Der zu Unrecht abgewiesene Lehnsmann vererbt das Gut auf seine Kinder, die, ihm gleich gekleidet, hinter ihm stehen und von dem Gut symbolisch Besitz ergreifen, indem sie einen Teil der Ähren erfassen und an sich ziehen. Außerdem verleiht der Lehnsmann das Gut weiter und wird insofern zum Lehnsherrn. Er hat deshalb ein Herrenschapel erhalten. Die Beziehung des Gutes zu dem Aftervasallen wird durch die Ähren über seinen Armen angedeutet.

2

(Lnr. 22 § 4.) Vor dem Lehnsgericht steht der Lehnsmann und erneuert nach Jahresfrist (»LII«) seine Klage gegen den Gewappneten hinter ihm, der ihm sein Gut mit Gewalt genommen hat und deshalb Rüstung und entblößtes Schwert trägt und die Ähren umfaßt.

3

(Lnr. 23 § 1.) Der rechts sitzende »Herr« weist mit Weigerungsgebärde die »mit gefalteten Händen« angebotene Mannschaft[18] eines Reichsächters, dem ein Schwert mit einer Krone als Symbol des Reiches am Knauf im Halse steckt, eines Verfesteten[19] und eines Bauern, der die Heerschildlosen vertritt, zurück. Die links sitzende Figur in Richterkleidung stellt »des Landes Richter« dar und soll an die Worte des Textes erinnern: »ader ab in der selbe herre beclaget hat vor des landes richtere durch roup ...« Daher zeigt der Richter auf den Herrn. Der umgestürzte Schild zu seinen Füßen deutet auf das während der Vorladungsfrist (»in den teidingen«) suspendierte Lehnrecht des Angeklagten hin.

4

(Lnr. 23 § 3.) Ein Geistlicher schiebt einen Lehnsherrn, der gerade im Begriff steht, einen Vasallen zu belehnen, vom Kirchhofe fort, weil dort die Belehnung nicht vorgenommen werden darf.

ohne Dienstpflicht besitzen und braucht die Belehnung damit niemals mehr nachzusuchen, solange er lebende Zeugen dafür hat. Er vererbt es auch auf seine Kinder und kann damit seine Mannen belehnen, denn er hat sein Gut, an welchem ihm sein Recht verweigert wurde, mit Recht behalten. Der Mann braucht seine Mannschaft nicht anderweit anzubieten, es sei denn, daß seine Zeugen sterben. § 4 Sofern aber dem Mann sein Gut mit Gewalt genommen wird, soll er seine Klage alle Jahre erneuern, weil ihm der Besitz fehlt. § 5 Bietet aber der Herr dem Mann sein Gut an, so muß er es sofort in Empfang nehmen, oder er verliert es durch Versäumnis, denn der Herr beendet ihm durch das Angebot seine Frist wie sie der Mann mit dem Lehnsbegehren verlängert. 23 § 1 Der Herr darf niemandes Mannschaft zurückweisen außer dessen, der keinen Heerschild hat, oder dessen, der in der Reichsacht oder im selben Gerichtsbezirk verfestet ist oder den der gleiche Herr vor dem Richter des Landes wegen Raubes oder wegen *einer anderen* Straftat verklagt hat und der durch Urteil vor Gericht geladen ist. Während der Vorladungsfrist braucht der Herr ihn als Lehnsmann nicht anzunehmen. § 2 Wen aber der Herr als Lehnsmann annimmt, dem kann er nicht verweigern, ein Gut zu verleihen, das er nach Lehnrecht vor ihn gebracht und für das er seine Mannschaft geboten hat. § 3 Der Herr muß die Belehnung seines Mannes mit einem Gut zu jeder Zeit und an allen Orten vornehmen, sobald man das von ihm begehrt, außer in Kirchen oder auf Kirchhöfen. 24 § 1 Wenn aber der Herr von seinen Mannen Urteil darüber erfragt,

besicze ane dinest vn̄ en darf is nimmer me gesinnen, di wile hes lebende orkvnde hat, Vnde erbit iz an sine kint vn̄ mac da mite belenen sine man; wen he hat mit rechte behalden sin gût, da im rechtes ab geweigert was. Der man en darf nicht anderweit bieten sine manschaft, iz en si, daz sin geczuic sterbe. § 4 Swo abʼ deme māne sin gût mit gewalt genv̂men wirt, dʼ sal sine clage alle iar vornuwen, durch daz he dʼ gewere dar bet. § 5 gebuit abʼ der herre dem manne sin gût, he sal iz czv hant enphan, adʼ he vʼsumet sich dar an; wen dʼ herre bricht im sine iar czal mit deme bietene, alse si dʼ man lenget mit deme sinnene. 23 § 1 Der herre en sal niman des manschaft vʼsprechen ane des, dʼ des her schildes darbit, ader des, dʼ in des riches achte si adʼ in deme selben gerichte voruest si, adʼ ab in dʼ selbe hʼre beclaget hat vor des landes richtere durch roup vn̄ vmme vngerichte vn̄ im mit orteilen geteidinget is. in den teidingen en darf dʼ herre in czv māne nicht enphan. § 2 swēne abʼ dʼ herre czv māne enphet, he en mac im nicht weigeren, gût czv̊ liene, daz he mit rechte an in bracht hat vn̄ sine manschaft vmme geboten hat. § 3 Der hʼre sal sinem manne czv aller czit vn̄ in allen steten gût lien, da man des czv rechte an im gert, wen alleine in kirchen adʼ in kirhouē. 24 § 1 Swēne aber der herre orteiles vraget

1
(Lnr. 24 § 1.) Der Lehnsmann links im Bild begehrt die Lehnserneuerung und bietet dafür dem Herrn Mannschaft. Der Herr erfragt dazu von seinen übrigen Mannen, die rechts vor ihm stehen, ein Urteil. Daß es sich auf den »sinnenden« Lehnsmann beziehen soll, beinhaltet die Zeigegebärde seiner rechten Hand. Die befragten Vasallen verweigern unter Eid[20] die Urteilsfindung, indem sie sich vom Herrn abwenden und die Schwurfinger auf den Reliquienschrein legen. Der Herr und der linke Flügelmann der Vasallengruppe zeigen auf den Bildbuchstaben.

2
(Lnr. 24 § 1.) Der Herr bedeutet dem Mann unter Hinweis auf die Jahresfrist und den Vorgang im Bilde darüber, daß er seinen Anspruch auf Lehnserneuerung durch Verjährenlassen versäumt habe. Der Mann erklärt dagegen mit Redegebärde, daß die Verjährung wegen des im vorigen Bilde dargestellten Vorganges nicht eingetreten sei, und leistet dazu seinen Entschuldigungseid.

3
(Lnr. 24 § 2.) Auf dem Bild sind mehrere zeitlich getrennte Vorgänge zusammengefaßt. In der Mitte steht der Lehnsmann, der die Lehnserneuerung begehrt. Dazu ist er verpflichtet, dem Herrn das in Betracht kommende Gut zu benennen. Das konnte er zunächst nicht, weswegen er diesem Gut, auf das er zur Verdeutlichung des Zusammenhanges mit dem nach hinten ausgestreckten Arm zeigt, den Rücken zukehrt[21]. Der Herr hat ihm daher eine Frist von 2 Wochen (14 Nächten) gesetzt, die durch den Viertelmond und die darübergesetzte II versinnbildlicht ist, und ihn vor seine Mannen geladen, die auf dem Bilde zusammen mit dem Herrn das Lehnsgericht bilden, vor dem der Mann nunmehr das vor ihm liegende Gut benennt, was zeichnerisch so ausgedrückt ist, daß er mit einer Hand auf das Gut, mit der anderen auf seinen Mund zeigt. Daraufhin nimmt der Herr die Wiederbelehnung vor.

4
(Lnr. 24 §§ 3, 4.) Das Bild läßt – vielleicht mit Absicht – zwei Erklärungen zu:

1) Die Szene spielt sich am ersten Termin ab, d.h. zu dem Zeitpunkt, da der Herr es ablehnt, dem Mann das Lehnsgut zuzuerkennen. Der Mann, der selber auf dem Bilde nicht erscheint, hat seine Zeugen unter seinen Mitvasallen benannt, der Herr sieben davon ausgewählt, von denen drei sogleich zur Hand sind. Diese werden auf der Stelle von dem Herrn, der hier gleichzeitig als Lehnsrichter fungiert, aufgefordert, ihr Zeugnis abzulegen und tun es mit dem Eid auf die Reliquien. Sie brauchen also zu dem zweiten Termin über 14 Tage, an den wieder der Viertelmond mit der Zahl II erinnert, nicht mehr zu erscheinen. Das müssen dagegen die vier weiteren, zur Zeit abwesenden Zeugen tun, die ihre »Abwesenheit« dadurch ausdrücken, daß sie der Gerichtsszene den Rücken kehren und über den Blattrand hinaus weisen. Ihre Zugehörigkeit zur Zeugengruppe andererseits wird dem Betrachter dadurch zur Kenntnis gebracht, daß sie ihre Gesichter zurückwenden und einer von ihnen von einem der Schwörenden am Arm gepackt und gleichsam herbeigezogen wird, weil die vier nach 14 Tagen an derselben Stelle ebenfalls ihr Zeugnis ablegen müssen.

2) Die Szene gehört zum 2. Termin, also dem für die Zeit nach 2 Wochen anberaumten Gerichtstag. Von den sieben Zeugen, die der Herr vorbringen soll, sind nur drei erschienen und legen ihr Zeugnis ab. Die vier übrigen sind ausgeblieben – »abwesend« wie oben unter 1) –. Jetzt enthält die Herstellung der Verbindung zwischen den beiden Zeugengruppen, die der rechte Flügelmann der vorderen Gruppe mit seiner zupackenden Armbewegung vornimmt, die Aussage, daß auch die vier links Stehenden trotz ihrer »Abwesenheit« nach dem Text zu dieser Stelle ihrer Zeugenfunktion gerecht geworden sind und als Zeugen für den Mann gewirkt haben.

ob jener ihm seine Mannschaft so angeboten habe, daß er ihn von Rechts wegen als Lehnsmann annehmen muß, und wenn ihm dann seine Mannen die Urteilsfindung ohne sein Verschulden verweigern und das mit ihrem Eid erhärten können, so hat der Herr seinem Lehnsmann gegenüber keine *lehnrechtliche* Leistungspflicht, und der Mann erlangt mit dem Lehnsbegehren nicht mehr, als daß er seinen Entlastungseid umso glaubwürdiger zu leisten vermag, wenn der Herr ihn nachher beschuldigt, daß er ihm gegenüber die Frist versäumt habe. § 2 Wenn der Herr den Mann mit einem Gut belehnt, das dieser nach Lehnrecht vor ihn gebracht hat, so ist er verpflichtet, es *dem Herrn* sofort zu benennen, soweit er es kennt. Welches er aber nicht kennt, das muß er ihm über vierzehn Nächte benennen. Dazu soll er, der Herr, ihn vor seine Mannen laden. Was er da nicht benennt, daran hat er kein Recht mehr. § 3 Was er ihm aber benennt, das vermag er mit Zeugenbeweis *für sich* zu erstreiten, und zwar, wenn er kann, auf der Stelle, wenn der Herr es ihm nicht zuerkennt. Wenn er das nicht kann, so soll er vierzehn Nächte Frist haben. Als seine Zeugen muß er aber sofort von des Herrn Mannen so viele benennen, wie er will. Von diesen soll der Herr sieben *zum Gerichtstag* mitbringen, *aber diejenigen*, die der Mann wünscht und nicht die, welche der Herr will. § 4 Wer von diesen sieben *schon* dort anwesend ist, den braucht der Herr nicht *mehr zur Gerichtsverhandlung* mitzubringen, wenn er ihn *sogleich* um sein Zeugnis befragt. Wer von denen, die der Herr mitbringen soll, nicht zum Gerichtstage kommt, mit dem hat der Mann seinen Zeugenbeweis gegen seinen Herrn erbracht. . . .

sine man, ab iener im sine manschaft also geboten habe, alse he in czv manne mit rechte sulle enphan, weigern im denne sine man, orteil czv vindene, ane sine schult vn mv̊gē si des mit rechte volkůmen, dʼ herre is ane schult kegen den man, Vnde dʼ man irwir bit mit deme sinnene nicht me, wen, ab in dʼ herre dar nach schuldeget, daz he sich kegen im voriaret habe, daz he sin vnschult da vor deste werlicher getvn mac. § 2 Swen dʼ hʼre deme māne gůt liet, daz he mit rechte an in bracht hat, daz is he pꝼlichtic im czv hant czv benennene, daz hes weiz; des he abʼ nicht en weiz, daz sal he im benennen vbʼ vierczen nacht. da sal he im, dʼ herre, tei dingen vor sine man. swaz he da nicht benēnet, da en hat he nicht rechtes me an, § 3 vn̄ daz he im benēnet, ab im des dʼ herre nicht en bekennet, daz behalde he mit geczuige al czv hant, ab he mac; ab he nicht en mac, so habe he vrist vierczen nacht. sinē geczuic sal aber he czv hant benennen des herrē manne alse vil, alse he wil. der sal dʼ herre sibene brengen, der dʼ man gert, vnde nicht, di dʼ herre wil. § 4 Swelcher dirre si bene da czv kegenwert si, den en darf dʼ herre nicht brengen, ab he in vraget vm me den geczuik. swelch ir denne czv de me tage nicht en kv̊met, di der herre brengen sal, mit deme hat der man sinē geczuik volbracht kegen simē herren. . . .

1
(Ldr. II 20 § 1.) Durch die gleiche Farbe ihrer Kleidung werden die vier Gestalten als Geschwister gekennzeichnet. Die vollbürtigen (»ungeczweiten«) Geschwister tragen je zwei Köpfe und zeigen durch ihre Körpergröße an, daß sie in der Erbfolge den Vorrang vor den kleineren Halbgeschwistern haben. Der tot daliegende doppelköpfige Erblasser umfaßt mit der Linken ein Grund und Boden symbolisierendes Ährenbüschel als das zu vererbende Gut, dessen Übergang auf den Erben (Vollgeschwister) dieser durch das Umfassen mit der Rechten andeutet, während er durch Abwendung von den Halbbürtigen deren Ausschluß von dem Erbe ausdrückt.

2
(Ldr. II 20 § 1 Satz 2.) Der doppelköpfige Tote ist der Onkel des Erben, der als Kind des vollbürtigen Bruders des Erblassers ebenfalls zwei Köpfe als Symbol der Vollbürtigkeit trägt. Auch in der Gleichfarbigkeit der Kleidung drückt sich dieses Verwandtschaftsverhältnis aus. Die dreibeinige doppelte Figur rechts im Bild ist der Halbbruder des Verstorbenen, der gleich dem Neffen das Erbteil in Gestalt von Ähren ergreift. Beide deuten durch ihre Handgebärden ihre erbrechtliche Gleichstellung an.

3
(Ldr. II 21 § 3 Satz 1 u. 2, erster Halbsatz.) Der auf Ldr. II 21 § 1 hinweisende Bildbuchstabe »D« ist hier fehl am Platz. Das Bild gehört zu Ldr. II 21 § 3, der mit H(at ouch ein wip ...) beginnt.
Die verstorbene Frau liegt in dem zu ihrem Leibgedinge gehörenden Gebäude. Der Mann, dem das Gut zufällt, erfaßt mit der rechten Hand zum Zeichen der Besitzübernahme, einem weitverbreiteten alten Rechtsbrauch folgend, entweder – was nicht deutlich erkennbar ist – die Türangel (traditio per haspam) oder die Tür, um sie auf- und zuzumachen (traditio per ostium)[22]. Mit der Linken beschwört er durch Auflegen der Schwurfinger auf die Tür[23], daß ihm das Gut »ledic« geworden ist[24].

4
(Ldr. II 21 § 3 Satz 2, zweiter Halbsatz.) Der Mann auf der Leiter legt mit der linken Hand eine Dachplatte auf das Dach, um sie mit dem Hammer festzunageln. Das geschieht auf die mit Befehls- und Redegebärde erteilte Anordnung der Frau, die damit das zu ihrem Leibgedinge gehörende Gebäude »bezzern« will. Mit ihrem grünen Kleid und den roten Strümpfen ist sie, wie auch die Frau im vorigen Bild, als Edelfrau gekennzeichnet.

5
(Ldr. II 21 § 5.) Der Lehnsherr, wieder kenntlich an dem grünen Kleid und dem Herrenschapel, belehnt den Mann in der aus den Darstellungen zum Lehnrecht bereits bekannten Form. Der Mann erfaßt zum Zeichen dafür, daß er auf Grund der Belehnung auch von den auf dem Lehnsgut stehenden Gebäuden Besitz ergreifen darf, die geöffnete Tür eines Hauses[25]. Da er für den Belehnungsakt bereits zwei Hände benötigt, hat ihm der Zeichner für das Anfassen der Tür noch einen dritten Arm verliehen.

Landrecht. 2. Buch

19 § 2 ... *un*schuldig sei, deren er angeklagt ist. Dann bleibt jener rechtlos und ehrlos. 20 § 1 Brüder und Schwestern empfangen ihrer vollbürtigen Geschwister Erbe vor dem Bruder und der Schwester, die von Vater und Mutter her halbbürtig sind. Auch stehen in der Erbfolge vollbürtige Bruderkinder dem Halbbruder gleich. § 2 Volles Wergeld und volle Buße soll jeder Mann haben, wenn ihm auch irgendein Glied fehlt, solange er vor Gericht seine Verstümmelung nicht vorzeigt, um damit einen Kampfvormund zu gewinnen oder eine Entschädigung zu erhalten. 21 § 1 Der Zinsmann, wer er auch sein mag, vererbt sein Gebäude auf dem Zinsgut auf seinen Erben, außer wenn er ein Mann von Ritters Art ist, der es seinem Weibe zur Morgengabe gegeben hat. § 2 Wird es dagegen für einen Herrn ledig, so übernimmt er das Gebäude zusammen mit dem Lehen, es sei denn, der Mann habe eine Frau, der er es zur Morgengabe gegeben habe. § 3 Hat indessen eine Frau ein Leibgedinge an Grundstückseigentum oder an Lehen, so vererbt sie, was sie darauf an Gebäuden besitzt, wenn sie stirbt, nicht an ihren nächsten Verwandten; es bekommt *vielmehr* derjenige, für den ihr Gut ledig wird. Denn ein jeder Mann darf wohl sein Gebäude auf seinem Lehen gegen seines Herrn Willen verbessern und verschlechtern. Ebenso darf dies auch die Frau auf ihrem Leibgedinge. § 4 Hat ferner ein Mann einen Sohn, der sein Lehnerbe ist und nicht sein Erbe nach Landrecht, so behält dieser doch seines Vaters Gebäude auf seinem Lehen mit größerem Recht als der, der sein Erbe nach Landrecht ist. § 5 Verleiht ein Herr einem Mann ein Gut ohne Vorbehalt, so gehört alles, was darauf an Gebäuden steht, zusammen mit dem Gute dem Mann, wie es dem Herrn gehörte, sofern dieser es nicht *von der Verleihung* ausnimmt. 22 § 1 Wenn ein Mann irgend etwas gegen den Richter bezeugen soll, so braucht er dazu nicht das Zeugnis des Richters, sofern ihm die

Landrecht. 2. Buch

19 § 2... *un*schuldic si, da mite he beclaget is, so blibet iener rechtelos vn̄ erlos. 20 § 1 Brůdere vn̄ swestere nemē ires vngeczweiten brůdere vn̄ swestere erbe vor den brůder vn̄ vor di swester, di geczweit von vater vn̄ von muter sin. Vngeczweite brůderkint sint ouch gliche na deme geczweiten brůdere an dem erbe czv nemene. § 2 Vol wergelt vn̄ volle bůze sal haben iclich man, al leine darbe he etliches glides, di wile he vor gerichte sine lemde nicht bewiset, so daz he da vormůndē mite gewinne, ad' iz im vorgolden werde. 21 § 1 Der czins mā, wer he si, he erbet sin gebů vf sinen erben vf czins gute, iz en si dēne ein man von ritters art, d' iz sinem wibe czv morgengabe habe gegeben. § 2 wirt iz ouch ledic eime herren, he nimt daz gebů mit samt deme lene, d' man en habe wip, d' hez czv morgengabe ha be gegeben. § 3 Hat ouch ein wip ein lipgedinge an eigen ad' an lene, waz si gebůes dar vffe hat, wen si stirbit, daz in erbet si nicht an iren nesten mac. iz nimt d', deme ir gut ledic wirt; wen ein iclich man muz wol sin gebů bezzern vn̄ ergeren vf sime lene wider sines herren willen, also muz di vrouwe ouch wol vf irme lipgedinge. § 4 Hat ouch ein man einen svn, d' sin len erbe is vn̄ nicht sin erbe nach lantrechte, d' beheldet doch sines vater gebů vf sime lene mit mereme rechte denne d', der sin erbe is nach lantrechte. § 5 Liet ouch ein herre ein gut einem manne ane vnd'scheit, waz da gebůes vffe is, daz is des mannes allez mit deme gute, alse iz des herren waz, he en dinge iz denne vz. 22 § 1 Waz so ein man kegen dem richtere geczugen sal, da czv en bedarf he des richters geczvges nicht, Da im die

1

(Ldr. II 22 § 1.) Die Dreiergruppe links besteht aus dem Beweisführer (im gelben Rock mit roter Beinbekleidung), dessen zur Redegebärde erhobene linke Hand den Vortrag des Zeugnisinhaltes darstellt. Die beiden rot und grün gekleideten Dingpflichtigen bekräftigen sein Zeugnis mit ihrem Eid. Der Beweisführer erbringt also, wie der Text es will, »selbdritt« den Zeugenbeweis.

Die rechte Gruppe stellt die zweite Alternative des § 1 dar: Der Fronbote, kenntlich an der Peitsche und dem rot-weiß-grün gestreiften Rock, schwört als Vertreter des Richters »auf den Heiligen« und deutet mit dem Fingerzeig auf die mit Schwurgebärde erhobene Hand des Richters[26] an, daß er ihn beim Zeugnis gegen ihn selber vertritt.

2

(Ldr. II 22 § 2.) Die Figuren mit den Mänteln über den Schultern sind die Schöffen[27], der buntgekleidete Mann mit der Peitsche wieder der Fronbote. Der Richter bekundet durch den Redegestus seiner rechten Hand, daß er ebenfalls Zeugnis ablegt, für dessen Inhalt er sich mit der Hinweisgebärde der Linken auf das Zeugnis der übrigen Personen im Bilde bezieht.

3

(Ldr. II 22 § 3.) Zum Zeichen dafür, daß er durch den Eid vor sieben seiner Standesgenossen überführt ist, nimmt der zum Mönch Gewordene sitzende Stellung ein. Mit Redegestus und Fingerzeig auf den Richter bringt er zum Ausdruck, daß die Überführung auch ohne Gerichtszeugnis gelungen ist.

4

(Ldr. II 22 § 4.) Zur Erklärung ist von dem Sinn der Stelle auszugehen. Der Illustrator faßt die Stelle offenbar so auf, daß die einundzwanzig der Reihe nach befragt werden, bis sechs von ihnen (mit dem Beweisführer sieben) das Vorbringen der Partei bestätigen[28]. Die Befragung geschieht durch das Gericht[29], das hier durch den Richter und den Fronboten vertreten ist, deren gemeinsame Aktivität in der Befragungsszene noch dadurch unterstrichen wird, daß beide zusammen – jeder mit einer Hand – die Gestikulation vollführen, die sonst häufig der Richter mit seinen beiden Händen alleine macht. Die Befragung ist noch im Gange. Es sind bereits vier aussagefähige Zeugen ermittelt. Nur sie dürfen schwören. Drei weitere müssen noch gefunden werden.

5

(Ldr. II 22 § 5.) Der Beweisgegner, zum Zeugen gegen sich selber aufgerufen, sitzt zwischen dem Richter und der Gegenpartei. Mit seiner Rechten deutet er auf sich, womit er zu verstehen gibt, daß sein eigenes auf das Reliquienkästchen in seiner linken Hand beschworenes Zeugnis gegen ihn selber geht. Die sitzende Stellung bedeutet wieder, daß er als überwunden gilt. Hinter ihm stehen – den Beweisführer, der im Bilde nicht erscheint, ausgenommen – die übrigen, für einen Siebenereid erforderlichen Zeugen. Von diesen haben zwei ihr Zeugnis unter Eid bereits abgelegt, wie aus ihrer Schwurfingerhaltung zu entnehmen ist. Das Zeugnis der drei anderen ist nach dem Wortlaut dieser Stelle (»he ne bedarf uber in keines geczuges me«) durch das Selbstzeugnis des Prozeßgegners überflüssig geworden.

Beschuldigung nicht höher als an sein Gewette geht. Das bezeugt er zu dritt mit den Dingpflichtigen, die dort Urteil finden. Ist die Schuld aber höher, so muß er den Schultheißen oder den Fronboten an des Richters Stelle über den Richter zu Zeugen haben. § 2 Wenn ein Mann mit dem Schultheißen oder mit dem Fronboten und mit den Schöffen seinen Zeugenbeweis erbringt, dann soll auch der Richter Zeuge sein von ihres Zeugnisses Wahrheit, die er gehört hat, wenn er es auch nicht weiß[1]. Weigert sich der Richter widerrechtlich, Zeuge zu sein, so hat jener dennoch seinen Zeugenbeweis erbracht. § 3 Begibt sich ein Mann, der volljährig geworden ist, aus der Welt, legt Mönchskleider an und schert sich danach, tut er dies auch nicht vor Gericht, so kann man es gleichwohl *auch* ohne Gericht gegen ihn bezeugen, wenn er es nachher ableugnen will, *und zwar* zu siebt mit den Standesgenossen jenes Mannes, der sich *ins Kloster* begeben hatte, welche ihn in diesem *weltlichen* Leben gesehen haben, oder mit den Brüdern, zu denen er sich begeben hatte. Mag er nun das Gehorsamsgelübde abgelegt haben oder nicht, so hat er doch den Heerschild niedergelegt. § 4 Wo man mit sieben Mann Zeugnis ablegen soll, da darf man 21 Mann wegen des Zeugnisses befragen. § 5 Bezieht sich[2] ein Mann[a] hinsichtlich seines Zeugnisses auf denselben Mann[b], gegen den der Zeugenbeweis gerichtet ist[b], so soll dieser[b] von Rechts wegen bei seinem Eid aussagen, was er[b] darüber weiß, oder er[b] bestreite ihnen, daß er[b] darüber etwas wisse. Erbringt jener[a] dann mit ihm[b] seinen[a] Zeugenbeweis gegen ihn[b] selber, so bedarf er[a] gegen ihn[b] keines *weiteren* Zeugnisses mehr. Er[b] muß dafür alsbald dem Richter Gewette entrichten und jenem[a] seine Buße zahlen, wie jener[a] *sie ihm*[b] *zahlen* müßte, wenn er[a] mit dem Zeugnis nicht durchgedrungen wäre, weil er[a] ihn[a] zum Zeugenbeweis veranlaßte wider Recht und gegen sein[b] *besseres Wissen*.

[1] d.h. wenn er den Sachverhalt auch nicht aus eigener Anschauung kennt.
[2] Die Personen sind im folgenden a) der Beweisführer, b) der Beweisgegner (als Zeuge des Beweisführers).

schuldegunge nicht hoger wen an sin gewette en get. daz geczuget he selbe dritte dˋ dinc phlichten, di da orteil vinden. is abˋ di schult hoger, so můz he den schultheizen adˋ den vronenboten czv geczuge haben an des richters stat vbˋ den richter. § 2 Wo ein mā sines geczuges volkvmt mit deme schultheizen adˋ mit dem vronenboten vn̄ mit den schephen, da sal dˋ richter ouch geczuk sin von dˋ warheit ires geczuges, di he gehort hat, ab hes wol nicht en weiz. weigert dˋ richter, geczuk czv wesene, widˋ recht, gener is doch volkvmen an sime geczuge. § 3 Begibit sich ein mā dˋ werlde, dˋ czv sinen iaren kvmen is, vn̄ tut he mů niches cleidere an vn̄ schirt he sich da nach, alleine en tůt hes vor gerichte nicht, wil hes da nach vor loukenē, man mac is wol vf in geczugen ane gerichte, dˋ man selbe sibende genes mānes genozen, dˋ sich da begeben hatte, di en an diseme lebene haben gesen, adˋ mit den brůderen, da he sich begeben hatte. he habe gehorsam getan adˋ nicht, he hat doch den herschilt nider geleit. § 4 Wo man mit siben mannen geczůgen sal, da sal man eine vn czwenczik man vmme den geczůk vragen. § 5 Czůyt ein man sines geczůges vffe den selben man, vf den dˋ geczůk get, dˋ sal durch recht sagen bi sime eide, waz im wizzelich si dar vmme, adˋ entsage in, daz he dar vmme nicht en wizze. volkvmt gener sines geczůges mit im denne vber in selbe, he ne bedarf vber in keines geczůges me; he muz san dar vmme deme richter wetten vn̄ geme sine bůze geben, alse he ieme solde, ab he mit geczůge nicht volkomē en were, wen he in czv geczůge brachte widˋ recht vn̄ widˋ sine …

1
(Ldr. II 48 § 12 letzter Satz.) Die Kreisausschnitte über den Köpfen der Gänse sind drei Heller (hellinge), die je einem Viertelpfennig entsprechen.

2
(Ldr. II 49 §§ 1, 2.) Aus der Dachtraufe strömt das Regenwasser herab, und zwar der Vorschrift des Textes gemäß noch in den eigenen Hof. Der Bauer ist gerade dabei, seinen Hof mit einem Flechtzaun zu umgeben (»bewirken«). Das Bild nimmt gleichzeitig auf die Bestimmung in Art. 50 Satz 2 insofern Rücksicht, als der Zaun auf seiner dem Nachbargrundstück zugekehrten Seite keine Äste zeigt.

3
(Ldr. II 51 § 1.) Das Bild zeigt, für sich genommen, nur die im Text genannten Gebäude; die Rechtsvorschrift bleibt unberücksichtigt. Die Flamme, die aus dem Backofen schlägt, soll aber doch wohl auch an § 2 erinnern.

4
(Ldr. II 52 §§ 1, 2.) Der Bauer zieht an dem in seinem Hof wachsenden, sich über den Zaun auf das Nachbargrundstück hinüberrankenden Hopfen. Mit der Axt in der rechten Hand schlägt er den vom Nachbarn her über den Zaun ragenden Baumast ab.

5
(Ldr. II 54 § 1.) Dem Dorfhirten, der das Vieh austreibt und mit einer fragenden Gebärde auf die Sau im rechten Bildteil deutet, reicht des Bauern Sohn einen Gegenstand, im vorliegenden Zusammenhang am sinnvollsten als ein Stück Käse oder Brot deutbar und wohl als Naturallohn gemeint. Die Sau darf daheimbleiben, weil sie Ferkel säugt. Damit sie keinen Schaden anrichtet, befindet sie sich in einem allseits umschlossenen Koben, dessen Tür allerdings offensteht. Dafür aber deutet der dem Stock des Hirten ähnliche Knüppel, den der Bauernjunge auf der Schulter trägt, an, daß er auf die Sau achtzugeben hat.

48 § 12 ... mit einem halben. Jener aber, dem das Vieh gehört, der darf zuvor zwei unter sechsen, drei unter neunen herausnehmen, bevor der Zehntherr wählt. Auf dieselbe Weise verzehntet man die Gänse nach Hellern. 49 § 1 Es darf niemand seine Dachtraufe in eines anderen Mannes Hof hängen. § 2 Jedermann soll ferner seinen Teil des Hofes einhegen. Wer das nicht tut, der muß für einen Schaden, der dadurch geschieht, Ersatz leisten. Andererseits bleibt er *selber* ohne Schadensersatz, wenn ihm *dadurch* ein Schaden geschieht. 50 Wer Grenzbäume oder Marksteine setzt, der soll denjenigen dabei haben, der unmittelbar auf der anderen Seite Land besitzt. Wer einen Zaun errichtet, der soll die Äste nach seinem *eigenen* Hof kehren. 51 § 1 Backöfen, Aborte und Schweinekoben sollen drei Fuß vom Zaun *entfernt* stehen. § 2 Jedermann soll zudem seinen Ofen und seine Feuermauern abschirmen, damit die Funken nicht in eines anderen Mannes Hof fliegen, ihm zum Schaden. § 3 Aborte, die dem Hof eines anderen Mannes zugekehrt stehen, soll man gleichfalls umhegen. 52 § 1 Rankt der Hopfen auf dem Zaun, so greife der, der die Wurzeln im Hof hat, so nahe er kann an den Zaun und ziehe an dem Hopfen. Was ihm folgt, das gehört ihm, was auf der anderen Seite bleibt, das gehört seinem Nachbarn. § 2 Ferner sollen die Äste seiner Bäume nicht seinem Nachbarn zum Schaden über den Zaun ragen. 53 Was der Mann auf fremdem Gute, von dem er Zins zahlt, baut, das darf er abbrechen, wenn er von da wegzieht – desgleichen seine Erben nach seinem Tode – ausgenommen den Zaun vorn und hinten, das Haus und den Dunghaufen. Das soll der Herr einlösen nach der Schätzung der Bauern. Tut er es nicht, so *kann* er das eine mit dem anderen fortnehmen. 54 § 1 Man darf sein Vieh, das dem Hirten folgen kann, nicht daheim lassen, mit Ausnahme der Säue, welche Ferkel säugen. Diese soll man einsperren, damit sie keinen Schaden anrichten.

48 § 12 ... mit eineme halben. Jener aber, des daz vie is, d' sal czu vor vz nemen czwei vnder sechsen, dri vnd' nvinen, e den der czendener kise. czv der selben wis vor czendet man di gense czu hellingen. 49 § 1 Iz en mûz nimant sine obese hengen in eines anderer mannes hof. § 2 menlich sal ouch bewirkē sinen teil des houes. der des nicht en tut, geschit da schade von, he sal in bezzern. he blibet is ouch ane wandel, geschit im schade. 50 Wer mal boume ad' marcsteine sezczet, d' sal den da bi haben, d' ander sit lant da bi hat. wer da czûnet, d' sal di este kern in sinē hof. 51 § 1 Bacovene vñ sprach kameren vñ swin koben sullen sten dri vûze von deme czvne. § 2 menlich sal ouch bewarē sinē oven vñ sine mvren, daz di vunken nicht en varē in eines anderen mannes hof im czv schaden. § 3 sprach kamern sal man ouch bewirken, di kegen eines anderen mannes hove sten. 52 § 1 Vlichtet der hoppe vf der czvn, wer di worczele in deme houe hat, der grife deme czvne, so he neste mvge, vñ czie den hopphen. waz im volget, daz is sin; waz and' sit blibet, daz is sines nakebures. § 2 Siner boume este en sullen ouch vb' den czvn nicht gen sime nakebure czv schaden. 53 Waz d' man bûwet vf vremdeme gute, da he czins von gebit, daz mûz he wol ab brechen, ab he vō dēnē vert, vñ sine erben nach sime tode, ane den czvn vorne vñ hirdene vñ daz hûs vñ den mist; daz sal d' herre losen nach d' gebûre kore. en tut hes nicht, he vûret daz eine mit dem anderē wec. 54 § 1 Der man en sal sin vie da heime nicht lazen, daz deme hirten gevolgen mac, ane sûwe, di verkele soyget; di selben sal mā bewaren, daz si nicht en schaden.

1
(Ldr. II 54 § 2.) Rechts außen steht der Gemeindehirt, ganz links im Bild von kleinerer Gestalt der Privathirt des vor ihm stehenden, durch feinere Gesichtszüge, seine Haartracht und das Fehlen der Beinriemen als gesellschaftlich höherstehend gekennzeichneten Besitzers von »drei Hufen oder mehr«, den sich der Illustrator wohl als Lehnsmann denkt. Auf diesen zeigt sein Hirt mit Redegestus und bringt damit zum Ausdruck, daß er ihm dient und daß er als sein Herr seine Dienstleistung gegenüber der Bauerngruppe rechts im Bild zu rechtfertigen hat. Der Bauer im grün-weiß-gestreiften Rock, der den Gemeindehirten am Arm herbeizieht, scheint ihm damit und mit der nach vorn deutenden Gebärde dazu bringen zu wollen, daß er vortritt und dem Drei-Hufen-Besitzer gegenüber den Anspruch auf ausschließliche Wahrnehmung des Hirtenamtes geltend macht. Schwieriger ist die Deutung der Gestikulation der übrigen Personen. Der Herr des Privathirten und der Vorderste in der Bauerngruppe deuten beide in die gleiche Richtung. Vielleicht ist dort durch ein Versehen des Illustrators ein Symbol für den Landbesitz von 3 Hufen ausgefallen, auf das zur Rechtfertigung der Beschäftigung eines eigenen Hirten hingewiesen wird.

2
(Ldr. II 54 § 5.) Der Eigentümer des verletzten Tieres beschuldigt mit seinen Handgebärden den Hirten. Dieser berennt durch Fingerzeig und Eid »auf den Heiligen« das Tier, das den Schaden angerichtet hat.

3
(Ldr. II 54 § 5 letzter Satz.) Das Bild setzt die Darstellung in Bildzeile 2 fort. Die dort von dem roten Stier verletzte Ziege liegt verendet am Boden. Der Eigentümer des Stieres zahlt dem Eigentümer der Ziege, dessen Identität mit der entsprechenden Figur in Bildzeile 2 durch den rot-grün gestreiften Rock ausgedrückt wird, das »Wergeld« der Ziege[30].

4
(Ldr. 54 § 6 Satz 2 u. 3.) Der Eigentümer des vermißten Tieres erscheint vor dem Hirten mit zwei Männern als Zeugen, von denen der eine durch die Schwurgebärde andeutet, daß er zum Zeugeneid bereit ist. Der Geschädigte verhindert den Eid des Hirten, indem er über dem Heiltum dessen zum Schwur ausgestreckten Arm ergreift. Der Rechtsvorschrift gemäß bezahlt der Hirt das verlorengegangene Tier.

§ 2 Niemand darf überdies einen Hirten für sich *alleine* haben, womit er dem Gemeindehirten seinen Lohn mindert, es sei denn, daß er drei Hufen oder mehr hat, die sein Eigentum oder sein Lehen sind. Dieser darf sehr wohl einen eigenen Schafhirten haben. § 3 Wo man aber dem Hirten den Lohn von der Hufe und nicht nach dem Vieh verspricht, da soll ihm diesen Lohn niemand vorenthalten, damit das Dorf nicht ohne Hirten bleibe. § 4 Bringt der Hirt nicht wieder ins Dorf, was man ihm zutreibt, so muß er es bezahlen. Was die Wölfe oder die Räuber nehmen, das muß er bezahlen, wenn er der Gefangennahme entgeht und sie nicht mit dem Gerüft beschreit, so daß er dafür Zeugen haben kann. § 5 Verletzt ein Vieh das andere in Gegenwart des Hirten oder wird es getreten oder gebissen und verklagt man den Hirten deswegen, so muß er das Tier, das den Schaden getan hat, angeben und dazu schwören. Dann soll jener, dem das Tier gehört, das verwundete Tier in seiner Pflege behalten, bis es wieder gut zu Felde gehen kann. Stirbt es *aber*, dann muß er es entsprechend dem dafür festgesetzten Wergelde bezahlen. § 6 Beschuldigt man den Hirten, daß er ein *Stück* Vieh nicht zum Dorfe *zurück*gebracht habe, und getraut er sich, seinen Reinigungseid abzulegen, so ist er davon frei. Wenn aber jemand *ein Stück* seines Viehes vermißt und sogleich zu dem Hirten geht und mit zwei Männern als Zeugen ihn deshalb beschuldigt, so darf der Hirt dazu nicht schwören. Er muß ihm vielmehr sein Tier bezahlen. Spricht aber der Hirt, daß es ihm nicht zugetrieben worden sei, so kann der Mann es mit zwei Männern, die sahen, daß man es in seine Obhut trieb, besser beweisen, als der Hirte sich durch seinen Eineid entlasten könnte. 55 Wenn der Bauernmeister irgend etwas zu des Dorfes Nutzen mit Zustimmung der Mehrheit der Bauern anordnet, dann darf die Minderheit dagegen keinen Widerspruch erheben. 56 § 1 Wenn Dörfer am Wasser liegen

§ 2 Niemant en mûz ouch svnderliche hirten haben, da he deme gemeinē hirten sin lon mite minre, he en habe dr̄ hůvē ad' me, di sin eigen sin ad' sin len; d' mûz wol sunderliche schaf hirten haben. § 3 Wo mā ab' deme hirten lon gelobit von d' huvē vn̄ nicht von dem vie, daz lon sal nimant enthalden, durch daz daz dorf nicht hirtelos en blibe. § 4 waz man vor den hirten trebet, in brenget hes nicht wid' in daz dorf, he mûz iz gelden. waz ab' di wolue nemē ad' di roybere, blibet he vngevangen vn̄ beschriet he si nicht mit deme gerûfte, so daz hes geczûk habe, he mûz iz gelden. § 5 Belemet ein vie daz andere vor deme hirten ad' wirt iz getret ad' gebeizt vn̄ schuldegit man den hirtē dar vmme, he mûz benennē daz vie, daz den schaden hat getan, vn̄ mûz da czv swern. so sal ien', des daz vie is, daz gewndete vie in siner phlage halden, biz iz wol czv velde mûge gegen. stirbit iz, he mûz iz gelden nach sime gesazczetē wergelde. § 6 schuldeget man den hirten, daz he ein vie nicht czv dorfe en habe bracht, tar he sin recht dar czu tvn, he is ledic dar ab. Wer ab' sines vies vor misset vn̄ czv hant czv deme hirten get vn̄ in dar vmme schuldeget mit orkvnde czweier māne, so mac d' hirte da vor nicht geswern, wen he mûz im sin vie gelden. spricht ab' d' hirte, daz iz vor in nicht getriben en si, daz mûz d' man baz geczugen mit czwen mannē, di iz sagen, daz man iz an sine hute treip, dēne is d' hirte vnschuldic mûge werden. 55 waz so d' burmeister schaffet des dorfes vrumen mit willekor d' meistē menie d' gebure, daz en mac daz minste teil nicht wider reden. 56 § 1 Welch dorf bi wazzere lit

1
(Ldr. II 56 § 1.) Das Dorf wird durch das Haus repräsentiert. Zwei Dorfbewohner, die aber weder durch ihre Kleidung noch durch die Form ihrer Gesichter als Bauern gekennzeichnet sind, bauen an einem Damm, der aus viereckigen Erd- und Rasenstücken aufgeschichtet wird.

2
(Ldr. II 56 § 2 Satz 3 f.) Inmitten der Wasserflut liegt eine baumbestandene Insel.

3
(Ldr. II 57.) Links schneidet ein Mann Korn auf fremdem Acker. Rechts zahlt er – die Identität wird wieder durch die gleichfarbige Kleidung ausgedrückt – dem in seinem Hause sitzenden unmittelbaren Besitzer des Grundstücks. Dieser ist hier als Lehnsherr dargestellt, weil es sich hier nach dem Satz »Alleine si ein gut maniches mânes, also daz iz einer von deme anderen habe, ...« um eine auf Grund von Lehnsverhältnissen mehrfach abgestufte »gewere« handelt[31].

4–9
(Ldr. II 58 § 2 Satz 1–5.) Der Illustrator hat für die Darstellung der Zinstage die Form eines Bauernkalenders gewählt und deshalb die Bilder nicht in der Reihenfolge des Textes, sondern chronologisch angeordnet.
Bild 4. Drei Lämmer bezeichnen den Lämmerzehnt, der zu Walpurgis (1. Mai) fällig wird. Den Termin deutet der grüne Baum an, hier wohl als Maibaum gedacht, der nach einer weitverbreiteten Sitte zu Walpurgis an Haus und Hof aufgepflanzt wurde[32].
Bild 5. Baumgarten- und Weingartenzehnt, die an St. Urbanstag (25. Mai) fällig sind, werden durch Bäume und rebenbehangene Weinstöcke bezeichnet. Die Weinrebe, zuweilen auch ein Weinstock, ist gleichzeitig das häufig vorkommende Attribut des als Schutzpatron der Winzer geltenden Heiligen[33]. Rechts im Bild ist eine rote Kutte mit Kapuze, die hier wohl nicht als Mönchskutte, sondern als Arbeitskleidung eines in der Landwirtschaft Tätigen zu verstehen ist und so auch unten, Bild 10, und – sogar in der gleichen Farbe – Bl. 8v/1, 2 u. 4 als Bekleidung des Hirten vorkommt[34]. Als Arbeitskleidung deutet sie vielleicht an, daß in die Zeit um den Urbanstag die Hauptarbeit im Weinberg fällt[35].

Bild 6. Für den Fleischzehnt, der am Johannistag (24. Juni) fällig ist, stehen ein Rind, ein Kalb, eine Ziege und ein Hahn. Der Gegenstand rechts im Bild ist wohl am ehesten als eine Johanniskrone zu deuten, deren Form im Volksbrauch späterer Zeiten allerdings nicht mehr nachweisbar ist[36].
Bild 7. Die hl. Margarete, ihr Tag ist der 13. Juli, fesselt, ihrer Legende entsprechend[37], den Teufel. Hinter ihr liegt das Korn, das »vorher in Garben gesetzt ist«.
Bild 8. Kräuter- und Wurzelbündel symbolisieren die Wurzmesse (15. August), drei Gänse bezeichnen den Gänsezehnt.
Bild 9. Der Apostel Bartholomäus tritt nackt und blutig, seine Haut, die ihm seiner Legende nach auf Befehl des Astyages, König von Armenien, abgezogen wurde[38], auf einer Stange tragend vor einen Tisch, auf dem ein Mann Geld als Zins und daneben Naturalien als »Pflege« darbietet.

10
(Ldr. II 58 § 2 Satz 6.) Das Bild erklärt sich aus dem Text.

und einen Damm haben, der sie vor der Flut bewahrt, so soll jedes Dorf seinen Teil des Dammes *zum Schutz* vor der Flut befestigen. Wenn aber die Flut kommt und den Damm durchbricht und man mit dem Gerüst diejenigen dazu aufbietet, die innerhalb des Dammes ansässig sind, dann hat derjenige, der den Damm nicht ausbessern hilft, das Grundeigentum verwirkt, das er innerhalb des Dammes hat. § 2 Was das Wasser von dem Lande abspült, das geht dem verloren, dem das Land gehört. Bricht es sich jedoch einen neuen Abfluß, so verliert er dadurch von seinem Lande nichts. Wenn sich in einem Flusse eine Insel bildet, so gehört sie zu dem Ufer, dem sie näher *gelegen* ist. Ist sie in der Mitte, dann gehört sie zu beiden Ufern. Dasselbe gilt für das Flußbett, wenn es austrocknet. 57 Wenn ein Gut auch mehr als einem Manne gehört, dergestalt, daß es einer von dem anderen *erhalten* hat, so muß man *für einen Schaden*, den man auf dem Gute verübt, demjenigen Ersatz leisten, der das Gut in unmittelbarem Besitz hat, und sonst niemandem. 58 § 1 Wenn der Lehnsmann nach seinem Tode keinen Lehnerben hat, dann soll der, der sein Erbe nach Landrecht ist, die Einkünfte, die jenem aus dem Lehen zustehen, erhalten. § 2 Vernehmt jetzt, wann sie fällig sind. Am St. Bartholomäustag[1] ist allerlei Zins und Abgabe fällig. Am Tage der hl. Walpurga[2] ist der Lämmerzehnt fällig, zur Wurzmesse[3] der Gänsezehnt, am St. Johannistag[4] alle Arten Fleischzehnt dort, wo man den Zehnt alle Jahre mit Geld ablöst; wo man ihn aber nicht ablöst, da ist er fällig, wenn das Vieh geworfen wird. Am St. Margaretentag[5] ist jeder andere Kornzehnt *fällig*; was aber vorher in Garben gesetzt ist, davon ist der Zehnt *eher* fällig. Am St. Urbanstag[6] sind Weingarten- und Baumgarten*zehnt* fällig. Des Mannes Saat, die er mit seinem Pfluge bestellt, die steht ihm zu, sobald die Egge darübergeht, und der Garten, sobald er gesät und geharkt ist. Abgaben von Mühlen und Zöllen, von Münzen und von Weingärten

[1] 24. August [2] 1. Mai [3] 15. August [4] 24. Juni [5] 13. Juli [6] 25. Mai

vñ einen tam haben, der si bewaret vor dˋ vlůt, iclich dorf sal sin teil des tammes vestenē vor dˋ vlůt. kvmet abˋ di vlut vñ brichet si den tam vñ ledet man mit deme gerufte da czu, di binnē deme tāme gesezzē sin, welcher nicht hilfet bůzen den tam, dˋ hat vor worcht sulch erbe, alse he binnē deme tamme hat. § 2 waz daz wazzer abˋ schebet deme lande, daz hat he vor lorn, des daz lant is. bricht iz abˋ einen nůwen abegant, da mite vor lůset he sines landes nicht. Welch wert sich erhebet binnē eime vlůzze, welcheme stade he ner is, czv deme stade gehort dˋ wert. is he vor mittene, he gehort czv beidē stader̄. daz selbe tut dˋ abeganc, ab he vor trůget. 57 Alleine si ein gut maniches mānes, also daz iz einer von deme anderen habe, waz man vf deme gute tut, daz sal man bezzern deme, dˋ daz gut in lediclicher gewer hat, vñ anders nimande. 58 § 1 ab dˋ man keinen len erben en hat nach sime tode, wer sin erbe is nach lantrechte, dˋ sal nemē sin vor dinete gut in deme lene. § 2 Nv vornemet, wen iz vor di net si: In sente bartolomeus tage is allerhande czins vñ phlege vordinet. In sente walpůrge tage is dˋ lēmer czende vor dinet, czv vuorczemesse dˋ gense czende, In sente iohānes tage allerhande vleisch czende, da man mit phenningen den czenden alle iar loset. wo man in abˋ nicht en loset, da is he vor dinet, wen daz vie geworfen wirt. In senten margeriten tage alle ander korn czende. waz abˋ e geschocket is, dar an is dˋ czende vor dinet. In sente vrbanˢ tage sint wingarten vñ boum garten vor dinet. Des mānes sat, di he mit sime phluge wirket, di is vor dinet, alse di eide dar vbˋ get, vñ dˋ garte, alse he gesat vñ gerochen is. Gelt von mv̌len vñ von czollen vñ von mv̌nczen vñ von wingarten

1
(Ldr. II 58 § 2 Satz 7.) Münzstätte, Weingarten und Mühle sind dargestellt oder angedeutet.

2
(Ldr. II 58 § 3.) Rechts erhält das mündig gewordene »Kind« vom Lehnsherrn die Lehnserneuerung als Voraussetzung dafür, daß es den Zins erheben darf. In der Mitte beschwört dasselbe Kind seine Mündigkeit und deutet mit der Gebärde seiner linken Hand an, daß es nunmehr gegen den Herrn die aus dem zugehörigen Rechtssatz sich ergebenden Forderungen geltend macht. Ganz links stellt der Weinstock den Weingarten dar, von dem in Satz 3 die Rede ist. Die gelbe Gugel[39] neben dem Weinstock ist wieder ein Teil der Arbeitskleidung und dient als Symbol dafür, daß im Text von der Arbeit im Weingarten die Rede ist.

3
(Ldr. II 59 § 1.) Der Herr weist den Zinsmann aus dem Gut, und zwar zu Lichtmeß, wie der Leuchter mit der Kerze besagt. Da der Termin für die Ausweisung richtig gewählt ist, nimmt sie der Zinsmann mit resignierender Haltung an.

4
(Ldr. II 59 § 2 Satz 2.) Der Zinsmann zahlt dem Herrn, an den das Gut nach dem Tode des bisherigen Lehnsinhabers gefallen ist, den Zins. Er faßt mit der rechten Hand seinen Pflug an, weil dieser ihm nach dem Text Gewährschaft bietet.

5
(Ldr. II 59 § 3.) Ein beladener und ein leerer Wagen begegnen einander.

sind fällig, wenn der Zinstag kommt, der zur Zahlung bestimmt ist. § 3 Wenn das Kind seine Mündigkeit vor den Zinstagen erlangt, an denen der Ertrag fällig ist, so soll es den Zins erheben. Wird es aber nach den gesetzlichen Zinstagen mündig, dann gehen ihm die Erträgnisse von dem Gut verloren. Dies meine ich so: Bearbeitet ein Herr oder jemand in seinem Auftrag einen Garten, Baumgarten oder Weingarten und macht er dafür bis an St. Urbanstag Aufwendungen und ist das Kind *bis dahin* noch nicht mündig geworden, so erhält der Herr die Frucht davon. Hat ferner der Herr das Land des Kindes besät, bevor es mündig ist, so behält der Herr die Ernte und nicht die Stoppeln oder die Weinstangen, wenn sie in der Erde stehen und an den Rebstock gebunden sind. Er darf andererseits *weder* das Holz des Kindes noch *sein* Gras hauen lassen, nachdem das Kind mündig geworden ist. Wird das Kind aber vorher mündig, so hat der Herr seine Arbeit umsonst getan, denn das Kind zahlt ihm nichts davon zurück. Ebensowenig entschädigt der Herr das Kind oder des Kindes Erben, wenn er die Erträgnisse nimmt. 59 § 1 Will ein Herr seinen Zinsmann, der nicht zu dem Gut geboren ist, von seinem Gut weisen, so soll er ihm das zu Lichtmeß[1] ankündigen. Dasselbe soll der Mann tun, wenn er das Gut verlassen will. § 2 Stirbt der Zinsmann des Herrn, dann tritt sein Erbe an seine Stelle und zahlt den Zins von dem Gut, wie ihn jener schuldete. Stirbt jedoch der Herr, dann entrichtet der Mann seinen Zins, den er dem Herrn zugesagt hatte, jenem, an den das Gut fällt, und braucht niemand, der für ihn einsteht, als seinen Pflug. § 3 Des Königs Straße soll so breit sein, daß ein Wagen dem andern ausweichen kann. Der leere Wagen soll dem beladenen ausweichen, der weniger beladene dem schwereren. Die Reiter weichen dem Wagen und die Fußgänger den Berittenen. Befinden sie sich aber auf einem schmalen Wege oder auf

[1] 2. Februar

is vor dinet, wen dʼ czins tac kvmet, dʼ im czv geldene bescheidē is. § 3 Ab daz kint sine iarczal behelt er den czins tagen, daz daz gut vor dinet is, iz sal dē czins vz nemen. vor iaret iz sich adʼ nach den rechten czins tagen, daz gelt des gutes hat iz vorloren. Diz redich da võ: erbeitet ein herre adʼ imāt von sinēthalben garten adʼ boumgartē adʼ win garten vñ bekosteget he si biz an sente vrbanꝰ tac vñ en hat sich daz kint noch nicht geiaret, dʼ herre nimt di vrucht dar abe. hat ouch dʼ herre gesat des kindes lant, er iz sich geiare, dʼ herre behelt dī sat vñ nicht di stůppheln noch di win sta veln, wen si in dʼ erdē stet vñ czv dē win holcze gebunden sin. he můz ouch nicht des kindes holcz lazen houwen noch gras, sīnt sich daz kint geiaret hat. geiaret sich daz kint abʼ vor, dʼ herre hat vor lorn sin erbeit, wen daz kint en gilt is im nicht. also en tut dʼ herre deme kinde noch des kindes erben, wen he daz anegevelle nimt. 59 § 1 Wil ein hʼre wisen sinē czins mā võ sime gute, dʼ czv deme gute nicht geborn is, daz sal he im kvndegē czv lichte messe. diz selbe sal dʼ mā tvn, ab hez gut lazen wil. § 2 stirbit dʼ czins mā des hʼren, sin erbe trit an sine stat vñ gilt võ deme gute, alse ienʼ solde. Stirbit ouch dʼ hʼre, dʼ mā gibit sinē czins, den he deme hʼren gelobet hatte, ieme, an den daz gut geuellz, vñ bedarf nīmādes, dʼ in geweʼ, wen sinē phluc. § 3 Des kvniges straze sal sin also breit, daz ein wagen dem andern gerumē můge. dʼ lere wagen sal rumen dem geladenē vñ dʼ minre geladene deme swerern; di ritenē wichē dē wagene vñ di gen den dē ritendē. sin si abʼ in eime engē wege adʼ vf

1
(Ldr. II 60 § 1.) Verleiher ist der Mann mit dem teils rot, teils gelb gefärbten Rock rechts im Bilde. Verliehen wird das grüne Kleid, das der Entleiher auf der linken Seite des Bildes im Würfelspiel an einen Dritten verspielt. Der ganz links sitzende Gewinner hat 15 Augen (6, 5 und 4) geworfen.

2
(Ldr. II 60 § 2.) Der Entleiher aus Bildzeile 1 ist verstorben und liegt auf der Totenbahre. Das grüne Kleid als das geliehene Gut hat er im Gegensatz zu den Vorgängen in Bildzeile 1 (II 60 § 1) nicht weiterveräußert, sondern bei seinem Tode noch in Besitz gehabt. Da hierfür keine Erben vorhanden waren, ist es an den Richter gefallen (Ldr. I 28). Von diesem fordert es der Verleiher mit seinem Eineid[40] wieder zurück. Das Schwert trägt der Richter hier wie auch an mehreren anderen Stellen als Zeichen seiner Gerichtsgewalt.

3
(Ldr. II 61 § 1.) Gott überträgt mit dem Befehlsgestus dem Menschen, der neugeschaffen und daher noch nackt ist, die Gewalt über die im Text genannten und im Bild durch einige Exemplare beispielhaft dargestellten Tiere.

4
(Ldr. II 61 § 2.) Der König zeigt auf die Bäume, welche die drei Bannforste als Friedensstätten repräsentieren.

5
(Ldr. II 61 § 3.) Das Bild ist durch den Text hinreichend erklärt.

einer Brücke und verfolgt man einen *Flüchtling* zu Pferd oder zu Fuß, dann stehe der Wagen *solange* still, bis *die Verfolger* imstande sind, vorbeizukommen. Der Wagen, der früher auf die Brücke kommt, der soll früher darüberfahren, mag er leer oder beladen sein. § 4 Wer eher zu der Mühle kommt, der mahlt eher. 60 § 1 Wenn ein Mann einem anderen ein Pferd oder Kleid, oder was es sonst an beweglichem Gut sei, leiht oder verpfändet oder auf irgendeine *andere* Weise mit seinem Willen den Besitz daran aufgibt und der *neue* Besitzer *die Sache* verkauft oder versetzt oder sie verspielt, wenn sie ihm gestohlen oder geraubt wird, dann hat jener, der sie *zuerst* verliehen oder verpfändet hat, einen Anspruch nur gegen den, dem er sie lieh oder verpfändete. § 2 Stirbt der aber eines natürlichen oder unnatürlichen Todes, so beweise er vor Gericht gegenüber dem Erben oder dem Richter, falls es diesem zusteht, sein Recht an seinem Gut. 61 § 1 Als Gott den Menschen erschuf, da gab er ihm Gewalt über Fische, über Vögel und über alle wilden Tiere. Dafür haben wir Zeugnis von Gott, daß niemand an diesen Dingen sein Leben und seine Gesundheit verwirken kann. § 2 Doch gibt es drei Stellen in Sachsen, an welchen den Tieren bei Königsbann Friede gesetzt ist, außer den Bären, Wölfen und Füchsen. Diese *Gebiete* heißen Bannforste. Das eine ist die Heide zu Kayna, das andere der Harz, das dritte die Magdheide. Wer hierin Wild fängt, der soll als Strafe des Königs Bann zahlen, das sind sechzig Schillinge. § 3 Wer durch den Bannforst reitet, dessen Bogen und Armbrust sollen entspannt, sein Köcher bedeckt, seine Windhunde und Bracken festgehalten und seine Hunde angekoppelt sein. § 4 Jagt man ein Wild außerhalb des Forstes und folgen ihm die Hunde in den Forst, so darf der Mann ihnen wohl folgen, doch ohne zu blasen und die Hunde zu hetzen; so begeht er kein Unrecht, wenn er alsbald das Wild fängt. Seine Hunde muß er jedoch zurückrufen. § 5 Niemand darf beim Jagen oder Hetzen die Saat betreten nach der Zeit, da das Getreide Knoten ansetzt. 62 § 1 Wer einen tückischen Hund, einen zahmen Wolf,

ein˅ brucken vn̄ iaget man einē ritendē ad˅ czv vůze, so ste d˅ wagē stille, biz si mv̊gen vor kvmē. welch wagē er vf di brůcke kvmt, d˅ sal er vb˅ gen, he si lere ad˅ geladē. § 4 der er czv d˅ mv̊le kvmt, d˅ melet e. 60 § 1 Welch man eime ande˅n liet ad˅ sezt phert ad˅ cleit, ad˅ welcherhande varnde ha be iz si, czv welch˅ wis he di vz sinē gewern lezt mit sinē willen, vor kouft si d˅, d˅ si in gewern hat, ad˅ vor sezt ad˅ vor spilt he si, wirt si im vor stoln ad˅ ab geroubet, ien˅, d˅ si vor leich ad˅ vor sazt hat, d˅ mac keine vorderunge dar vf geha ben ane vf den, deme he si leich ad˅ sazte. § 2 Stirbit ab˅ ien˅ rechtes todes ad˅ vnrechtes, so czi he sich czv sime gute mit rechte kegē den erben ad˅ kegē deme richter, ab iz an in ge bůrt. 51 § 1 Da got den mēschen geschuf, da gab he im gewalt vb˅ vische, vb˅ vogele vn̄ vb˅ alle wilde tire. des habe wir orkvnde von gote, daz nimant sinē lip noch sin gesūt an disen dingē vor wirken mac. § 2 Doch sin dri stete binnē sachsen, da den tiren vride geworcht is bi kvniges bāne, ane bern vn̄ woluē vn̄ wchsen. diz heizē ban vorste. daz eine, daz is di heide czv coyne, di andere d˅ harcz, di dritte di magetheide. wer hi binnē wilt vet, d˅ sal wettē des kv niges ban. daz sin sechczic schillinge. § 3 Wer so durch den banvorst rit, sin boge vn̄ sin armbůrst sal vngespan nē sin, sin kocher sal betan sin, sine winde vn̄ sine brac ken vf gevangen vn̄ sine hvnde gecopelt. § 4 Jaget mā ein wilt bůzen deme vorste vn̄ volgen im di hvnde in den vorst, d˅ man mův wol volgen, so daz he nicht en blase noch di hvnde nicht en gruze, vn̄ en misse tut da nicht an, ab he san daz wilt vet. sinē hvnden muz he wol wider rufen. § 5 nimant en muz di sat tre ten durch iagen noch durch heczen nach d˅ czit, daz daz korn gelidechene gewinnet. 62 § 1 Wer da helt einē glumenden hvnt ad˅ einē czamen wolf

1

(Ldr. II 62 § 1.) Links im Bilde erkennt man Hund und Wolf, den blau gefärbten Bären und zwischen ihm und dem Hirsch in aufrechter Stellung den Affen. Das am Boden liegende Opfer tritt dann als rechte Figur in der mittleren Personengruppe mit seinen zwei Zeugen vor dem Richter auf, um seinen Schadensersatzanspruch geltend zu machen.

2

(Ldr. II 62 § 2.) Den Eber hat der Angegriffene bereits erschlagen, jetzt schmettert er seine Keule gerade auf den Kopf des angreifenden Hundes, aus dessen Schädel das Blut spritzt. Rechts beschwört der Täter vor dem Richter den Verteidigungsnotstand.

3

(Ldr. II 62 § 3.) Das Bild erklärt sich ohne weiteres aus dem Text.

4

(Ldr. II 63 §§ 1, 2.) Rechts (zu § 1) im gelben Kleide, durch ihre Handgebärden als Klägerin ausgewiesen, »Calefornia«, die durch ihre impertinente Haltung gegenüber dem König (»vor deme riche«) ihr ungehöriges Betragen sehr sinnfällig zum Ausdruck bringt. Der Haarpinsel an ihrem Rückenende, dessen Bedeutung der Illuminator unserer Handschrift wohl selber nicht recht begriffen hat, wird ohne weiteres verständlich aus der Version, die der Schwabenspiegel (Ldr. 245) dieser Episode gibt. Dort heißt es, daß Calpurnia »den kunic beschalt und den kunic die hinder schamme lie sehen«[41].

Links (zu § 2 letzter Satz) kniet der Gebannte in der Haltung eines Schutzflehenden vor einem Priester und bittet ihn, seine Sache als Vorsprecher vor geistlichem Gericht zu vertreten, da er selber es nicht darf. Der Priester gewährt ihm seine Bitte und bringt das sehr sprechend zum Ausdruck, indem er wie schützend die Stola über ihn hält.

5

(Ldr. II 64 §§ 1–3.) Die beiden Frauengestalten in der Mitte des Bildes, in Rot nach ihrer Kopfbedeckung eine Frau, in Gelb das Mädchen, klagen mit Schwurgebärde und Klägergestus wegen an ihnen begangener Notzucht vor Gericht. Mit ihren aufgelösten, flatternden Haaren und ihrer zerrissenen Bekleidung entspricht ihr Aussehen dem allgemein im Mittelalter für die Notzuchtklage geltenden Grundsatz[42].

Der Mann im rot und grün geteilten Rock handelt hier für zwei Paragraphen von Art. 64. Auf § 3 weist das grüne »D« über seiner zur Redegebärde erhobenen linken Hand. Das nackte Schwert, das er über der Schulter trägt, ist Zubehör der Klage mit Gerüft. Er hat den mit vielen Wunden bedeckten Toten, der zu seinen Füßen liegt, vor Gericht gebracht zur »Klage mit dem toten Mann«[43].

Derselbe Kläger führt mit auf den Rücken gebundenen Händen[44] einen auf handhafter Tat gefaßten Dieb vor, über dem ein blaues »D« auf § 2 hindeutet. Dem Dieb ist als »blickender Schein« zur »leiblichen Beweisung« das Diebesgut auf den Rücken gebunden, wie es weit verbreitetem Rechtsbrauch entsprach[45].

einen Hirsch, Bären oder Affen hält, der soll Ersatz leisten für den Schaden, den sie anrichten. Will er sich ihrer nach Eintritt des Schadens entäußern, so entzieht er sich damit dem Ersatzanspruch nicht, wenn man bezeugen kann – der *geschädigte* Mann selbdritt – daß er *die Tiere* bis zu der Zeit, zu der sie den Schaden anrichteten, gehalten habe. § 2 Schlägt ein Mann einen Hund tot oder einen Zuchteber, während *das Tier* ihm schaden will, so braucht er dafür keinerlei Zahlung zu leisten, wenn er sich getraut, mit dem Eid auf die Reliquien zu bekräftigen, daß er es in Notwehr tat. § 3 Wer wilde Tiere außerhalb der Bannforste hegen will, der soll sie in seinem umfriedeten Besitztum halten. 63 § 1 Keine Frau kann Vorsprecher sein noch ohne Vormund klagen. Das verwirkte ihnen allen Calefornia, die sich vor dem Königsgericht aus Zorn ungehörig betrug, wo ihr Wille ohne Vorsprecher nicht durchgehen konnte. § 2 Jeder Mann kann Vorsprecher und Zeuge sein, *kann* klagen und sich verantworten außer in dem Gerichtsbezirk, in dem er verfestet ist, oder wenn er in der Reichsacht ist. Vor geistlichem Gericht darf er es nicht tun, wenn er im Bann ist. 64 § 1 Frau oder Jungfrau, die vor Gericht wegen Notzucht klagen, die sollen mit Gerüft klagen wegen der handhaften Tat und wegen der Notzucht, die sie dort beweisen müssen. § 2 Sodann, wer jemand mitsamt dem Diebesgut oder mit *der Beute aus einem* Raub gefangen vor Gericht bringt, der muß mit Gerüft klagen wegen der handhaften Tat, die er mit den Leuten vorbringt. § 3 Wer ferner einen Toten vor Gericht bringt und klagt wegen des Verbrechens, das an ihm verübt wurde, der soll mit Gerüft klagen wegen der handhaften Tat, die da offenkundig ist. § 4 Wünscht jemand, der beraubt worden ist und weiß, wohin sein geraubtes Gut verbracht wurde, daß der Richter ihm dorthin folge, so lade er ihn mit Gerüft und klage mit Gerüft wegen der handhaften Tat, die er da beweisen will. § 5 Wo keine handhafte Tat gegeben ist, da muß man ohne Gerüft klagen, wenn man sich daraus keinen Schaden zuziehen will. 65 § 1 Kein Kind kann,

adʼ einē hirz adʼ bern adʼ affen, waz di schaden getvn, daz sal he gelden. wil he sich ir vzern nach deme schaden, da mite is he nicht vnschuldic, ab man daz geczugen mac, dʼ man selbe dritte, daz he si gehalden habe biz an di czit, daz si den schaden tatē. § 2 Slet ein man einē hvnt czv tode adʼ ber, binnē des iz im schaden wil, he blibet is ane wandel, ab hez gewern tar vf den heiligen, daz hez in not werunge tete. § 3 Wer wilde tyr hegē wil buzen ban vorsten, dʼ sal si in sinē beworchtē geweren haben. 63 § 1 Iz en mac kein wip vorspreche gesin noch ane vormundē clagen. daz vor los in allen calefornia, di vor deme riche missebarte von czorne, da ir wille an vorsprechen nicht en muste vorgen. § 2 Ein iclich man muz wol vorspreche sin vñ geczuk vñ clagen vñ antwertē, ane in deme gerichte, da he inne vor vest is, adʼ ab he in des riches achte is. vor geistlicheme gerichte en muz hes abʼ nicht tvn, ab he in dem banne is. 64 § 1 Wip adʼ mait, di not vor gerichte claget, di sullen clagē mit gerufte durch di hanthafte tat vñ durch di not, di si da sullen bewisen. § 2 Der ouch mit dvybe adʼ mit roube einē gevangē vor gerichte brenget, c̄ sal clagē mit gerufte durch di hanthafte tat, di si mit dē lûten vor brenget. § 3 Der och toten vor gerichte br̄eget vñ claget daz vngerichte, daz an im getan is, d̄ sullen clagē mit gerufte durch di hanthafte tat, di da schibar is. § 4 Der ouch beroubet is vñ weiz, wo sin roup gevort is, wil he, daz im dʼ richter volge dar, he lade in mit gerûfte vñ clage mit gerufte durch d̄ hanthafte tat, di he da bewisen wil. § 5 wo keine hanthafte tat nicht is, da muz mā ane gerufte clagē, ab mā is ane schadē bliben wil. 65 § 1 Kein kint en mac binnē

1
(Ldr. II 65 § 1.) Die ganz unmotiviert erscheinende Alternative im Text unserer Handschrift: »slet iz einen man ad` belemt iz vi« beruht auf einem Abschreibfehler, wobei »vi« < »in«. Der Maler hat den Fehler nicht mitgemacht, sondern an der zu Boden geschlagenen (als Mann wohl aus Platzgründen etwas zu klein geratenen) Figur beide Alternativen des richtigen Textes dargestellt: Die Kopfwunde repräsentiert die Tötung, der zerhauene Arm die Verwundung des Mannes.
Rechts im Bilde zahlt der Vormund des Kindes (im grün gestreiften Kleid) dem Blutkläger, der gegen ihn – wie die Schwurgebärde seiner linken Hand andeutet – den Beweis erbracht hat, das Wergeld des Getöteten (oder Verletzten).

2
(Ldr. II 65 § 2.) Der Täter, der das Kind an den Haaren rauft, beschwört mit der Linken auf die Reliquien gegenüber dem rechts stehenden Vormund des Kindes, daß er die Züchtigung seiner Unart wegen vorgenommen habe, während der Vormund mit Schwur- und Redegestus zu verstehen gibt, daß er die Absicht hat zu klagen.

3
(Ldr. II 66 § 1.) Der König weist auf die Lilie, das Symbol des Friedens. Vor ihm stehen ein Mönch, ein Weltgeistlicher, eine Frau (mit Haube), ein Mädchen und ein Jude. Zwei der Gestalten zeigen auf den König als den Urheber ihres Sonderfriedens, die übrigen sprechen ihn mit Redegebärden an, während die Frau und der Säkularkleriker mit den Gesten ihrer linken Hände den Inhalt dieser Ansprache als Forderung nach Erteilung des Friedens näher angeben.

4
(Ldr. II 66 § 1 Satz 2.) Von den im Text genannten Friedensstätten sind Kirche und Mühle dargestellt, dazu der Pfluʒ als gefriedete Sache.

5 links
(Ldr. II 66 § 2.) Das Bild bezieht sich auf den Donnerstag. Dargestellt ist die Himmelfahrt Christi in der Art, wie sie in der gotischen Bildniskunst vorherrscht[46]: Nur die Füße Christi und der untere Teil seines Gewandes sind unterhalb eines Wolkenrandes sichtbar. Auf dem Felsen unter ihm seine Fußspuren. Ihm nachblickend die Apostel.

5 Mitte
(Ldr. II 66 § 2.) Für den Freitag steht hier die Erschaffung des Menschen (links) und Christi Kreuzestod (rechts).

5 rechts
(Ldr. II 66 § 2.) Christus im Grabe und Priesterweihe illustrieren die auf den Sonnabend bezüglichen Worte des Textes.

solange es unmündig ist, eine Tat begehen, mit der es sein Leben verwirkt. Erschlägt es einen Mann oder verletzt es ein Tier, dann ist sein Vormund verpflichtet, dafür Ersatz zu leisten mit *des Verletzten* Wergeld, wenn gegen ihn der Beweis erbracht wird. Jeden Schaden, den *das Kind* anrichtet, den muß er nach seinem Wert mit dem Vermögen des Kindes bezahlen. § 2 Schlägt dagegen ein Mann ein Kind tot, so muß er dessen volles Wergeld zahlen. Schilt jedoch ein Mann ein Kind oder rauft er es *bei den Haaren* oder schlägt es mit einer Rute wegen seines Vergehens, dann braucht er dafür keinerlei Zahlung zu leisten, wenn er sich getraut, *mit dem Eid* auf die Reliquien zu beweisen, daß er es aus keinem anderen Grunde schlug, als wegen seines Vergehens. 66 § 1 Nun vernehmt den alten Frieden, den der Kaiser im Sachsenlande bekräftigt hat mit Einwilligung der Ritter des Landes: Alle Tage und zu jeder Zeit sollen Frieden haben Pfaffen und geistliche Leute, Mädchen und Frauen, Juden an ihrem Vermögen und an ihrem Leben, Kirchen und Kirchhöfe, jedes Dorf innerhalb seines Grabens und seines Zaunes, Pflüge und Mühlen und des Königs Straße zu Wasser und zu Land, die sollen dauernden Frieden haben und *desgleichen* alles, was dort hineingelangt. § 2 Heilige Tage und gebundene Tage, die sind allen Menschen zu Friedetagen bestimmt, dazu in jeder Woche vier Tage: Donnerstag, Freitag, Sonnabend und Sonntag. Donnerstags weiht man das Salböl, mit dem man uns alle in der Taufe *als Glieder* der Christenheit zeichnet. Am Donnerstag nahm Gott mit seinen Jüngern das heilige Abendmahl. Damals begann unsere Glaubenslehre. Am Donnerstag führte Gott unsere Menschheit[1] zum Himmel und öffnete uns den Weg dahin, der uns verschlossen war. Des Freitags machte Gott den Menschen und wurde am Freitag gemartert um des Menschen willen. Sonnabends ruhte er, als er Himmel und Erde gemacht hatte und alles, was darinnen war. Er ruhte auch des Sonnabends nach seiner Marter im Grabe. Am Sonnabend weiht man auch die Geistlichen, die der Christenheit Lehrer sind. Am Sonntag wurden wir

[1] d.i. Christus

sinē iaren getvn, da iz sinē lip mite vor wirke. slet iz einē man adʼ belemt iz vi, sin vormūde sal daz bezzern mit ienes wergelde, ab iz vf in volbracht wirt. welchen schaden iz tvt, dē sal he gelden mit des kindes gute na sime werde. § 2 Slet abʼ ein man ein kint tot, he sal sin volle wergelt geben. schilt abʼ ein mā ein kint adʼ rouft hez adʼ slet hez mit besemē durch sine missetat, he blibet is ane wandel, tar hez geweren vf den heiligen, daz hez durch anders nicht en slůge wen durch sine missetat. 66 § 1 Nv vornemet den alden vride, den di keiserliche gewalt gestetiget hat in sachsen lande mit dʼ gutē knechte willekor des landes. Alle tage vn̄ alle czit sullen vride haben phaffen vn̄ geistliche lute, meide vn̄ wip vn̄ iůden an irme gute vn̄ an irme libe, kirchen vn̄ kirchhoue vn̄ iclich dorf binnē sime graben vn̄ sime czune. phlůge vn̄ molen vn̄ des kvniges straze in wazzeʼ vn̄ in velde, die sullen steten vride haben vn̄ allez, daz da binnē kvmt. § 2 heilige tage vn̄ gebundene tage, di sin allen lutē czv vride tagen gesaczt. dar czv in iclicher wochen vier tage: dvnrestac vn̄ vritac, svnnabint vn̄ svntac. Des dŏnrestages wiet man den creseme, da man vns alle mite czeichent czv dʼ kirstenheit in dʼ toufe. des dŏnrestages merte got mit sinē iungerē in deme kelche. da began vnse e. Des dŏnrestages vŏrte got vnse menscheit czv himele vn̄ offente vns dē wec da hin, dʼ vns beslozen was. Des vritages machte got den man vn̄ wart des vritages gemarteret durch den man. Des svnnabendes růwete he, do he himel vn̄ erde gemacht hatte vn̄ alles, daz dar inne was. he růwete ouch des svnnabendes in deme grabe nach siner martir. des svnnabendes wiet man ouch di phaffen, di dʼ cristenheit meistere sin. Des svntages worde wi vor svnet

1
(Ldr. II 66 § 2.) Der Sonntag ist als Tag des Jüngsten Gerichts dargestellt. Der Weltenrichter sitzt auf dem apokalyptischen Regenbogen. In der Linken hält er die Weltkugel und macht mit der rechten Hand den Segensgestus gegen die Auferstandenen. Dem Text entsprechend handelt es sich bei diesen nur um die Seligen, während die Verdammten, die zur Linken Gottes stehen müßten, fortgelassen sind.

2
(Ldr. II 67.) Die 6 Schwerter vertreten die dreißig Begleiter des Beklagten.

3
(Ldr. II 68.) Der Reiter schneidet, außerhalb des Kornfeldes stehend, Korn, das er seinem erschöpften Pferd gibt.

4
(Ldr. II 69.) Links trifft den Friedensbrecher, der durch seine Stellung im Bild und seine Körperhaltung anzeigt, daß er sich auf der Flucht befindet, der Schwerthieb seines Verfolgers in den Kopf. Rechts beschwört der Täter mit sechs Eideshelfern vor dem Grafengericht, daß er den Friedensbrecher bei seiner Tat oder auf der Flucht verletzte. Der Täter (Beweisführer) selber ist in der Gruppe nicht wie sonst durch seine Kleidung (rot-gelb in mi-parti) zu erkennen.

5
(Ldr. II 71 § 2.) Der Voranreitende, an seinem grünen Herrenkleid als Ritter kenntlich, mit Schwert und Schild bewaffnet, führt das hinter ihm gehende Pferd, das einen Turnierhelm und ein grünes Kleidungsstück trägt, am Zügel. Bei dem nachfolgenden Reiter wurde das Schwert wohl nur aus Versehen fortgelassen. Man wird nach dem Text anzunehmen haben, daß er zum Reichsdienst reitet.

6
(Ldr. II 71 § 3.) Vor der Burg stehen die Leute, die dem Gerüft folgen. Sie tragen bäuerliche Waffen und weisen auf den Burgbewohner als denjenigen, der das Gerüft schreit. Die Spieße der letzten in der Gruppe sind waagerecht gelegt, weil sie sonst in den Text ragen würden.

Die Gruppe rechts im Bild zeigt dadurch, daß sie den Folgepflichtigen den Rücken kehrt und die entgegengesetzte Richtung einschlägt, an, daß sie dem Gerüft nicht zu folgen braucht und äußert sich darüber mit lebhaften Redegebärden. Die erste und die letzte Figur scheinen außerdem mit den ausgestreckten Schwurfingern stellvertretend auch für die übrigen andeuten zu wollen, daß sie bereit sind, das Fehlen der Folgepflicht zu beeiden[47].

wegen Adams Freveltat mit Gott ausgesöhnt. Der Sonntag war der erste Tag, der je entstand, und wird der letzte *sein*, wenn wir vom Tode aufstehen und – die das bei Gott verdient haben – mit Leib und Seele zur Seligkeit auffahren werden. Deshalb sind diese vier Tage gemeinsame Friedenstage für alle Menschen außer für die, die bei der handhaften Tat gefaßt werden oder in der Reichsacht sind oder innerhalb eines Gerichtsbezirks *für die, die darin* verfestet sind. 67 Wer wegen eines Verbrechens angeklagt wird, der darf nicht mehr als dreißig Mann vor Gericht führen, wenn er dort erscheint. Die sollen außer Schwertern keine Waffen tragen. 68 Bricht dem Reisenden sein Pferd zusammen, so darf er Korn schneiden, soweit er reichen kann, wenn er mit einem Fuß auf dem Wege steht, und es ihm geben. Er soll es aber nicht mitnehmen. 69 Wer einen Friedensbrecher tötet oder verwundet, für den entsteht daraus keine nachteilige Rechtsfolge, wenn er mit sechs *Zeugen* beweisen kann, daß er ihn auf der Flucht oder bei der Tat verwundete, als er den Frieden brach. 71 § 2 Während eines geschworenen Friedens darf man Waffen nur zum Reichsdienst und zum Turnier führen, ausgenommen Schwerter. Alle, die sonst Waffen führen, über die soll man richten, weil sie in der Reichsacht sind, wenn sie damit ergriffen werden. Aber selbst Schwerter darf man nicht tragen in Burgen, in Städten und in Dörfern, ausgenommen alle, die darin Wohnung oder Unterkunft haben. § 3 Dagegen darf man Waffen führen, wenn man dem Gerüft folgt. Dem sind von Rechts wegen alle zu folgen verpflichtet, die mündig geworden sind, sofern sie Schwerter führen können, es hindere sie denn ein rechtlich anerkannter Notstand. Ausgenommen *sind* Geistliche, Frauen, Küster und Hirten. § 4 Wenn die Verfolgung sie vor eine Burg *führt*, so sollen sie – innerhalb des *eigenen* Gerichtsbezirkes – drei Tage dort bleiben, ein jeder auf eigene Beköstigung, solange jener vorangeht oder -reitet, der das Gerüft erhoben hat. Ist der aber verwundet, so daß er an der Verfolgung nicht teilnehmen

mit gote vmme adames missetat. dˀ svntac was dˀ erste tac, dˀ ie gewart, vn̄ wirt dˀ leste, alse wi vf sten sullen von me tode vn̄ varn czv gnaden mit libe vn̄ mit sele, di daz widˀ got vordinet habē. dar vmme sin dise vier tage gemeine vride tage allen lutē ane den, di in dˀ hanthaften tat geuangē werden adˀ ī des riches achte sin adˀ uoruest in deme gerichte. 67 Wer so vmme vngerichte beclaget wirt, he en můz nicht me wen drizic man vǒren vor gerichte, wen he vor kvmt. di en sullen keine wafen tragen ane swert. 68 Irliget deme wegeuertigen manne sin phert, he můz wol sniden korn vn̄ im geben alse verre, alse he gereichē mac stende in dem wege mit eime vůze. he en sal is abˀ nicht dennē vůren. 69 Wer so totet adˀ wndet einē vridebrechere, he blibet is ane wandel, ab hez selbe sibende geczůge mac, daz he in vůndete in dˀ vlůcht adˀ an dˀ tat, da he den vride brach. 71 § 2 Binnē gesworrnen vride en sal man keine wapen vůren wen czv des riches dienste vn̄ czv tornei svndˀ swert. alle, di anders wapen vůren, vbˀ di sal mā richten, wen si in des riches achte sin, ab si da mite gevangē wˀden. swert en můz man ouch nicht tragen an bůrgen noch an steten noch an dorfen ane alle, di dar inne wonunge adˀ herberge haben. § 3 Wapen můz mā ouch wol vůren, wēne mā dem gerufte uolget. deme sullen durch recht volgen alle, di czv iren iaren kvmē sin, alse verre daz si swert gevůren mv̌gen, iz en beneme in echt not, svndˀ phaffen vn̄ wip vn̄ kircheneˀ vn̄ hirtē. § 4 [?] ab si uolgen vor eine bůrk, dri tage sullen si da bliben, menlich mit siner spise binnē deme gerichte, di wile ienˀ vor get adˀ ritet, dˀ daz gerufte ge schriet hat. is abˀ he gewndet, daz he nicht gevolgen

1
(Ldr. II 71 § 5.) Der Friedensbrecher, der in eine Stadt geflohen war, wird von seinen Verfolgern herausverlangt, was wohl der ganz rechts stehende Mann mit seinem Fingerzeig ausdrückt, und ihnen von einem Bewohner des Ortes übergeben, der ihn hinausschiebt, während der Anführer der Verfolger ihn an den Armen zu sich herauszieht.

2
(Ldr. II 71 § 5 Satz 2, zweiter Halbsatz.) Vor dem Richter stehen die Männer, denen in Bildzeile 1 der Friedensbrecher ausgeliefert wurde. Ihr Anführer, wie oben im rot-grün geteilten Rock, verspricht dem Richter mit Gelöbnisgebärde, daß sie »rechtes gericht« über ihn halten wollen. In der Mitte der Gruppe stehen der an den Händen gebundene Friedensbrecher und der an seinem rot-weiß quergestreiften Kleid erkennbare Vertreter des Auslieferungsortes, der sich schützend vor den Täter stellt. Mit seinem rückwärts auf den Richter gewandten Blick scheint er diesen ermahnen zu wollen, die Auslieferung nicht zu verfügen, ohne daß zuvor ein Bürge gestellt wurde. Zur Bürgschaft erbieten sich die beiden Männer im letzten Glied, der eine, indem er dem Gefangenen seine Hand auf die Schulter legt, der andere mit Gelöbnisgebärde.

3
(Ldr. II 72 § 1 Satz 2.) Der Turmwächter verkündet mit Hornruf das Erscheinen des Klägers und der sechs Boten des Richters vor der Burg, in die sie Einlaß erhalten. Der Kläger, wieder mit dem bloßen Schwert als Symbol des Gerüfts versehen, durchschreitet gerade das Tor vor der Burg. Hinter ihm die Boten des Richters, mit ihren Handgebärden gleichfalls Einlaß fordernd. Der Richter im Hintergrund sendet mit Befehlsgestus der linken Hand die Boten aus.

4
(Ldr. II 72 § 2.) Der Burgherr schwört, mit der Rechten den Reliquienschrein berührend, vor Gericht die Burg frei. Er ist in grünem Rock und mit Herrenschapel, wie sonst der Lehnsherr gekleidet.

5
(Ldr. II 72 § 2 Satz 2 u. 3.) Der Burgherr kann die Burg diesmal nicht »entreden«, bevor er sich nicht selbst gereinigt hat. Deshalb schaut hier der Turmwächter im Gegensatz zum vorigen Bild so unbeteiligt mit griesgrämiger Miene in die Luft. Wie seine Kleidung und das Fehlen des Herrenschapels zeigen, ist der Kläger dem Burgherrn nicht ebenbürtig. Dieser ist daher nicht verpflichtet, sich ihm zum Kampf zu stellen. Er trägt deshalb, obgleich zum Zweikampf gerüstet, sein Schwert gleichsam in Ruhestellung über der Schulter und hält nur zur Abwehr dem auf ihn eindringenden Gegner den Schild entgegen. Der Richter deutet an, daß es von dem Ausgang des Zweikampfes abhängt, ob die Burg verfestet wird oder nicht.

kann, so können die *übrigen* Leute die Verfolgung gemeinsam fortsetzen, solange sie jenen sehen, der den Frieden gebrochen hat, wenn er auch alsbald in einen anderen Gerichtsbezirk flüchtet. Können sie ihn *dort* auf freiem Felde ergreifen, ohne daß die Eingesessenen dieses Bezirks hinzukommen, nehmen sie ihn mit zurück. § 5 Flüchtet er sich aber zu Dörfern, Städten oder Burgen, dann muß man das Gerüft von neuem erheben und dazu den Bauernmeister sowie die Bauern und Ritter laden, die man zu der Zeit erreichen kann, und jenen zu rechtmäßigem Gerichtsverfahren herausverlangen. Denen soll man ihn ausliefern, wenn er bei der handhaften Tat festgenommen worden ist, sofern sie mit sieben Mann bezeugen können, daß sie ihn auf handhafter Tat von ihrem Gerichtsbezirk dorthin verfolgt haben. Darauf müssen sie für des Mannes Wergeld Bürgen stellen für den Fall, daß sie nicht nach Recht über ihn richten. Dann nehmen sie ihn mit zurück und handeln damit rechtmäßig. 72 § 1 Behält man die Friedensbrecher auf einer Burg widerrechtlich zurück, wenn der Richter mit dem Gerüft dazu geladen wird und man sie in aller Form Rechtens herabverlangt, so daß man es auf der Burg hören kann, dann wird die Burg und alle, die darauf sind, verfestet, wenn sie *die Friedensbrecher* nicht zum *Zweck eines* Gerichtsverfahrens ausliefern. Läßt man dagegen sechs Boten des Richters und den Kläger herauf, die die Friedensbrecher und den Raub suchen, dann darf man sie nicht verfesten. § 2 Klagt man die Burg des Raubes wegen an *mit der Behauptung*, daß er von dorther unternommen und dorthin *verbracht worden* sei, so kann der Burgherr oder einer seiner Burgmannen die Beschuldigung *mit dem Eid* auf die Reliquien zurückweisen. Wer selber wegen des Verbrechens angeklagt wird, der kann die Burg von dem Schuldvorwurf nicht reinigen, bevor er nicht zuerst sich selbst gereinigt hat. Will man aber die Burg mit Zweikampf überführen, so muß der Burgherr oder die Burgmannen – *jeder von ihnen jeweils* gegen seinen Standesgenossen – sie verteidigen, oder sie wird verfestet und man richtet über sie. § 3 Wen man anklagt, weil er von einer Burg aus Gewalt verübt habe,

mac, so sullen di lute volgen bi phlicht, di wile si ienen sen, dˋ den vride gebrochen hat, ab he san in ein andˋ gerichte vlut. Mv̊gen si in gevan uf dem velde, da daz volk von deme lande nicht czv en kvme, si vůren in wider. § 5 Vlut abˋ he czv dorfe adˋ czu steten adˋ czu bůrgen, mā sal daz gerufte vor nůwen vn̄ laden dar czu den burmeister vn̄ di gebůre vn̄ di gůten knechte, di man czv dˋ czit geha ben mac, vn̄ heischen ienen hˋvz czv rechteme gerichte. den sal man in antwerten, ab he in dˋ hanthaften tat ge stetiget is, ab si iz geczugen mv̊gen mit siben mannē, daz si im geuolget haben in dˋ hanthaften tat vō ir me gerichte dar; so sullen si bůrgen seczen vor des ma nes wergelt, ab si nichtrechte vbˋ in en richten; so vůrē si in wider vn̄ tvn da rechte mite. 72 § 1 Vf welcher burk man di vridebrechere helt widˋ recht, wen dˋ richter mit deme gerufte da vor geladen wirt vn̄ man si her ab heischet alse recht is, daz man daz gehoren mv̊ge vf dˋ burk, vn̄ en geben si si nicht hˋ abe czv rechte, man vor vestet di burk vn̄ alle, di dar uffe sin. lezt man abˋ dar vf des richters boten sechse vn̄ den cleger, di suchen di vridebrechere vn̄ den roup, so en sal man si nicht vor vesten. § 2 schuldeget man di burk vmme den roup, daz he dar abe vn̄ dar vf geschen si, daz můz wol ent schuldegen dˋ burk herre adˋ ein sin bůrger vf den heiligen. Wer selbe czu deme vngerichte becla get wirt, der en mac di burk nicht entschuldegen, he en habe sich selbe alrest entschuldeget. wil mā aber di burk bereden mit kamphe, daz muz wol entreden dˋ herre adˋ di bůrgere wider sinē genozen, adˋ man vor vestet sie vnde richtet dar vber. § 3 Uber wen man claget, daz he von einer burk gesucht habe,

1
(Ldr. II 72 § 3.) Der Herr der Burg führt den Schuldigen vor den Richter. Mit Redegebärde erbietet sich der Täter, die Burg zu »entreden«. Der Burgherr trägt das geschulterte Schwert in der Scheide, weil er jetzt, da er den Täter vorführt, den Raubzug nicht selber – u.U. mit Zweikampf – zu verantworten braucht.

2
(Ldr. I 72 § 4.) Aus dem Burgtor tritt der Burgherr, der die Burg nicht innerhalb der durch die sechs Striche am oberen Rand des Bildes symbolisierten Frist von 6 Wochen mit seinem Eide hat »entreden« können und deshalb zum Schadensersatz verurteilt worden ist. Was er auf dem Bilde dem Fronboten in den Rockschoß zahlt, ist jedoch sehr wahrscheinlich nicht der Schadensersatz[48], sondern das »Gewette«, von dem zwar der zum Bild gehörige Text nichts sagt, das aber gemäß Ldr. III 32 § 10 infolge der Verurteilung ebenfalls fällig geworden ist, und zwar für den Richter, für den es der Fronbote hier in Empfang nimmt.

3
(Ldr. II 72 § 5.) Der Schaden, den die aus der Burg kommenden gewappneten Reiter anrichten, ist dadurch angedeutet, daß sie einem Mann, den sie zu Boden geworfen haben, den Zügel seines Pferdes aus der Hand reißen, um es zu entführen. Die römische Drei mit der Abkürzung »9« = -us am oberen Bildrand bezeichnet den Beginn des dritten Landrechtsbuches (tertius liber), das bei dem roten »V« (Vmme kein vngerichte ...) auf der vorhergehenden Zeile anfängt.

4
(Ldr. III 1 § 1.) An dem Hause, in welchem die Tat geschah, wird die »Wüstung«, d.h. seine Zerstörung, vollzogen, rechts einer Henne, die bei dem Notzuchtsakt zugegen war, der Kopf abgeschlagen. Am Boden liegt ein geköpfter Hund.

5 links
(Ldr. III 2.) Der bewaffnete Geistliche und der bewaffnete Jude geben mit ihren Redegebärden zu verstehen, daß sie beide gegen denselben Rechtssatz verstoßen. Das wird noch dadurch unterstrichen, daß der Geistliche sich nach dem Juden umblickt.

5 rechts
(Ldr. III 3.) Die Frau ist an die »Staupsäule« gebunden und wird mit Ruten geprügelt. Gleichzeitig wird ihr das Haar abgeschnitten, eine Strafe, die in der älteren Zeit regelmäßig mit der Stäupung verbunden ist[49].

den muß der Burgherr vor Gericht bringen, damit er Strafe erhalte oder die Burg von der Anklage befreie. Tut *der Burgherr* es nicht, so muß er selber dafür einstehen. § 4 Klagt jemand gegen eine Burg, weil er von dort aus beraubt worden sei, und weiß er nicht, wer es getan hat, so soll der Burgherr sich innerhalb von sechs Wochen von dem Zeitpunkt, zu dem er deswegen angeklagt wurde, dafür verantworten, so daß er *entweder* die Burg mit seinem Eide reinigt oder den Schaden dem Recht gemäß entgilt, *jedoch* ohne Buße, wenn er an Rat und Tat unschuldig ist. § 5 Reiten Leute von einer Burg herab und richten Schaden an, kommen sie innerhalb von drei Tagen und Nächten nicht wieder auf *die Burg* und gelangt *auch* der Raub *weder* da hinauf noch davor in Verwahrung, so ist die Burg ohne Schuld. Kommt aber der Räuber auf die Burg und der Raub dort hinauf oder davor, so ist sie an der Tat schuldig. 3. Buch I § 1 Wegen keines Verbrechens darf man Gebäude in einem Dorfe abbrechen, außer, wenn darin ein Mädchen oder eine Frau vergewaltigt wird oder nach einer Vergewaltigung hineingebracht ist. Darüber muß Gericht gehalten werden, es sei denn, daß man es dem Recht gemäß widerlegt. Wird dort aber gerichtet, erscheint jener danach vor Gericht und reinigt sich *von dem Vorwurf* der Notzucht, so bezahlt man es ihm doch nicht, weil man es nicht entschuldigte, bevor das Gericht darüber abgehalten wurde. Jedes lebende Wesen, das bei der Notzucht *zugegen* war, das soll man enthaupten. § 2 Alle, die dem Gerüft folgen und den Kläger sowie den Friedensbrecher festnehmen, erleiden, auch wenn er nicht überführt wird, doch keinen Schaden dadurch, daß sie ihn vor Gericht bringen. 2 Wenn man Geistlichen und Juden, die Waffen führen und nicht geschoren sind, wie es ihr Stand erfordert, Gewalt antut, dann soll man ihnen Schadensersatz leisten wie einem Laien; denn diejenigen, die in den Königsfrieden mit einbegriffen sind, dürfen keine Waffen führen. 3 An einer Frau,

den muz d' burk herre vorbrengen, daz he bezzere ad' di bůrk entrede. en tvt hes nicht, he můz da selbe vor antwerten. § 4 Claget ab' ein man vb' eine bůrk, daz he da von geroubet si, vn̄ en weiz he nicht, w' iz getan hat, da sal d' bůrk herre vor antwertē von deme tage vb' sechswochen, von d' czit, daz he dar vmme beclaget wirt, so daz he di bůrk entrede mit sime eide ad' den schaden gelde uf recht ane bůze, ab he rates vn̄ tat vnschuldic is. § 5 Riten lute vō ein' bůrk vn̄ tvn si schaden vn̄ en kvmē si nicht wid' uf binnē drin tagen vn̄ nacht vn̄ en kvmt d' roup nicht dar uf noch da vor czv behaldene, so is di burk vn schuldic. kvmt ab' der roub' uf di bůrk vn̄ d' roup dar vf ad' da vor, so is si schuldic an d' tat. 3. Buch I § 1 Vmme kein vngerichte en sal man vf houwen dorfgebůwe, iz en si, daz da mait ad' wip genotczoget inne werde ad' genotiget ingeuort si; da sal man vb' richten, ad' man entrede iz nach rechte. wirt ab' da gerichtet, ab ien' da nach uor kvmt vn̄ sich d' not entredet, man en gilt is im doch nicht, wen man iz nicht entredete, er daz gerichte darub' gienc. Alle lebende dink, daz in d' not nimfte was, daz sal mā enthoubeten. § 2 alle, di deme gerufte uolgen, hal den si uf den cleger vn̄ den vridebrechere, dēnoch, ab he nicht vor wnden wirt, si en lieden dar vmme keine not, daz si in vor gerichte brengen. 2 Phaffē vn̄ iuden, di da wapen vůren vn̄ nicht beschorn en sin nach irme rechte, tut man in gewalt, mā sal in bezzern alse eime leien; wen si en sullen keine wafen vůren, di mit des kvniges vride begriffen sin. 3 Man en sal ub' kein wip richten,

1

(Ldr. III 3 Satz 2 u. 3.) Der mit Schellen und Glöckchen wie ein Narr herausgeputzte Geisteskranke, der auch physiognomisch sehr gut seinen Zustand erkennen läßt, verletzt mit einem hammerähnlichen Gegenstand einen anderen am Kopf. Der Vormund des Geisteskranken zahlt einem Dritten Schadenersatz. Das ist auffallend. Eigentlich sollte man erwarten, daß der Verletzte und der Empfänger des Ersatzes dieselbe Person und als solche durch die Farben ihrer Kleidung gekennzeichnet sind. Der Illuminator hat sich aber offenbar, ohne daß der Text dazu Veranlassung gibt, den Verletzten als ein Kind vorgestellt und das auch in der Größe der Figur ausgedrückt. Zahlungsempfänger ist dementsprechend der Vater oder Vormund dieses Kindes.

2

(Ldr. III 4 § 1 Satz 1.) Rechts steht der Veräußerer, der die veräußerte Fahrhabe, ein Stück Tuch oder ein Kleidungsstück, von dem Besitzer, der den Gegenstand im Arm hält, zurückverlangt, indem er gleichzeitig mit Aufmerksamkeitsgebärde die Veräußerung leugnet. Der Besitzer erstreitet jedoch das Stück mit dem Eid selbdritt.

3

(Ldr. III 4 § 2.) Der Käufer, der das gekaufte Pferd bereits am Zügel hält, zahlt dem Verkäufer den Kaufpreis in die Hand. Er hat zwei Zeugen, die sich als solche durch ihre Schwurfingerhaltung ausweisen, für das Kaufgeschäft mitgebracht. Sie können im gegebenen Falle sowohl den Fahrniskauf wie auch den vertraglichen Ausschluß der Gewährschaft des Verkäufers bezeugen.

4

(Ldr. III 5 § 3.) Im brennenden Stall steht das in Verwahrung gegebene Pferd. Der das Pferd eingestellt hat, steht rechts im Bild und deutet mit Redegebärde und Fingerzeig auf den im Bild dargestellten rechtserheblichen Sachverhalt. Der Verwahrer schwört sich mit dem Eid auf die Reliquien frei, indem er behauptet, an dem Untergang der Sache unschuldig zu sein. Der Vortrag dieser Behauptung wird mit der Redegebärde der Linken angedeutet.

5

(Ldr. III 5 § 5.) Der Pfandnehmer bringt, stellvertretend für das eingegangene Tier, dessen Haut zur »leiblichen Beweisung« (»bewisen«) vor[50] und beschwört seine Unschuld gegenüber dem Pfandgeber, der, wie seine Handgebärden andeuten, die Verpfändung und den Tod des Tieres vorträgt und Ersatz fordert.

die lebende Kinder trägt, darf man keine Strafe vollziehen, die höher geht als an Haut und Haar. Über einen Geisteskranken und über einen Schwachsinnigen darf man ebenfalls keine Strafe verhängen. Wem sie aber einen Schaden zufügen, dem ist ihr Vormund zum Ersatz verpflichtet. 4 § 1 Wenn igendwer zurückfordert, was er verschenkt oder verkauft hat, und, wenn es sich um bewegliches Gut handelt, den Verkauf oder die Schenkung bestreitet, so kann derjenige, der es in Besitz hat, *den Erwerb* selbdritt mit denen, die es sahen, ausreichend beweisen. Mit solcher Zeugenschaft kann jedoch ein Mann den anderen nicht zum Gewährsmann gewinnen, wenn ein Dritter das Gut in seinem Besitz mit dem Anefangsverfahren herausfordert, denn er entzieht sich ihm mit seinem Eineid. § 2 Wer sich zu einem Verkauf bekennt, der ist verpflichtet, Gewährsmann für das zu sein, was er verkauft hat. Denn der ist ein Dieb oder Diebsgenosse, der sich zu einem Verkauf bekennt, die Gewähr aber verneint, es sei denn, er habe sie unter Zeugen ausgeschlossen, als er *die Sache* verkaufte. 5 § 1 Wenn man jemandem offenkundig etwas leiht oder zur Aufbewahrung gibt und er das selbdritt bezeugen kann, daran darf man ihn weder des Diebstahls noch des Raubes bezichtigen. Dreimal *in Abständen von je* vierzehn Nächten soll man jenen vorladen, sein Recht an der Sache zu vertreten, wenn er will. Tut er es nicht, so räumt man jenem den Besitz daran ein, der darauf klagt. Den Gerichtstermin jedoch muß der Besitzer jenem, dem das Gut gehört, ankündigen, nachweisbar zu Haus und zu Hof, wenn er in der Sache ohne Schaden bleiben will. § 3 Wenn jemand seine Habe einem anderen in Verwahrung gibt und es dem gestohlen, geraubt oder verbrannt wird oder – falls es ein Tier ist – stirbt, so darf ihm daraus kein Nachteil entstehen, leistet er einen Eid darauf, daß es ohne seine Schuld geschehen sei. § 4 Was man dem Manne jedoch leiht oder verpfändet, das muß er nach seinem Wert ersetzen oder unbeschädigt zurückbringen. § 5 Stirbt aber ein Pferd oder ein *anderes* Tier während der Verpfändung ohne Verschulden des Pfandbesitzers, weist er es dann vor und legt seinen Eid dazu ab, *so braucht* er keinen Schadensersatz zu zahlen, hat aber seine *eigene* Forderung, für die es

di lebende kint treit, hoger wen czu hut vn̄ czu hare. Vber toren vn̄ vbʼ sinnelosen man en sal man ouch nicht richtē. weme si abʼ schaden, ir vormunde sal daz gelden. 4 § 1 Swer da wider heischet, daz he vor geben adʼ uor kouft hat, vn̄ loukent he des koufes, ab is varnde habe is, ader loukent he der gabe, ienʼ, dʼ si vndʼ im hat, můz si selbe dritte wol behalden mit den, di iz sagen. Mit sulchem geczuge en mac abʼ ein man den anderē czu gewe ren nicht gewinnē, ab ein ādʼ man daz gut vndʼ im anevanget, wen he en ket im mit vnschult. § 2 Swʼ da koufes bekennet, dʼ sal is gewer sin, des he vor kouft hat, wen he is diep adʼ diebes genoz, dʼ des koufes bekennet vn̄ dʼ gewer loukent, he en habe si vz gescheiden mit geczuge, da he si uorkoufte. 5 § 1 Swaz man einē manne liet adʼ tůt czv behaldene offen bar, mac hez geczugen selbe dritte, man en mac in dů be noch roubes nicht dar an geczien. Dries uber vierczen nacht sal mā ienē vor laden, vor czu stene sin gut, ab he wil. en tůt hes nicht, mā geweldiget des ienē, dʼ dar uf claget. den tac sal abʼ kvndegen, dʼ daz gut vndʼ im hat, ieme, des daz gut is, mit v̊rkv̊nde czv huse vn̄ czu houe, ab hes ane schaden bliben wil. § 3 Swelch mā sin gut deme anderē tůt czv behaldene, wirt iz im vor stoln adʼ abgeroubet adʼ uor brant, adʼ stirbet iz, ab iz vie is, he en darf da keine not vmme liden, tůt he sin recht da vor, daz iz ane sine schult geschen sie. § 4 waz mā abʼ deme māne liet adʼ seczet, daz sal he gelden nach sime werde, adʼ he sal iz vn vorterbet widʼ brengē. § 5 Stirbet abʼ phert adʼ vie binnē sazczvnge ane ienes schult, dʼ daz vndʼ im hat, bewiset hez vn̄ tůt he sin recht darczu, he nē gilt is nicht. he hat abʼ sin gelt vor lorn, da iz im

1

(Ldr. II 6 § 1.) Der Knecht im rotbraunen Rock hat im Würfelspiel ein gelbes Kleidungsstück, das hier »sines herren gut« vertritt, an seinen Spielpartner verloren, der wieder (wie auf Bl. 10ʳ/1) 6, 5 und 4 Augen geworfen hat. Der durch sein grünes Kleid und das Herrenschapel kenntlich gemachte Herr fordert es mit »Anefang«51 und mit seinem Eined von dem Gewinner wieder zurück.

2

(Ldr. II 6 § 3.) Aus dem verschlossenen Stall, dessen Tür der Dieb erst öffnen mußte, wird zur Nachtzeit das Pferd des Knechtes gestohlen, während dieser, wie es der Zeichnung nach den Anschein hat, irgendwo außerhalb des Stalles in seinem Bett schläft. Es trifft ihn also kein Mitverschulden. Daher zahlt ihm sein Herr für seinen Verlust Schadensersatz in Geld in sein ausgebreitetes Gewand.

3

(Ldr. III 7 § 3.) Ein Jude wird von einem Christen am Arm verwundet und dann erschlagen. Der Täter, an den Farben seines Rockes erkennbar, wurde danach auf Grund eines gerichtlichen Urteils, dessen Vollstreckung der Richter mit Befehls- und Redegestus gebietet, hingerichtet. Der Henker wischt mit seinem Rockzipfel das Blut vom Richtschwert.

4

(Ldr. III 7 § 4 Satz 1.) Neben dem Richter sind ein Kelch und ein Buch zu sehen, die bei dem gefesselt vorgeführten Juden gefunden wurden. Der rot gekleidete Kläger trägt die Anklage vor, wie die Gebärdensprache seiner linken Hand vermuten läßt; der Richter verkündet das Urteil, auf Grund dessen der Jude in der linken Bildhälfte mit verbundenen Augen an einem noch sehr altertümlichen Gabelgalgen aufgehängt wird.

5

(Ldr. III 8.) Links die Burg mit ihren Bewohnern und schräg darüber die Lilie als Friedenssymbol. Vor der Burg die »wehrhaften Leute« des Fürsten, die ihrem Herrn folgen. Dieser reitet, was wegen der grüngekleideten, mit einer Armbrust bewaffneten Figur ganz rechts im Bilde anzunehmen ist, auf die Jagd. Zwischen diesem Mann und dem Fürsten wieder das Friedenssymbol, auf das der Fürst hindeutet, so die Beziehung zum Text herstellend.

seine Sicherung darstellte, verloren, ihre Vereinbarung laute denn anders. 6 § 1 Verspielt ein Knecht seines Herrn Gut beim Würfelspiel oder versetzt oder verkauft er es, dann kann der Herr es auf dem Rechtswege zurückfordern, wenn er sein Eigentum daran nach den rechtlichen Bestimmungen nachweist. § 2 Verspielt *der Knecht* indessen sein eigenes Vermögen oder wird er es auf andere Weise aus freien Stücken los, dann kann der Herr keine Forderung darauf geltend machen, denn er ist ihm nicht ersatzpflichtig, wenn er ihm auch die Erstattung seines Verlustes fest zugesagt hat. § 3 Wird *dem Knecht* dagegen in des Herrn Dienst sein Pferd oder etwas anderes von seiner Habe ohne sein Verschulden gestohlen, oder geraubt, so muß das der Herr erstatten. Dafür muß man sich dem Herrn auch zur Verantwortung stellen, wenn er darauf klagt. 7 § 1 Der Jude braucht des Christen Gewährsmann nicht sein, er wolle denn die Verantwortung an des Christen Stelle übernehmen. § 2 Erschlägt der Jude einen Christen oder begeht er ein Verbrechen, bei dem er ergriffen wird, so richtet man über ihn wie über einen Christen. § 3 Erschlägt der Christ einen Juden, wird er gleichfalls verurteilt, weil er den Königsfrieden an ihm gebrochen hat. Diesen Frieden erwarb ein Jude, der Josaphus hieß, von dem König Vespasianus, als er dessen Sohn Titus von der Gicht heilte. § 4 Kauft der Jude oder nimmt er zu Pfande Kelche, Bücher oder Priestergewänder, wofür er keinen Gewähren hat, und findet man es in seinem Besitz, so verurteilt man ihn wie einen Dieb. Wenn er irgendwelche anderen Sachen unverhohlen und unverstohlen bei Tageslicht und nicht in verschlossenem Hause kauft und dies selbdritt beweisen kann, dann behält er mit seinem Eineide sein Geld, das er dafür zahlte oder darauf auslieh, auch wenn *die Ware* gestohlen ist. Fehlt es ihm an diesem Zeugenbeweis, dann verliert er sein Geld. 8 Man sagt, Burgen und Fürsten hätten keinen Frieden, den man an ihnen brechen könnte, wegen der Wehranlagen, welche die Burgen haben und wegen der wehrhaften Leute, welche

vor stůnt, ir gelubde en stunde dēne anders. 6 § 1 Vor to pelt ein knecht sines herren gut ad` vorseczt hez ad` vo‍rkouft hez, d` h`re mac iz wol wid` vordern mit rech te, daz he sich dar czu czi, alse recht is. § 2 vor topelt he ab` sines selbes gut, ad` czu welch` wis hes geloset mit willē, d` herre ne mac da nicht uf geuordern, wen he en is iz im nicht phlichtic czu geldene, al habe he im sin v`lisē gesazt. § 3 Wirt ab` im sin phert ad` and` sin gut vor stoln ad` ab geroubet in des h`ren dienste ane des knechtes schult, daz můz d` h`re gelden. da uor můz man ouch dem h`ren antwerten, ab he dar uf claget. 7 § 1. Der iůde ne můz des kristenē mānes ge wer nicht sin, he ne wolle antwertē an kristenes mānes stat. § 2 Slet d` iůde einē kristenē man ad` tut he vngerichte, da he mite begriffen wirt, mā richtet vb` in alse ub` einē kristenē. § 3 slet ouch d` kristene einē iůden, mā richtet ub` in, wen he des kvniges vride an im gebrochē hat. Disen vride irwarp ein iůde, d` hiz Jo saphus, wid` den kůnic vespasianū, do he sinē svn tytū gesunt machete von d` gicht. § 4 Kouft d` iůde ad` nimt he czu phande kelche, bucher ad` gerwe, da he keinē ge wern an hat, vint mā iz in sinē gewern, man richtet vb` in alse ub` einē diep. swaz he anders dinges kov fet vnuorholn vn vnvorstoln bi tages lichte vn nicht in beslozzenē huse, mac hez geczugē selbe dritte, he behelt sine phenñige dar an, di he dar vmme gap ad` dar uf tet mit sime eide, ab iz wol vorstoln is. gebricht im an deme geczuge, he vorluset sine phenñige. 8 Man sait, daz bůrge vn vorsten keinē vride ne sullen habē, den man an in gebrechē můge, durch di were, di die bůrge haben, vn durch di werhaften lůte, di di vorstē

1

(Ldr. III 9 § 1.) Die erste Figur links ist der Kläger, der im Begriff steht, den mit den Armen auf dem Rücken gefesselten Beklagten wegzuführen. Diesen hält aber der Mann im rot-grün-geteilten Rock, der für ihn die Gestellungsbürgschaft übernommen hat, zurück, indem er ihn mit der Rechten am Oberarm packt, während er gleichzeitig mit der linken Hand auf den Richter zeigt, der hier das Gericht repräsentiert. Mit diesen Gebärden bringt der Bürge zum Ausdruck, daß er den Beklagten nicht der Gewalt des Klägers überlassen will, indem er dafür einsteht, »ihn vor Gericht zu bringen«.
Der Kläger zeigt mit der rechten Hand nach unten auf die nächste Bildzeile, um ebenso wie die mit dem Bildbuchstaben beginnenden Worte des Textes »Czu der selben wis...« einen inhaltlichen Zusammenhang anzudeuten.

2

(Ldr. III 9 § 2 Satz 2.) Dargestellt ist der Bruch des für sich selbst gelobten Friedens und dessen Folgen. Die linke, in den gelb-grün geteilten Rock gekleidete Figur der Mittelgruppe gelobt dem auffallenderweise gleichgekleideten Partner »für sich selbst«, also nicht als Bürge für einen anderen[52], den Frieden. Sie bedient sich dazu der Gebärde der Handreichung. Gleichzeitig aber tut der Gelobende die Absicht kund, diesen Frieden zu brechen, indem er das Friedenssymbol, die Lilie, knickt. Sein Kontrahent deutet warnend auf den Hingerichteten zu ihren Füßen, dem es »an den Hals gegangen«[53] ist, weil er ebenfalls den für sich selbst gelobten Frieden gebrochen hat. Die Verwandtschaft seines Falles mit dem der beiden Kontrahenten wird durch das Gelb seines langen Büßerhemdes angedeutet, das dem Gelb der zweigeteilten Röcke der Stehenden gleicht.
Die Nebenfiguren des Bildes sind der Henker, der wieder gerade das Blut nach der Hinrichtung von seinem Schwert wischt, und zwei Zeugen[54], deren einer doppelt vorkommt, rechts als Beobachter des Gelöbnisvorgangs, links, um dem Henker mit Fingerzeig anzudeuten, daß der vor ihm stehende Friedensbrecher als sein nächstes Opfer in Betracht kommt.

3

(Ldr. III 9 § 5.) Mit auf dem Rücken gefesselten Händen steht links im Bild der einer Straftat wegen Angeklagte.

Sein Befreier neben ihm deutet den Akt der gewaltsamen Befreiung dadurch an, daß er den Gefangenen mit gegen das Gericht erhobenem Schwerte gewissermaßen aus der Szene hinausschiebt. Das Gericht wird hier durch den Richter und den Fronboten repräsentiert. Der Befreier des Gefangenen wird an der beabsichtigten Gewaltanwendung von dem an der Seite des Richters stehenden Fronboten gehindert, der damit die ihm bei den Gerichtsverhandlungen obliegende Polizeifunktion ausübt[55]. Er fällt dem Täter in den erhobenen Schwertarm und schreit dabei das Gerüft, was durch das geschulterte blanke Schwert symbolisch dargestellt ist. Die Wappenschilde gehören zu dem Gefangenen und seinem Befreier und sollen lediglich besagen, daß beide ritterbürtig sind, ohne daß allerdings ein Grund zu dieser Aussage in Bild oder Text erkennbar wäre.

4

(Ldr. III 10 § 1.) Der Bürge hat den Toten vor Gericht gebracht und läßt ihn gewissermaßen seine Anwesenheit selber vermelden, indem er des Toten Arm hebt. Mit Redegestus seiner linken Hand erklärt er sich seiner Bürgschaftspflicht ledig, was vom Richter dadurch bestätigt wird, daß er auf den erhobenen Arm des Toten zeigt und dazu mit der anderen Hand die Redegebärde macht.

5

(Ldr. III 10 § 3.) Das Bild, dem wohl nur aus Versehen der Bildbuchstabe fehlt, ist durch den Text hinreichend erklärt.

bei sich zu haben den Fürsten gebührt. Das trifft jedoch nicht zu. Denn wer den Fürsten Frieden gelobt und ihnen treuepflichtig ist, über den soll man Gericht halten, wenn er den Frieden bricht. 9 § 1 Wer eines Mannes Bürge wird, ihn vor Gericht zu bringen, und seiner nicht habhaft werden kann, wenn er ihn vorführen soll, der muß Ersatz leisten nach *dem Wert dessen, um das der andere* verklagt war, weil dieser in der Streitsache unterlegen ist. Geht diesem die Klage aber an das Leben, so muß *der Bürge* sein Wergeld zahlen. Das erhält der Kläger und nicht der Richter. Sein Gewette bekommt er aber davon. § 2 Auf die gleiche Art ist *der Bruch* des Friedens zu büßen, den einer für den anderen gelobt. Bricht dagegen jemand den Frieden, den er für sich selbst gelobt, dann geht es ihm an den Hals. § 3 Wird jemand eines Mannes Bürge, ihn vor Gericht zu bringen, und erscheint der Mann dort ohne den Bürgen und erbietet sich zum Gerichtsverfahren und vermag er das zu bezeugen, dann ist der Bürge frei. § 4 Verbürgt sich irgendwer, einen Gefangenen auszuliefern, so darf nur der Bürge und nicht der Gefangene den Beweis dafür erbringen, daß er dem Gelübde *des Bürgen* entsprechend ausgeliefert sei. § 5 Wer einen wegen eines Verbrechens Angeklagten mit Gewalt dem Gericht entführt und gefaßt wird, den trifft die gleiche Strafe wie jenen. Entkommt er aber, so verfestet man ihn alsbald, wenn er bei der Tat mit dem Gerüft beschrien wurde und man das bezeugen kann. 10 § 1 Hat jemand zu festgesetzter Zeit einen wegen einer Straftat Angeklagten dem Gericht vorzuführen und stirbt dieser unterdessen, dann führe er ihn also tot vor und sei frei. § 2 Ist er aber wegen einer Geldschuld beklagt, die ihm noch nicht *gerichtlich* aufgelastet ist, und stirbt er während der Frist, dann braucht man ihn nicht vor Gericht zu bringen, wenn der Bürge selbdritt seinen Tod bezeugen kann. Sein Erbe muß aber für die Schuld einstehen. § 3 Stirbt ein Pferd oder ein Tier, das man vorführen soll, so bringe der Bürge die Haut vor Gericht und sei frei. 11 Wer für Eide Bürgen stellt und stirbt, bevor er den Eid abzulegen hat, für den muß sein Erbe oder sein Bürge den Eid leisten zur

vůren suln. des in is doch nicht. wen swer den vorsten vride gelobet vn̄ in truwe phlichtic is, bricht he den vride, man sal vbʼ in richtē. 9 § 1 Swer da bůrge wirt eines mānes, in vor gerichte czu brengene, vn̄ ne mac he sin nicht gehabē, alse he in vorbrengē sal, he můz bezzern da nach, daz he beclaget was, wen he an dʼ clage gewnnē is. get im abʼ di clage an den lip, he můz geben sin wʼgelt. daz wirt deme cleger vn̄ nicht deme richter. sin gewette hat abʼ he daran. § 2 Czu dʼ selben wis sal man den vride bezzern, den ein mā vor den andern gelobit. bricht abʼ ein man den vride, den he vor sich selbe gelobit, iz get im an den hals. § 3 wer abʼ bůrge wirt eines mānes, uor gerichte en czu brengene, kvmt dʼ man vor ane den bůrgē vn̄ bůt he sich czu rechte vn̄ mac hez geczugē, sin burge is ledic. § 4 Swer abʼ borget, einē gevangenē man widʼ czu antwertene, daz můz dʼ bůrge wol uol brengē, daz he widʼ geantwertet si, alse sin gelůb de stunt, vn̄ nicht dʼ gevangene mā. § 5 Swelch mā einē beclagetē man vmme vngerichte geweldeclichē deme gerichte entvoret, wirt he geuangē, he lidet gliche pine ieneme. kvmt abʼ he en wec, man vor vestet in czv hant, ab he in dʼ tat mit deme gerůfte beschriet is vn̄ mā daz geczugen mac. 10 § 1 Sal ein man czv bescheidenē tagē einē vor gerichte brengen, dʼ vmme vngerichte beclaget is, stirbit he dar vndʼ, he brenge in alse tot vor vn̄ si ledic. § 2 Is he abʼ vmme schult beclaget, di noch vf in nicht bracht en is, stirbit he in deme tage, man en sal in nicht vor brengē, ab dʼ bůrge selbe dritte sinē tot geczugē mac. sin erbe sal abʼ antwertē vor di schult. § 3 Stirbet phert adʼ vie, daz man vor brengen sal, dʼ bůrge brenge di hut vor vn̄ si ledic. 11 wer abʼ vor eide burgen seczt, stirbet he, er he den eit tvn sulle, sin erbe adʼ sin burge můz den eit vor in tvn czu

1

(Ldr. III 12 § 2.) Der Angeklagte in der Mitte des Bildes schiebt vier von fünf gleichzeitig gegen ihn aufgetretenen Klägern von sich, da er sich vorerst mit ihnen nicht abzugeben braucht. Die Abgewiesenen verdeutlichen diese Situation mit ihren Handgebärden, insonderheit dadurch, daß sie aus dem Bilde hinauszeigen, was heißen soll, daß sie jetzt zunächst abzutreten haben. Mit der Linken weist der Angeklagte auf den »ersten« Kläger, mit dem er es vorderhand alleine zu tun haben will. Dieser, neben dem Richter stehend, macht seine Rolle mit der Haltung seiner linken Hand kenntlich und deutet auf den Angeklagten zurück, um die Bildaussage leichter verständlich zu machen. Der Kleidung nach ist es der Fronbote, der hier in einer Strafsache als Offizialkläger[56] auftritt und wohl schon deshalb die erste Stelle in der Schar der Kläger einnimmt.

2

(Ldr. III 13.) Dem Richter steht der Kläger alleine gegenüber und erhebt mit Zeige- und Klägergebärde Klage gegen den abwesenden Beschuldigten, den der Richter mit Befehls- und Recegestus vorlädt.

Bei der Dreiergruppe auf der linken Bildhälfte steht in der Mitte der Beschuldigte im grün-weiß quergestreiften Rock. Ihn nimmt der Kläger fest, indem er ihn am linken Oberarm packt und dazu mit der anderen Hand eine befehlende Gebärde macht. Wenn hier der Kläger trotz seiner Identität mit der Figur, die dem Richter gegenübersteht, auffallend anders gekleidet ist, so soll mit dieser Veränderung wohl ebenso wie dadurch, daß er der Gerichtsszene den Rücken zukehrt, ausgedrückt werden, daß der Vorgang der linken Bildhälfte sich außerhalb des Gerichts abspielt.

Der Beschuldigte seinerseits zieht am Arm seinen Bürgen herbei und stellt ihn gleichsam dem Kläger vor, indem er sein Gesicht zu diesem zurückwendet und auf den Bürgen deutet, der mit der Gelöbnisgebärde sein Bürgschaftsversprechen abgibt.

3

(Ldr. III 15 § 1.) Die beiden Anspruchsberechtigten vergleichen sich vor Gericht, indem der eine dem anderen eine Geldabfindung in sein aufgehaltenes Kleidungsstück zahlt. Der Zahler fordert von dem links im Bild stehenden Besitzer des Gutes, der seinen Besitz durch das Umfassen der Ähren versinnbildlicht, die Herausgabe, die der Besitzer ihm bisher verweigert hat, was er dadurch zum Ausdruck bringt, daß er seine linke Hand unter der rechten Achsel verbirgt.

4

(Ldr. III 15 § 2.) Der Mann in der Mitte des Bildes zahlt an den Richter das »Gewette«, an den Erbteilsberechtigten eine Buße. Die »Gerade« ist durch eine Schere, das »Heergewäte« durch ein Schwert, das »erbe« in einer für diese Stelle wohl zu engen Deutung als »Grundstück« durch vier Halme symbolisiert.

5

(Ldr. III 16 § 3.) Dem Reichsächter steckt ein Schwert mit einer Krone, dem verfesteten Mann ein Schwert mit gewöhnlichem Griff im Hals. Beide treten vor Gericht als Kläger auf, wie sich aus dem Klägergestus des Reichsächters ergibt. Ihre Klage richtet sich gegen den Mann vor ihnen, weshalb sie mit Fingern auf ihn zeigen. Der Beklagte lehnt es mit Verweigerungsgebärde ab, ihnen zu antworten, wobei er fragend auf den Richter blickt, der mit seinen Handgebärden die ablehnende Haltung des Beklagten als rechtmäßig bestätigt.

abgemachten Zeit, oder die Schuld, für die der Eid vereinbart war, ist zu Lasten des Bürgen gewonnen. 12 § 1 Wenn jemand gegen den anderen klagt und dieser wiederum gegen ihn, dann ist der, der zuerst klagt, nicht verpflichtet, auf jenes Klage einzugehen, er habe sich denn zuvor seiner entledigt[1]. § 2 Klagen mehrere Leute einer Straftat wegen gegen einen Mann, so braucht er sich mit keinem von ihnen *vor Gericht* einzulassen, bevor er mit dem ersten fertig ist. Wird die Klage aber auch vertagt, so braucht er einen Bürgen nur für sein *einfaches* Wergeld zu stellen, obwohl der Klagen mehrere sind. 13 Wird jemand wegen eines Verbrechens vor Gericht angeklagt, ohne daß er zugegen ist, und unter Fristsetzung vorgeladen und kommt ihm während dieser Frist der Kläger bei, so darf er ihn auf Grund seiner Anklage durchaus zu Recht solange festsetzen, bis er für sein Erscheinen vor Gericht Bürgen stellt. Denn der Richter wirkt Frieden dem, der klagt, und nicht dem, den man in Abwesenheit vorlädt. 14 § 1 Solange jemand sich nicht zu seines Vorsprechers Wort bekennt, soll ihm aus den Worten seines Vorsprechers kein Schaden erwachsen. § 2 Wer einer Straftat wegen angeklagt wird, der bitte zuerst um Gewähr. Solange die Gewähr nicht zugesagt ist, solange kann der Kläger seine Klage verbessern und danach nicht *mehr*. 15 § 1 Wenn zwei *Leute* nach dem Dreißigsten auf ein *und dasselbe* Gut Anspruch erheben, darf der Besitzer es keinem von ihnen herausgeben, sie verglichen sich denn in Güte oder einer von ihnen wiese den anderen vor Gericht mit Recht ab. § 2 Wer sich zu Unrecht weigert, Heergewäte oder Gerade oder Erbteil nach dem Dreißigsten herauszugeben, der muß dafür das Gewette oder Buße zahlen, wenn man ihn deshalb vor Gericht beschuldigt. § 3 Wird ein Gut von zwei Männern beansprucht und fordert es der Richter vor Gericht, dann muß man es ihm herausgeben und er soll es in seinem Gewahrsam behalten, bis sie sich darüber einigen wie es Rechtens ist. Jener aber, der es dem Richter herausgab, sei davon befreit. § 4 Wer Heergewäte fordert, der muß immer von väterlicher Seite dazu geboren sein. 16 § 2 Rechtlose Leute können keinen Vormund haben.

1 durch Beendigung des eigenen Verfahrens

gelobeter czit, ad` di schult is uf den bůrgen gewnnē, da d` eit vor gelobit was. *12 § 1* Swer uffe den anderen claget vn̄ ien` wider uf in, d` alrest claget, d` en hat ieme nicht czu antwertene, he ne si von im alrest ledic. § 2 klagen vil lůte uf einē man vngerichte, he en hat ir keime nicht czu antwertene, er he des erstē ledic si. wirt ouch di clage getaget, he en darf keine burgē seczen, wē vor sin wergelt, al si d` clage vil. *13* Wirt ein mā durch vngerichte vor gerichte beclaget, da he nicht czu antwerte is, vn̄ wirt im vor geteidinget, kvmt d` cleger in an in den teidingē, he můz in wol bestetigen czu rechte durch sine schuldegunge also lange, biz he burgē secze vor czu kvmene. wen d` richter wirket vride deme, d` da claget, vn̄ nicht deme, den man an sine kegenw`te vor ledet. *14 § 1* ab d` man an sines uorsprechen wort nicht en giet, di wile blibe he ane schaden sines vorsprechē worte. § 2 wer durch vngerichte beclaget wirt, d` bitte czu erst d` gewere. di wile di gewer vngelobet is, so mac d` cleg` bezzeren sine clage vn̄ da nach nicht. *15 § 1* Ab so czwene uf ein gut sprechen nach deme drizegesten, ien`, d` iz vnd` im hat, d` en sal iz ir keime antwertē, si ne vor ebenē sich mit minnen, ad` ir ein en wise den anderen ab vor gerichte mit rechte. § 2 Swer so hergewete ad` gerade ad` erbe nach deme drizegesten weigert mit vnrechte czu gebene, schuldeget man in dar vmme vor gerichte, he můz da uor wetten vn̄ buze geben. § 3 Is ein gut von czwen mannē an spreche, heischet iz d` richter czv rechte, man sal iz im antwertē, vn̄ he sal iz vnder im habē, biz si sich dar vmme bescheiden nach rechte, vn̄ ien` si is ledic, d` iz deme richte` antwertete. § 4 Swer so her gewete vordert, d` sal ie von swert halben darczu geborn sin. *16 § 2* Rechtelose lůte en sullen keinē vormundē haben.

1
(Ldr. III 17 §§ 1, 2.) Der Verfestete, dem wieder zum Zeichen der Acht ein Schwert durch den Hals geht, »zieht sich« mit dem Eid auf das Heiltum aus der Verfestung. Gleichzeitig schiebt er dem Richter einen Mann zu, der sich mit Gelöbnisgebärde zur Übernahme der Gestellungsbürgschaft bereiterklärt. Im Hintergrund stehen noch weitere Bürgen bereit, die sich ihm mit Gelöbnisgebärde für andere Orte zur Verfügung stellen, d. h. das Bild spielt mit der Mehrzahl der Bürgen auf die Mehrheit der Orte an, an denen sich der Verfestete dem Text zufolge aus der Verfestung befreien kann.

2
(Ldr. III 18 § 1.) Der Verfestete, der vor Gericht – hier wieder durch den Richter vertreten – seine Lösung aus der Verfestung behauptet hat, beweist dies mit dem Fronboten, der, wie immer, in einem rot-weiß-grün quergestreiften Rock und mit seinem Attribut, der Geißel, auftritt, und zwei weiteren Zeugen.

3
(Ldr. III 18 § 2.) Der unter Königsbann Verfestete hat den Richter und zwei Schöffen – die als solche hier jedoch nicht besonders kenntlich gemacht sind – zu Zeugen gewonnen.

4
(Ldr. III 20 § 2.) Links derjenige, der einen fremden Acker ohne Berechtigung pflügt. Seine Pferde werden von dem rechtmäßigen Besitzer gepfändet, indem er sie am Zügel faßt und mit Redegebärde die Pfändung ausspricht. Daß dies »ohne die Erlaubnis des Richters« geschehen darf, wird hier dadurch veranschaulicht, daß der Fronbote als Vertreter des Richters[57] auftritt und den »Trauergestus« macht, der an dieser Stelle wieder Ausdruck eines Rechtsmangels ist.

5
(Ldr. III 21 § 1.) In der rechts vom Richter stehenden Gruppe stellt die vordere Figur denjenigen dar, der den Anspruch geltend macht. Er tut dies mit einer etwas nachlässig ausgefallenen Redegebärde seiner linken Hand. Exakter ist diese Geste bei dem linken Flügelmann der Gegenpartei, der dort den Forderungsberechtigten darstellt.

Beide Parteien sind mit der gleichen Anzahl von Zeugen erschienen. Durch die Stellung des Richters im Bilde und die nach beiden Seiten gleichmäßig weisenden Sprechgebärden seiner Hände wird zum Ausdruck gebracht, daß er das Gut unter beide Parteien zu gleichen Teilen aufteilt.

§ 3 Reichsächtern und verfesteten Leuten braucht sich in dem Gerichtsbezirk, in dem sie verfestet sind, niemand zu verantworten. 17 § 1 Ein Verfesteter darf sich an allen Orten in dem Gerichtsbezirk, in dem er verfestet ist, *von der Verfestung* lösen. Genauso wie man die Klage an allen Orten erheben darf, genauso darf man sich an allen Orten lösen. § 2 Bürgen aber muß er *dafür* stellen, daß er vor Gericht erscheint. Hat er keinen Bürgen, soll ihn der Richter festhalten, bis er seine Rechtspflicht erfüllt. 18 § 1 Wer vor Gericht behauptet, er habe sich aus der Verfestung gelöst, und das nicht mit dem Richter oder dem Schultheißen oder an des Richters Stelle mit dem Fronboten und *weiteren* zwei Mann beweist, gegen den braucht der Kläger die Verfestung nicht mehr zu bezeugen. § 2 Wer aber unter Königsbann verfestet wird, der bedarf zweier Schöffen und des Richters als Zeugen, wenn er sich daraus löst. 19 Freie Leute und Reichsdienstmannen dürfen vor dem Reichshofgericht – jeder von ihnen nach seinem Recht – Zeuge sein und Urteil finden, weil sie dem Reiche huldigen. Es darf jedoch des Reiches Dienstmann über den Schöffenbarfreien weder Urteil finden noch Zeuge *gegen ihn* sein, sofern es an sein Leben oder seine Ehre oder an seine Gesundheit geht. 20 § 1 Wenn jemand, ohne es zu wissen, des anderen Land pflügt, dann entsteht daraus keine Erstattungspflicht. Wer aber Land pflügt, auf das er für sich Anspruch erhebt und das ihm auf dem Rechtswege abgewonnen wird, der muß Entschädigung zahlen. § 2 *Der rechtmäßige Besitzer* darf überdies auf seinem Lande demjenigen, der das Land pflügt, ohne des Richters Erlaubnis ein Pfand abnehmen, um damit zu seinem Recht zu kommen. § 3 Mit Ackern kann niemand sein Leben noch seine Gesundheit verwirken, es sei denn, daß ihm das Land vor Gericht aberkannt und Friede darüber gewirkt ist. 21 § 1 Erheben zwei Männer auf ein Gut einen *rechtlich* gleichwertigen Anspruch und erhärten sie das mit gleichwertigem Zeugnis, dann soll man es unter ihnen teilen. Bei dieser Beweiserhebung sollen die Nachbarn entscheiden, die in dem Dorfe ansässig sind.

§ 3 Des riches echtern vn̄ voruesten lůten en darf nimant ant wertē in deme gerichte, da si voruest sin. 17 § 1 Ein vorust man mŭz sich wol uz czien in allen steten in deme gerichte, da he inne vor uest is. czu glicher wis, alse man di clage irhebē mŭz in allen steten, alse mŭz ouch ein man sich wol vz czien in allen steten. § 2 bůrgen sal he abʼ seczen, daz he vor kvme. en hat hes bůrgen nicht, dʼ richter sal in halden, biz he rechtes gephlege. 18 § 1 Swer so vor gerichte saget, he habe sich uz dʼ voruestunge geczogen, vn̄ volkvmt hes nicht mit deme richtere adʼ mit deme schultheizen adʼ mit deme vronenbotē an des richters stat vn̄ mit czwē mannē, dʼ cleger en darf keine voruestunge me vf in geczugen. § 2 Swer abʼ vndʼ kvniges banne voruest wirt, der bedarf czweier schephen vn̄ des richters czv geczuge, swen he sich vz czuyt. 19 Vrie lůte vn̄ des riches dinest man mŭzen wol vor deme riche geczuk sin vn̄ orteil vinden, durch daz si deme riche hulde tvn, er iclich nach sime rechte. doch en mŭz des riches dinest man vbʼ dē schephen vrien man wedʼ orteil vinden noch geczŭk wesen, da iz an sinē lip adʼ an sin ere adʼ an sin gesunt get. 20 § 1 Swer des anderē lant vnwizzende ert, da en volget kein wandel nach. swer aber lant eret, daz he im czu saget, wirt iz im mit rechte an gewnnē, he mŭz iz bezzern. § 2 he mŭz ouch wol phenden vf sime lande den, dʼ daz lant eret, ane des richters orlop, durch daz he rechtes mite bekv̊ me. § 3 Mit erene en mac sinē lip noch sin gesunt nimant vor wirken, iz en si denne also, daz im daz lant vor ge richte vor teilt si vn̄ vride dar vber geworcht si. 21 § 1 Sprechen czwene man ein gut an mit glicher an sprache vn̄ daz mit glicheme geczuge behalden, man sal iz vn der si teilen. disen geczŭk sullen die vmme sezzen bescheiden, di in deme dorfe besezzen sin.

1
(Ldr. III 21 § 2.) Rechts ist der Vollzug des Kaltwasserordals (iudicium aquae frigidae) mit allen seinen wesentlichen Elementen dargestellt. Der Proband liegt entkleidet in einer mit Wasser gefüllten Bütte und wird an einem um den Leib gebundenen Strick gehalten, doch so, daß er auch untersinken, dann aber sofort herausgezogen werden kann, um nicht ertrinken zu müssen. Er ist, im Gegensatz zu manchen überlieferten Vorschriften für dies Ordal, nicht gebunden. Ein Priester, dessen Anwesenheit regelmäßig zu dem Ritual gehörte, steht hinter der Bütte. Die dritte Figur ist die Gegenpartei, die mit Redegestus den ihrerseits behaupteten Anspruch geltend macht und dabei auf den Ordalvorgang zeigt, von dessen Ausgang die Entscheidung für oder gegen sie abhängt. Ob Untersinken oder Obenschwimmen für den Beweisführer spricht, ist zu verschiedenen Zeiten und an verschiedenen Orten anders beurteilt worden[58].
Links im Bild schwören Kläger und Beklagter, daß sie richtig angegeben haben, inwieweit das Grundstück ihnen gehört.

2
(Ldr. III 22 § 1.) Der Entleiher in der Mitte bekommt von seinem Nachbarn zur Rechten einen Rock, von dem zur Linken durch Einhändigung des Zügels ein Pferd geliehen. Die beiden Verleiher setzen mit Aufmerksamkeitsgestus die Leihfrist fest.

3
(Ldr. III 23.) In einem Hause wird ein Verfesteter beherbergt und gespeist. Der Wirt reicht seinem Gast Brot und in einem Gefäß etwas zu trinken. Rechts leistet der Gastgeber seinen Reinigungseid und braucht deshalb dem Richter das Gewette nicht zu zahlen.

4
(Ldr. III 25 § 1.) Links stehen drei, in der Mitte einer der Schöffen. Der neue Richter erklärt mit Redegebärde und dadurch, daß er zusammen mit einem der Schöffen die Schwurfinger auf das Heiltum legt, daß er berechtigt ist, Gerichtszeugnis auch über das abzulegen, was unter seinem Amtsvorgänger geschehen ist, der tot zu seinen Füßen liegt.

5
(Ldr. III 25 § 2.) Der Richter deutet auf das Marktkreuz des Ortes, für den sein Gericht zuständig ist. Links ein Beklagter, der nicht in diesen Bezirk gehört, und sich deshalb weigert, zu »antworten«, indem er dem Kreuz und dem Richter (= Gericht) den Rücken zukehrt und die Gebärde der Antwortverweigerung macht.

oder leiste darin Bürgschaft. 26 § 1 Der König ist überall Richter. § 2 In einem auswärtigen Gerichtsbezirk stellt sich kein schöffenbarfreier Mann zum Zweikampf. In dem Gerichtsbezirk muß er sich *zum Kampf* stellen, in welchem sein Stammgut gelegen ist. Hat er da einen Schöffenstuhl, so ist er dort auch dingpflichtig. Wer einen Schöffenstuhl dort nicht hat, der soll des obersten Richters Gericht aufsuchen, wo er seinen Wohnsitz hat. § 3 Diesen Stuhl vererbt der Vater auf den ältesten Sohn; wenn er keinen Sohn hat, auf seinen ältesten und nächsten ebenbürtigen Verwandten von Vaters Seite. 27 Wenn jemand eine Frau zur Ehe nimmt ohne zu wissen, daß er sie nicht haben darf, und Kinder mit ihr gewinnt, dann schadet das, wenn sie später rechtmäßig geschieden werden, den Kindern, die vor der Scheidung geboren sind, und dem, das die Mutter trägt, an ihrer Rechtsstellung nicht. 28 § 1 Wenn man jemandem nachsagt, er sei rechtlos von Geburt oder *auf Grund seines* Gewerbes, so muß das, wer es behauptet, zu siebt mit vollkommen rechtsfähigen Leuten gegen ihn bezeugen. Doch kann der Mann seine Ehelichkeit und seine Rechtsfähigkeit mit Zeugen leichter beweisen als man sie ihm mit dem Zeugenbeweis absprechen kann. § 2 Sagt man jedoch, er habe seine Rechtsfähigkeit mit Diebstahl oder mit Raub verloren, so muß der Richter das selbsiebt beweisen. 29 § 1 Kein Schöffenbarfreier braucht sein Stammgut nachzuweisen oder seine vier Ahnen zu benennen, er fordere denn seinen Standesgenossen zum Zweikampf. Man kann sein Recht an seinem Stammgut sehr wohl mit dem Eide dartun, auch wenn man es nicht in Besitz hat. § 2 Wo zwei Leute ein Erbteil erhalten sollen, da soll der älteste teilen, der jüngste wählen. 30 § 1 Auf den Vorsprecher muß verzichten, wer sich selber verantwortet. Solange man sich mittels eines ordentlichen gerichtlichen Verfahrens und mit *seinem* Eide weigert, sich *vor Gericht* zu verantworten, solange hat man sich nicht verantwortet. § 2 Der Richter soll allen Leuten ein unvoreingenommener Richter sein. Urteil soll er weder finden noch schelten. 31 § 1 Was man dem anderen schuldig ist oder nimmt,

richte dar inne adʾ vor borge sich dar inne. 26 § 1 Der kv nic is richter ubʾ al. § 2 In keime vz wendigeme ge richte ne antwertet kein schephenbar man czu kam phe. In deme gerichte můz he antwertē, da sin hant gemale inne lit. hat he schephen stul da, he is ouch dincphlichtic dar. Der schephen stules da nicht en hat, dʾ sal des hogesten richters dinc suchen, wo he wō haft is. § 3 Disen stul erbet dʾ vater vf den eldestē svn, ab hes svnes nicht en hat, vf sinē eldesten vn̄ nesten ebenburtigen swert mac. 27 Swer ein wip czv e nimt vnwizzende, dʾ he nicht haben en můz, vn̄ kindere bi ir gewinnet, werden si sider gescheiden mit rechte, iz in scha dit den kinderē nicht czu irme rechte, di er dʾ scheidunge geborn sin, noch deme, daz di muter tregit. 28 § 1 Swen mā vnecht saget von gebůrt adʾ von ammichte, daz můz vf in geczugen, dʾ daz saget, selbe sibende mit volkume nen lůten an irme rechte. Doch můz dʾ man sin echt vn̄ sin recht baz behalden mit geczůge, dēne man in dar ab vor czugen muze. § 2 Spricht man abʾ, daz he sin recht vor lorn habe mit důvbe adʾ mit roube, daz můz dʾ rich ter geczugen selbe sibende. 29 § 1 kein schephenbar mā nen darf sin hantgemal bewisen noch sine vier anen be nennen, he en spreche dēne sinen genoz mit kamphe an. Der man můz sich wol czu sineme hantgemale mit eide czien, alleine en habe hes vndʾ im nicht. § 2 Swo czwene man ein erbe nemen sullen, dʾ eldeste sal teilen, dʾ iungeste sal kisen. 30 § 1 vor sprechen sal he dar ben, dʾ selbe antwertet. di wile sich dʾ man antwerte weret mit orteiln vn̄ mit rechte, so nen hat he nicht geantwertet. § 2 Der richter sal ouch glich richter sin al len lůten. orteil nen sal he vinden noch schelden. 31 § 1 Swaz ein man deme anderen schuldic is adʾ nimt, da můz

1

(Ldr. III 31 § 1.) Der Verstorbene weist sich mit dem Klägergestus als Inhaber eines Rechtsanspruchs aus, den er geltend machen könnte, wenn er noch lebte. An seiner Stelle tut dies jetzt mit derselben Gebärde sein zu seinen Füßen stehender Erbe gegenüber dem vor ihm stehenden Schuldner, der mit der Redegebärde seine Verantwortung bekundet und den Zusammenhang des rechtlichen Sachverhalts mit dem Toten dadurch betont, daß er auf ihn zeigt.

2

(Ldr. III 31 § 3; 32 § 2.) Auf der linken Hälfte des Bildes ist nur die Gefangennahme (zu 31 § 3) dargestellt.
(32 § 2.) Der vor dem Richter Stehende, durch das Schapel als »Herr« gekennzeichnet, hat vor sich seinen Wappenschild, der im Vergleich zu dem Wappenschild hinter seinem Rücken seine relative Stellung in der Heerschildordnung bezeichnet: Er steht darin höher als derjenige, dem der »erniedrigte« Schild zugehört, weil dieser sich dem Herrn zu eigen gegeben hat[64]. Er ist – wohl aus Platzmangel – nicht mit abgebildet, aber auch entbehrlich, weil der Herr mit Redegebärde und Fingerzeig auf den Richter mitteilt, daß die Ergebung vor Gericht geschehen ist. Der Richter scheint das mit seiner auf den niedriger stehenden Schild deutenden Handgebärde und Redegestus zu bestätigen.

3

(Ldr. III 32 §§ 3, 5.) Rechts steht der Herr, der behauptet, sein Prozeßgegner sei ihm von Geburt an eigen. Um mit dieser Behauptung durchzudringen, ist nur sein Eid auf die Reliquien und das Zeugnis von zweien seiner Mannen, die beide auf dem Bilde hinter ihm stehen, erforderlich[65] (§ 3). Dem Herrn gegenüber steht derjenige, dessen Freiheit umstritten ist. Er ist mit 6 Zeugen erschienen, die zu je drei von Vaters und von Mutters Seite her mit ihm verwandt sind. Dies Verwandtschaftsverhältnis ist dadurch dargestellt, daß im letzten Gliede Vater und Mutter stehen und einem der vor ihnen Stehenden ihre Hände auf Arm und Schulter legen. Mit dieser Zeugenschaft »verlegt« der Beweisführer das Zeugnis des Herrn, indem er auf dem Bilde dessen Schwurarm hoch- und von dem Heiltum wegzieht[66].

4

(Ldr. III 32 § 7.) Der Mann im gelb und grün gestreiften Rock ergibt sich freiwillig in Hörigkeit, indem er sich die Hände als Zeichen der Ergebenheit auf die Brust legt und sich vor dem Herrn verbeugt, der ihn mit zwei Fingern vorn am Kragen seines Rockes faßt. Die Figur links im Bilde ist der Erbe jenes Mannes. Er erklärt seinen Widerspruch gegen den Akt der Ergebung, indem er mit Redegebärde den künftigen Erblasser am Oberarm festhält oder zurückzuziehen sucht. Die Szene spielt sich vor Gericht ab.

5

(Ldr. III 32 § 9.) Der Herr, von dem sich der Beklagte losgesagt hat, nimmt ihn mit dem Eid auf die Reliquien und zwei Verwandten oder Knechten als Zeugen vor Gericht für sich in Anspruch, wozu er ihn am Rockzipfel packt. Nachdem er ihn so im Rechtsstreit gewonnen hat, bemächtigt er sich seiner noch formell mit dem »Halsschlage«, wobei er ihn am linken Unterarm packt. Dies wird am unteren Bildrand unter dem Text gezeigt.

dafür muß man sich gegenüber dem Erben verantworten, wenn jener stirbt. § 2 Stirbt aber der Beklagte, so haben seine Erben es nicht zu vertreten, es sei denn, sie hätten das Gut, um das jener verklagt war, in ihrem Besitz. § 3 Wer einen anderen gefangennimmt, verwundet oder schlägt, ohne *ihn* totzuschlagen oder zu lähmen, der ist dessen Erben, falls er nach Jahresfrist stirbt, dafür nicht verantwortlich, es sei denn, jener habe die Klage vor Gericht erhoben, bevor er starb. 32 § 2 Wenn sich jemand für frei ausgibt und ein *anderer* behauptet, er sei sein Leibeigener aus dem Grunde, weil er sich ihm ergeben habe, so kann jener mit seinem Eid davon freikommen, wenn es[1] nicht vor Gericht geschehen ist. § 3 Behauptet er aber, er sei sein Leibeigener von Geburt, dann setzt er seinen Anspruch auf ihn mit dem Eid auf die Reliquien *und dem Zeugnis* von zwei seiner leibeigenen Leute durch. § 4 Erhebt ein anderer Herr Anspruch auf ihn, muß er ihn sich gegen diesen zusammen mit sechs von seinen Verwandten oder wahrhaften Leuten *als Zeugen* erstreiten. § 5 Kann aber *der Umstrittene* selbsiebt mit jenen, die seine Verwandten sind – drei von des Vaters und drei von der Mutter *Seite* – seine Freiheit beweisen, so behält er seine Freiheit und verhindert ihr Zeugnis. § 6 Wer den Besitz an einem Manne hat, der kann ihn durch Zeugenbeweis mit größerem Rechte gewinnen als jener, dem der Besitz fehlt. § 7 Wenn sich jemand vor Gericht in Leibeigenschaft ergibt, dann ist sein Erbe befugt, dem auf dem Rechtswege zu widersprechen und ihn wieder in seine Freiheit zu bringen. § 8 Behält ihn aber sein Herr bis an seinen Tod, so nimmt er nach dessen Tode sein Erbteil und seine Kinder, die ihm nach der Ergebung geboren wurden, sofern sie seinem Stand angehören. § 9 Wenn einer sich von einem Herrn lossagt und sich dem anderen für zugehörig erklärt und man ihn vor Gericht fordert und sein Herr, zu dem er sich bekennt, nicht vor Gericht erscheint, um ihn dem Recht gemäß zu vertreten, so gewinnt ihn jener, der auf ihn Anspruch erhebt, *mit seinem Zeugnis und dem von zwei* seiner Verwandten, wenn er welche hat. Hat er keine, dann gewinnt er ihn mit dem Zeugnis von zwei seiner von Geburt leibeigenen Leute. Wenn er ihn so gewonnen hat, so darf er sich seiner zu Recht mit einem Halsschlage bemächtigen, wenn er will.

[1] die Ergebung in Leibeigenschaft

man deme erben vor antwerten, ab ien` stirbit. § 2 stirbit ab` ien`, vf den di clage get, sine erben en antwertē da vor nicht, si en haben daz gut vnd` in, dar vmme ien` beclaget was. § 3 Swer den anderē vet ad` wndet ad` slet, ane tot slac vn ane lemde, sinē erben en ant wertet he nicht, ab he stirbit nach d` iarczale, ien` en habe vor gerichte d` clage begůnst, er he stůrbe. 32 § 2 Sw` sich vri saget, vn ein` saget, daz he sin eigen si, so daz he sich im gegeben habe, des můz ien` wol vnschuldic wer den, iz en si vor gerichte geschen. § 3 spricht he ab`, daz he sin ingeborn eigen si, he behelt in vf den heiligen mit czwen sinē eigenē mannē. § 4 Spricht in ein ander h`re an, kegen deme můz he in behalden selbe sibende sin` mage ad` warhafter lůte. § 5 mac ab` he selbe sibende ien` sine vriheit behalden, di sine mage sin, dri von vater vn dri von muter, he behelt sine vriheit vn vor leget iren geczuk. § 6 swer di gewer hat an einē māne, d` můz in mit mereme rechte vorczugen, den ien`, d` der gewer darbit. § 7 Swer sich vor gerichte czu eigen gi bit, sin erbe mac iz wol wider sprechen mit rechte vn brengen in wid` an sine vriheit. § 8 behelt in ab` sin herre biz an sinen tot, he nimt sin erbe nach sime to de vn sine kindere, ab si nach im gehoren, di he nach d` gabe gewan. § 9 Swer so eineme herren sich vnt saget vn deme anderen czu saget, vordert man in vor gerichte vn en kvmt sin herre nicht vor, deme he sich czu saget, daz he in vor ste czu rechte, ien`, d` uf in sprichet, behelt in selbe dritte siner mage, ab he si hat. en hat he ir nicht, he vorczuget in mit czwen sinen inbůrtigen eigenen mannen. swen he in vorgeczuget hat, so sal he sich sin vnd`winden czu rechte mit eime haslage, ab he wil.

1

(Ldr. III 32 § 10.) Der Beklagte zahlt dem obsiegenden Kläger Buße oder Wergeld, dem Richter das Gewette. Der Fingerzeig des Klägers in Richtung auf den Richter soll auf den rechtlichen Zusammenhang aufmerksam machen, der nach dem Text zwischen Wergeld oder Buße für den Kläger einerseits und dem Gewette des Richters andererseits besteht.

2

(Ldr. III 33 §§ 1, 2.) Vor dem Königsgericht stehen als Stammesvertreter ein Sachse mit einem Messer, dem »Sachs«, in der Hand, hinter ihm mit Fehkragen der Franke und neben der Frau ein Thüringer, als »Heringsesser« verspottet und daher mit dem Fisch als Beigabe gezeichnet, und eine Frau, welche die Schwaben und ihre Rechtsstellung repräsentiert (vgl. Ldr. I 17 § 2, 18 § 1). [66a] Der Sachse, der Franke und die Frau weisen auf sich selbst und drücken damit aus, daß sie ein eigenes Recht haben, nach welchem sie sich vor dem Königsgericht verantworten dürfen. Nur der Thüringer zeigt auf einen der vor ihm Stehenden – wahrscheinlich ist im Hinblick auf Ldr. III 44 §§ 2 und 3 der Sachse gemeint – um damit zu sagen, daß er nach dessen Stammesrecht lebt.

3

(Ldr. III 33 §§ 3–5.) Links steht der Beklagte auf dem Boden auf dem er geboren ist. Diesen Boden stellt die Landscholle unter seinen Füßen dar.
Zu § 3 dreht der Beklagte dem zum Zweikampf gerüsteten Kläger den Rücken, weil dieser nicht auf dem Grund und Boden steht, auf dem der Beklagte seine Herausforderung anzunehmen verpflichtet ist.
Zu §§ 4 und 5 deutet der Beklagte auf das aus seiner Heimaterde herauswachsende Ährenfeld und weist (zu § 5) mit der anderen Hand auf den König, dessen Zugehörigkeit nur zu diesem Paragraphen außerdem auch noch durch den hinzugesetzten Bildbuchstaben betont wird.

4

(Ldr. III 34 § 1.) Vor dem König steht der Ächter, nachdem er, wie die VI anzeigt, sechs Wochen lang dem Hof gefolgt war. Er wird gerade durch Aushändigung des Königsbriefes aus der Acht entlassen und trägt daher kein Schwert mehr im Hals. Die Urkunde läßt in Abkürzungen die Worte »Fridericus dei gratia Romanorum rex et semper augustus« sehen. Der Geächtete schwört auf die Reliquien, vor dem Richter zu erscheinen, der ihn in die Acht gebracht hat, und zwar innerhalb von zwei Wochen, wie die II angibt.
Hinter ihm steht zunächst der Fronbote. Er vertritt hier das Gericht, bei dem die Klage gegen den Ächter anhängig ist, und das ihn »in die Acht brachte«. Ihm folgt der Kläger. Diese beiden Figuren machen jeweils mit ihrer Linken die Klägergebärde, um auszudrücken, daß sie es mit der Klage gegen den Ächter zu tun haben. Mit ihrer Rechten geloben sie, den vom König dem Ächter gewirkten Frieden zu halten.

5

(Ldr. III 34 § 1.) Das Bild ist die Fortsetzung des vorigen. Der ehemalige Ächter erscheint binnen 14 Tagen – die II am oberen Bildrand – vor dem Richter, der ihn in die Acht gebracht hat, und überreicht ihm die Königsurkunde mit der abgekürzten Inschrift: »Fridericus dei gratia Romanorum Rex et semper...«
Der Bildbuchstabe »S« hat die falsche Farbe erhalten. Er müßte rot sein wie der zum vorhergehenden Bild. Der Irrtum ist durch die Artikelnummer XXXVI hervorgerufen, die aber nicht zum Bild gehört, sondern zum Text, in welchem bei dem grünen »S« der Artikel 36 anfängt.

§ 10 Gegen wen der Kläger *eine Forderung auf* Buße oder Wergeld vor Gericht gewinnt, gegen den hat auch der Richter *den Anspruch auf* sein Gewette, wenn er es verlangt. 33 § 1 Vor dem königlichen Hofgericht hat jedermann seinen Gerichtsstand § 2 und darf sich vor dem Königsgericht auch an allen Orten nach *seinem eigenen* Rechte verantworten und nicht nach des Klägers Recht. § 3 Er hat auf jede Klage einzugehen, worin man ihn beschuldigt, außer wenn man ihn zum Zweikampf fordert. Den kann er durchaus zu Recht verweigern, nur nicht in der Landschaft, aus der er von Geburt herstammt. § 4 Erhebt man jedoch Anspruch auf sein Grundeigentum, dann braucht er sich auf ein Gerichtsverfahren nur in dem Land einzulassen, in dem es liegt. § 5 Auch der König darf in Grundstückssachen nicht nach des Mannes Recht richten, sondern nach *dem Recht* des Landes, in dem *das Grundeigentum* liegt. 34 § 1 Wenn der Richter irgendwen verfestet und mit der Verfestung in die Königsacht bringt, und sich jener aus der Acht befreit, so soll er dem Hofe sechs Wochen lang folgen. Dann soll ihm der König Frieden geben, und er muß schwören, vor dem Richter zu erscheinen, der ihn in die Acht gebracht hat, und sich dort innerhalb eines halben Monats nach der Zeit, da er ins Land gekommen ist, für ein Gerichtsverfahren zur Verfügung stellen. Brief und Siegel des Königs muß er mitbringen zum Beweis dafür, daß er aus der Acht *befreit* ist. § 2 Wer dagegen ohne Verfestung in die Acht getan wird und sich befreit, der soll dem Hof sechs Wochen folgen und sei damit ledig. § 3 Wer sich aus der Acht löst und sich nicht dem Gericht stellt und dessen überführt wird, den tut man in die Aberacht, wie wenn er Jahr und Tag in der Acht gewesen wäre. 35 §§ 1/2 Wer auf handhafter Tat mit dem Diebesgut oder *der Beute aus einem* Raube ergriffen wird, der kann sich auf keinen Gewährsmann dafür beziehen, wenn man ihn deswegen zum Zweikampf fordert. 36 § 1 Wenn jemand einen Mann vor Gericht zum Zweikampf fordert und die Klage durch Urteil vertagt wird, so wirkt man beiden *Parteien* Frieden. Wird er gebrochen, so soll man das zunächst, wie es Rechtens ist, ohne Kampf durch Bußzahlung sühnen. § 2 Wird

§ 10 Vf wen der cleger bůze adʼ wergelt gewinnet vor gerichte, vf den hat ouch dʼ richter sin gewette, ab hez vordert. 33 § 1 Iclich man hat sin recht vor dem kv̊nige § 2 vn̄ můz ouch antwertē vor dem kvnige in allen steten czv rechte vn̄ nicht nach des clegers rechte. § 3 he antwʼt vmme alle clage, da man in vmme schuldeget, ane ab man in czv kamphe an spricht. des mac he wol weigern czv rechte ane vf der art, da he uz geborn is. § 4 spricht man ouch sin eigen an, da en darf he nicht vor antwertē wen in deme lande, da iz inne lit. § 5 Der kv̊nic sal ouch richten vmme eigen nicht nach des mānes recht, wen nach des landes, da iz lit. 34 § 1 Swen dʼ richter voruestet vn̄ mit dʼ vestunge brenget in des kvniges achte, czut sich ienʼ vz dʼ achte, he sal deme houe volgen sechswochen. so sal im dʼ kvnic vride wirken, vn̄ he sal swern, vor czv kv̊mene vor den richter, dʼ in an di achte brachte, vn̄ sich da czu rechte bieten binnē vierczen nachtē nach dʼ czit, daz he kv̊men is czu lande. des kvniges brif sal he mite brēgen vn̄ sin ingesigel czu orkvnde, daz he vz dʼ achte si. § 2 Swer so czv achte wirt getan ane uestunge, czut he sich vz, he sal uolgen deme houe sechswochē vn̄ si da mite ledic. § 3 swer sich vz dʼ achte czut vn̄ rechtes nicht en phliget, wirt hes vor wnder, man tut in in di vberachte, alse ab he iar vn̄ tac in der achte wer gewest. 35 § 1/2 Swer mit dʼ hanthaften tat gevangen wirt mit dvybe adʼ mit roube, des nen mac he an keinen geweren geczien, ab man in kemphlich dar vmme grůzt. 36 § 1 Swer einē man vor gerichte czv kamphe vet, vn̄ wirt di clage mit orteiln gevrist, so wirkt man in beiden vride, vn̄ wirt he gebrochē, mā sal in erst bezzern ane kamph nach rechte. § 2 wirt

1

(Ldr. III 37 § 2.) Der grün und weiß Gestreifte erbietet sich mit Gelöbnisgebärde zum Zeugnis. Der Mann im rot gestreiften Rock lehnt sein Zeugnis ab, indem er ihn heftig wegschiebt, was durch die Körperhaltung des aufdringlichen Zeugen sehr anschaulich gemacht wird.

2

(Ldr. III 37 § 3.) Ein Bauer, als solcher kenntlich an den weißen Riemen um die Unterschenkel, treibt links Vieh in seinen Stall. Rechts treibt er dasselbe Vieh wieder aus. Man sieht weder, daß das eine zur Abendzeit, das andere morgens geschieht, noch daß es sich um fremdes Vieh handelt. Aber in der Mitte des Bildes weist der Bauer mit Aufmerksamkeitsgestus darauf hin, daß er rechtmäßig handelt.

3

(Ldr. III 37 § 4.) Das Korn wird geschnitten und von demselben Bauern in Haufen gesetzt, aber nicht abgefahren.

4 links

(Ldr. III 38 § 1.) »Jahr und Tag«, d.h. ein Jahr (= »LII« Wochen) + »VI« Wochen sind vergangen, der Beklagte hat sie auf dem Bilde buchstäblich hinter sich, es ist Mittag des darauffolgenden Tages, wie sich an der vollen Sonne zeigt. Infolgedessen läßt der Beklagte die Hand, die er sonst beim »Antworten« mit Redegebärde emporhebt, herabhängen: Er will nicht antworten, weil er es nicht mehr zu tun braucht. Der Richter bestätigt dies, indem er auf die Darstellungen des Fristablaufs deutet.

4 rechts

(Ldr. III 38 § 2.) Der links stehende Erbe darf die Witwe, deren Körperformen in der Zeichnung sehr deutlich ihre Schwangerschaft sichtbar werden lassen, nicht aus dem Hause ihres tot daliegenden Mannes weisen. Das gibt sie dem Erben dadurch zu verstehen, daß sie mit der linken Hand auf ihren Leib zeigt, mit der rechten die Aufmerksamkeitsgebärde macht.

5

(Ldr. III 38 § 5.) Der Witwer steht mit Trauergestus vor seiner verstorbenen Frau. Die Erbin der »Gerade«, nach ihrer Kopfbekleidung, dem »Gebende«, eine verheiratete Frau, stattet soeben den Stuhl mit einem Kissen aus. Das Bett ist bereits der Vorschrift gemäß hergerichtet, desgleichen der Tisch. Die Bank fehlt.

6

(Ldr. III 39 § 1.) Der Gläubiger ergreift den Schuldner am rechten Arm zum Zeichen dafür, daß er ihn in die Schuldknechtschaft übernimmt. Er hat ihn an den Füßen gefesselt und läßt ihn arbeiten, was durch die geschulterte Mistgabel zum Ausdruck gebracht wird, durch die er im Bilde den »tageworchten« gleichgestellt wird. Die Schuldknechtschaft gründet sich auf ein Gerichtsurteil. Der Richter befiehlt die Vollstreckung des Urteils.

aber der Friedensbrecher auf frischer Tat gefaßt, dann richtet man über ihn nach den rechtlichen Bestimmungen. 37 § 2 Wer sich vor Gericht zur Zeugenaussage erbietet, ehe er von seiten des Gerichts danach befragt wird, der soll vom Zeugnis ausgeschlossen sein. § 3 Man macht sich keines Vergehens schuldig, wenn man das Vieh seines Nachbarn mit seinem *eigenen abends* eintreibt und morgens *wieder* hinaus, ohne es abzuleugnen und Nutzen¹ davon zu nehmen. § 4 Wer eines anderen Mannes reifes Getreide schneidet, weil er meint, das Land gehöre ihm oder seinem Herrn, dem er dient, der begeht keine Straftat, falls er es nicht fortschafft; man soll ihm sogar seine Arbeit lohnen. 38 § 1 Was der Mann Jahr und Tag nicht in seinem unanfechtbaren Besitz hat, dafür soll er auf der Stelle Rechenschaft ablegen, wenn man ihn verklagt. § 2 Eine Frau, die ein Kind trägt, darf man, ehe sie es zur Welt bringt, nicht aus ihres Mannes Besitztum ausweisen, wenn er stirbt. § 3 Musteil und Morgengabe vererbt keine Frau zu ihres Mannes Lebzeiten, sie habe sie denn nach dem Tode ihres Mannes empfangen. § 5 Stirbt eines Mannes Ehefrau, dann muß diejenige ihrer weiblichen Verwandten, welche ihre Gerade erbt, von der Geraden dem Mann sein Bett so ausstatten, wie es dastand, als seine Frau lebte, ferner seinen Tisch mit einem Tischtuch, die Bank mit einem Pfühl, den Stuhl mit einem Kissen. 39 § 1 Wer eine Geldschuld gegen jemanden vor Gericht einklagt, für die dieser weder Zahlung leisten noch Bürgen stellen kann, dem soll der Richter den Mann anstelle des Geldes überantworten. Den soll *der Gläubiger* mit Beköstigung und Arbeit gleich seinem Gesinde halten. Will er ihn mit einer Fessel binden so, kann er das tun. Anders aber soll er ihn nicht peinigen. § 2 Entläßt er ihn oder entläuft er ihm, so ist er damit seiner Zahlungsverpflichtung nicht ledig. Solange er ihm die Schuld nicht beglichen hat und den Beweis dafür nicht erbringen kann, solange bleibt er *des Gläubigers* Pfand für dessen Forderung.

1 »mite« ist Schreibfehler aus »nut(t)e«

abᵉ dᵉ vridebrecher gevangen in dᵉ vrischen tat, mā richtet vber in czu rechte. 37 § 2 Swer sich vor gerichte czu geczuge bůt, er hes von gerichtes halben geuraget wᵉde, he si vor deme geczuge vorleget. § 3 Der man en misse tut nicht, ab he sines nakebures vie mit sime intribit vn des morgens vz, daz hes nicht en loukene vn keine mite darab en neme. § 4 Swer eines anderen mānes rife korn snit, so daz he wenit, daz daz lant sin si adᵉ sines hᵉren, dem he dinet, he ne misse tut nicht, daz hes nicht ab ne vore. man sal im san siner erbeit lonen. 38 § 1 Swaz dᵉ man iar vn tac in sinē rechten geweren nicht en hat, da sal he czu hant vor antwerten, ab man in beclaget. § 2 Daz wip en sal mā nicht vorwisen vz ires mannes gute, wen he stirbit, di da kint treit, er si des genese. § 3 Musteil vn morgengabe en erbet kein wip bi ires mānes libe, si en habe si enphangē nach ires mānes tode. § 5 Stirbit des mannes wip, welche ir niftele ir gerade nimt, di sal von dᵉ gerade dem māne sin bette berichtē, alse iz stunt, do sin wip lebete, sinen tisch mit eime tischlachen, di banc mit eime phole, den stul mit eime kůssen. 39 § 1 Swer da schult vor gerichte vordert uf einen man, dᵉ he gegelden nicht en mac noch bůrgen geseczen, dᵉ richter sal im den man antwᵉten vor daz gelt. den sal he behalden glich sime ingesinde mit spise vn mit erbeit. wil he in spannen mit einer vezzern, daz mac he tvn. anders en sal he in nicht pinegen. § 2 Lezt he in adᵉ entlouft he im, da mite is he des geldes nicht ledic. di wile he im nicht vorgolden en hat vn hez nicht volbrēgen en kan, so is he immer sin phant vor sin gelt.

1
(Ldr. II 39 § 3.) Der Beschuldigte verweigert mit Unfähigkeitsgestus die Antwort vor Gericht. Der Richter hebt seine Rockschöße an, um darin das Gewette in Empfang zu nehmen.

2
(Ldr. III 40 § 2.) Der Schuldner bietet an Zahlungs Statt Wertgegenstände[67]: einen Becher, ein Kleid und ein Pferd. Der vor ihm Stehende – offenbar der Bote des Gläubigers – lehnt die Annahme ab, indem er sich abwendet und die linke Hand untätig herabhängen läßt. Mit der rechten zeigt er auf die angebotenen Wertgegenstände, auf die sich seine Ablehnung bezieht. Ganz links steht der Gläubiger im geistlichen Gewand und zeigt auf den Boten, weil dieser in seinem Auftrag handelt.

3
(Ldr. II 40 § 3.) Rechts steht der Gläubiger, durch seine Gebärdensprache als derjenige ausgewiesen, der hier einen Rechtsanspruch erhebt, und bestellt vor dem – geistlichen – Gericht einen Mann zu seinem Boten. Um diese Funktion deutlicher sichtbar werden zu lassen, trägt der Mann einen Wappenschild, dessen Farben im Kleid seines Auftraggebers wiederkehren. Der Bote streckt fordernd die rechte Hand vor und erklärt mit Aufmerksamkeitsgestus, daß er zum Empfang der Zahlung berechtigt sei. Daß es sich dabei um eine Geldschuld handelt, deutet die Reihe Münzen an. Der Bischof, hier in der Rolle des Richters, wendet sich nach links einem Geistlichen zu, in welchem wir den Schuldner zu sehen haben, und erklärt ihm mit dem Fingerzeig auf die ausgestreckte Hand des Boten, daß er an diesen zahlen müsse, da er in der im Text vorgeschriebenen Form vom Berechtigten zum Zahlungsempfänger bestellt sei.
Der Bildbuchstabe »S« hat hier versehentlich die falsche Farbe erhalten. Er hätte ebenfalls grün sein müssen.

4
(Ldr. III 41 § 1 Satz 1 u. 2.) Der Gefangene, von dem, der ihn gefangenhält, mit dem Schwert bedroht, legt unter diesem Zwang ein mit dem Eid bekräftigtes Gelübde ab, das er dem Text zufolge nicht zu halten braucht.

§ 3 Wenn man jemand vor Gericht verklagt und der Richter ihm gebietet, sich gebührend zu verantworten, dann verurteilt man ihn zum Gewette, wenn er sich nicht verantwortet und auch nicht mit seinem Eid widerlegt, daß er etwas zu verantworten habe. Ebenso verfährt man zum zweiten und zum dritten Male. Läßt er sich trotzdem auf keine Erwiderung ein, dann ist er der Schuld überführt. § 4 Geht ihm aber die Beschuldigung ans Leben oder an seine Gesundheit, so muß sie der Kläger selbsiebt gegen ihn beweisen. 40 § 1 Wem man eine Leistung zu erbringen hat, der muß darauf warten, bis die Sonne untergeht, und zwar in seinem eigenen Hause oder in dem, *das dem* Hause des Richters, *in dessen Gerichtsbezirk* die Forderung gewonnen wurde, am nächsten *liegt*. § 2 Wer Münzgeld oder Silber zu entrichten hat und dafür Wertgegenstände bietet, der ist damit *seiner Verpflichtung* nicht ledig, ihre Vereinbarung laute denn gerade so. § 3 Man darf durchaus Silber mittels Boten auszahlen; keinem Boten darf man es aber ausfolgen, wenn er nicht von jenem, dem das Silber zusteht, vor Gericht dazu bestellt ist. § 4 Man muß solcherart Münzgeld und Silber hergeben, wie man es zusagt. Ist darüber aber nichts bestimmt, so muß man Silber geben, wie es zu der Zeit in dem Gerichtsbezirk gang und gäbe ist. 41 § 1 Eines jeden Gefangenen Versprechen, das er in der Gefangenschaft abgibt, soll von Rechts wegen nicht gültig sein. Läßt man ihn aber auf sein Wort zum Gerichtstag reiten, so soll er von Rechts wegen wiederkommen und sein Wort einlösen. Erfüllt er seine Verbindlichkeit oder wird er ohne Leistung frei, dann muß er die Urfehde, die er gelobt oder schwört, halten und sonst kein Versprechen. § 2 Was ein Mann, um sein Leben damit zu retten und seine Gesundheit, schwört und auf sein Wort gelobt und nicht erfüllen kann, das schadet ihm an seinem Rechte nicht. § 3 Wo man einen arglistig gefangennimmt und der, der ihn gefangen hat, ihn auf sein Wort reiten oder ihn schwören oder auf Treue etwas anderes geloben läßt, da braucht jener es nicht zu erfüllen, wenn er gegen ihn beweisen kann, daß er ihn

§ 3 Swen man vor gerichte schuldeget vñ im d' richter czv rechter antwerte gebůt, en antwert he nicht noch entret mit rechte sich, daz he icht antwerten sulle, so teilt mā in wettehaft. also tut man czv dem andern male vñ czv deme dritten male, vñ en antwertet he dēnoch nicht, so is he gewnnē in d' schult. § 4 get im ab' di schult an den lip ad' an sin gesunt, di můz d' cleger geczugen selbe sibende uf in. 40 § 1 Sweme man icht gelden sal, d' můz is warten, biz di svnne vnder get, in sines selbes huse ad' in dem neiste huse des richters, da daz gelt gewnnē is. § 2 wer phenninge ad' siber gelden sal, bůt he da gewerde vore, he en is da mite nicht ledic, ir gelobde en ste also. § 3 Man můz silber gelden wol mit boten; keineme boten en sal man iz aber antwerten, he en si bescheiden darczv vor gerichte von ieme, dem daz silber sal. § 4 Sogetane phenninge vñ silber, alse d' man gelobet, daz sal he gelden. en is da ab' nicht an bescheiden, so sal man silber gelden, alse genge vñ gebe si in deme gerichte denne. 41 § 1 Eines iclichen gevangenen gelobede en sal durch recht nicht stete sin, daz he in deme geuencnisse gelobit. Lezt man in aber vf sine trůwe riten czv tage, he sal durch recht widerkvmē vñ sine truwe ledegen. gilt he ad' wirt he ane gelt ledic, swelch oruede he gelobet ad' swert, di sal he leisten vñ anders kein gelůbede. § 2 Swaz so ein man swert vñ in truwen gelobit, sinē lip mite czv vristene ad' sin gesunt, vñ en mac hes nicht geleisten, iz en schadet im czu sime rechte nicht. § 3 Swo mā einē vngetruelich vet, let man in ritē vf sine truwe, d' in gevangen hat, ad' let he in swern ad' in truwen ander dinc geloben, he en daf is nicht leisten, mac hez volbrengen vf in, daz he in

1
(Ldr. III 42 § 4.) Mit dem Rücken zum Richter stehen zwei Kläger, erkennbar an der Klägergebärde. Ihnen gegenüber befinden sich zwei Beklagte, von denen der kleine im rot-gelb geteilten Rock als Nachkomme und Erbe gedacht ist. Über ihm schwebt als Symbol des Erbteils ein Kleidungsstück. Der Erbe wendet sich mit fragender Gebärde (linke Hand), die er gleichzeitig auch stellvertretend für den anderen Beklagten vollführt, weil dieser seine Hände für andere Aussagen braucht, an die Kläger. Von diesen beantwortet der vordere, indem er auf das Erbteil zeigt, die Frage dahingehend, daß seine Forderung eine Nachlaßforderung sei. Er wird deshalb von dem größeren Beklagten mit leicht verständlichen Zeigegebärden beider Hände an den Erben verwiesen. Der zweite Kläger zeigt direkt auf den Beklagten im grün-weiß gestreiften Kleid, was gewiß im gegebenen Bildzusammenhang soviel bedeutet, als daß er seinen Anspruch aus einem Versprechen der Gegenpartei herleitet. Als Fragesteller geht denn auch der kleinere der beiden Beklagten hierauf ein und verweist für diese Forderung auf seinen Vordermann.

2
(Ldr. III 42 § 1.) Rechts die Erschaffung des Menschen, links die Erlösung aus dem Höllenfeuer durch den gekreuzigten Christus.

3
(Ldr. III 42 § 2 Satz 2.) Mit Befehls- oder Aufmerksamkeitsgestus setzen der Bischof, der Abt und die Äbtissin ihren vor ihnen stehenden Dienstmannen ihr besonderes Recht.

4 rechts
(Ldr. III 42 § 3 Satz 4.) Kain erschlägt seinen Bruder Abel. Die Garbe über Kain und der Kopf eines Schafes über Abel stellen die Opfergaben der beiden dar, die Anlaß zu dem Brudermord waren (Gen. 4, 2–5; 8).

4 links
(Ldr. III 42 § 3 Satz 7.) Man sieht Noah in der Arche, wie er seine Söhne Sem und Japheth segnet, deren Handgebärden Ehrerbietung ausdrücken sollen. Seinem Sohn Ham kehrt er den Rücken zu, weil er ihn in den Segen nicht mit einschließt (Gen. 9, 21–29).

5 links
(Ldr. III 42 § 3 Satz 11.) Das Bild zeigt Abrahams Magd Hagar mit ihrem Sohn Ismael (Gen. 16; 21, 10–21). Es erinnert an Gen. 21, 18. Dort spricht der Engel des Herrn zu Hagar, die sich mit ihrem Sohn in der Wüste verirrt hat: »Steh auf, nimm den Knaben und führe ihn an deiner Hand.« Gleichzeitig unterstützt gerade die Geschichte von der Verstoßung Hagars und Ismaels, zu der diese Szene gehört, das Argument gegen die Unfreiheit Ismaels. Mit Aufmerksamkeits- und Redegebärde weisen Mutter und Sohn darauf hin.

5 rechts
(Ldr. III 42 § 3 Satz 14.) Der blinde Isaak segnet seinen Sohn Jakob, der vor ihm kniet und mit der erhobenen Rechten seinem Vater die Schüssel mit dem Essen hinreicht, das Isaak von Esau verlangt hatte (Gen. 27). Esau, als der »Rauhe« (Gen. 25, 25) im Gesicht stark behaart, steht hinter seinem Vater, weil er an dem Segen nicht teilhat, und macht mit der linken Hand die Trauergebärde, die Kummer über den Verlust des Segens zum Ausdruck bringt.

arglistig zu dem Versprechen zwang. § 4 Wer vor Gericht eine Leistung fordert, der muß, wenn jener fragt, woraus er sie ihm schulde, sagen, ob er sie aus einem Versprechen oder aus einer Erbschaft, die er empfangen hat, schuldig sei. 42 § 1 Gott hat den Menschen nach sich gebildet und mit seiner Marter erlöst, den einen wie den anderen. Ihm war der Arme so lieb wie der Reiche. § 2 Nun laßt euch nicht wundern, daß dies Buch so wenig vom Recht der Dienstleute sagt, denn es ist so mannigfach, daß es niemand vollständig darstellen kann. Unter jedem Bischof und Abt und jeder Äbtissin haben die Dienstleute jeweils ein anderes Recht. Deshalb kann ich davon nichts berichten. § 3 Als man jedoch zum ersten Male Recht setzte, da gab es keinen Dienstmann. Alle Leute waren frei, als unsere Vorfahren hierher ins Land kamen. Mit meinen Überlegungen kann ich nicht zu dem Schluß kommen, daß jemand dem anderen sollte hörig sein; wir haben dafür auch keinen Beweis. Doch sagen einige Leute, die von der Wahrheit abgekommen sind, daß Leibeigenschaft mit Kain begann, der seinen Bruder erschlug. Kains Geschlecht wurde vertilgt, als die Welt durch Wasser zugrunde ging. Ferner sagt man, Leibeigenschaft käme von Ham, Noahs Sohn. Noah segnete zwei Söhne. Hinsichtlich des dritten erwähnt er keine Leibeigenschaft. Ham nahm Afrika in Besitz, Sem blieb in Asien, Jafet, unser Vorfahr, besetzte Europa. So blieb keiner von ihnen Eigentum des anderen. Sodann sagt man, Leibeigenschaft käme von Ismael. Die heilige Schrift nennt Ismael der Dienerin Sohn. Im übrigen läßt sie von ihm nichts über Leibeigenschaft verlauten. So sagt man ferner, sie käme von Esau. Jakob wurde gesegnet von seinem Vater, und der hieß ihn Herr sein über seine Brüder. Esau verfluchte er nicht

vngetruwelich czv deme gelubde twnge. § 4 Swer vor gerichte gelt vordert, vraget ien`, wor ab man im daz schuldic si, he sal daz sagen, weder hez vō gelubde ad` von erbe, daz he enphangen habe, schuldic si. 42 § 1 Got hat den man nach im gebildet vn̄ mit siner martir irlost, den einē alse den an deren. im was d` arme alse lip alse d` riche. § 2 Nv lazt vch nicht wnderē, daz diz bůch so luczel saget von dinestluyte rechte; wen iz is so manicvalt, daz iz nimant czu ende kvmē kan. Vnder icliche me bischoue vn̄ epte vn̄ eptischinnē haben di nestluyte sunderlich recht. dar vmme en kan ich is nicht bescheiden. § 3 do man ouch recht sazczete vō erst, do ne was kein dinestman. alle luyte waren vri, do vnse vorderen her czu lande quamē. An minen sinnē en kan ich is nicht uz genemē, daz imant des anderen sulle sin; ouch en habe wies kein orkvnde. doch sagen svmeliche luyte, di der warheit irre gen, daz sich eigenschaft irhube an kayne, d` sinē bruder irsluc. kaynes geslechte wart vortiliget, do di werlt mit wazz`e czu ginc. ouch saget mā, daz eigēschaft queme vō kāme, noe svne. Noe seinte czwene sone, an dem drittē gewok he kein` eigēschaft. kam besaz affricam, Sem bleip in asya, Jafet, vnse vordere, besaczte ev ropam. sus en bleip ir kein des anderē. Man sa get ouch, eigēschaft queme vō ysmahele. di heili ge schrift heizt ysmahele d` diernē svn. anders ne lutet si keiner eigēschaft von im. So saget mā ouch, iz queme vō esau. Iacob wart geseint vō sinē vatere vn̄ hiz in h`re wesen boben sine brudere. esau en vorvluchte he nicht

1
(Ldr. III 42 § 4.) Gott ist schlafend dargestellt: Er ruht am siebenten Tage. Die Sonne mit den sieben Punkten bedeutet 7 Tage, der Kreis, der sieben kleine Kreise mit je einer I umschließt, den Zeitraum von 7 Wochen, die sieben Monde im nächsten Kreis die Zeit von 7 Monaten, wobei der siebente Monat durch die Zahl VII und den Vollmond betont ist. Das siebente Jahr ist durch das von dem unteren Kreis umschlossene Zahlzeichen VII bezeichnet.

2
(Ldr. III 42 § 4 Satz 5 u. 6.) Im Kreis gebietet Gott dem Juden, das 50. Jahr zu halten. Rechts zerbricht der Gefangenenwärter einem Gefangenen, der, wie sein Bart und seine gebückte Haltung zeigen, in der Gefangenschaft alt geworden ist, die Ketten und schiebt ihn in die Freiheit hinaus, obwohl dieser durch die Rückwendung seines Gesichts und die – allerdings etwas undeutlich geratene – Abwehrbewegung der rechten Hand zu erkennen gibt, daß er die Freiheit gar nicht wiedergewinnen will.

3
(Ldr. III 42 § 5.) Auf die Münze in der Hand des Pharisäers, auf der man sich das Bild des Kaisers zu denken hat, zeigt Christus mit seiner Rechten, um damit auszudrücken, daß es dieselbe Münze ist, die er mit der Linken dem Kaiser weiterreicht nach dem Wort: »Gebt dem Kaiser, was des Kaisers ist« (Matth. 22,21; Markus 12,17; Lukas 20,25).

4
(Ldr. III 42 § 6.) Der Gefesselte versinnbildlicht den Zwang, die »unrechte Gewalt« und die Gefangenschaft, wovon nach den Worten des Textes die Leibeigenschaft ihren Ausgang genommen hat. Der »Herr« ergänzt die Darstellung, indem er den Gefangenen damit, daß er ihn mit einem Finger oben beim Halsausschnitt packt, in Leibeigenschaft übernimmt.

5
(Ldr. III 44 § 1.) Der Herrscher von Babylon sitzt auf dem babylonischen Turm – ohne Waffen und Harnisch, weil er nicht durch Gewalt zur Herrschaft gekommen ist. Ihm entreißt Cyrus die Krone und setzt sie sich selber auf. Nach Cyrus kam die Herrschaft an Darius (III.), der sie ebenfalls ohne Gewalt erlangte und daher ungewappnet ist. Der vierte in der Reihe soll Alexander der Große sein, an den Darius seine Herrschaft verliert. Auch sein gewaltsamer Tod wird hier – zu Unrecht – dem König Alexander zugeschrieben. Die letzte Figur symbolisiert als »Kaiser Julius« den Übergang der Weltherrschaft auf die Römer.

und erwähnt auch Leibeigenschaft nicht. Wir haben überdies in unserem Recht, daß niemand sich selbst zu eigen geben kann, ohne daß sein Erbe es auf jeden Fall rückgängig machen kann. Wie hätte da Noah oder Isaak einen anderen zu eigen geben können, da sich doch selbst niemand zu eigen geben kann. § 4 Zudem haben wir des Beweises noch mehr. Gott ruhte am siebenten Tage. Die siebente Woche gebot er ebenfalls zu halten, als er den Juden das Gesetz gab und uns seinen Geist sandte. Ebenso befahl er, den siebenten Monat zu halten und das siebente Jahr, welches das Jahr der Befreiung heißt. Deshalb sollte man ledig lassen und frei alle, die gefangen und in Leibeigenschaft geraten waren, zu ebensolchem Recht *wie sie es besaßen*, als man sie fing, wenn sie ledig und frei sein wollen. Nach sieben mal sieben Jahren kam das fünfzigste Jahr. Das hieß das Jahr der Freude. Da mußte jedermann ledig und frei sein, ob er wollte oder nicht. § 5 Ebenso gab uns Gott ein Zeugnis mit einer Geldmünze, mit der man ihn versuchte, als er sprach: »Laßt dem Kaiser die Gewalt über sein Bildnis, und Gottes Bild gebt Gott.« Dadurch ist uns aus Gottes Worten bekannt geworden, daß der Mensch Gottes Bild ist und Gott gehören soll. Wer ihn jemand[1] anderem als Gott zuspricht, der handelt Gott zuwider. § 6 Nach der rechten Wahrheit hat Leibeigenschaft ihren Ausgang genommen von Zwang und von Gefangenschaft und von widerrechtlicher Gewaltanwendung, die man von alters her zu rechtswidriger Gewohnheit gemacht hat und nunmehr für Recht halten will. 43 § 1 Was jemand ohne Rechtsgrundlage an sich bringt und was ihm auf dem Rechtswege abgewonnen wird, das muß er mit Buße herausgeben. § 2 Wenn er aber etwas mit Einwilligung dessen, dem es gehört, an sich bringt oder dieser es ihm leiht oder zur Sicherheitsleistung überläßt und er es nicht bezahlt oder zum vereinbarten Termin wieder herausgibt, so entfällt für ihn die Buße, sofern er sie nicht vor Gericht zugesagt hat. 44 § 1 Zu Babylon entstand das Reich. Das hatte die Herrschaft über alle Länder. Da vernichtete es Cyrus und brachte die Weltherrschaft an Persien. Dort blieb sie bis auf Darius den Letzten. Den besiegte Alexander und übertrug das Reich nach Griechenland. Dort hielt es sich so lange, bis Rom es

[1] »ime« wohl Schreibfehler aus »imene«

noch eigenschaft gewoc he nicht. wir habē ouch in vnseme rechte, daz nimant sich selbe czv eigene gegebē mac, iz in wi derlege sin erbe wol. wi mochte do noe adʼ ysaac einē andeʼn czv eigene gegeben, sint sich selbe nimāt czv eigē gegeben mac. § 4 Ouch habe wi orkvndes me: got růwete dē sibēdē tac, di sibende woche gebot he ouch czv haldene, da he dē iuden di e gab vn̄ vns sante sinē geist. dē sibēdē māndē gebot he ouch czv haldene vn̄ daz sibēde iar; daz heizt daz iar dʼ losunge. so solde mā ledic lazē vn̄ vri alle, di vangē warē vn̄ in eigēschaft geczogē, mit sulcheme rechte, so mā si vienc, ab si ledic vn̄ vrie woldē sin. Vber siben mal siben iar qūa daz vumfczigeste iar; daz hiz daz iar dʼ vroudē. so můste allʼ menlich ledic vn̄ vri sin, he wolde adʼ en wolde. § 5 Ouch gab vns got orkvnde an eime phēninge, da mā in mite vorsuchte, da he sprach: „lazet dē keiser sines bildes gewaldic, vn̄ gotes bilde gebit gote." da bi is vns kvndic vō gottes wortē, daz dʼ mensche gotes bilde is vn̄ gotes wesen sal. wer in ime anders czv saget dēne gote, dʼ tůt widʼ got. § 6 Nach rechter warheit, so hat eigēschaft begin vō getwange vn̄ vō gevancnisse vn̄ vō vnrechter gewalt, di mā vō alder an vnrechte gewonheit geczo gen hat vn̄ nv vor recht habē wil. 43 § 1 Swes sich dʼ mā mit vnrech te vndʼ wint, daz im mit rechte abgewn̄ē wirt, he muz iz mit bůze lazen. § 2 swes he sich abʼ vndʼ wint mit ienis willen, des iz da is, adʼ daz hez im liet adʼ borget, en gilt hes nicht adʼ en tut hes nicht widʼ czv bescheidener czit, he blibet is ane wandel, he en habiz dēne vor gerichte gelobit. 44 § 1 Czv baby lonie irhup sich daz riche. daz was gewaldic vbʼ alle lant. do czv vorte iz cyrus vn̄ wandelte daz riche in psyam. da stůt iz biz an dariū den lesten. den vor sigete allexander vn̄ ker te daz riche an krichen. da stunt iz so lange, biz iz sich rome

1
(Ldr. III 44 § 1 Satz 7.) Rom wird – links – durch die Figur des Kaisers repräsentiert, der das »weltliche Schwert« trägt. In der Mitte empfängt der Papst von St. Peter anstelle des »geistlichen Schwertes« den Himmelsschlüssel (Matth. 16, 19). St. Peter trägt hier das grüne Kleid des Lehnsherrn. Er ist sitzend dargestellt. Wie nach den Vorschriften des Lehnrechts empfängt der Papst daher kniend das Gewaltsymbol. Die Szene erinnert sehr an Bilder mit Belehnungsszenen.

2
(Ldr. III 44 § 2.) Am Strand liegt der tote Alexander. Die Sachsen, Männer und – an ihrem Gebende kenntlich – auch Frauen, fahren zu Schiff davon.

3
(Ldr. III 44 § 3.) Links im Bild erschlagen die kriegerisch gerüsteten Sachsen die wehrlosen »thüringischen Herren«, rechts verleihen sie durch Überreichen von Zweigen das Ackerland an die thüringischen Bauern.

4
(Ldr. III 45 § 1 Satz 1–5.) Dem Fürsten zeigt der vor ihm Kniende auf einem Zahlbrett die 12 (goldenen)Pfennige, die ihm als *Buße* zustehen. Die Zahl XVIII am linken Bildrand bedeutet 18 Pfund und bezeichnet das *Wergeld* des Fürsten.

5
(Ldr. III 45 § 1 Satz 6–8.) Der Schöffenbarfreie ist hier als »Herr« dargestellt. Auf dem Zahlbrett sind die 30 Schillinge Bußtaxe durch die Zahl XXX angegeben und auch hier 12 Goldpfennigen gleichgesetzt. Links am oberen Bildrand wieder die Zahl XVIII (Pfund) zur Bezeichnung des Wergeldes.

in Besitz nahm und Julius Kaiser wurde. Noch jetzt hat Rom das weltliche Schwert und von Sankt Peters wegen das geistliche. Daher wird es die Hauptstadt der ganzen Welt genannt. § 2 Als unsere Vorfahren herkamen und die Thüringer vertrieben, waren sie *zuvor* in Alexanders Heer gewesen. Mit ihrer Hilfe hatte er ganz Asien bezwungen. Als Alexander starb, da getrauten sie sich wegen der feindlichen Gesinnung des Landes nicht, sich in dem Lande zu zerstreuen, und fuhren mit dreihundert Schiffen davon. Die gingen alle zugrunde bis auf vierundfünfzig. Von denen kamen achtzehn nach Preußen und ließen sich dort nieder. Zwölf besetzten Rügen[1]. Vierundzwanzig kamen hierher ins Land. § 3 Da sie nicht so zahlreich waren, daß sie das Ackerland bestellen konnten, als sie die thüringischen Herren erschlugen und vertrieben, ließen sie die Bauern sitzen, ohne sie zu erschlagen, und übergaben ihnen den Acker zu dem gleichen Recht, zu dem ihn noch jetzt die Lassen besitzen. Davon kam *der Stand der* Lassen her. Aus den Lassen, die ihr Recht verwirkten, entstanden die Tagelöhner. 45 § 1 Erfahrt jetzt aller Leute Wergeld und Buße. Fürsten, Freiherren und schöffenbare Leute, die stehen *einander* an Buße und an Wergeld gleich. Man zeichnet jedoch die Fürsten und Freiherren aus, *indem man ihnen* Gold gibt. Man gibt ihnen als Buße zwölf goldene Pfennige, von denen jeder das Gewicht von drei Pfennigen in Silber haben soll. Das Pfenniggewicht Goldes nahm man hiervor für zehn Silbers. So waren die zwölf Pfennige dreißig Schillinge wert. Den schöffenbarfreien Leuten gibt man als Buße dreißig Schillinge in vollgewichtigen Pfennigen. Von denen sollen zwanzig Schillinge eine Mark wiegen. Ihr Wergeld sind achtzehn Pfund vollgewichtiger Pfennige. § 2 Eine jede Frau hat ihres Mannes halbe Buße und Wergeld. Jedes Mädchen und jede unverheiratete Frau hat die halbe Buße *des Standes, in dem* sie geboren ist. § 3 Der Mann ist auch Vormund seiner Frau, wenn sie ihm angetraut wird. Ferner ist die Frau des Mannes Standesgenossin, sobald sie sich in sein Bett begibt.

---

1 »rivan« wohl Schreibfehler aus »ruian«

vnderwant vñ Julius keiser wart. Noch hat rome daz werltliche swert vñ von sente peters halbē daz geistliche. da von heizt si houbet aller werlde. § 2 Vnse vorderē, do di herquamē vñ di doringe vortribē, di waren in allexanders her gewest. mit irre helfe hatte he betwngen al asyam. Do allexand' starp, do nē dorstē si sich nicht czv tvn in deme lande durch des landes haz vñ schiften mit drin hundert kielen. di vor tůrben alle biz vf vier vñ vůmfczic. d' quamē achczene czv průzen vñ besazen daz. czwelue besazen rivan, viervnde czwenczic quamē her czu lande. § 3 Do ir so vil nicht en waz, daz si den acker mochtē gewirkē, do si di do ringeschen h'ren slugen vñ vortriben, do lizen si di gebůr siczen vngeslagen vñ bestatten in den acker czv sogetaneme rechte, alse in noch di lazen haben. darab quamē di lazē. von dē lazē, di sich vorworchtē an irme rechte, quamē di tage worchtē. 45 § 1 Nv vornemet all' luyte w'gelt vñ bůze: vorsten, vrieherrē, schephēbare luyte, di sin glich in bůze vñ in w'gelde; doch eret man di vorsten vñ vrieherrē mit golde czv gebene vñ gibit in czwelf guldine phēninge czv bůze. d' sal iclicher ein dri phēninc gewichte silbers wegē. daz phēninc gewichte goldes nā man hivor vor czene silbers. sus waren di czwelf phēninge drizic schillinge wert. Den schephē baren vrienluytē gibit mā drizic schillinge czv bůze phundischer phēninge. d' sullen czwenczic schillinge eine marc wegen. ir w'gelt sin achczen phunt phundischer phēninge. § 2 Ein iclich wip hat ires mānes halbe buze vñ wergelt. iclich mait vñ vngemānet wip hat halbe buze nach deme, daz si geborn is. § 3 Der man is ouch vor munde sines wibes, alse si im getruwet wirt. daz wip is ouch des mānes genozinne, swen si in sin bette trit.

1

(Ldr. III 45 §§ 4, 5.) Der »Biergelde«, dem als kennzeichnendes, klangähnliches Attribut ein Schöpfkübel, die »Biergelte«, beigefügt ist und der – entsprechend dem Text und den tatsächlichen Verhältnissen – als identisch mit dem »Pfleghaften« aufgefaßt wird, zeigt auf die Zahl XV (Schillinge), die den Betrag seines Bußgeldes ausmacht. Die drei Ährenbüschel zu seinen Füßen, von denen eines auf besonders engen Raum zusammengerückt ist, bezeichnen den Landbesitz von weniger als 3 Hufen (§ 5). Der vor ihm Stehende bekundet auch hier wieder seine sozial niedrigere Stellung durch das Beugen eines Knies. Beide Figuren gehören, wenn auch in verschiedenen Standesschichten, der bäuerlichen Bevölkerung an, wie die weißen Binden an den Unterschenkeln zeigen. Die 12 Münzen auf dem Zahlbrett stehen ihrer Zahl nach in keiner Beziehung zum Text, sondern geben lediglich an, daß die römischen Ziffern sich auf Geld beziehen. Die X links oben bezieht sich wieder auf das Wergeld.

2

(Ldr. III 45 § 6.) Im rechten Bildteil sitzt der »Landsasse« auf dem Fahrgestell eines Wagens. Mit diesem Attribut wird bildlich umschrieben, was der Text als charakteristisch für die Landsassen angibt: »di komen unde varn in gastes wise«. Vor dem Landsassen steht der gleiche Mann mit dem Zahlbrett wie in Bildzeile 1, jedoch ohne sein Knie zu beugen. Vielleicht drückt sich darin ein trotz rechtlicher Standesgleichheit gemindertes soziales Ansehen des Landsassen, der kein Grundeigentum besaß, gegenüber den Biergelden und Pfleghaften aus.

2 links

(Ldr. III 45 § 3.) Dargestellt ist der Bußanspruch des Tagelöhners. Die in diesem Paragraphen außerdem beschriebene scherzhafte Wergeldtaxe ist in der Heidelberger Handschrift nicht abgebildet.

3

(Ldr. III 45 § 9 Satz 1.) Es handelt sich um eine Spottbuße. Der Geistliche hält das Kind bei der Hand zum Zeichen, daß es seines ist, und zeigt zur Verdeutlichung der Szene auf den Bildbuchstaben. Das Fuder ist nur mäßig hoch geladen.

4 rechts

(Ldr. III 45 § 9 Satz 2.) Das Bild zeigt den Spielmann und seine Schattenbuße.

4 links

(Ldr. III 45 § 9 Satz 3.) Der Lohnkämpfer ist in Kampfkleidung abgebildet. Vor ihm steht sein Kind, auf den Kampfschild an seinem linken Arm scheint die Sonne und erzeugt einen Lichtreflex, der, einem zweiten Schild ähnlich, am linken Bildrand über dem Kopf des Kindes schwebt.

5 links

(Ldr. III 45 § 9 Satz 4.) Der auf Grund einer Missetat rechtlos Gewordene trägt die Bußgegenstände, die gleichzeitig Strafwerkzeuge sind, Rute und Schere[68].

5 rechts

(Ldr. III 46 § 1.) Abgebildet ist die Vergewaltigungsszene. Welche der beiden Frauen die Fahrende, welche die »amye« ist, läßt sich nicht mit Sicherheit ausmachen, zumal das Abzeichen, das die gelb gekleidete Frau trägt, in seiner Bedeutung nicht näher zu bestimmen ist, da es im Heidelberger Fragment in ähnlicher Verwendung nicht wieder vorkommt. Vielleicht vertritt es die Stelle des Goldreifes oder Kranzes, den diese Frau in den anderen Bilderhandschriften des Sachsenspiegels in der Hand trägt. Dann könnte es ebenfalls als Symbol der »Morgengabe« und seine Trägerin mithin als die »amye« = »Friedel« angesehen werden.

Nach dem Tode des Mannes ist sie von seinem *Standesrecht* frei. § 4 Denjenigen, die Biergelden und Pfleghafte heißen und des Schultheißen Gericht besuchen, gibt man fünfzehn Schillinge als Buße und zehn Pfund als Wergeld. § 5 Unter diesen kann man, wenn man ihn benötigt, einen Fronboten wählen, der weniger als drei Hufen besitzt. Den müssen der Richter und die Schöffen wählen. § 6 Andere freie Leute, die Landsassen heißen, die kommen und gehen nach Art der Fremden und besitzen kein Grundeigentum in dem Lande. Denen gibt man ebenfalls fünfzehn Schillinge als Buße. Ihr Wergeld beträgt zehn Pfund. § 8 Zwei wollene Handschuhe und eine Mistgabel sind des Tagelöhners Buße. Sein Wergeld besteht in einem mit Weizen gefüllten Schober aus zwölf Stangen dergestalt, daß jede Stange von der anderen einen Faden weit entfernt stehe. Jede Stange soll zwölf Nägel übereinander haben, jeder Nagel von dem anderen *soweit entfernt* stehen, wie ein Mann bis an die Schultern hoch ist, damit man den Schober von Nagel zu Nagel aufrichten kann. Jeder Nagel soll zwölf Beutel haben, jeder Beutel zwölf Schillinge *enthalten*. § 9 Kindern von Geistlichen und solchen, die unehelich geboren sind, denen gibt man als Buße ein Fuder Heu, wie es zwei jährige Ochsen zu ziehen vermögen. Spielleuten und allen, die sich in Leibeigenschaften begeben, denen gibt man als Buße den Schatten eines Mannes. Berufskämpfern und ihren Kindern gibt man das Blinken eines gegen die Sonne *gehaltenen* Schildes als Buße. Zwei Besen und eine Schere ist deren Buße, die ihr Recht mit Diebstahl oder mit Raub oder anderswie verwirken. § 10 Rechtloser Leute Buße gibt wenig Nutzen und ist dennoch deswegen festgesetzt, damit der Buße das Gewette des Richters folgen kann. § 11 Ohne Wergeld sind rechtlose Leute. Wer jedoch einen von ihnen verwundet, beraubt oder tötet oder eine rechtlose Frau notzüchtigt und *damit* den Frieden an ihnen bricht, über den soll man nach Friedensrecht richten. 46 § 1 An fahrenden Frauen und an seiner Geliebten kann man sein Leben verwirken, wenn man ihnen gegen *ihren* Willen beiwohnt.	nach des mānes tode is si ledic von des mānes rechte. § 4 Di birgelden vn̄ phlechhaften heizen vn̄ des schultheizen dinc suchen, den gibit man vumfczen schillinge czv bůze vn̄ czen phunt czv wergelde. § 5 vnd`den můz man wol kisen einē vronenbotē, ab man des bedarf, d`minre den dri hůuē habe. den sal kisen d`richter vn̄ di schephē. § 6 Andere vrie lů te, di lantsezen heizen, di komē vn̄ varn in gastes wise vn̄ en haben kein eigen in deme lande. den gibit mā ouch vumf czen schillinge czv buze. ir w`gelt is czen phunt. § 8 cwene ẘl line hanczechen vn̄ eine mistgabele is des tageworchtē bůze. sin wergelt is ein bark vol weizis vō czwelf rutē, alse icliche rute von d`anderē ste eines vademes lanc. icliche rute sal haben czwelf nagele vf wert; iclich nagel sal vō de me anderē sten alse d`mā lanc is biz an di schuldere, durch daz mā den barck geheben moge vō nagele czv nagele. iclich nagel sal haben czwelf bůtele, iclich butel czwelf schil linge. § 9 Phaffen kindere vn̄ di vnelich geborn sin, den gi bit man czv bůze ein voder houwes, alse czwene ierige ochsen geczien mv̊gen. Spilluyte vn̄ alle, di sich czv eigen geben, den gibit man czv buze den schatē eines mannes. Kemphen vn̄ iren kinderē gibit man czv buze eines schildes blic kegen d`svnnen. Czwene beseme vn̄ eine sche re is ir buze, di ir recht mit duybe ad`mit roube ad`anders vorwirken. § 10 vnelicher luyte buze gibit lůczel vrumē vn̄ is doch durch daz gesazt, daz d`buze des richters gewette volge. § 11 Ane wergelt sin vnechte luyte; doch swer ir einē wůndet ad`roubet ad`totet ad`vnechte wip notegit vn̄ den vride an in brichet, man sal vber in richten nach vri des rechte. 46 § 1 an varnden wiben vn̄ an siner amyen mac d`man sinē lip vorwirken, ab he si ane danc beleget.

1
(Ldr. II 46 § 2.) Der Kläger zeigt vor Gericht die Wunde an seiner Schulter vor (»leibliche Beweisung«) und bezeichnet den unmittelbar vor ihm Stehenden als den Täter. Hinter diesem stehen der Anstifter und der Gehilfe, von denen der Rotgekleidete wegen der Aufmerksamkeitsgebärde, die er macht, wohl als der Ratgeber, d.h. Anstifter anzusehen ist.

2
(Ldr. II 47 § 1.) Es bringt jemand einen Hengst zurück, den er dem Eigentümer entführt hatte, und zahlt dabei die schuldige Geldbuße. Sie wird mit XXX (= Schillinge) angegeben, wodurch der Eigentümer des Pferdes, der auf dem Bild sein Gegenüber mit Fingerzeig als Täter bezeichnet, als Scheffenbarfreier ausgewiesen wird (vgl. 45 § 1.)

3 links
(Ldr. II 47 § 2.) Die Ersatztiere sind – von oben nach unten – in der Reihenfolge abgebildet, wie der Text sie aufzählt. Der Ersatzpflichtige beschwört ihre Qualität.

3 rechts
(Ldr. III 48 § 1 Satz 2.) Ein Rind, d.h. ein Tier, das man essen kann, wird verletzt.

4 rechts
(Ldr. III 48 § 1 Satz 1.) Das eßbare Tier wird getötet. Der Täter weist auf das darüberstehende Bild und deutet damit die Zusammengehörigkeit der beiden Darstellungen an.

4 links
(Ldr. III 48 § 2 Satz 1.) Ein nicht eßbares Haustier – durch das Pferd repräsentiert – wird getötet.

5 links
(Ldr. III 48 § 2 Satz 2.) Das nicht eßbare Tier wird am Auge verletzt.

5 rechts
(Ldr. III 49.) Ein Hund wird an der Leine ausgeführt. Der Knecht, der ihn führt, blickt auf den Mann zurück, der im linken Bildteil das Pferd am Auge verletzt (48 § 2). Dieser hat hier also offenbar eine Doppelfunktion, indem er gleichzeitig auch den subsidiär haftenden Herrn des Hundeführers darstellt. Auf diese Beziehung deutet auch die Verschränkung der Bilder im unteren Bildteil hin.

6
(Ldr. III 50.) Der »Deutsche« wird durch den Sachsen repräsentiert, dessen Stammeszugehörigkeit aus dem Messer in seiner linken Hand, dem »Sachs«, hervorgeht.

§ 2 Einer einzigen Wunde wegen kann man nicht mehr als einen Mann verklagen. Jedoch kann man der Beihilfe mit Rat *und* Tat mehrere Leute beschuldigen. 47 § 1 Wer dem anderen von dem Seinen etwas mit Gewalt oder ohne *dessen* Wissen wegnimmt, der soll es nebst einer Buße zurückgeben oder schwören, daß er es nicht zurückgeben könne; dann muß er es – wenn jener, der es verloren hat, das fordert – gemäß der Forderung bezahlen, es sei denn, daß jener, der da bezahlen soll, mit seinem Eide die Schätzung herabsetzt. § 2 Singvögel, Stoßvögel, Windhunde, Hetzhunde und Bracken kann man mit einem *Tier* ihrer Art ersetzen, das ebenso gut ist, sofern man dies *mit dem Eid* auf die Reliquien bestätigt. 48 § 1 Wer des anderen Vieh, welches man essen kann, absichtlich oder aus Versehen tötet, der muß es mit dem festgesetzten Wergelde bezahlen. Verletzt er es, so bezahle er es mit der Hälfte *des Wergeldes* ohne Buße. Außerdem behält jener sein Vieh, dem es vorher gehörte. § 2 Wer aber ein Vieh, das man nicht essen kann, absichtlich tötet oder an einem Fuß verletzt, der muß es mit dem vollen Wergelde und mit Buße bezahlen. Verletzt er es aber an einem Auge, so bezahlt er es mit der Hälfte. § 3 Geht aber ein Vieh ein oder bleibt es lahm durch jemandes Verschulden, jedoch ohne seinen Vorsatz, und leistet er darauf seinen Eid, so ersetzt er es ohne Buße wie zuvor gesagt wurde. 49 Einen Hund, der aufs Feld geht, den muß man an der Leine halten, damit er niemand Schaden zufüge. Richtet er aber Schaden an, so muß der ihn ersetzen, dem der Hund aufs Feld folgt, oder, wenn dieser keinen Ersatz zu leisten vermag, sein Herr. 50 Wo der Deutsche mit einer Straftat sein Leben oder seine Hand verwirkt, da braucht er, ob er sie auslöst oder nicht, zusätzlich weder Gewette noch Buße zu zahlen. 51 § 1 Vernehmt jetzt vom Wergeld der Vögel und Tiere. Das Huhn bezahlt man mit einem halben Pfennig, die Ente ebenso, die Gans mit einem Pfennig, die Brutgans und die Bruthenne während ihrer Brutzeit mit dreien und ebenso die Lockente. Dasselbe…

§ 2 Durch eine wnde en mac man nicht me dē einē mā beclagen; doch mac mā rates vn̄ helfe me luyte schuldegen. 47 § 1 Swer dem anderē des sinē icht nimt mit gewalt ad` ane wizenschaft, daz sal he wid` gebē mit buze ad` swerē, daz hes nicht wid` geben en mvge. so sal hez gelden nach d` vorderūge, daz iz ien` vorde`t, d` iz vorlorn hat, ien` en minnere di w`dunge mit si me eide, d` da gelden sal. § 2 Singende voyle vn̄ grīmē de vn̄ winde vn̄ hessehunde vn̄ bracken gilt mā mit eime irme glichē, daz alse gut si, ab mā daz gew`et vf dē heiligen. 48 § 1 Swer des anderē vie totet, daz man ezen mac, dankes ad` ane danc, d` mūz daz geldē mit dem gesacztē wergelde. belemt hez, he gilt iz mit deme halben teile ane buze. dar czv behelt ien` sin vie, des iz er was. § 2 Swer ab` totet ad` belemt in einē voiz ein vie dankes, daz mā nicht ezen muz, he sal iz gelden mit volleme w`gelde vn̄ mit buze. belemt hez ab` in eime ougen, he gilt iz mit deme halbē teile. § 3 Blibet ab` ein vie tot ad` lam vō eines mannes schulden ane sinē willē vn̄ tut he daczu sine eit, he gilt iz ane bůze, alse hi vor geredet is. 49 Swelch hvnt czv velde get, den sal mā in banden halden, durch daz he nimande en schade. tůt ab` he schaden, dē sal he gelden, de me d` hunt volget czv velde ad` sin h`re, da hez nicht gegelden en mac. 50 Swo d` duysche man sinē lip ad` sine hant vorwirket mit vngerichte, he lose si ad` en tu, da nē darf he noch gewette noch buze czv gebē. 51 § 1 Nv vornemet vmme voyle vn̄ tire w`gelt: daz hvn gilt mā mit eime halben phēninge, di ente also, di gans mit eime pheninge, di brůt gans vn̄ di brůt henne mit drin binnē irre brůt czit vn̄ di stelle ente. daz selbe…

1

(Ldr. III 57 § 2 Satz 1.) Der Text fehlt in der Heidelberger Handschrift. Er lautet: »In des Keisers kore sal der erste sin der bischof von Menze, der andere der von Trire, der dritte der von Kolne«. Der Wahlvorgang wird dadurch versinnbildlicht, daß die drei Erzbischöfe auf den König zeigen.

2

(Ldr. LI 57 § 2 Satz 2.) Vor dem König steht der Pfalzgraf bei Rhein, der als Reichstruchseß dem König eine goldene Speisenschüssel bietet; nach ihm kommt der Herzog von Sachsen als Marschall mit dem goldenen Marschallstab und schließlich der Markgraf von Brandenburg, der sein Kämmereramt versieht, indem er dem König eine Schüssel mit warmem Waschwasser bringt, von der er gerade den Deckel abhebt.

3

(Ldr. III 57 § 2 Satz 4 u. 5.) Vor dem Kandidaten für den Königsthron, hier wie in den beiden obenanstehenden Bildern vorwegnehmend schon als König dargestellt, stehen »des riches vorsten alle, phaffen vnde leyen« und geben ihre Wahlstimmen ab, indem sie auf den künftigen König zeigen. Die meisten von ihnen machen mit ihrer rechten Hand eine Geste, die sich oft beim Kläger findet und bedeutet, daß ein Anspruch geltend gemacht wird, hier der Anspruch auf das Königswahlrecht, das der Text zu diesem Bild allen Reichsfürsten neben den Erstwählern zubilligt.

4

(Ldr. III 59 § 2.) Seit dem Tode des Bischofs sind 6 (VI) Wochen vergangen. Die fünf Geistlichen, die an seiner Leiche stehen, haben es versäumt, einen Nachfolger zu wählen, was der grün und der rot Gekleidete stellvertretend für die übrigen durch den Unfähigkeitsgestus zum Ausdruck bringen. Nunmehr bestimmt der Kaiser den neuen Bischof. Er hat dafür aus den fünf Geistlichen den im gelben Rock ausgewählt, der zunächst ganz links im Bilde erscheint und sich schon dort durch seine Kleidung als präsumtiver Nachfolger präsentiert. Die Entscheidung des Kaisers ist zu seinen Gunsten gefallen, weil er sich »redelich gehalden« hat. Auch dies ist in der gelben Figur links sinnfällig gemacht, wobei der Begriff »redelich« vom Illustrator entweder bewußt in scherzhafter Absicht oder ganz naiv in seinem ursprünglichen Sinne als »redend, beredt« genommen wurde: Der Gelbe macht die Redegebärde. Im rechten Teil des Bildes wird er schließlich vom Kaiser mit dem Lilienzepter belehnt.

5

(Ldr. III 60 § 1 Satz 1.) Links empfangen ein Bischof und eine Äbtissin das Szepterlehen, rechts drei weltliche Fürsten ihre Fahnlehen. Da nach Ldr. I 3 § 2 die »Bischöfe, Äbte und Äbtissinnen« den zweiten Heerschild einnehmen, die Laienfürsten dagegen den dritten, stehen auf dem Bild die drei Empfänger der Fahnlehen eine Stufe tiefer vor dem König als der Bischof und die Äbtissin.

57 § 2 Unter den Laien ist der erste bei der Kur der Pfalzgraf vom Rhein, des Reiches Truchseß, der zweite der Marschall, der Herzog von Sachsen, der dritte der Kämmerer, der Markgraf von Brandenburg. Der Schenke des Reichs, der König von Böhmen, hat kein Kurrecht, weil er nicht deutsch ist. Darauf wählen die *anderen* Reichsfürsten alle, Geistliche und Laien. Die an erster Stelle bei der Kur genannt sind, die dürfen nicht nach ihrem Belieben wählen; nur, wen alle Fürsten zum König erwählen, den erst dürfen sie unter dem Königstitel ausrufen. 58 § 1 Die Reichsfürsten können keinen Laien zum Herrn haben als nur den König. § 2 Es gibt kein Fahnlehen, auf Grund dessen jemand Fürst sein kann *außer dem, das* er vom König empfängt. Wenn vor ihm ein anderer etwas *zu Lehen* empfängt, dann ist jener nicht der Vorderste in diesem Lehen, weil es ein anderer vor ihm empfing, und kann von daher nicht Reichsfürst sein. 59 § 1 Wenn man Bischöfe, Äbte oder Äbtissinnen wählt, die den Heerschild haben, so sollen sie erst das Lehen empfangen und die Seelsorge danach. Wenn sie das Lehen empfangen haben, dann können sie Lehnrecht ausüben und nicht eher. § 2 Wählt man Bischöfe, Äbte oder Äbtissinnen nicht innerhalb von sechs Wochen, da die Belehnung an den Kaiser geht, dann verleiht der Kaiser *das Amt* nach seinem Gutdünken einem, der sich ordentlich verhalten hat. 60 § 1 Der Kaiser belehnt alle geistlichen Fürsten mit dem Szepter, alle weltlichen Fahnlehen *verleiht er* mit der Fahne.

57 § 2 … Vnd` den leyen is d` erste an der kore d` phalenz greue von deme rine, des riches trucseze; d` and`e d` marschalk, d` herczoge von sachsen; d` dritte d` kemerer, d` marcgreue von brandēburk. Der schenke des riches, Der kv̊nic von bemen, en hat keine kore, vmme daz he nicht dv̊isch en is. Sint kysen des riches vorsten alle, phaffen vn̄ leyen. Di czv dem ersten an d` kore sin genant, die en sullen nicht kisen nach irme mut willen; wen swen di vorsten alle czv kv̊nige irweln, den sullen si erst bi namē kisen. *58 § 1* Des riches vorsten en sullen keinē leyen czv h`ren habē, wen den kv̊nic. *§ 2* Iz en is kein van len, da der man ab mv̊ge vorste gesin, he ne pha iz vō deme kvnige. Swaz so ein and` man vor im enphet, da en is ien` d` vorderste an deme lene nicht, wen iz ein and` vor im enphink, vn̄ en mac des riches vorste dar ab nicht gesin. *59 § 1* Swen man kvset bisschoue ader epte ad` eptisscheinnē, di den herschilt haben, daz lien sullen si vor enphan vn̄ di bi sorge nach. wen si daz len enphangen haben, so mv̊gen si lenrecht getun vn̄ nicht er. *§ 2* wo man bischoue ader epte ad` eptisschinnē nicht en kv̊set binnen sechswochē, da di lenv̄ge an den keyser get, he liet iz, weme he wil, der sich redelich gehalden hat. *60 § 1* Der keyser liet allen geistlichen vorsten mit deme sceptrum, alle werltliche van len mit deme vanen.

1

(Ldr. III 60 § 1 Satz 2.) Jahr und Tag, das sind 52 + 6 Wochen + 3 Tage, werden hier genauer dargestellt als sonst[69], indem die sechs Wochen nicht wie an anderen Stellen durch eine VI, sondern durch die sechs Striche am oberen Bildrand bezeichnet sind, deren drei erste durch die daruntergesetzte Sonne (die Sonnenscheibe steht unter dem verdickten dritten Strich) gleichzeitig auch die Bezeichnung der Tage übernehmen. Die Zeitzeichen stehen hinter den Fürsten, d.h. die Frist ist verstrichen. Der Kaiser hält mit sichtlichem Kraftaufwand die Lehnsfahne fest. Die beiden Fürsten suchen sie ihm zu entwinden. Dem zugehörigen Text entsprechend machen sie einen Rechtsanspruch darauf geltend, daß der Kaiser das Fahnlehen nach Fristablauf wieder vergibt. Das will die Gebärde besagen, die der eine der beiden Fürsten mit seiner linken Hand macht.

2

(Ldr. III 60 § 2.) In der Stadt, die durch Stadttor, Mauer und Kirche angedeutet ist, läßt sich der König vom Münzmeister, der den Münzhammer über der Schulter trägt, das gemünzte Geld aushändigen. Neben dem Münzmeister ist wieder – wie auf Bild 9ᵛ/1 – der Unterstempel zu sehen, auf dem hier noch 3 Münzen liegen.

3

(Ldr. III 60 § 3.) Links steht ein Königsbote vor einer Burg, von deren Turm der Türmer fragend auf ihn herabblickt. Der Bote fordert mit befehlender Gebärde einen im Bild nicht sichtbaren, in der Burg festgehaltenen Gefangenen vor das Königsgericht. Ein anderer Gefangener steht vor dem königlichen Richter und trägt mit lebhaften Gebärden seine Sache vor. Er ist an den Beinen mit einer Kette gefesselt und wird von dem, der ihn vorführt, am Arm festgehalten.

4

(Ldr. III 61 §§ 1, 3.) Mit Befehlsgebärde, die von dem neben ihm sitzenden Schultheißen wiederholt wird, setzt der Graf sein Ding an. Der Fronbote und die vier Schöffen, diese an ihren Mänteln erkennbar, weisen auf den gräflichen Richter und teilen dadurch mit, daß sie auf dessen Geheiß an der Dingstätte erschienen sind. Die Schöffen sind in sitzender Stellung abgebildet, was auf Ldr. III 69 § 2 zurückgeht (»Siczende sullen si orteil vinden«). Daß das Ding nur außerhalb gebundener Tage anberaumt werden darf, gibt das grüne Kreuz zu Füßen des Fronboten an.
Der grüne Bildbuchstabe »D« neben dem Fronboten ist ein etwas zu aufwendiger Hinweis auf die geringfügige Aussage, die zu dieser Figur im Bild noch gemacht wird: Die grünen, als Grasbüschel gemeinten Fleckchen unter seinen Füßen sollen die halbe Hufe Grundeigentum bedeuten, die der Fronbote haben soll.

5

(Ldr. III 61 § 4.) Die Dingpflichtigen werden durch die vor dem Richter stehende Doppelfigur repräsentiert. Hinter ihrem Rücken geht die Sonne auf und erhebt sich in der Bildmitte zur Mittagshöhe. Richter und Dingpflichtige zeigen mit begleitender Redegebärde auf den Mittagsstand der Sonne, was heißen soll, daß sie bis zu diesem Zeitpunkt bei Gericht anwesend sind.

Kein Fahnlehen darf er Jahr und Tag ledig behalten. § 2 In jeder Stadt des Reiches, in welche der König im Reiche kommt, da stehen ihm Zoll und Münze zur freien Verfügung, und in jedem Land, in das er kommt, da steht ihm die Gerichtsgewalt zu, so daß er ohne weiteres in all den Klagen, die vor Gericht noch nicht begonnen oder beendet sind, Recht sprechen kann. § 3 Ferner: Wenn der König zum ersten Male in das Land kommt, so sollen alle Gefangenen von Rechts wegen zu seiner Verfügung stehen; und man muß sie vor ihn bringen und vor seinem Gericht überführen oder auf Grund des Gerichtsverfahrens freilassen, sobald man sie holen lassen kann von dem Zeitpunkt ab, da sie der König vor Gericht fordert oder seine Boten zu dem Manne selbst oder zu dem Hofe oder dem Hause, wo sie gefangen sind oder waren, *kommen*. Lehnt man es ab, sie vorzuführen, nachdem man sie vor Gericht gefordert und dafür in den Königsboten Zeugen hat, so tut man sogleich alle, die sie fingen, sowie die Burg und die Leute, welche sie rechtswidrig festhalten, in die Acht. 61 § 1 Über *je* achtzehn Wochen muß der Graf außerhalb gebundener Tage an echter Dingstätte sein Ding ansetzen, wobei der Schultheiß, die Schöffen und der Fronbote *zugegen* sein sollen. § 2 Es kann niemand Schultheiß sein, der nicht frei und in dem Bezirk geboren ist, in dem das Gericht liegt. § 3 Der Büttel muß zumindest eine halbe Hufe Eigenland haben. § 4 Beim Gericht sollen von der Zeit, da die Sonne aufgeht, bis zum Mittage alle anwesend sein, die dingpflichtig sind, wenn der Richter da ist. 62 § 1 Fünf Städte, welche Pfalzen heißen, liegen im Lande Sachsen, wo der König rechtmäßig Hof halten soll:

kein vanlen en můz he ouch haben ledic iar vñ tac. § 2 In welche stat des riches dˀ kvnic kvmt binnen deme riche, da is im ledic czol vñ mūcze, vñ in welch lant he kvmt, da is im ledic daz gerichte, daz he wol richten můz al di clage, di vor gerichte nicht ne begūnt noch gelent ne sin. § 3 Swen dˀ kvnic ouch aller erst in daz lant kvmet, so sullen im ledic sin alle geuangenē uffe recht, vñ man sal si vor in brengen vñ mit rechte vorwinden adˀ mit rechte lazen, so man si erst besenden mac sidˀ der czit, daz si dˀ kvnic heischet czv rechte adˀ sine boten czv deme māne selbe adˀ czv dem houe adˀ czv dem huse, da si geuangē sin adˀ haben gewesen. weigert man, si vor czv brēgene, sint man si czv rechte geheischet hat vñ man des geczůk an des kvniges boten hat, man tůt czv hant in di achte alle, di si viengen, vñ di bůrk vñ di luyte, di si wider recht halden. 61 § 1 Vber achczen wochen sal der greue sin dinc vz legen buzen gebundenē tagen czv echter dinc stat, da dˀ schultheize vñ schephen vñ vrone bote si. § 2 Iz en mac nimant schultheize gesin, he ne si vri vñ geborn von deme lande, da daz gerichte inne liget. § 3 Der bůtel sal czv minnesten haben eine halbe huue eigenes. § 4 Gerichtes sullen alle warten, di dinc phlichtic sin, von dˀ czit, daz di svnne vf get, biz czv mittage, ab dˀ richter da is. 62 § 1 Wnf stete, di phalczen heizen, ligen czv sachsen in deme lande, da der kvnic echte houe haben sal.

1

(Ldr. III 62 § 1.) Jedes Häuschen, aus dem der König als Hausherr herausschaut, steht für eine Pfalz.

2

(Ldr. III 62 § 2.) In Abweichung von der Reihenfolge des Textes steht an erster Stelle die Mark Lausitz (»L« in der Fahne). Das Wappen ist das der Mark Landsberg. Es folgt die Landgrafschaft Thüringen (»D«), sodann die Mark Meißen (»M«). Das Wappen der Mark Brandenburg (»B«) ist in den Farben verändert: Man erwartet den roten Adler auf weißem Grunde. In der zweiten Reihe folgt die Grafschaft Aschersleben (»A«). Das nächste Wappen, vom vorhergehenden nur durch den Rautenkranz unterschieden, ist das Wappen des Herzogtums Sachsen. Der Illustrator hielt es wohl für hinreichend bekannt und ließ daher den Buchstaben in der Fahne fort. Der nicht weiter ausgeführte dritte Schild dieser Reihe kann dann nur für die Pfalz Sachsen bestimmt gewesen sein.

3

(Ldr. III 62 § 3.) Das Bild zeigt die Erzbischöfe von Mainz (links) und Magdeburg und in Vertretung der Bistümer 15 Krummstäbe.

4

(Ldr. III 63 § 1 Satz 1.) Das Bild ist durch den Text hinreichend erklärt.

5

(Ldr. III 63 § 1 Satz 2.) Papst und Kaiser, das »geistliche und das weltliche Gericht«, sitzen einträchtig und mit den Zeichen ihrer Herrschergewalt, Krummstab und Schwert, versehen auf einem Thron, dessen einmalig prächtige Ausstattung der Tatsache Rechnung trägt, daß die beiden »Häupter der Christenheit« gemeinsam auf ihm Platz genommen haben. Die Darstellung des Thrones scheint ein Siegel König Adolfs von Nassau zum Vorbild genommen zu haben.

Die erste ist Grone, die andere Werla, die ist nach Goslar verlegt. Wallhausen ist die dritte, Allstedt die vierte, Merseburg die fünfte. § 2 Sieben Fahnlehen gibt es zudem im Lande Sachsen: das Herzogtum Sachsen, die Pfalzgrafschaft, die Mark Brandenburg, die Landgrafschaft Thüringen, die Mark Meißen, die Mark Lausitz, die Grafschaft Aschersleben. § 3 Weiterhin sind zwei Erzbistümer im Lande Sachsen und fünfzehn andere. Dem *Erzbischof* von Magdeburg ist untertan der Bischof von Naumburg, der von Merseburg, der von Meißen, der von Brandenburg und der von Havelberg. Der Bischof von Mainz hat vier Untergeordnete im Lande Sachsen: den Bischof von Halberstadt, den von Hildesheim, den von Verden, den von Paderborn. Der Bischof von Osnabrück, der von Minden und der von Münster sind dem von Köln unterstellt. Dem Erzbischof von Bremen ist der von Lübeck, der von Schwerin und der von Ratzeburg untergeordnet. 63 § 1 Der König Konstantin verlieh dem Papst Sylvester zu dem geistlichen das weltliche Gewette von sechzig Schilling, um damit alle diejenigen gefügig zu machen, die Gott nicht mit ihrem Leibe büßen wollen, indem man sie an ihrem Vermögen dazu zwingt. In dieser Weise sollen weltliches und geistliches Gericht zusammenwirken, damit man, was dem einen Widerstand leistet, mit dem anderen dazu zwinge, gehorsam zu sein und seine Rechtspflichten zu

Die erste is grůna, Di andᷓ werle, di is czv gosler geleit; walhusen is di dritte, alstete di vierte, Merseburk di wmfte. § 2 Siben van len sin ouch in deme lande czv sachsen, daz herczogetum czv sachsen, di phalencze, di marke czv brandenbůrk, di lantgraueschaft czv doringen, di marke czv misne, di marke czv lusicz, di graueschaft czv asschersleue. § 3 Ouch sin czwei erczebischtum czv sachsen in deme lande vnde wmfczen andere. Deme von meidebůrc is vndᷓtan dᷓ bischof von nvwenburc vn̄ dᷓ von merseburc vn̄ dᷓ von misne vn̄ dᷓ vō brandēbůrc vn̄ dᷓ von hauelberc. Der bischof von mencze hat vier vndᷓtanen czv sachsen in deme lande, den bischof von halberstat, den von hildenseim, den von verden, den von padelburne. der bischof vō osenbrucke vn̄ der von minden vn̄ der von munstre sint vndᷓtan dem von kolne. Deme erczebischofe von bremen is vndᷓtan dᷓ von lubeke, der von czwerin vn̄ dᷓ von ratesburc. 63 § 1 Constantin, der kvnic, gab dem pabeste siluestre werltlich gewette czv deme geistlichen, sechczic schillinge, mite czv twingene alle di iene, di gote nicht bezern en wollen mit deme libe, daz man si darczv twinge mit deme gute. Sus sal werltlich gerichte vn̄ geistlich vber ein tragen; swaz so deme einen widerstat, daz man iz mit deme anderen twinge, gehorsam czv wesene vn̄ rechtes czv

1 rechts
(Ldr. III 63 § 2.) Der Priester spricht den Kirchenbann über den am Boden Liegenden aus, indem er über ihm anscheinend ein Stäbchen, in Wirklichkeit wohl eine Kerze, zerbrochen und fortgeworfen hat. Der Gebannte ist soeben verstorben. Seinem Mund entfährt seine Seele, die sogleich von einer etwas undeutlich gezeichneten Teufelsgestalt in Empfang genommen wird.

1 links
(Ldr. III 63 § 3.) Am Boden liegt ein Enthaupteter, der auf Befehl des Grafen, der ihn zuvor verfestet hatte, von dem mit dem Schwert abgebildeten Henker soeben hingerichtet worden ist. Der neben dem Henker stehende Mann im grünen Kleide ist wahrscheinlich derjenige, der den Verfesteten gefangen genommen hat.

2
(Ldr. III 64 § 1.) Der König gebietet Hoftag oder Reichsdienst mit Befehlsgestus. Sein Bote wiederholt vor den Fürsten diese Gebärde und damit das Aufgebot und überreicht ihnen den Königsbrief mit Siegel und der Aufschrift: »F(ridericus) d(e)i gr(ati)a Rom(anorum)... semp(er) a(ugustus)...«

3
(Ldr. III 64 § 2.) Vor dem König stehen die Fürsten, die Fahnlehen haben und dem Aufgebot nicht gefolgt sind. Sie zahlen als Gewette 100 Pfund, die der vordere in seinem Mantel mitgebracht hat. Der König hält seinen Mantel auf, um die Zahlung in Empfang zu nehmen. Der Betrag ist mit »C« angegeben, die Geldsorte (= Pfund) durch die Münzen, die im Gegensatz zu den Darstellungen der Schillinge mit einem Kreuz gezeichnet sind. Die Zahl der abgebildeten Münzen gibt auf keine Weise die geschuldete Geldsumme an.
Links steht ein Vertreter der »anderen Leute«, auch als Adliger gedacht, dessen Gewette nur 10 Pfund beträgt.

4
(Ldr. III 64 § 3 Satz 1, § 4.) Der Edelmann, gekleidet wie in Bild 3, entrichtet dem Herzog 10 Pfund. Die rechte Bildhälfte zeigt den Grafen, dem 60 (LX) Schillinge bezahlt werden. Daß der Graf unter Königsbann Gericht hält, wird nicht sichtbar.

5 rechts
(Ldr. III 64 § 5 Satz 3 u. 4.) Der Graf rechts teilt einen Ast, der hier als Symbol seines grafschaftlichen Lehens zu gelten hat, und reicht das eine Stück einem Mann, auf dessen Lehnsfähigkeit der Wappenschild an seinem Arm hindeutet. Dieser Untervasall des Grafen verlangt vom König die Bannleihe, indem er ihm seine rechte Hand so hinhält, wie das zur Verleihung des Königsbannes erforderlich ist (s. linker Bildteil). Der König lehnt die Bannleihe mit dem Verweigerungsgestus ab.

5 links
(Ldr. III 64 § 5 Satz 5.) Der König verleiht den Königsbann an den Inhaber der Gerichtsgewalt, der als solcher durch die Kleidung gekennzeichnet ist, die der Graf als Richter trägt. Im Gegensatz zu der Belehnung »mit Mannschaft« unterläßt der Empfänger der Bannleihe das Beugen des Knies und berührt nur mit der rechten Hand die Rechte des Königs, während im anderen Fall der Lehnsempfänger seine beiden Hände zwischen beide Hände des Lehnsherrn legt. Mit seiner Linken macht der Beliehene eine Gebärde, die hier besagen soll, daß er nicht Mannschaft zu leisten braucht.

erfüllen. § 2 Bann schadet zwar der Seele, nimmt jedoch niemandem das Leben und beeinträchtigt niemanden im Land- und Lehnrecht, falls nicht des Königs Acht nachfolgt. § 3 Die Verfestung nimmt dem Mann das Leben, wenn er darin ergriffen wird, aber nicht sein Recht, wie lange er sich auch darin befindet. 64 § 1 Gebietet der König mit Urteil den Reichsdienst oder seinen Hoftag und läßt er ihn den Fürsten sechs Wochen, bevor er beginnen soll, mit seinem Brief und Siegel verkünden, dann sollen sie ihn innerhalb Deutschlands aufsuchen, wo immer er stattfindet. Kommen sie nicht, so zahlen sie dafür das Gewette. § 2 Die Fürsten, die ein Fahnlehen haben, die entrichten dem Könige ein Gewette von hundert Pfund; alle anderen Leute zahlen zehn Pfund, sofern man nicht für Straftaten Gewette zahlt. § 3 Dem Herzog zahlt jeder Edelmann zehn Pfund als Gewette. Es gibt jedoch genug Landschaften im Herzogtume, die ihr besonderes Recht haben wollen, wie die Holsten, die Stormarner und die von Hadeln. Von ihrem Recht und von ihrem Gewette rede ich nicht. § 4 Sechzig Schilling Gewette gibt man dem Grafen und ebenso dem Vogt, der unter Königsbann Gericht hält, wenn er den Bann *unmittelbar* vom König hat. § 5 Den Königsbann darf niemand verleihen als der König selber. Der König kann sich nicht mit Recht weigern, den Bann demjenigen zu verleihen, dem die Gerichtsbarkeit verliehen ist. Verleiht ein Graf einen Teil seiner Grafschaft oder ein Vogt *einen Teil* seiner Vogtei, so ist das rechtswidrig. Der belehnte Mann kann keinen Königsbann darüber erhalten, so daß man das von ihm dulden müßte. Den Bann verleiht man ohne Mannschaft. § 6 Pfalzgraf und Landgraf üben die Gerichtsbarkeit unter Königsbann aus wie der Graf.

phlegene. § 2 Ban schadet der sele vn̄ en nimt doch nimande den lip noch en krenket nimande an lant rechte noch an lenrechte, da ne volge des kv̊niges achte nach. § 3 Die voruestunge nimt dem māne den lip, ab he dar binnē begriffen is, vn̄ nicht sin recht, wi lange he dar an is. 64 § 1 Gebuyt der kv̊nic des riches dinest adˋ sinē hof mit orteiln vn̄ let he in kvndigen den vorsten mit sinen briuen vn̄ ingesigele sechswochen, er he werden sulle, den sullen si suchen binnen dvyscher art, swo he is. en kvmē si nicht, si wetten dar vmme. § 2 Die vorsten, di van len haben, di wetten deme kvnige hundert phunt. Alle andere luyte wetten czen phunt, da man vmme vngerichte nicht en wettet. § 3 Deme herczogen wettet iclich edel man czen phvnt. dˋ gegenote is doch genuc binnen deme herczogetome, di sunderlich recht wollen haben, alse holtsezen vn̄ stormere vn̄ hedelere. von irme rechte noch von ir gewette en sage ich nicht. § 4 Sechczic schillinge wettet man dem greuen vn̄ ouch dem voyte, der vndˋ kv̊niges banne dinget, ab he den ban vō deme kv̊nige hat. § 5 kv̊niges ban en můz nimant lien wen der kvnic selbe. Der kv̊nic en mac mit rechte nicht geweigern, den ban czv liene, deme daz gerichte geligen is. Vorliet ein greue siner graueschaft ein teil adˋ ein voyt siner voytie, daz is vnrecht. der belente man ne můz dar vber keinen kv̊niges ban haben, alse man daz von ime dulden důrfe. ban liet mā ane manschaft. § 6 Phalenzgreue vn̄ lantgreue dinget vndˋ kvniges banne alse der greue.

1
(Ldr. III 64 § 5.) Pfalzgraf und Landgraf, beide an der Fahne als Fürsten zu erkennen, erhalten 60 Schillinge Gewette.

2 links
(Ldr. III 64 § 7.) Dem Markgrafen kommen 30 Schillinge zu.

2 rechts
(Ldr. III 64 § 8.) Der Schultheiß bekommt 8 Schillinge von einem seiner Biergelden, dem diesmal der Schöpfkübel zur Kennzeichnung fehlt.

3 links
(Ldr. III 64 § 9.) Der »belehnte Vogt« ist auf dem Bilde nicht kenntlich gemacht. Man wird ihn aber wohl entsprechend der Anordnung in den übrigen Bildern in der rechts neben dem roten Trennstreifen stehenden Figur zu sehen haben. Sein Zeigegestus bedeutet dann, daß der andere ihm das Gewette von drei Schillingen schuldet.

3 rechts
(Ldr. III 64 § 10.) Der Mann im grünen Kleid mit Hut ist der Gograf. Für den Geldbetrag fehlt hier die Bezifferung. Die abgebildeten Münzen stellen Pfennige dar und geben hier mit ihrer Anzahl den Betrag des Gewettes an.

4 rechts
(Ldr. III 64 § 11.) Der Bauernmeister erhält in der Regel ebenfalls 6 Pfennige, die hier der Zahl nach richtig dargestellt sind. Sie werden von einem Bauern entrichtet.

4 links
(Ldr. III 65 § 2.) Durch die gleiche Kleidung und das Herrenschapel lassen die beiden Figuren ihre Standesgleichheit im Bereich der Lehnsfähigkeit erkennen. Der Heerschild des Lehnsempfängers ist umgefallen, d.h. erniedrigt.

5
(Ldr. III 66 § 1.) Das Kreuz, altes Rechtswahrzeichen für Marktgerechtigkeit und Weichbildfrieden, vertritt hier den Marktort. Der Handschuh, der von ihm herabhängt, ist des Königs Handschuh, den er nach Ldr. II 26 § 4 bei Errichtung eines Marktes dem Marktort übersenden muß »zu bewisene, daz ez sin wille si«, d.h. um sichtbar zu machen, daß er der Errichtung des Marktes seine Zustimmung gegeben hat.

Rechts von dem bereits bestehenden Markt wird auf einem Steinsockel ein zweites Marktkreuz errichtet. Da auch an diesem der Handschuh des Königs hängt, ist anzunehmen, daß dieser Markt rechtmäßig, d.h. auch unter Einhaltung des im Text geforderten Abstandes von mindestens einer Meile, errichtet wird.

6
(Ldr. III 66 § 3 Satz 1.) Zwei mit Ausschachten beschäftigte Arbeiter schütten die ausgehobene Erde zu einem Haufen auf, der, wie der Mann am rechten Bildrand mit seinem Spaten anzeigt, die erlaubte Höhe noch nicht erreicht hat.

Denen zahlt man als Gewette sechzig Schilling. § 7 Jedem Markgrafen dreißig; dieser übt die Gerichtshoheit aus eigener Machtvollkommenheit aus. § 8 Dem Schultheißen kommt von seinen Biergelden ein Gewette von acht Schillingen zu. § 9 Dem belehnten *Vogt*, der den Königsbann nicht hat, dem gibt man höchstens drei Schillinge als Gewette, § 10 dem Gografen sechs Pfennige oder einen Schilling, oder wie es die Wahl der Eingesessenen des Gebietes sonst bestimmt. § 11 Dem Bauernmeister zahlt man als Gewette sechs Pfennige und zuweilen drei Schillinge für Haut und Haar. Das steht der Bauerngemeinde zum Vertrinken zu. 65 § 1 Der Markgraf hält *jeweils* über sechs Wochen Gericht, und zwar aus eigener Machtvollkommenheit. Dabei findet jeder, den man nicht für rechtlos erklären kann, Urteil über den anderen. Doch stellt sich dort niemand einem Unebenbürtigen zum Zweikampf. § 2 Wird jemand seines Standesgenossen Lehnsmann, so hat er damit weder seinen Geburtsstand noch sein Landrecht beeinträchtigt; seinen Heerschild hat er aber erniedrigt. 66 § 1 Man darf keinen Marktort anlegen, *der* dem anderen auf eine Meile nahe liegt. § 2 Man darf ohne die Erlaubnis *des für* das Gebiet *zuständigen* Richters weder eine Burg bauen noch eine Stadt mit Planken oder mit Mauern befestigen, noch Wall, noch Wettertürme innerhalb *eines* Dorfes errichten. § 3 Ohne seine Erlaubnis dagegen darf man so tief graben, daß ein Mann mit einem Spaten die Erde aufschütten kann, ohne einen Absatz zu machen. Man darf ebensowohl ohne seine Erlaubnis mit Holz oder Steinen drei Stockwerke übereinander bauen, eins in der Erde, die anderen zwei darüber, vorausgesetzt, daß man in dem untersten	deme wettet man sechczic schillinge. § 7 Iclicheme markereuen drizic. der dinget bi sines selbes hulden. § 8 Deme schultheizen wettet man achte schillinge siner biergelden. § 9 Deme belenten, dˋ des kvniges ban nicht en hat, deme wettet man dri schillinge czvme hogesten, § 10 Dem gougreuē sechs phenninge adˋ einen schillinc, adˋ wi dˋ lant luyte kore stat. § 11 Deme burmeistere wettet man sechsphēninge vn̄ vnderwilen dri schillinge vor hut vn̄ vor hare. daz is dˋ gebure gemeine czv trinkene. 65 § 1 Der marcgreue dinget bi sines selbes hulden vbˋ sechswochen. da vint iclich man orteil vber den anderen, den man an sime rechte nicht beschelden en mac; doch en antwertet da nimant czv kamphe si me vngenozē. § 2 wirt ein man sines genozen man, sine gebůrt noch sin lantrecht hat he nicht gekrē ket. sinen herschilt hat he aber genidert. 66 § 1 Man en můz keinen market buwen deme anderen einer mile na. § 2 Man en můz keine bůrc buwen noch stat vestenen mit blanken noch mit mvren, noch berc, noch wedertůrme binnen dor fe ane des richters orlop des landes. § 3 ane sin orlop můz man wol graben also tif, alse ein man mit eime spaten uf geseczen mac der erden, so daz he keinen schemel mache. Man můz wol buwen ane sin orlop mit holcze ader mit steine dri bůnen vber ein ander, eine binnen der erden, di anderen czwů dar vber, daz man eine tůr habe in deme nidˋsten

1
(Ldr. III 66 § 3 Satz 3 u. 4.) Rechts im Bild ist ein »Hof« von einer Mauer umgeben, die in mehrfacher Hinsicht verbotswidrig ist. Erstens ist sie höher, als sie sein darf, weil der Reiter in der zweiten Bildzeile, der zu diesem Bilde gehört, bei erhobenem Arm mit der Schwertspitze ihren oberen Rand nicht erreichen kann. Zweitens trägt sie Zinnen.
Die beiden Tore links daneben gehören wahrscheinlich zu Satz 3, ohne jedoch den Inhalt dieser Vorschrift richtig wiederzugeben. Es fehlen die 3 Stockwerke, und die Türen sind auch nicht kniehoch über der Erde angebracht.

2
(Ldr. III 66 § 4 Satz 1.) Eine Burg, die eines Verbrechens wegen geschleift worden war, wird wieder aufgebaut. Der Richter gibt mit Befehlsgestus seine Erlaubnis dazu.

3
(Ldr. III 67.) Eine Burg wird berannt und, wie dem Text zu entnehmen ist, dem Burgherrn »mit Unrecht abgewonnen«. Vor dem Richter steht der Burgherr und nimmt gleichzeitig zwei Handlungen vor, die dem Text zufolge nacheinander auszuführen sind: Er klagt gegen die unrechtmäßige Eroberung seiner Burg, was der Zeigegestus seiner rechten Hand ausdrückt. Gleichzeitig macht er gegenüber dem Richter, der die Burg auf eine im Bilde nicht berücksichtigte Ungerichtsklage hin zum Schleifen verurteilen will, die Einrede der unrechtmäßigen Eroberung geltend. Dies äußert sich in seinem Fingerzeig gegen den Richter.

4
(Ldr. III 68 § 1.) Der Richter tut mit dem Rücken eines Beiles die drei Schläge an die verurteilte Burg. Ein Vertreter der »antluyte« beginnt bereits mit dem Einreißen der Mauer.

5
(Ldr. III 68 § 2.) Die Einwohner des Gerichtsbezirks helfen beim Schleifen einer Burg.

Stockwerk ein Knie hoch über der Erde eine Tür hat. Man darf auch ohne weiteres einen Hof mit Zäunen oder mit Pfählen befestigen oder mit Mauern, die so hoch sind, wie ein Mann, auf einem Rosse sitzend, reichen kann. Zinnen und eine Brustwehr dürfen *aber* nicht daran sein. § 4 Man darf ohne des Richters Erlaubnis keine Burg wieder aufbauen, die eines Verbrechens wegen auf Grund eines Gerichtsurteils zerstört wird. Zerstört man aber eine Burg *rechtswidrig* mit Gewalt oder läßt sie der Burgherr freiwillig oder aus Armut verfallen, so darf man sie sehr wohl ohne des Richters Erlaubnis wieder aufbauen. 67 Wenn jemand dem anderen seine Burg auf unrechtmäßige Weise abgewinnt und jener mit Recht dagegen klagt und man ihm *dann* die Burg mit Gewalt vorenthält, so kann man gegen die Burg keine Klage erheben, durch die man sie von Rechts wegen einreißen könnte, solange der, dem ihr Besitz rechtmäßig zusteht, die tatsächliche Gewalt über sie nicht innehat. 68 § 1 An eine Burg oder an ein Gebäude, das in einem ordentlichen Gerichtsverfahren verurteilt ist, soll der Richter zuerst drei Schläge mit einem Beile schlagen; dazu sollen die Einwohner des Bezirks Hilfe leisten mit Hauen und mit Rammen. Nicht *dagegen* darf man Feuer anlegen und Holz und Steine fortschaffen noch etwas von dem, das darin ist, es sei denn nach einem Raub dorthin gebracht. Beweist jemand sein Recht daran, der *kann* es fortbringen. Den Graben und den Wall soll man mit Spaten einebnen. § 2 Alle, die in dem Gerichtsbezirk eingesessen sind, die sind verpflichtet, dabei

gademe, boben der erden eines knies hoch. Man můz ouch wol vestenen einen hof mit czv̊nē adʻ mit stecken ader also ho muren, alse ein man gereichen mac vf eime rosse siczende. czinnen vnde brůst were en sal dar nicht an sin. § 4 Man en můz keine bůrc ane des richters orlop wider buwen, di vmme vn gerichte mit orteiln gebrochen wirt. bricht man aber eine burc geweldiclich, ader let si der herre czv gen von můt willen adʻ durch ermůte, die můz man wol wi der buwen ane des richters orlop. 67 Swer deme anderen sine burc an gewinnet mit vnrechte, claget iener dar uf czv rechte vn̄ helt man im di bůrc geweldiclich vor, al di wile he ir vngewaldic is, der si da czv rechte haben solde, so ne mac man vffe di burc keine clage getvn, da man si mit rechte vmme brechen sulle. 68 § 1 Der richter sal czv deme ersten mit einem bile dri sle ge slan an eine bůrc adʻ an ein gebu, daz mit orteiln vorteilt is; da sullen di lantluy te czv helfen mit houwen vn̄ mit rammē. nicht en sal man burnen noch holcz noch stein dennen vůren noch nicht, des dar uffe is, iz en si rouplich dar uf gevort. czvyt sich da imant mit rechte czv, der vůret iz dannen. den graben vn̄ den berc sal man ebenen mit spaten. § 2 alle, di in deme gerichte gesezzen sin, sullen dar czu

1

(Ldr. III 69 § 1.) Der Richter zeigt mit Befehlsgestus auf die abgelegten Handschuhe und Kopfbedeckungen. Neben ihm sitzt der Schultheiß, ohne den der Graf, der unter Königsbann dingt, kein echtes Ding abhalten kann[70]. Er wiederholt die Befehlsgebärde des Richters. Auffallend ist, daß Richter und Schultheiß der Vorschrift zuwider ihre Hüte aufhaben. Das erklärt sich aber wohl daraus, daß in den Bildern unserer Handschrift die Kopfbedeckungen zum feststehenden Attribut für die beiden geworden sind. Des Richters Hut befindet sich außerdem aber auch bei den abgelegten Kopfbedeckungen. Auf ihrer Bank sitzen die Schöffen mit Mänteln auf den Schultern.

2

(Ldr. III 69 § 2.) Die grünen Rosen am oberen Bildrand bedeuten die Urteile, die »über« die unter ihnen am Boden liegenden Gestalten von den Schöffen »gefunden« wurden. Die liegenden Figuren sind von rechts nach links: Der Deutsche, durch den Sachsen vertreten, ein Franke, d.h. ein Freier, ein Wende und zuletzt ein Eigener. Die Bedeutung der Figuren ist aus ihrer Kleidung abzulesen.

3

(Ldr. III 69 § 3.) Der »Schelter« des Urteils ergreift den Arm des Schöffen, der das Urteil gefunden hat, zum Zeichen der Urteilschelte und bittet sich mit Aufmerksamkeitsgestus vom Richter »die Bank« aus. Dieser gebietet dem gescholtenen Schöffen ebenfalls mit Befehlsgebärde und indem er auf ihn zeigt, von der Bank aufzustehen, was dieser auch sogleich befolgt; das drückt sich in seiner Körperhaltung aus. Die anderen beiden Schöffen deuten auf den Schelter und meinen wohl damit, daß er sich anstelle des Gescholtenen neben sie auf die Bank setzen soll.

4

(Ldr. III 70 § 1.) Vor dem Richter stehen ein Jude, ein Franke, ein Sachse und eine nicht näher bestimmbare vierte Person. Sie werden vom Richter darüber belehrt, daß jeder über den anderen Urteil finden darf. Nur der Wende ganz links kehrt sich ab und gibt durch Unfähigkeitsgebärde zu verstehen, daß ihm die Urteilsfindung verwehrt ist, und zwar die über den Sachsen, dem er sich – rückwärts gewandt – zukehrt, was dieser im Sinne des Textes damit beantwortet, daß er sich ebenfalls nach dem Wenden umschaut. Die Zeigegesten in Richtung auf den Richter machen darauf aufmerksam, daß dieser Urteil zu finden gebietet. Das besagt auch seine Gebärdensprache.

5

(Ldr. III 70 § 2.) In der linken Zweiergruppe ist der Handhafttäter ein Sachse, in der Gruppe rechts davon ein Wende. Daß die beiden sitzenden Figuren auf handhafter Tat gefangen worden sind, erkennt man an ihren kreuzweis gebundenen Armen und daran, daß sie entsprechend Ldr. III 88 § 4 »gesetzt« sind. Das dargestellte Ritual entspricht insoweit den Bildern zu III 88 §§ 2–4 (Bl. 29ʳ/3, 4) als auch hier die Kläger »auf« den Gesetzten schwören, indem sie ihm die Schwurfinger auf den Scheitel legen (bei der linken Gruppe nicht ganz exakt dargestellt).

mit eigener Verpflegung zu helfen, wenn sie mit dem Gerüft dazu geladen werden. 69 § 1 Wo man bei Königsbann Gericht hält, da dürfen weder Schöffen noch Richter Kappen, Hüte, Hütlein oder Hauben tragen noch Handschuhe anhaben. Sie sollen Mäntel auf den Schultern haben und müssen ohne Waffen sein. § 2 Nüchtern sollen sie Urteil finden über jedermann, er sei deutsch oder wendisch, eigen oder frei. Dort kann niemand Urteil finden außer ihnen. Sitzend sollen sie Urteil finden. § 3 Schilt ihr Urteil einer ihrer Standesgenossen, so soll er sich die Bank ausbitten, um ein anderes zu finden. Dann soll jener, der das Urteil fand, aufstehen, und dieser soll sich an seine Stelle setzen, und er finde, was ihn recht dünkt, und wende sich damit dorthin, wohin er sich von Rechts wegen wenden soll, und dringe damit durch oder lasse davon ab, wie es Rechtens ist und hier zuvor gesagt wurde. 70 § 1 Wo man nicht unter Königsbann Gericht hält, da darf jeder Mann, den man nicht rechtlos schelten kann, über den anderen Urteil finden, ausgenommen der Wende über den Sachsen und der Sachse über den Wenden. § 2 Wird aber der Sachse oder der Wende bei einer strafbaren Handlung auf handhafter Tat ergriffen und mit Gerüft vor Gericht gebracht, dann kann der Sachse gegen den Wenden und der Wende gegen den Sachsen als Zeuge auftreten und jeder von ihnen, der in dieser Weise gefangen wird, muß des anderen Urteil sich gefallen lassen. 71 § 1 Jedermann, den man anklagt, darf es ohne weiteres ablehnen, sich zu verantworten, wenn man die Anschuldigung gegen ihn nicht in der Sprache vorbringt, die ihm angeboren ist, sofern er nicht Deutsch kann und seinen Eid darauf leistet. Trägt man

helfen bi ires selbes spise, ab si dar czv gelyden werden mit gerufte. 69 § 1 Wo man dinget bi kvniges banne, da ne sal noch schephen noch richter kappen ane habē, hůt, hůtelin, huber noch hanczchen. Mentele sullen si uf den schulderen habē. ane wapen sullen si sin. § 2 Orteil sullen si vinden vastende vbˋ iclichē mā, he si duysch adˋ wendisch adˋ eigen adˋ vri. da ne sal nimant orteil vinden ane si. Siczende sullen si orteil vinden. § 3 schilt ir orteil ein ir genoz, he sal dˋ banc bitten, ein anderz czv vinden; so sal ienˋ uf sten, dˋ daz orteil vant, vñ dirre sal sich seczen an sine stat vñ vinde, daz im recht dunket, vñ czie is, da hes durch recht cziē sal, vñ halde iz adˋ laze iz czv rechte, alse hie vor geredet is. 70 § 1 Swo man nicht en dinget vndˋ kvniges banne, da můz iclich man wol orteil vindē vbˋ den anderē, den man rechtelos nicht beschelden en mac, ane dˋ went uf den sachsen vñ dˋ sachse vf den went. § 2 Wirt abˋ dˋ sachse adˋ dˋ went mit vngerichte geuangē in der hanthaften tat vñ mit gerufte bracht vor gerichte, dˋ sachse geczůget uf den went vñ der went vf den sachsen vñ můz ir iclicher des anderen orteil liden, dˋ also gevangen wirt. 71 § 1 Iclich man, den man beschuldeget, mac wol weigern czv antwertene, man en schuldege in an der sprache, di im angeborn is, ab he duysch nicht en kan vnde sin recht dar czu tůt. schuldeget man

1

(Ldr. III 71 § 1.) Rechts im Bilde steht der Kläger und links der Beklagte, beide mit ihren Vorsprechern. Das Bild gibt der Rechtssatz insofern nicht richtig wieder, als Kläger und Beklagter Wenden sind, während der Text verlangt, daß jede Partei einer anderssprachigen Volksgruppe angehört[72].

Kläger und Beklagter, beide gleich gekleidet, stehen einander mit dem Unfähigkeitsgestus gegenüber, weil sie sich gegenseitig nicht verstehen können. Der Vorsprecher des Klägers, der sich als solcher durch die Gebärde der gerichtlichen Klage ausweist, trägt die Klage in einer Sprache vor, die dem Beklagten fremd ist. Deshalb verweigert dieser durch seinen Vorsprecher, der die entsprechende Gebärde seiner linken Hand dazu macht, die Antwort. Die nach beiden Seiten weisende Befehlsgebärde des Richters besagt in ihrer symmetrischen Gleichförmigkeit, daß die Parteien den Bildern zu III 88 §§ 2–4 (Bl. 29!/3, 4) als auch hier die die Sprache, in der sie vor Gericht verhandeln wollen, so wählen müssen, daß sie sich miteinander verständigen können.

2

(Ldr. III 71 § 2) Vor dem Königsgericht treten zwei Wenden als Kläger gegen einen andersstämmigen Fremden auf. Dieser erklärt sich durch Unfähigkeitsgestus außerstande, sich wendisch oder deutsch zu verantworten. Demgegenüber erklärt ein Sachse – die Rolle des Franken ist hier unklar[72] – daß der Fremde bereits früher einmal die deutsche Sprache vor Gericht gebraucht habe und daher auch jetzt dazu verpflichtet sei. Der Vorsprecher des Beklagten, der Mann im roten gezaddelten Rock, verweigert (Gebärde der linken Hand) für seinen Mandanten die Antwort, indem er gleichzeitig mit Aufmerksamkeitsgebärde aus dem Text des Sachsenspiegels geltend macht, daß vor dem Königsgericht jeder nur in *seiner* Sprache zu antworten brauche, was der königliche Richter mit Befehlsgestus bestätigt.

3

(Ldr. III 72.) Das »echte und freie« Kind ergreift mit der Rechten den Schild seines tot am Boden liegenden Vaters und mit der Linken das durch Ähren symbolisch dargestellte Grundstückserbteil der verstorbenen Mutter.

4

(Ldr. III 73 § 1.) Die schöffenbarfreie Jungfrau, die als Unverheiratete die Haare noch offen trägt und als Zeichen ihres adeligen Standes, wie sehr häufig der »Herr« auf den Bildern (vgl. bes. 19ᵛ/5), ein grünes Kleid anhat und mit der Linken ein Schiff als Symbol der Schöffenbarfreiheit[73] berührt, wird von einem Priester mit einem Biergelden, also einem Manne niedrigeren Standes, kopuliert.

5

(Ldr. III 73 § 2 Satz 4.) Die deutsche Mutter, die hier vielleicht wegen ihrer Zugehörigkeit zum Stande der Freien größer gezeichnet ist als der unfreie Vater, zieht ihr Kind an sich heran, d.h. zu ihrem Stand. Sie schaut sich dabei nach dem Bischof Wichmann um, der mit Befehls- oder Aufmerksamkeitsgestus das diesbezügliche Gesetz gibt. Der Vater stimmt dieser Einordnung des Kindes in den Stand der Mutter mit Aufmerksamkeitsgestus zu.

alsdann die Klage gegen ihn in seiner Sprache vor, so muß er darauf antworten oder sein Vorsprecher in seinem Auftrag, so daß der Kläger und der Richter es verstehen können. § 2 Hat er jedoch auf Deutsch vor Gericht geklagt oder sich verantwortet oder Urteil gefunden und kann man ihm das nachweisen, so muß er sich auf Deutsch verantworten, allerdings nicht vor dem Reichshofgericht, denn da hat jedermann Recht nach seiner Abkunft. 72 Das eheliche und freie Kind behält seines Vaters Heerschild und sein Erbe und ebenso *das Erbe* der Mutter, wenn es ihr ebenbürtig oder höheren Standes von Geburt ist. 73 § 1 Nimmt aber eine frei schöffenbare Frau einen Biergelden oder einen Landsassen und bekommt sie Kinder von ihm, so sind diese ihr nicht ebenbürtig an Buße und an Wergeld, denn sie haben ihres Vaters Standesrecht und nicht das der Mutter. Infolgedessen erhalten sie weder das Erbe der Mutter noch jemandes, der ihr Verwandter von seiten der Mutter ist. § 2 Das gleiche Recht hielten auch die Dienstmannen bis hin zu dem Bischof Wichmann von Magdeburg ein, *nämlich* daß der Sohn bei des Vaters Standesrecht, die Tochter bei dem der Mutter blieb und in Stand und Recht der Eltern eintraten, wenn diese Dienstleute waren. Da hatte man keinen Austausch unter den Dienstmannen nötig. Von Anbeginn des Rechtes war Rechtens, daß eine freie Frau niemals leibeigene Kinder hervorbringt. Seit den Zeiten des Bischofs Wichmann hat aber das Recht bestanden, daß Söhne und Töchter der deutschen Mutter gemäß dem gehören, dem sie zugehört, mag der Vater deutsch oder wendisch sein, und die Kinder der Wendinnen	in denne in siner sprache, he muz antwerten ad' sin vorspreche von sinent halben, Alse daz der cleger vn d' richter vorneme. § 2 hat ab' he in duyschen geclaget ad' geantwertet ad' orteil gevunden vor gerichte vn mac man in des vor czugen, he antwertet in duyschen ane vor deme riche, wen da hat menlich recht nach siner gebůrt. 72 Echt kint vn vri behelt sines vater schilt vn sin erbe vn d' muter also, ab iz ir ebenburtic is ad' baz geborn. 73 § 1 Nimt ab' ein vri schephenbare wip einen biergelden ader einen lantzezen vn gewint si kindere bi im, di en sint ir nicht ebenburtic an buze vn an wergelde; wen si haben ires vat' recht vn nicht d' muter. Durch daz en nemen si der muter erbe nicht noch nimandes, der ir mac von můter halben is. § 2 Diz selbe recht hilden ouch di dinestman biz an den bischof wichman von meideburc, daz der svn behilt des vater recht vn di tochter der můter vn gehorten nach in, ab si dinestluyte waren. da ne bedorfte man keiner wechsele vnder den dinestmannen. Uon anegenge des rechtes was recht, daz vri wip nimmer eigen kint gewnne. sint des bischoues wichmannes gecziten hat aber daz recht gestanden, daz svne vnde tochtere gehoren nach der duyschen můter deme, den sie bestet, der vater si duysch ader wendisch, vnde der wendinnen kint

1

(Ldr. III 73 § 2 Satz 4.) Der wendische Vater zieht das Kind an sich. Die Mutter, gleichfalls eine Wendin, schiebt es ihm zu und verdeutlicht diesen Akt mit dem Fingerzeig auf den Vater.

2

(Ldr. III 73 § 3.) Die Wendin, die von ihrem Verlobten den Trauring erhält, zahlt mit der anderen Hand ihrem Herrn den Heiratszins

3

(Ldr. III 74.) Wieder[74] nimmt ein Geistlicher die Trennung der Ehegatten vor, indem er sie voneinander wegschiebt. Das Kind, das die Frau trägt, kommt im Text nicht vor. Es ist wohl noch einmal eine verspätete Anspielung auf III 73 § 2 Satz 4, wonach das Kind dem Stande der Mutter folgt. In der anderen Hand hält die Frau eine Schere als Symbol der »Gerade«, die sie »behält«. Sie bewegt sich auf das Gebäude zu, das auf ihrem Leibgedinge steht. Der halbe Schild, der daran hängt, versinnbildlicht das eingebrachte Gut. Der Mann reicht der Frau in einem Beutel, was er ihr bei der Verheiratung versprochen hatte.

4

(Ldr. III 75 §§ 1, 2.) Das Gebäude gehört zum »Leibgedinge« der Witwe. Es steht auf dem Eigengrundstück ihres (vor ihr am Boden liegenden) verstorbenen Mannes, an dem er ihr das Leibgedinge bestellt hat. Dies wird im Bilde dadurch ausgedrückt, daß die Frau einen Teil der das Grundstück symbolisierenden Ähren mit ihrer Rechten umfaßt. Die neben dem verstorbenen Ehemann halb liegende, kleiner gezeichnete männliche Figur ist der Sohn des Ehepaares, gleichzeitig auch der Erbe. Von ihm ist im Text zu dieser Stelle nicht die Rede. Er wurde aber vom Illustrator mit Rücksicht auf Ldr. I 21 § 1 und Lnr. 31 § 1 eingeführt, wonach für die Bestellung eines Leibgedinges an Eigen oder an Lehen die Zustimmung des Erben – nach der Lehnrechtsstelle der Söhne – erforderlich ist. Diese Zustimmung hat der Sohn erteilt, daher seine Redegebärde. Infolgedessen nimmt die Witwe mit dem Fingerzeig auf den das Lehen darstellenden Wappenschild dieses, da der Sohn gestorben ist, als ihr »rechtes Lehen« in Anspruch (§ 2).

5

(Ldr. III 76 § 1.) Das Gut des verstorbenen Mannes ist dargestellt durch den Schild zwischen Mann und Frau, der mit der Axt im grünen Feld (Wald) und dem Dreschflegel im roten Feld (Acker) die Gesamtheit der Liegenschaften symbolisiert. Daß dies Gut »ihrem« Mann gehört, zeigt sich darin, daß die Witwe den – obwohl verstorben – noch als lebend und wie sie in sitzender Stellung dargestellten Mann am Arm faßt. Er erklärt mit Aufmerksamkeits- und Redegestus, daß er Eigentümer des Gutes ist. Gleichzeitig findet jedoch die Erbauseinandersetzung mit den Kindern (Söhnen) statt. Was nach dem Text nicht der Frau zufällt, gehört ihnen, und sie bleiben darauf sitzen, wie auf dem prächtigen Stuhl, auf dem das Bild sie zeigt. Auch das Lehnsgut des Mannes, durch den Schild mit den zweizinkigen Gabeln angedeutet, geht auf sie über. Mit ihren Handgebärden äußern sich die Beteiligten über diesen Sachverhalt.

dem Stande des Vaters angehören, wenn er ein Wende ist. Ist er aber deutsch, so gehört es dem Stand der Mutter an. § 3 Man sagt, daß alle Wendinnen frei sind, weil ihre Kinder in Stand und Recht des wendischen Vaters eintreten. Das trifft jedoch nicht zu, denn sie geben ihren Heiratszins ihrem Herrn, sooft sie einen Mann nehmen. Außerdem: Verlassen sie ihren Mann gemäß wendischem Recht, müssen sie ihrem Herrn die »frischen Pfennige« geben, das sind drei Schillinge und anderswo mehr, je nach des Landes Gewohnheit. 74 Wird eine Frau rechtmäßig von ihrem Mann geschieden, so behält sie doch ihr Leibgedinge, welches er ihr an seinem Grundeigentum einräumte, und ihr Gebäude, das darauf steht. Das darf sie aber nicht abreißen oder fortschaffen. Im übrigen bleibt ihr kein Gebäude und auch nicht die Morgengabe. Ihre Gerade und ihr Musteil behält sie. Man soll ihr auch wieder überlassen und zurückgeben, was sie ihrem Manne zubrachte, oder ebensoviel vom Gut ihres Mannes wie ihr versprochen wurde, als sie zusammenkamen. 75 § 1 An Grundeigentum gibt es ein rechtes Leibgedinge der Frauen, weil ihnen das zu ihren Lebzeiten niemand *auf dem Rechtswege* entziehen kann, an Lehen dagegen nicht, weil ihnen das auf mancherlei Art entzogen werden kann. § 2 Lehen zu Lebzeiten ihres Mannes ist *bloße* Anwartschaft, nach ihres Mannes Tode ist es ihr rechtes Lehen. § 3 Weder Mann noch Frau haben ein Lehen länger als *für die Zeit* ihres Lebens. Der Mann alleine vererbt es, die Frau *dagegen* nicht. 76 § 1 Stirbt der Frau ihr Mann und bleibt sie lange oder kurze Zeit in dem mit den Kindern *noch* nicht geteilten Gut des Mannes, so erhält die Frau, wenn sie sich danach auseinandersetzen,

gehoret nach deme vater, ab he ein went is. Is he aber duysch, so gehoret iz nach d' muter. § 3 Man sait, daz alle wendinnen vri sin, durch daz ir*e* kindere nach deme wendischen vat'e gehoren. des en is nicht; wen si geben ire bumiete irme herren alse dicke, so si man nimt. Lezet si ouch iren man, alse recht wendisch is, si muzen irme h'ren di vrischen phēninge geben, daz sin dri schillinge, vn ande's wo me nach des landes gewonheit. 74 Wirt ein w_p mit rechte von irme manne gescheider, si behelt doch ir lipgedinge, daz he ir gab an sime eigene, vn ir gebu, daz dar uf fe stet. daz en muz ab' si nicht ab brechen noch dannē vuren. anders en blibet ir kein gebu noch nicht d' morgengabe. ir gerade behelt si vn ir mus teil. man sal ir ouch wid' lazen vn geben, waz si czv irme māne brachte, ad' also vil irs mānes gutes, alse ir gelobet wart, do si czv samene quamē. 75 § 1 An eigene is recht lipgedinge d' vrouwē, wen in daz nimant gebrechen en mac czu irme libe, vn an lene nicht, wen in daz czv manch' wis gebrochē mac w'den. § 2 len bi ires mānes libe is gedinge, nach ires mānes tode ist iz ir rechte len. § 3 weder man noch wip en hat lengere len wen czv irme libe; alleine erbet d' mā vn daz wip nicht. 76 § 1 Stirbit dem wibe ir mā vn blibet si in des mānes gûte vngeczweiet mit den kinderē lange wile ad' kurcze, wen si sich czweien da

1

(Ldr. III 76 § 2.) Der zweite Mann der inzwischen verstorbenen Witwe behält von deren Vermögen die durch Ziege, Pferd und Rind sowie zwei am Boden aufgeschüttete Kornhaufen verkörperte Fahrhabe. Der am oberen Bildrand aufgehängte zweigeteilte Schild ist Symbol für die Erbteilung. Zum Zeichen dafür, daß die Teilung bereits im Gange ist, klafft der Schild am unteren Ende auseinander, da jede der beiden Parteien, der Mann einerseits, die Kinder der Verstorbenen andererseits, ihren Teil an sich zieht.

2

(Ldr. III 76 § 3.) Ein Mann schließt mit einer Witwe die Ehe, was durch den Ringtausch angedeutet ist. Rechts ist die wiederverheiratete Witwe als verstorben dargestellt. Der Mann zeigt nach unten auf die dritte Bildzeile, weil erst dort der eigentliche rechtliche Inhalt des zugehörigen Textes abgebildet ist.

3

(Ldr. III 76 § 3.) Der Bildbuchstabe »S«, der auf § 4 verweist, gehört hier nicht hin. Das Bild bezieht sich vielmehr ebenfalls auf § 3. Es spielt auf den Satz an: »waz he in deme gúte mit síme phlúge geerbeitet ...«. Die Zusammengehörigkeit mit dem darüberstehenden Bilde wird auch von hier aus unterstrichen, indem der Gespannführer nach oben zeigt.

4

(Ldr. III 77 § 1.) Die Redegebärde des verstorbenen Verpächters ist wohl einfach als Äußerung des im Text geschilderten rechtlichen Sachverhaltes zu deuten. Sein vor ihm stehender Erbe bekräftigt dies mit dem Aufmerksamkeitsgestus. Der rechts stehende Pächter gibt dem Erben das gepachtete Grundstück zurück, indem er ihm als Auflassungssymbol den Zweig überreicht. Daß das Grundstück »besät« rückübertragen wird, ist an der aufgegangenen Saat zu Füßen von Erbe und Pächter zu erkennen.

5

(Ldr. III 77 § 2.) Die Interpretation des Textes durch das Bild ist unzutreffend. Links steht der Erbe des Verpächters und zahlt mit gebeugtem Knie Zins (Geld) und Pflege (ein Maß Korn) an den Lehnsherrn. Dieser wird als derjenige aufgefaßt, »dem daz gut geboret«, d.h. dem das Gut eigentlich gehört. Der Sinn dieser Textstelle ist aber ein anderer: Die Erben des Verpächters sollen dem *Pächter*, der das Land besät hat, eine Entschädigung für die Saat zahlen, und zwar im Betrag von »Zins und Pflege« wie sie der Verpächter vom Pächter zu beanspruchen hatte. An die Stelle des Lehnsherrn gehört also bei richtiger Auslegung im Bilde der Pächter.

ihre Morgengabe, ihre Gerade und ihr Musteil an all dem Gut, das alsdann da ist, wie sie es zu der Zeit erhalten sollte, als ihr Mann starb. § 2 Hatte jedoch die Frau *wieder* einen Mann genommen und war er zu ihr und zu den Kindern in das ungeteilte Gut gezogen, so behält der Mann, wenn die Frau dann stirbt, alle Rechte der Frau an der beweglichen Habe, Gebäude und Gerade ausgenommen. § 3 Nimmt ein Mann eine Witwe, die Grundeigentum oder Lehen, Leibgedinge oder ein Zinsgut besitzt, und stirbt seine Frau vor der Aussaat, so soll er das, was er auf dem Grundstück mit seinem Pfluge bearbeitet hat, fertig bearbeiten, säen und ernten und jenem, dem das Gut von Todes wegen anfällt, Zins oder Pflege davon geben. § 4 Stirbt aber die Frau nach der Aussaat, wenn die Egge über das Ackerland gegangen ist, so gehört die Ernte ihrem Manne. Er ist nicht verpflichtet, davon Zins und Pflege zu zahlen, wofür sie nicht zinspflichtig war. § 5 Wenn Ansprüche auf Zahlung von Zins oder Pflege zum Gut der Frau gehörten und sie nach den rechtmäßigen Zinsterminen starb, so sind diese Erträgnisse dem Manne zukommende Einkünfte, wie sie den Erben zustehen würden, wenn *die Frau* ohne Mann *gestorben* wäre. 77 § 1 Verpachtet jemand sein Land besät gegen Zins oder Pflege auf bestimmte Jahre, damit man es ihm besät wiedergibt, so muß man es zu der Zeit, zu der er unterdessen stirbt, den Erben besät herausgeben, da er dem Pächter dafür nicht länger Gewährschaft leisten konnte als Zeit seines Lebens. § 2 Ferner sollen die Erben von der Saat demjenigen, dem die Früchte zustehen, ebensolchen Zins oder Pflege entrichten, wie man sie jenem schuldete, der das Land ver-

nach, so nimt di vrouwe ir morgengabe vn̄ ir gerade vn̄ ir musteil an al deme gute, daz da dēne is, alse si nemē solde czu dˋ czit, da ir mā starp. § 2 Hatte abˋ daz wip man genomē vn̄ was he czv ir vn̄ czv den kinderen in daz vngeczweiete gůt gevaren, stirbit dēne daz wip, dˋ man behelt al des wibes recht in dˋ varnde habe ane gebu vn̄ gerade. § 3 Nimt ein man eine wittewe, di eigen adˋ len adˋ lipgedinge adˋ czins gůt hat, waz he in deme gůte mit sime phlůge geerbeitet, stirbit sin wip er dˋ sat, he sal iz vol arbeiten vn̄ sein vn̄ sniden vn̄ czins adˋ phlege dar ab gebē ieme, uf den daz gůt irstirbit. § 4 Stirbit abˋ daz wip nach dˋ sat, alse di eide daz lant begangē hat, di sat is ires mānes. he en is da nicht phlichtic ab czv geldene phlege noch czins, da si kein czinsgelde ab en was. § 5 swaz czinses adˋ phlege in des wibes gůte waz, da man ir ab gelden solde, Starb si nach den rechtē czins tagen, daz gůt is des mānes vordinete gůt, alse iz dˋ erben wesen solde, ab si ane mā wˋe. 77 § 1 Tůt ein man sin lant besait uz czv czinse adˋ czv phlege czv bescheidenē iaren, daz man iz im besait widˋ laze, czv welcher czit he vnder des stirbit, man sal iz den erben besait widerlazen, wen he is in nicht lengˋ geweren en mochte, wen di wile he lebete. § 2 Die erben sullen ouch von dˋ sait sogetanen czins adˋ phlege ieme geben, dem daz gůt geboret, alse man ieme solde, dˋ iz uz

1

(Ldr. III 78 §§ 1, 2.) Auf der rechten Bildhälfte haben König und Richter »über Hals und Hand« gerichtet. Links wird der Widerstand, den »der Mann« seinem König gegen dessen rechtswidriges Verhalten leistet, dadurch sinnbildlich umschrieben, daß der bewaffnete Vasall dem König die Krone vom Haupt nimmt.

2

(Ldr. III 78 § 3.) Der berittene Herr wird – rechte Bildhälfte – festgenommen. Von hinten hält ihn sein Lehnsmann am Mantel fest; die vor ihm Stehenden hindern sein Pferd am Weitergehen. Einer von ihnen hat es am Zaum ergriffen. Derselbe Mann hat einen Stab in der Hand, vielleicht weil er das Gericht repräsentiert. Neben ihm steht, durch das grüne Herrenkleid gekennzeichnet, der »mac« des Festgenommenen, dessen Fingerzeig die Aussage enthält, daß die Festnahme »von gerichtes halben« geschieht.
Der linke Teil des Bildes zeigt, dem Text entsprechend, den umgekehrten Vorgang. Der Herr nimmt seinen Vasallen fest und wird dabei von einem Verwandten des Verhafteten unterstützt.
Der Bildbuchstabe ist seiner Form nach falsch. Zu diesem Bild gehört das nächste rote »D«, das vier Zeilen tiefer steht.

3

(Ldr. III 78 § 4.) Rechts »folgen« Mann und Mag vor die Burg des Herrn links Herr und Mag vor die Burg des Mannes. Die Zeige- und Redegebärden erklären sich aus dem Inhalt des Textes.

4

(Ldr. III 78 § 5.) Die widerrechtlichen Angreifer vor der Burg sind durch die Farben ihrer gezaddelten Röcke als Herr (grün) und Mag (rot) gekennzeichnet, wie sich aus einem Vergleich mit den Bildzeilen 2 und 3 ergibt. In der Burg steht rechts der »Mann«, auf den sich das Herren- bzw. Verwandtschaftsverhältnis der Angreifer bezieht, und links neben ihm der Burgherr, dem er die Burg verteidigen hilft. Der rot und grün geteilte Rock des Burgherrn weist ihm gegenüber seinem Mitverteidiger ebenfalls die Stellung des Herrn und des Verwandten zu, womit die bildliche Umschreibung des Textes möglichst vollständig gemacht werden sollte.

5

(Ldr. III 78 § 6.) Rechts tötet der Mann den Herrn, nachdem er ihm die rechte Hand abgeschlagen hat, links erschlägt der Herr den Mann. Die Notwehrsituation ist in beiden Fällen nur durch das Tuch angedeutet, mit dem die Totschläger ihre linke Hand verhüllt haben.

pachtete, weil nicht sein Pflug darüber ging, als er starb. 78 § 1 Der König und jeder Richter darf durchaus über Hals und Hand und über das Vermögen jedes seiner Mannen und Verwandten richten und handelt *damit* nicht gegen seine Treuepflicht. § 2 Umgekehrt darf der Mann sich dem Unrecht seines Königs und seines Richters widersetzen und es auf jede Weise abwehren helfen, auch wenn er sein Verwandter oder sein Herr ist, und handelt *damit* nicht gegen seine Treuepflicht. § 3 Ebenso darf der Mann seinen Herrn, der Herr den Mann und der Verwandte den Verwandten verfolgen und sodann bei seiner Festnahme von seiten des Gerichts wegen einer Straftat behilflich sein, wenn er mit dem Gerüft bei einer handhaften Tat dazu geladen wird, und handelt nicht wider seine Treuepflicht. § 4 Der Mann darf sehr wohl, wenn er mit dem Gerüft vorgeladen wird, vor seines Herrn Burg und der Herr vor die des Mannes, der Verwandte *vor die Burg* des Verwandten folgen und darf sie brechen helfen, wenn man die Beschuldigung nicht vor Gericht widerlegt, und handelt nicht gegen seine Treuepflicht. § 5 Ein jeder Mann darf wohl verteidigen helfen Städte, Burgen und Länder und das Leben seines Herrn, seines Mannes und seines Freundes gegen den Herrn, den Verwandten und den Mann, die sie mit Gewalt heimsuchen, und darf durchaus gegen sie streiten und handelt nicht wider seine Treuepflicht, sofern er ihre Habe nicht selbst an sich nimmt. § 6 Verwundet ein Mann in Notwehr seinen Herrn, oder der Herr den Mann, oder schlägt er ihn tot, so handelt er nicht gegen seine Treuepflicht, wenn die Notwehr gegen ihn im Rechtsverfahren bewiesen wird.

tet, wen iz sin phluc nicht en beginc, do he starb. 78 § 1 Der kvnic vn̄ iclich richter můz wol richten vb' hals vn̄ hant vn̄ ub' icliches sines mānes ad' mages gut vn̄ en tut wider sinen truwē nicht. § 2 Der man můz ouch wol sime kvnige vn̄ sime richtere vnrechtes wider sten vn̄ czv aller wis helfen weren, al si he sin mac ad' sin herre, vn̄ en tut wider sinen truwen nicht. § 3 Der man můz ouch wol volgen sime herren vn̄ d' herre dem manne, der mac dem mage, vn̄ san helfē bestetigen von gerichtes halben vmme vngerichte, da he mit deme gerufte czv geladē wirt an einer hanthaften tat, vn̄ en tůt wider sinē truwen nicht. § 4 Der man muz wol volgen vor sines herren bůrk vn̄ d' herre vor des manes, d' mac vor des mages, da he durch vngerichte mit deme gerufte vor geladen wirt, vn̄ můz si wol helfen brechen, ab man iz mit rechte nicht entredet, vn̄ en tůt wider sinē truwen nicht. § 5 Ein iclich man můz wol helfen werē stete, bůrge vn̄ lant vn̄ sines herren lip, mages vn̄ mannes vn̄ sines vrůndes wider herren vn̄ mage vn̄ māne, di si gewaldiclichē sůchen, vn̄ můz wol uf si striten vn̄ en tůt wider sinen truwen nicht, daz he selbe irre habe nicht en neme. § 6 Wundet ein man sinen herren ad' slet he in czv tode an not were, ad' der herre den man, he en tůt wider sinen truwen nicht, ab di not vf in mit rechte vol bracht wirt.

1

(Ldr. III 78 § 7.) Der Mann im gelben Rock mit roten Strümpfen flieht vor seinen Angreifern zu dem Reiter im grünen Kleid und bittet ihn kniefällig um Schutz. Der Reiter zieht gerade sein Schwert, um den Flüchtling zu verteidigen. Neben dem Reiter, grün-weiß gekleidet, steht der Weggefährte des Flüchtlings. Er erhebt gleichfalls sein Schwert zur Verteidigung des Verfolgten, deren Rechtmäßigkeit wieder die Verhüllung seiner linken Hand mit einem Tuch anzeigt. Rechts stehen die Angreifer, »Mann und Mag« des Burgherrn.

2

(Ldr. III 78 § 8.) Mit einer Fackel setzt der Herr, der sich auf einem Kriegszug befindet, das Haus seines Vasallen in Brand. Der Geschädigte in der Mitte des Bildes hält seinem Lehnsherrn und seinen zwei Begleitern das Reliquiar hin, auf das der Herr jetzt selbdritt schwört, daß er nicht auf des Mannes Schaden ausgewesen sei und daß er ihm den Verlust unbeabsichtigt zugefügt habe. Dadurch wird er zwar vom Vorwurf des Treuebruchs frei, muß aber Schadensersatz leisten, den der Lehnsmann auf dem Bilde fordert, indem er mit der Hand auf das Geld zeigt, das sein Herr ihm hinzählt.

3

(Ldr. III 78 § 9.) Unter den drei Reitern in der Mitte des Bildes befindet sich der Lehnsmann. Die drei sind auf einer Heerfahrt, deshalb gerüstet. Von rechts reiten andere, ebenfalls gewappnete Ritter auf sie zu. Einer davon ist der Herr, kenntlich an Herrenschapel und grünem Herrenrock. Es scheint, als habe der Maler zum Ausdruck bringen wollen, daß dieser Reiterhaufen nicht in feindlicher Absicht anreitet, da der Herr überhaupt keine Waffen sehen läßt, sein Begleiter das Schwert geschultert, nicht aber zum Angriff erhoben trägt. Trotzdem werden sie von den Entgegenkommenden angegriffen. Der Vasall aber hält sich, das Schwert geschultert, zurück und kann daher – links im Bild – auf den Reliquienschrein, den ihm der Herr hinhält, schwören, daß der verursachte Schaden »ane sinen rat unde ane sine tat« angerichtet wurde.

4

(Ldr. III 79 § 1.) Der Grundherr links übergibt dem Bauernmeister die Urkunde über die Verleihung des Erbzinsrechts, auf der man die Worte liest: »Ego dei grā do« (Ich, von Gottes Gnaden ... gebe ...«). An der Urkunde hängt ein dreieckiges Siegel. Zwei Bauern roden die »wilden Wurzeln« aus dem Boden, ein Dritter zimmert an einem Gebäude.

5

(Ldr. III 79 § 2.) Vor dem Dorf, das durch die Kirche angedeutet ist, findet eine Gerichtsverhandlung statt, in welcher der Bauernmeister den Vorsitz hat. Vor ihm stehen 4 Bauern, die mit ihren Gebärden einen Anspruch geltend machen und sich dafür auf ihr besonderes Dorfrecht berufen, das in der Urkunde des Grundherrn verbrieft ist, die der vordere Bauer in der Hand hat. Der Bauernmeister macht die Handgebärden, mit denen sonst auf den Bildern der Richter häufig die Entscheidung verkündet. Sie lautet hier dahingehend, daß der beklagte »Auswärtige«, der auf diesem Bild in Anspielung auf den Ausdruck »uz wendic« in der Gestalt eines Wenden auftritt, nicht zu antworten braucht, da es in diesem Falle nicht um eine Klage »uf erbe ader uf gut ader umme schult« geht. Der Fremde selbst gibt mit dem Unfähigkeitsgestus und dadurch, daß er sich von der Bauerngruppe abwendet, ebenfalls zu verstehen, daß er nicht zu antworten braucht.

§ 7 Seinem Reisegefährten und seinem Gaste, seinem Wirt, bei dem er in Herberge ist, und dem, der zu seiner Hilfsbereitschaft seine Zuflucht nimmt, soll der Mann helfen, daß er sich rechtswidriger Gewalt gegen jedermann erwehre, und handelt *damit* nicht gegen seine Treuepflicht. § 8 Greift der Herr gegen den Mann zu den Waffen oder der Mann gegen den Herrn, ohne ihn vor seinen Mannen rechtmäßig verklagt zu haben, so handelt er gegen seine Treuepflicht. Geht er aber nicht auf seinen Schaden aus, und geschieht ihm von ihm oder von denen, die seinetwegen da sind, oder ohne sein Wissen mit seiner Beihilfe ein Schaden, so soll er den Schaden dem Recht gemäß ersetzen und handelt *dann* nicht gegen seine Treuepflicht. § 9 Wo sich aber ein Mann, ohne ein Hauptmann zu sein, auf einer Kriegsfahrt befindet und Leute gegen ihn und die Seinen anreiten und er *dabei* seinem Herrn oder seinem Manne oder seinem Verwandten oder wem immer es sei ohne seinen Rat und ohne seine Tat Schaden zufügt: beweist er das *mit dem Eid* auf die Reliquien, so bleibt er frei von *der Verpflichtung zum* Schadensersatz und von Schande. 79 § 1 Wo Bauern ein neues Dorf auf Neuland anlegen, denen kann des Dorfes Herr wohl Erbzinsrecht an dem Grundbesitz geben, obwohl sie zu dem Gut nicht geboren sind. Kein Recht aber kann er ihnen geben noch können sie es sich selber wählen, womit sie dem Richter des Landes sein Recht entziehen oder sein Gewette mindern oder mehren könnten. § 2 Kein Auswärtiger ist verpflichtet, sich in dem Dorfe nach ihrem besonderen Dorfrecht eher als nach gemeinem Landrechte *vor Gericht* zu verantworten, er

§ 7 Sime wegevertigen gesellen vn̄ sime gaste vn̄ sime wirte, da he geherberget is, vn̄ wˋ czv sinen genaden vlůt, sal dˋ man helfen, daz he sich vnrechter not wider aller menlich irwere, vn̄ en tůt wider sinē truwen nicht. § 8 Sůcht dˋ herre den man adˋ der man den herren vnvor claget vor sinen mannen nach rechte, he tut wider sinen truwen. en kvmt he aber uf sinē schaden nicht uz vn̄ geschiet im schade vō im adˋ von den, di durch sinē willen da sin, adˋ da he helfer czv is vnwizzende, den schaden sal he gelden vf recht vn̄ en tůt wider sinē truwē nicht. § 9 Swo aber ein man in einer reise is vn̄ nicht ein houbet man en is, riten lůyte an in vn̄ an di sinen, tůt he schaden sime herren adˋ sime manne ader sime mage, adˋ swe me daz si, ane sinen rat vn̄ ane sine tat, ge weret hez uf den heiligen, he blibet is ane gelt vn̄ ane laster. 79 § 1 Swo gebure ein nv̊ we dorf besiczen von wilder worczeln, den mac des dorfes herre wol geben erbe czins recht an deme gůte, alleine en sin si czv̊ deme gůte nicht geborn. kein recht mac he aber in gegeben noch si selbe gekisen, da si des landes richtere sin recht mite brechen ader sin gewette mite geminren ader geme ren můgen. § 2 Kein vz wendic man en is phlichtic in deme dorfe czv antwertene nach irme sunderlicheme dorfe rechte me wen nach gemeineme lantrechte, he en

1 links
(Ldr. III 30 § 1 Satz 1.) Ein »Biergelde« – wieder durch das Attribut des Schöpfkübels kenntlich gemacht – ist verstorben und hat Grundeigentum in der Größe von 3 (III) Hufen hinterlassen. Sie fallen an den Schultheißen, der davon Besitz nimmt, indem er ein Büschel Kornähren ergreift, wobei er, um den Grund der Inbesitznahme anzugeben, auf den Toten zeigt.

1 rechts
(Ldr. III 30 § 1 Satz 2.) Der Eigentümer von 30 Hufen ist gestorben. Der Graf nimmt sie in Besitz und zeigt auf die Zahl XXX.

2
(Ldr. III 30 § 1 Satz 3.) Der Verstorbene hat XXXI, d.h. im Sinne des Textes »mehr als 30« Hufen hinterlassen. Der König ergreift davon Besitz.

3
(Ldr. III 30 § 2 und 81 § 1.) Das Bild gehört zu Art. 81 § 1, nimmt aber die Bestimmung über die Freilassung (Art. 80 § 2) in die bildliche Darstellung mit auf. Der freigelassene Reichsdienstmann sitzt auf einem Wagengestell, dem Attribut des Landsassen[75], weil er durch die Freilassung freier Landsassen Recht gewonnen hat[76]. Um dies noch deutlicher zu machen, erhebt er die rechte Hand zum Redegestus und zeigt mit der linken auf ein Vorderrad seines Wagengestells, d.h. er teilt mit dieser Gebärdenkombination seinen künftigen rechtlichen Status mit. Dem König, seinem bisherigen Herrn, der ihn freigelassen hat, kehrt er den Rücken, was hier heißen soll, daß sein neuer Rechtszustand in der Abkehr von dem bisherigen Unterworfensein unter die Gewalt des Herrn besteht.
Die beiden Gegenstände, welche der König dem Freigelassenen nachwirft, dürften Stachelsporen sein, wie sie zur Zeit der Entstehung der Bilderhandschriften noch getragen wurden[77]. Ungewiß ist die Bedeutung dieses Sporenwurfs[78].

4
(Ldr. III 81 § 1.) Links steht ein freigelassener Reichsdienstmann, der bereits zum Schöffen ernannt ist, wie der kurze Mantel über seiner Schulter anzeigt und fordert mit Rede- und Aufmerksamkeitsgestus seine Ausstattung mit 3 Hufen Land. Das besagen die III und die Ähren zu seinen Füßen. Rechts steht ein anderer freigelassener Reichsdienstmann vor dem König, der ihn soeben zum Schöffen macht, indem er ihm mit der Rechten den Schöffenmantel umhängt, und ihm mit Fingerzeig auf die Ähren als Grundstückssymbol die drei – III – Hufen Grundeigentum übergibt, die der Schöffe in Besitz nimmt, indem er eins der Ährenbüschel ergreift.

5
(Ldr. III 81 § 2.) Die Bogen versinnbildlichen den Herrschaftsbereich, die »gewalt«, des Herrn. Innerhalb dieses Gewaltbereichs kann der Dienstmann vererben – links. Er tut es, indem er das Grundstückssymbol, die Ähren, darreicht, während der Herr, der hier gleichzeitig auch die Rolle des Erben zu spielen scheint, die linke Hand aufhält, um das Erbteil entgegenzunehmen. Rechts ist der Dienstmann selber Erbe. Er nimmt das Ährenbüschel an sich, während der Herr die linke Hand ostentativ versteckt, weil er nichts zu bekommen hat. Mit der Rechten macht er aber die gleiche Aufmerksamkeitsgebärde wie im linken Bildteil, um damit zum Ausdruck zu bringen, daß der Dienstmann im abgesteckten Rahmen berechtigt ist, Erblasser und Erbe zu sein.

6
(Ldr. III 82 § 1.) Vor dem Richter steht derjenige, der sein Recht vor Gericht verloren hat. Er trägt auf dem Rücken die Gegenstände, die der auf Grund einer Missetat rechtlos Gewordene als Buße erhält, Besen und Schere[79], und die auch gleichzeitig Strafwerkzeuge bei den Strafen zu Haut und Haar sind. Dem Richter, der ihn auf seine Rechtlosigkeit anspricht, macht er in seiner Gebärdensprache klar, daß er sein Recht nicht hier verloren hat und seine Rechtlosigkeit deshalb vor diesem Gericht nicht geltend gemacht werden kann, solange nicht ein entsprechendes Gerichtszeugnis vorliegt. Die Schilderung wird im ersten Bild der nächsten Seite fortgesetzt.

klage denn dort auf liegendes oder fahrendes Gut oder um Geldschuld. § 3 Wo jemand klagt, dort muß er sich *vor Gericht* stellen, wenn man gegen ihn klagt, außer zum Zweikampf. 80 § 1 Wird von einem Biergelden bei seinem Tode Grundeigentum – drei Hufen oder weniger – ohne Erben hinterlassen, dann fällt das an das Schultheißenamt. Werden dreißig Hufen oder weniger nachgelassen, so fallen sie an die Grafschaft. Sind es aber mehr als dreißig Hufen, so gehen sie auf den König über. § 2 Läßt der König oder ein anderer Herr seinen Dienstmann oder seinen Leibeigenen frei, so erhält der das Recht freier Landsassen. 81 § 1 Mangelt es in einer Grafschaft an Schöffen, dann darf der König jedenfalls auch Reichsdienstmannen in ordentlichem gerichtlichem Verfahren freilassen und zu Schöffen machen, damit man zu einer Rechtsprechung kommt und *die Verfahrensregeln für das Richten unter Königsbann* dort einhalten kann. Er soll ihnen aber von Reichsgut soviel zu Eigentum geben, daß sie damit Schöffen sein können: jedem von ihnen drei Hufen oder mehr. Das Grundstück soll er auf jeden Fall aus dem Grundbesitz der Grafschaft nehmen, wo immer es der Graf frei zur Verfügung hat, damit der Schöffen Grundeigentum in der Grafschaft liegt. § 2 Ein Dienstmann vererbt und erbt wie freie Leute nach Landrecht, ausgenommen, daß er außerhalb des Herrschaftsgebietes seines Herrn weder vererbt noch erbt. 82 § 1 Wer sein Recht an einem Ort vor Gericht verliert, der hat es überall verloren, wenn man dafür von dem Gericht ein Zeugnis hat. Das Zeugnis des Gerichts ist niemand verpflichtet vor ein anderes Gericht zu bringen; vielmehr soll der Richter, vor dem er als rechtlos

clage da uf erbe ader uf gut ader vmme schult. § 3 wo der man claget, da můz he antwerten, ab man uf in claget, ane czv kamphe. 80 § 1 Irstirbit ein eigen von eime biergelden erbelos, dri hůven ad' minre, daz gehoret in daz schult heiztum. Von drizic hůven ader minre, irstirbit daz, iz gehoret in di graueschaft. Is iz ab' me denne drizic hůven, iz is deme kvnige ledic. § 2 Let d' kůnic ader ein and' herre sinen dinestman ad' sinen eigenen man vri, der behelt vrier lantsezen recht. 81 § 1 Czv get ab' d' schephen in einer graueschaft, d' kůnic můz wol des riches dinestman mit orteiln vri la zen vn̄ machen czv schephen, durch daz man rechtes bekůme vn̄ kůniges ban da behal den můge. He sal ab' des riches gutes in so vil czv eigene geben, daz si schephen dar ab gewe sen mügen, ir iclicheme dri huven ad' me. daz gůt můz he wol nemen vz deme gůte d' graue schaft, swo iz der greue ledic hat, durch daz der schephen eigen in d' graueschaft is. § 2 Dinestmā erbet vn̄ nimt erbe alse vrie lůyte nach lant rechte, wen alleine daz he bůzen sines herren gewalt nicht erbet noch erbe nimt. 82 § 1 Swer sin recht vorluyset in einer stat vor gerichte, he hat iz vber al vorlorn, ab man des an dem gerichte geczvik hat. des gerichtes geczuyk en is nie mant phlichtic czv brengene in ein ander ge richte; me wen der richter, vor deme he rechtelos

1

(Ldr. III 82 § 1 Satz 2.) In Fortsetzung des Vorgangs auf dem letzten Bild[30] der vorhergehenden Seite sendet derselbe Richter – rechts im Bild – zwei Boten zu dem Gericht, vor dem der jetzt Rechtlose sein Recht verloren hat. Die Zeigegebärden der Boten sind wohl am besten dadurch zu erklären, daß das zugehörige Bild der vorhergehenden Seite sich ursprünglich – d.h. in der Handschrift X[81] – auf der gleichen Seite wie dieses Bild und zwar unmittelbar darüber befunden hat. Die Fingerzeige sollten also die Gedankenverbindung zwischen den beiden Bildern herstellen[82]. Der Richter, an den die Boten sich wenden, gibt sein Gerichtszeugnis über den Fall durch Eid auf die Reliquien ab und weist mit der anderen Hand auf seinen Richterkollegen um anzudeuten, daß er sein Zeugnis auf dessen Wunsch ablegt.

2

(Ldr. III 82 § 2.) Das Haus mit den zwei Toren dient dazu, das Ausweisen aus dem Besitz eines Grundstückes, das wieder durch Ähren bildlich umschrieben ist, zu versinnlichen. Durch die hintere Tür dringt der eigentliche Besitzer in das Grundstück ein und weist mit geschwungenem Schwert und Befehlsgestus denjenigen hinaus, der den Besitz von einem Nichtbesitzer erhalten hatte und von Gerichts wegen darin eingewiesen worden war. Mit diesem Argument, das in dem Fingerzeig auf den Richter enthalten ist, verteidigt sich der Ausgewiesene denn auch, wobei der Begriff der rechtlichen Verteidigung durch das erhobene Schwert gemeinsam mit dem deutlichen Fingerzeig auf den Richter ausgedrückt ist, wie auch das Schwert in der Hand des Ausweisenden wohl nicht die Anwendung von Gewalt darstellen soll, sondern den *rechtlichen* Angriff.

3 links

(Ldr. III 83 § 1 Satz 1.) Ein Mann und eine Frau »besitzen« in ganz buchstäblichem Sinne ein Grundstück[83], während der Mann zur Erklärung dieses Vorgangs mit einer Hand ein Büschel Ähren ergreift. Diese Formalität des Besitzerwerbs währt 3 Tage (sessio triduana), was durch die Sonne mit den 3 Punkten veranschaulicht ist. Vor dem sitzenden Paar steht der Geber des Grundstücks, der mit der Gebärdensprache seiner Hände sowohl auf die Notwendigkeit des »Besitzens« als auch auf die Zeitdauer aufmerksam macht.

3 rechts

(Ldr. III 83 § 2.) Ein Grundstück wird durch Darreichen eines Zweiges aufgelassen. Daß die Gewährschaft Jahr und Tag dauert, gibt die Sonne mit der in einem Kreis darunterstehenden Zahl XII an. Daß sich die Gewährschaft auf ein Grundstück bezieht, sagt der Fingerzeig der rechten Figur auf die Ähren aus.

4

(Ldr. III 83 § 3.) Links steht der soeben zahlende Käufer, in der Mitte der Verkäufer der veräußerten Sachen, von denen das Grundeigentum wieder durch Ähren, die Fahrnis durch die Köpfe von Rind, Pferd und Ziege[84] verkörpert ist. Der Verkäufer übernimmt gegenüber dem Richter die Gewährschaft, und zwar auf Lebenszeit, wie sein liegender Kopf als Anspielung auf seinen künftigen Tod andeutet.

5

(Ldr. III 84 § 1.) Der mittlere der drei Männer dieses Bildes vertreibt einen anderen, der nach Ausweis seiner Kleiderfarben mit ihm verwandt ist, gewaltsam, indem er ihn aus seinem Grundstück hinausschiebt. Obgleich die Vertreibung nur zu Lebzeiten des Vertriebenen geschehen konnte, ist dieser doch als bereits verstorben abgebildet, weil ihm nach dem Text gleichzeitig die Rolle des Erblassers gegenüber dem Vertreiber zufällt, der wiederum wegen seines Verhaltens in dem hier eingetretenen Erbfall durch einen Dritten von der Erbschaft dadurch ausgeschlossen wird, daß dieser – nach seiner Kleidung wohl ein entfernterer Verwandter – den auszuschließenden Erben ebenfalls von dem Gut wegschiebt und es durch Ergreifen der Ähren an sich nimmt.

6

(Ldr. III 84 § 2.) Der Lehnsmann ersticht seinen Herrn mit einem Dolch.

bezeichnet wird, zwei seiner Boten an den Richter senden, wo er sein Recht verloren hat, damit sie hören, ob man ihn dessen durch Zeugnis überführen kann, und dafür sollen sie dann Zeugen sein. § 2 Wenn irgendwer ein Gut einem anderen Herrn gibt und ihm den Besitz einräumt, woran er selber keinen Besitz hatte, und wenn jener von Seiten des Gerichts darin eingewiesen wird, so darf jener, der den Besitz hat, der Einweisung widersprechen und jenen ausweisen, vorausgesetzt, daß er es auf dem nächsten angesetzten Ding vertrete; denn ein Mann ist nicht verpflichtet, seinen Besitz aufzugeben, wenn er nicht darum verklagt und vor *Gericht* geladen wird. Wird jenem dann der Besitz zugesprochen und weist man ihn von Gerichts wegen darin ein, dann darf man ihn nur auf Grund *eines gerichtlichen* Urteils ausweisen. 83 § 1 Was man einem Mann oder einer Frau gibt, darauf sollen sie drei Tage sitzen[1]; was sie *dagegen im Wege der* Klage herausfordern oder was auf sie vererbt wird, darauf brauchen sie nicht zu sitzen. § 2 Wer einem anderen ein Grundstück leiht oder veräußert, der soll ihm dafür Jahr und Tag Gewährschaft leisten; § 3 wer Grundeigentum oder Fahrnis verkauft, der muß dafür Gewährsmann sein, solange er lebt. Man muß ihm aber das Gut zum Besitz überlassen, *es im Rechtsstreit* zu behalten oder zu verlieren, während er es *vor Gericht* zu vertreten hat; denn der, an den es veräußert ist, kann sich da auf nichts *anderes* berufen als auf einen Veräußerungsvertrag. 84 § 1 Wer dem anderen *etwas von seinem* Vermögen gewaltsam nimmt *und* bis zu dessen Tod *behält,* der hat alles Recht, das ihm nach jenes Tode an dem Gut zufallen konnte, verloren. § 2 Tötet der Mann seinen Herrn,

[1] Vgl. das zugehörige Bild (Bl. 27ᵛ/3).

gesaget wirt, dʿ sal czwene siner boten senden vor den richter, da he sin recht vorloren hat, daz si horen, ab man is in vor czůgen můge, vn̄ si sullen des denne geczuyk sin. § 2 Swer ein gůt eime anderen herren gibit vn̄ let im in sine gewere, da he selbe keine gewer an hatte, vn̄ wirt ienʿ von gerichtes halbē dar in gewist, iener, dʿ di gewer hat, můz wol di in wisunge wider reden vn̄ ienen vz wisen, daz hez vor ste czv deme nesten vz geleiten dinge; wen ein man en is nicht pflichtic si ne gewere czv růmene, he ne werde dar vm me beclaget vn̄ vor geladen. wirt ieme dēne di gewer irteilt vn̄ wiset man in dar in von gerichtes halben, man en můz in nicht uz wisen ane mit orteiln. 83 § 1 Swaz ein mā eime māne adʿ eime wibe gibit, daz sullen si be siczen dri tage. swaz si mit clage irvorderē adʿ uf si geerbet wirt, des en dorfen si nicht besiczen. § 2 wer ein gůt liet adʿ let eime ande ren, iar vn̄ tac sal hes in gewerē. § 3 Swer eigen adʿ varende habe vorkouft, des sal he gewer sin, di wile he lebet. man sal abʿ im daz gůt in sine gewere lazen czv behal dene vn̄ czu vorlisene, di wile hez vorsten sal; wen he en mac da nicht an gesprechē, deme iz gegeben is, wen eine gabe. 84 § 1 Swʿ dem anderen gůt geweldiclichen nimt biz an ienes tot, allez recht hat he vorlorn, daz in an deme gůte an irsterben mochte nach ienes tode. § 2 Totet dʿ man sinē hʿren,

1

(Ldr. II 34 § 2 Satz 2.) Der Herr tötet den Vasallen.

2

(Ldr. II 34 § 2 Satz 2.) Fortsetzung vorigen Bildes. Der Bildbuchstabe »T« ist irrtümlich hierhergesetzt und gehört zum nächsten Bild, wo er auch tatsächlich noch einmal vorkommt.
Vor dem Oberherrn liegt der erdolchte Lehnsmann, dessen Identität mit der gleichen Figur im vorherstehenden Bilde nicht wie sonst durch dieselben Farben der Kleidung zum Ausdruck gebracht wird. Überhaupt scheint das ganze Bild voller Irrtümer und Mißverständnisse zu sein. Im genauen Gegensatz zum Text weist der Oberherr des getöteten Mannes dessen Kinder an den Herrn, der ihn tötete, und der Herr erneuert die Belehnung mit dem Gut des Vaters.

3

(Ldr. II 34 § 3.) Ein Mann ersticht seinen an Bart und Kleid erkennbaren Vater und streckt gleichzeitig die Hand nach den aus dem Boden wachsenden Ähren – dem Grundstück des Getöteten – aus, so seine Anwartschaft bildlich umschreibend. Ein Dritter aber schiebt ihn gewaltsam von dem Gut weg und ergreift selber davon Besitz, indem er mit der linken Hand einige der Ähren erfaßt.

4

(Ldr. II 35 § 1.) Einem Gläubiger, der hier – ohne erkennbaren Grund – als Lehnsherr dargestellt ist, wird von einer Personenmehrheit eine Zahlung versprochen, indem einer der Schuldner seine rechte Hand flach an die ausgestreckte Rechte des Gläubigers legt. Ein zweiter streckt seine Hand in derselben Weise vor, ohne jedoch wegen der größeren Entfernung und seines ungünstigeren Standortes die Rechte des Gläubigers zu erreichen. Ein Dritter, der in das Schuldversprechen mit eingeschlossen ist, leistet bereits die Zahlung, hält aber die zahlende Hand durch Umklammern des Unterarmes zurück, damit sie »nicht alles«, sondern nur den auf ihn entfallenden Anteil zahle.

5

(Ldr. III 85 § 2.) Die Schuldner stehen in der Mitte, die Empfänger des Schuldversprechens links. Einer der Schuldner – der vordere in ihrer Reihe – »gelobt« gerade dem linken Flügelmann der Kontrahentengruppe die Zahlung der Schuld durch »Handreichung« wie im vorigen Bild. Die anderen Partner auf beiden Seiten strecken schon ihre Hände hin, so daß der Gelöbnisakt wohlgeordnet der Reihe nach vor sich gehen kann. Ganz rechts steht der eigentliche Gläubiger und empfängt gerade von einem der Schuldner die Zahlung. Rechts neben dem Gläubiger steht der Schultheiß, kenntlich an seinem Hut, aber in einem anders als sonst gefärbten Rock. Dies und der Umstand, daß sein Auftreten als Amtsträger hier völlig unbegründet ist, rechtfertigt die Annahme, daß er hier nicht einen wirklichen Teilnehmer an dem rechtsgeschäftlichen Vorgang darstellt, sondern einen Begriff verkörpert: Gleichsam zum Attribut des Gläubigers geworden, bringt er zum Ausdruck, daß der Gläubiger die »Schuld heischt«, die Schuld einfordert.

6

(Ldr. III 85 § 3.) Der Schuldner zahlt dem Gläubiger die Schuldsumme aus, seine drei Zeugen beschwören die Tilgung der Schuld. Wie im vorigen Bild steht hinter dem Gläubiger die Gestalt eines Schultheißen. Auch hier scheint die Rolle dieser Figur nur die zu sein, einen abstrakten Begriff zu versinnlichen. Mit einer heischenden Handgebärde unterstreicht und verdeutlicht dieser »Schultheiß« das Zahlungsbegehren des Gläubigers.

so hat er Leben und Ehre verwirkt und das Gut, das er von ihm hatte. Dasselbe verwirkt der Herr, wenn er seinen Mann tötet, und der oberste Lehnsherr kann dessen Kinder mit dem Gut nicht wieder an den Herrn verweisen. § 3 Tötet ferner ein Mann seinen Vater oder seinen Bruder oder seinen Verwandten oder jemanden, auf dessen Grundeigentum oder Lehen er ein Anwartschaftsrecht hat, so hat er seine ganze Anwartschaft verloren, wenn er es nicht in Notwehr für sein Leben tut und die Notwehr gegen den Toten bewiesen wird oder er es unbewußt tut, so daß es ohne seine Absicht geschieht. 85 § 1 Wo mehr Leute als einer zusammen ein Wergeld oder eine andere Zahlung versprechen, da sind sie alle verpflichtet, sie zu leisten, solange sie nicht abgegolten ist, indessen jeder von ihnen nicht alles, sondern soviel wie jedem zukommt und soweit man – d. h. der, dem *die Zahlung* versprochen ist oder der sie mit ihm *zusammen* gelobte, wenn er sie für ihn geleistet hat – ihn von Gerichts wegen dazu zwingen kann. § 2 Geloben andererseits viele Leute, einem Manne eine Schuld zu bezahlen und empfangen mehrere Leute das Versprechen, dann hat man ihnen allen, denen man es gelobt hatte, geleistet, sofern man jenem, dem man zu zahlen schuldig ist, leistet oder mit seiner Zustimmung ein Pfand setzt. § 3 Wer Bürgen in der Weise stellt, daß er selber zahlen soll oder sein Bürge für ihn, und wenn er es beweisen kann, daß er bezahlt hat, dann hat er seinen Bürgen befreit. § 4 Wer aber für den anderen Bürge wird und einen bestimmten Betrag zu zahlen verspricht, der muß das selber mit Zeugen beweisen, daß er es

he hat vor worcht lip vñ ere vñ daz gůt, daz he von im hatte. Diz selbe vorwirket dˋ herre, ab he sinē man totet, vñ dˋ oberste herre ne mac sine kindere mit deme gůte an den herrē nicht wider gewisen. § 3 Totet ouch ein man sinen vater adˋ sinen brůder adˋ sinen mac adˋ imā ce, des eigenes adˋ lenes he wartende is, al sine wartunge hat he vorlorn, he nen tu iz in not werunge sines libes vñ di not uf den to ten beredet werde, adˋ he tů iz vnwizzende, so caz iz gesche ane sinen danc. 85 § 1 Swo me lůyte cen einer czv samene geloben eiņ wergelt adˋ ander gelt, alle sin si daz phlichtic czů leiste re, di wile iz vnvorgolden is, vñ nicht ir iclich allez, me wen also vil, alse menlicheme gebort, vñ also verre man in da czv getwingen mac von gerichtes halben dˋ, deme daz da gelobt is, adˋ der daz mit im gelobte, ab hez vor in vorgolden hat. § 2 Geloben ouch vil lůyte, einē māne eine schult czv geldene, vñ enphan daz gelůbde me lůyte, wo man ieme leistet, deme man gelden sal adˋ mit sinen minnen siczt, da hat man in allen geleist, dē man iz gelobet hatte. § 3 Swer bůrgen sezt also, caz he selbe gelde ader sin borge vor in, mac hez volbrengen, daz hez vorgolden habe, he hat sinen bůrgen gelediget. § 4 Swer aber bůrge wirt vor den anderen vnde gelobit ein bescheiden gelt czv geldene, daz můz he selbe volbrengen mit geczůge, daz hez

1

(Ldr. III 86 § 1.) Rücken an Rücken mit dem Pflüger, der etwas vom nachbarlichen Gemeindeland abgepflügt hat, steht derjenige, der die Nachbargemeinde in derselben Weise mit dem Spaten geschädigt hat. Er gelobt mit »Handreichung« dem Vertreter der Nachbarn die Zahlung von drei Schillingen, die dieser mit Befehlsgestus fordert. Dabei ist wohl die III zusammen mit den darunter aufgezeichneten 12 Münzen als 3×12 Pfennige = 3 Schillinge zu lesen.

2

(Ldr. III 86 § 2.) Die beiden Bauernschaften stehen einander gegenüber, ohne daß ersichtlich wäre, welcher die Gläubiger- und welcher die Schuldnerrolle zufällt. Der Illustrator hat die Textstelle »bezzert *eine* geburschaft der anderen« verstanden wie »bezzert *iede* geburschaft der anderen« und daher den Vorgang so abgebildet, daß beide Parteien einander die Zahlung der Buße versprechen. Das hat zwar keinen rechten Sinn, wenn man dabei einen konkreten Fall im Auge hat, als bildliche Verkörperung einer allgemeinen Regel kann man es jedoch wohl gelten lassen. Jedenfalls hat diese Auffassung hier zu der völligen Gleichförmigkeit der Gebärden und wahrscheinlich auch zu dem absolut symmetrischen Aufbau des Bildes geführt. So bedeuten denn die – mit einer Ausnahme – bei allen Figuren vorkommenden erhobenen Zeigefinger als Befehlsgesten, die an die gegenseitigen Adressen gerichteten Zahlungsaufforderungen und die Vertragsgebärde der beiden Bauernmeister das gegenseitige Zahlungsversprechen. Der Betrag ist wie im vorigen Bilde angegeben.

3

(Ldr. III 87 § 1.) Vor dem geistlichen Richter stehen der Beklagte und – von ihm halb verdeckt – der Kläger. Dieser zeigt auf den Geistlichen, weil er bei ihm seine Klage angebracht hat. Der Beklagte verweigert mit der Gebärde seiner rechten Hand die Antwort, weil er vor dem unzuständigen Gericht steht. Der geistliche Richter jedoch verkündet mit seinen Handgebärden eine Entscheidung, die dem Beklagten, was im Bilde nicht ersichtlich ist, einen Schaden eingebracht hat. Infolgedessen hat er seinen Kläger beim weltlichen Richter verklagt (rechte Bildhälfte). Der ehemalige Kläger, jetzige Beklagte, wurde vor dem weltlichen Gericht zur Zahlung von Buße und Schadensersatz an seinen Gegner und Gewette an den Richter verurteilt und steht im Begriff, beides zu bezahlen.

4

(Ldr. III 87 § 2.) Der Vorgang und dementsprechend auch die Bildkomposition stimmen beinahe völlig mit dem vorhergehenden Bilde überein, nur daß hier das unzuständige Gericht von dem Richter des Stadtgerichts dargestellt wird, der als solcher durch das hinter ihm stehende Marktkreuz mit dem daranhängenden Handschuh gekennzeichnet ist. Zu beachten, daß auch hier der Beklagte die Antwort mit der gleichen Gebärde wie im vorigen Bilde verweigert.

5

(Ldr. III 87 § 3.) Der Richter drückt hier mit seiner Gestikulation aus, daß er das Recht verweigert. Vor ihm stehen die Prozeßparteien, der Kläger, der mit Aufmerksamkeitsgestus eine Klage vorträgt, und der Beklagte, der mit Redegebärde antwortet.

bezahlt hat oder jemand *anders* für ihn. 86 § 1 Wer seiner Nachbarn Gemeindeland abpflügt oder abgräbt oder abzäunt und vor dem Bauernmeister deswegen beklagt oder angezeigt wird, muß drei Schillinge Gewette zahlen. Verweigert er aber vor dem Bauernmeister das Recht und wird er vor dem obersten Richter beklagt, dann muß er ihm Gewette zahlen und den Bauern mit dreißig Schillingen büßen und von ihrem Gemeindeland wieder ablassen. § 2 Auf dieselbe Weise leistet eine Bauernschaft der anderen Ersatz mit drei Schillingen und vergilt ihnen ihren Schaden, wenn man sie bei den Nachbarn verklagt, wie Rechtens ist. Verweigern sie aber das Recht und werden sie bei dem obersten Richter verklagt, dann muß ihr Bauernmeister für sie alle ein Gewette entrichten und den Bauern mit dreißig Schillingen büßen und den Schaden ersetzen. 87 § 1 Ein Laie, *der* einen anderen Laien vor geistlichem Gericht wegen eines solchen Verschuldens verklagt, das zu richten der weltliche Richter zuständig ist, und ihn damit schädigt, und der deswegen nach Landrecht verklagt wird, der muß dem Richter Gewette und jenem seine Buße zahlen und ihn schadlos halten. § 2 Dasselbe muß ein Einheimischer dem anderen tun, wenn er ihn im Stadtgebiet oder in einem auswärtigen Gerichtsbezirk beklagt, wiewohl beide in ein und demselben Dorfe oder in ein und derselben Gografschaft ansässig sind, ihm sei denn das Recht vor dem *zuständigen* Richter verweigert. § 3 Das Recht verweigert der Richter, wenn er nicht richten will oder seine rechtmäßige Anzahl Gerichtstage nicht einhält. § 4 Das Recht

vorgolden habe, ad`imant von sinenthalbē. 86 § 1 Swer siner nakebůre gemeine ab eret ad` grebet ad` czůynet, wirt he vor deme bůr meistere dar vmme beclaget ad` gerůget, he můz wetten dri schillinge. weigert he ab` rechtes vor dem bůrmeistere vn̄ wirt he be claget dem obersten richtere, he můz im wettē vn̄ den gebůren mit drizic schillingē bůzen vn̄ ire gemeine wid` lazen. § 2 Czu dir re selben wis bezzert eine gebůrschaft d` anderen mit drin schillingen vn̄ gilt in iren schaden, ab man si den vmmesezen beclaget, alse recht is. weigern si ab` rechtes vn̄ wer den si deme obersten richtere beclaget, ir bur meister můz vor si alle wettē ein gewette vn̄ dē geburē mit drizic schillinge bůzen vn̄ den schaden gelden. 87 § 1 Swelch leie einē anderen leien beclaget vor geistlicheme gerichte durch sogetane schult, di d` wertliche richt` richten sal, vn̄ brenget he in schadehaft vn̄ wirt he durch daz beclaget czv lantrech te, he můz deme richtere wetten vn̄ ieme sine bůze geben vn̄ uz deme schaden nemē. § 2 Diz selbe můz tůn ein lant mā dem anderē, ab he in beclaget in wik bilde ad` in eime uz wendigem gerichte, ab si beide in eime dorfe ad` in einer gouschaft sizzē, ime nē si rechtes dēne geweigert vor deme richt`e. § 3 Rechtes weigert d` richter, wen he nicht richtē wil ad` sine rechtē dinc czale nicht en helt. § 4 Rechtes

1

(Ldr. III 87 § 4.) Der Verfestete, erkennbar an dem durch seinen Hals gehenden Schwert, drückt seine Rechtsverweigerung damit aus, daß er dem Gericht den Rücken zuwendet. Um zu erklären, was er verweigert, zeigt er nach oben, wo wahrscheinlich ursprünglich das letzte Bild des vorhergehenden Blattes gestanden hat, auf dem die Rechtsverweigerung seitens des Richters dargestellt ist und das auch den zugehörigen Bildbuchstaben trägt. Vor dem Richter stehen der grün gekleidete Kläger und der rot gekleidete Beklagte. Der Beklagte macht mit seiner linken Hand die Gebärde, mit der er sonst zumeist das »Antworten« verweigert, die hier aber im Zusammenhang mit seinem Fingerzeig nach oben die Rechtsverweigerung bedeutet.

2

(Ldr. III 88 § 1.) Bei des »Königs Huld«, die hier durch den Ständer mit der Krone versinnbildlicht ist, verpflichten sich der Richter und die durch den Mantel des einen gekennzeichneten Schöffen zum Gerichtszeugnis. Daß es sich um ein solches handelt, deutet der Richter damit an, daß er auf sich selber zurückweist. Hinter dieser Gruppe stehen die übrigen Dingpflichtigen, die ihren Eid auf die Reliquien ablegen.

3

(Ldr. III 88 § 3.) Vor dem Richter befindet sich der »gesetzte« Verfestete, dessen Verfestung der Richter zuvor gemäß dem Text von § 2 selber bezeugt hat. Hieran erinnert er mit dem Fingerzeig auf sich selbst sowie mit dem nach oben gekrümmten rechten Zeigefinger, der als Hinweisgebärde den Vorgang des Gerichtszeugnisses im darüberstehenden Bild in die Szenerie einbezieht. Der Kläger beschwört jetzt, daß der »Gesetzte« der Tat schuldig sei, deretwegen er verfestet ist. Die äußere Form dieser Eidesleistung, wie sie hier im Bilde wiedergegeben ist, entsprach tatsächlichem Rechtsbrauch[85]. Nach dem Kläger sollen seine Eidhelfer schwören. Sie stehen deshalb *hinter* ihm, strecken aber schon die Schwurfinger aus, bereit, sofort an das Heiltum zu treten, sobald der Kläger seinen Eid abgelegt hat.

4

(Ldr. III 88 § 4.) Hier ist ein auf »handhafter Tat« ergriffener Verbrecher »gesetzt«. Das Ritual des »Überschwörens« ist hier etwas anders als im vorigen Bild: Der Kläger stellt das Reliquiar auf den Kopf des Gesetzten und schwört darauf. Das entspricht RLdr. 32 § 10, 35 § 6. Der Zeuge steht *hinter* dem Kläger, weil er dem Text gemäß *nach* ihm schwört. Wieder ist das Nacheinander als ein Hintereinander in die Bildsprache übersetzt.

Der Zeuge hebt bereits die Schwurfinger seiner linken Hand um sie, wenn er an der Reihe ist, dem Gesetzten auf den Kopf zu legen, während er die richtige Schwurhand auf den auf dem üblichen Ständer befindlichen Reliquienschrein legt. Der Richter verweist mit dem nach oben gebogenen Zeigefinger wieder auf Bildzeile 2.

5

(Ldr. III 88 § 5.) Der Kläger, wie in Bildzeile 3 und 4 gekleidet, legt seinen Eid ab und spricht dabei nach, was der hinter ihm stehende Zeuge vorsagt. Vorsagen und Nachsagen sind dadurch veranschaulicht, daß jede der beiden vor dem Richter stehenden Figuren auf ihren Mund zeigt.

oder einen Sack, leer oder voll, von der Mühle fortschafft oder Sattel, Zaum, Sporn, Bett, Kissen, Bettuch oder andere Habe – was immer es sei – als das seine wegnimmt und seins daläßt, es dann in der irrigen Meinung, daß es das seine sei, unverborgen hält und das mit seinem Eid bekräftigt, so darf man wohl durch Anefang *Anspruch darauf erheben* und es als seinen Besitz zum Gegenstand einer Klage machen. Wenn man ihn aber Diebstahls und Raubes daran beschuldigt, dann reinigt er sich durch den Eid auf die Reliquien, wenn er Zeugen dafür hat, daß er es unverborgen gehalten habe. 90 § 1 Wird ein Mann auf dem Felde ermordet und weiß man nicht, wer es getan hat, wer den auf dem Felde oder in dem Dorfe mit Wissen seiner Nachbarn begräbt, der begeht keine Straftat. § 2 Wird jemandem sein Verwandter oder naher Angehöriger erschlagen, so darf er ihn begraben, obwohl er weiß, wer es getan hat, es sei denn, er habe die Klage mit dem Toten vor Gericht begonnen. Dann darf er ihn ohne des Richters Erlaubnis nicht begraben, solange die Klage unbeendet ist. § 3 Fällt jemand oder wird er verwundet oder so sehr geschlagen, daß er nicht mehr zum Dorfe zu gelangen vermag, so bleibt, wer ihn hineinträgt, davon ohne Schaden, wenn er dann innerhalb seines Anwesens stirbt. Seine Erben sollen ihm seine Unkosten erstatten, wenn sein Gut, das er bei sich hat, wenn er stirbt, weniger wert ist als die Aufwendungen. 91 § 1 Beherbergt jemand Leute und schlägt einer von ihnen den andern ohne Schuld *des Wirtes* in seiner Herberge oder außerhalb derselben tot,

Ader sac, itel ad' vol, von d' molen voret ader satel ad' czoum ad' sporn ad' bette ad' kussen ad' lilachen ad' ander gůt, waz daz si, vor daz sine nimt vn̄ sinez da let, helt hez denne in dē wane, daz iz sin si, vnuorholn vn̄ tut he sinē eit dar czv, aneuangen mac man iz wol vn̄ vnd' im beclagen, duybe ab' vn̄ roubes, ab man in des schuldeget dar an, entschuldeget he sich uf den heiligen, ab hes geczůk hat, daz hez vnhelingen gehalden habe. 90 § 1 Wirt ein man gemordet uf dem uelde vn̄ en weiz man nicht, wer iz getan hat, wer den begrebet uf dem velde ader in deme dorfe mit siner nakebůre wizzenschaft, he ne misse tůt nicht. § 2 Wirt ouch einē manne sin mak ad' sin vrunt irslagen, he můz in begrabē, ab hez wol weiz, w' iz getan hat, he en habe d' clage mit deme toten begonst vor gerichte; so en můz he sin nicht begraben ane des richters orlop, di wile di clage vngeant is. § 3 Uellet ein man ad' wirt he gewundet ad' so sere geslagen, daz he czv dorfe nicht kv̊men en mac, wer den in treget vn̄ stirbit he denne binnē sinen ge weren, he blibet is ane schaden. sine erbē sullen im sine kost gelden, ab sin gůt, daz he bi im hat, wen he stirbit, minre wert is den di kost. 91 § 1 Herberget ein man luyte, slet ir ein den anderen tot ane schult in siner herberge ad' dar vze, ad' welch

1

(Ldr. III 91 § 1.) Fortsetzung zum vorigen Bild. Ein Gast ist erschlagen worden, nachdem er, wie das Schwert neben ihm zeigt, mit einem anderen in Streit geraten war. Der Totschläger entflieht gerade zur Tür der Herberge hinaus. Das Tuch über seinem linken Arm deutet an, daß er sich in Notwehr befunden hat[86], was jedoch auf einem Mißverständnis des Textes beruht. Der Zeichner hat die Worte »ane schult« am Anfang des Satzes, die sich auf den Wirt beziehen, auf den Totschläger angewendet. Der Wirt vermag den Friedensbrecher nicht aufzuhalten und bringt dies mit dem Unfähigkeitsgestus zum Ausdruck. Rechts steht der Wirt, hier als Bauer dargestellt, vor dem durch die Figur des Gografen vertretenen Gogericht und »rügt« die Sache[87]

2

(Ldr. III 91 § 2.) Der Rechtssatz wird durch das Bild in positivem Sinn interpretiert: Der Beklagte in der Mitte des Bildes wird vom Richter einerseits und vom Kläger und seinem Kampfvormund andererseits zur Verteidigung durch Zweikampf aufgefordert. Die Aufforderung zum Kampf geschieht in der Ldr. I 63 § 1 mitgeteilten Form: Der herausfordernde Kläger faßt den Beklagten am Halsausschnitt. Auch der Richter macht eine ähnliche Bewegung, aber der Beklagte weist ihn mit Aufmerksamkeits- und Redegeste und dadurch, daß er ihm den Rücken zukehrt, darauf hin, daß er das nicht darf, wie aus dem Text hervorgeht.

oder verübt einer von ihnen gegen den anderen sonst irgendeine Missetat, so entsteht dem Wirt und ebenso den Bauern daraus kein Schaden, wenn sie den Friedensbrecher nicht festnehmen können und das mit dem Eid auf die Reliquien beweisen. Sachen solcher Art muß man jedoch beim Gogericht rügen. § 2 Der Richter darf ohne den Kläger niemand, weder mit Vormund noch ohne Vormund, zum Zweikampf oder höher als zu seinem Reinigungseid in Anspruch nehmen, sofern er diesen – jedermann nach seinem Recht – ablegt. § 3 Er darf ferner kein Gebot *erlassen* noch Beherbergung gebieten, noch Dienst, noch *darf er* Recht setzen für das Land, es gebe denn das Land seine Zustimmung dazu.

vngerichte ir ein dem anderen tůt, dˋ wirt bli bit is ane schaden vñ ouch di gebůre, ab si den vridebrecher nicht uf gehalden mogen vnde daz geweren uf den heiligen. sus getane dinc sal man abˋ czv goudingen růgen. § 2 Der richter en mac nimande angesprechen, mit vormůnden noch ane vormůnden, svnder den cleger, czv kamph wart noch hoger den czv siner vnschult, ab he si tůt, menlich nach sime rechte. § 3 he ne můz ouch kein gebot noch herberge gebiten noch dinest noch kein recht uf daz lant geseczen, iz en wille kore daz lant.

Von der Herren Geburt

Vernehmt jetzt von der Abkunft der Herren vom Sachsenlande: der von Anhalt, die von Brandenburg, die von Orlamünde und die von Brehna, diese Fürsten sind alle Schwaben. Unter den freien Herren sind Schwaben die von Hakeborn, die von Gneiz und die von Mücheln, unter des Reiches Schöffen die von Dröbel, die von Elsdorf, Heinrich Judas, der Vogt Albrecht von Spandau, Alberich und Konrad von Schneidlingen, Schrapen Kind von Gersleben, Anno von Jerlingsdorf, Hermann von Mehringen, Heidolfs Kinder von Winningen und die von Seedorf. Die sind alle Schwaben. Die Landgrafen von Thüringen sind Franken. Die von Regenstein, von Blankenburg, die Burggrafen von Wettin, die von Klöden, die von Krosigk und die von Kottbus, die sind alle Franken. Die von Braunschweig, die von Lüneburg, die von Popperburg, die von Osterburg und die von Altenhausen sind Schwaben. Die von Wernigerode, die von Arnstein, die von Biesenrode und die von Hamersleben, die Burggrafen von Giebichenstein, der Domvogt von Halberstadt, die von Suselitz, die von Lichtenberg und die von Dobin, diese sind alle geborne Schwaben. Der Herzog von Lüneburg und sein Geschlecht sind

---

Nv vor nemet vmme d' herrē gebůrt von deme lande czv sachsen. Der von anehalt vñ di von brandē burc vñ di von orlamvnde vñ di von bren, Dise vorsten sin alle swavee. vnd' den vrienherrē sin swavee di von hake burne vñ di von gnercz vñ di vō mochele, vnd' des riches schephen Di von tvbvle, di von edeleresdorf, henrich iudas, d' voyt albrecht von spandowe vñ aluerik vñ cvnrat von snetlinge vñ scrapen kint von iersleue, anne von irkesdorf, h'man von meringe, heidolues kinde' vō winīge vñ di von sedorf, di sin alle swavee. Di lantgreuen vō doringē sin vranken, vñ di vō regenstein vñ vō blankenbůrk vñ di burcgreuen vō wittī vñ di von clodene vñ di von druzke vñ di vō godebuz, di sint alle vranken. Di von bruneswic vñ di vō lvnebůrc vñ di vō poppenbůrc vñ di vō oster bůrc vñ di von aldenhusen sint swavee, vñ di von w'ningerode vñ di von arnestein vñ di vō besenrode vñ di vō emersleue vñ di brůcgreuen vō gevekenstein vñ d' tvm voyt von halberstat vñ di von suseliz vñ di vō lichtenberc vñ di vō dobin, disse sint alle geborne swauee. Di herczoge von limborch vñ sin geslechte sint

alle geborne Sachsen, dazu alle die freien Herren und Schöffen, die in Sachsen wohnhaft sind und die mir zu meiner Zeit bekannt sind außer denen, die hiervor genannt sind. Jeder Bischof in dem Lande zu Sachsen, der von dem Reich mit Fahnlehen belehnt ist und davon seinen Heerschild hat, die heißen alle Sachsen, aus welchem Lande er auch herstammen möge, und kann Urteil finden und dem Urteil zustimmen und Vorsprecher sein zu Lehnrecht und zu Landrecht vor dem Reichshofgericht über jedermann, sofern es ihm nicht ans Leben oder an die Hand geht, und nirgendwo anders zu Landrecht noch zu Lehnrecht.

alle geborne sachsen, dar czv alle di vri herren vñ schephen, di czv sachsen sint wonhaft vñ di mir sint kvndic bi min` czit, svnd` di hir vor benant sint. Swelch bischof von dem riche belent is mit van lene binnen dem lande czv sachsen vñ den h`schilt dar ab hat, di heizen alle sachsen, von welcheme lande he geborn si, vñ mac wol orteil vinden vñ orteiles volgen vñ vorspreche sin czv lenrechte vñ czv lantrechte vor deme riche vber iclichen man, dar iz in an den lip ad` in di hant nicht en get, vñ anders nirgen czv lantrechte noch czv lenrechte.

ANMERKUNGEN

ANMERKUNGEN ZU ›DAS RECHTSBUCH‹

1 Zum ersten Mal vielleicht bereits in einer zwischen 1194 und 1203 ausgestellten Urkunde. Eckhardt, Karl August: Sachsenspiegel. 4: Eike von Repchow und Hoyer von Valkenstein. Hannover 1966. (Germanenrechte. N. F. Land- und Lehnrechtsbücher.) S. 66 ff.
2 Eckhardt, K. A.: Rechtsbücherstudien. Heft 3: Die Textentwicklung des Sachsenspiegels von 1220 bis 1270. Berlin 1933. (Abhandlungen der Gesellsch. d. Wissensch. zu Göttingen. Philolog.-histor. Kl. 3. Folge. Nr. 6.) S. 57.
3 Eckhardt, Rechtsbücherstudien. 3. S. 75 f., 79.
4 Theuerkauf, Gerhard: Lex, speculum, compendium iuris. Köln, Graz 1968. S. 108, 213.
5 Molitor, Erich: Der Gedankengang des Sachsenspiegels. Beiträge zu seiner Entstehung. In: ZRG. Germ. Abt. 65 (1947) S. 15 ff. – Beier, Käthe Ingeborg: Die Systematik des Sachsenspiegels (Landrecht). Kiel, Diss. jur. 1962. – Theuerkauf a.a.O. S. 109 ff.
6 Thieme, Hans: Eike von Repgow. In: Die Großen Deutschen. Hrsg. v. H. Heimpel, Th. Heuss, B. Reifenberg. 2. Ausg. Berlin 1956. Bd 1. S. 193.
7 s. u. S. 5 f.
8 So blieb es trotz Lnr. 68 § 7 auch nach Eike. Vgl. Siegel, Heinrich: Die Gefahr vor Gericht und im Rechtsgang. In: Sitzungsberichte der philosoph.-histor. Kl. d. Kaiserl. Akad. d. Wiss. 51 (1865). Wien 1866. S. 120.
9 Erdmann, Carl: Der Entschluß zur deutschen Abfassung des Sachsenspiegels. In: Deutsches Archiv für Erforschung des Mittelalters. 9 (1952) S. 189 ff.
10 Bischoff, Karl: Zur Sprache des Sachsenspiegels von Eike von Repgow. In: Zeitschrift für Mundartforschung. 19 (1943/44) S. 1 ff.
11 Bischoff a.a.O. S. 80.
12 Dazu: Kern, Fritz: Recht und Verfassung im Mittelalter. In: Historische Zeitschrift. 120 (1919) S. 1 ff. (Selbständig erschienen als Band 3 der von der Wissenschaftlichen Buchgesellschaft herausgegebenen Reihe »Libelli«.) – Ferner: Fehr, Hans: Die Staatsauffassung Eikes von Repgau. In: ZRG. Germ. Abt. 37 (1916) S. 131 ff.
13 »Textus prologi« am Ende.
14 Kern a.a.O. S. 26.
15 Nämlich Ldr. III 32 § 7.
16 Wie denn überhaupt der deutsche König, als dessen allgemeine Verkörperung Karl der Große an dieser Stelle auftritt, Stammesrecht nicht eigenmächtig antasten durfte. – Vgl. Gundlach, Wilhelm: Karl der Große im Sachsenspiegel. Breslau 1899. (Untersuchungen zur deutschen Staats- und Rechtsgeschichte. Heft 60.) S. 4; Fehr, Die Staatsauffassung Eikes von Repgau (s. Anm. 12) S. 203 f.
17 Glosse zum sächsischen Weichbildrecht 217, 39 nach Planck 1 S. 130.
18 Siegel, Gefahr (s. o. Anm. 8).
19 Planck 1 S. 57.
20 RLdr. 1 § 2.
21 Vgl. Ldr. II 12 § 10; RLdr. 48 § 3.
22 Die Auffassung der den Landfriedensgesetzen entnommenen Sonderfrieden als Erschwernisgründe hat sich in Wirklichkeit nicht durchgesetzt (His 1 S. 244).
23 Kisch, Guido: Sachsenspiegel and Bible. Notre Dame 1941. (Publications in mediaeval studies. The University of Notre Dame. 5.) S. 75 f.
24 Literatur: Homeyer, Carl Gustav: System des Lehnrechts. In: Homeyer, C. G.: Ssp. II 2, S. 263 ff. – Schröder, Richard und Eberhard Freiherr von Künßberg: Lehrbuch d. dt. Rechtsgeschichte, bes. § 40, S. 429 ff. – Mitteis, Heinrich: Lehnrecht und Staatsgewalt. Weimar 1958. – Ders.: Der Staat des hohen Mittelalters. 8. Aufl. Weimar 1968.
25 Die Investitur ist allerdings insofern ein dinglicher Vertrag, nicht bloß ein einseitiges Rechtsgeschäft, als sie die Einigung zwischen Herrn und Mann darüber, daß für ihn ein dingliches Recht am Lehnsgut begründet werden soll, einschließt.
26 Vgl. Ldr. III 78.
27 Zum Inhalt der gegenseitigen Treuepflicht vgl. RLnr 1: »Daß nun Treue und Wohlwollen nicht allezeit zwischen den Herren und den Mannen ist, das hat mehrerlei Gründe. ... Zum dritten rührt es von Unredlichkeit her, weil die Mannen ihres Herrn Schaden nicht abwehren, dem sie doch ›hold‹ (Adj. zu ›hulde‹) sein sollen«. Ferner Lnr. 76 § 6: Wenn der Herr gegen den Mann oder der Mann gegen den Herrn vor der Aufkündigung ein Heer aufbietet und gegen ihn zieht, so handelt er gegen seine Treuepflicht. »Denn der Herr soll seinem Manne und der Mann seinem Herrn weder mit Rat noch mit Tat Schaden zufügen, ehe einer dem anderen aufkündigt. Des Herrn und des Mannes falscher Rat kommt gleich der ungetreuen Tat«.
28 Literatur: His (s. Literaturverzeichnis). – Friese, V.: Das Strafrecht des Sachsenspiegels. Breslau 1898. (Untersuchungen zur deutschen Staats- und Rechtsgeschichte. Heft 55.) – v. Amira, Todesstrafen. – Rehfeldt, Bernhard: Todesstrafen und Bekehrungsgeschichte. Berlin 1942.
29 Ldr. II 13 § 4. Es handelt sich dabei nicht um den Diebstahl des Ackergerätes selber, sondern um den Raub der Zugtiere. Leesmont, Leo: Pflugraub im Mittelalter. In: ZRG. Germ. Abt. 58 (1938) S. 534 ff.
30 So auch Ldr. II 28 § 3: »Wenn jemand nachts gehauenes Gras

oder gehauenes Holz stiehlt, dann soll man das mit der »wede« richten. Stiehlt er es des Tages, dann geht das an Haut und Haar«. Die »wede« ist ursprünglich ein aus Reisern gedrehter Strang, oft aus Eichenholz (RA 2 S. 259f.) Später auch allgemein für den zum Hängen verwendeten Strick gebraucht.

31 Das Beispiel des Ritters Rudolf von Wart (1308): Fehr, Recht im Bild S. 84. Dort auch Abbildungen vom Strafvollzug (Abb. 94, 95, 97).

32 Das Rädern als »Zufallsstrafe«: v. Amira, Todesstrafen S. 113. – Ein Beispiel in: Die Chronik der Grafen von Zimmern. Hrsg. v. H. Decker – Hauff. Bd 2. Darmstadt 1967. S. 320f.

33 RA 2 S. 267.

34 H 12^v/5 rechts; D: Tafeln 49 u. 57.

35 RA 2 S. 288f.; His 1 S. 530.

36 Zu diesen Fragen die oben Anm. 28 zitierten Werke von v. Amira und Rehfeldt. Außerdem: Erler, Adalbert: Friedlosigkeit und Werwolfsglaube. In: Paideuma. 1 (1938–40) S. 303ff. – Ders.: Der Ursprung der Gottesurteile. In: Paideuma. 2 (1941–43) S. 44ff. – Koschorreck, Walter: Der Wolf. Eine Untersuchung über die Vorstellungen vom Verbrecher und seiner Tat sowie vom Wesen der Strafe in der Frühzeit. Diss. jur. Jena 1952. – Unruh, Georg Christoph von: Wargus. Friedlosigkeit und magisch-kultische Vorstellungen bei den Germanen. In: ZRG. Germ. Abt. 74 (1957) S. 1ff.

37 Zur Übersetzung vgl. Fehr, Staatsauffassung (s. o. Anm. 12) S. 162 Anm. 5.

1 Aufzählung in Amira, Karl v. und Claudius Freiherr v. Schwerin: Rechtsarchäologie. Gegenstände, Formen und Symbole germanischen Rechts. Teil 1: Einführung in die Rechtsarchäologie. Von Cl. Frhr. v. Schwerin. Berlin 1943. (Deutsches Ahnenerbe. Reihe B: Fachwissenschaftl. Untersuchungen. Abt.: Arbeiten zur indogermanisch-deutschen Rechtsgeschichte. Bd 2.) S. 117ff.
2 In Klammern die Nummern bei Homeyer, Carl Gustav: Die deutschen Rechtsbücher des Mittelalters und ihre Handschriften. Neu bearbeitet von Conrad Borchling, Karl August Eckhardt und Julius v. Gierke. Abt. 2: Verzeichnis der Handschriften. Bearb. v. C. Borchling u. J. v. Gierke. Weimar 1931. (Vgl. a. Anmerkung 21.)
3 Für diese Mitteilung ist Herrn Dr. A. Dietzel, Direktor der Landesbibliothek Oldenburg, zu danken.
4 Die Handschrift befindet sich nach wie vor in der Landesbibliothek Dresden. Sie hat während des Zweiten Weltkrieges leider erhebliche Beschädigungen durch Wassereinwirkung erlitten. Die Illustrationen müssen bis auf wenige Seiten als zerstört gelten. Die Mitteilung in der Hamburger phil. Diss. von Nowak, Elisabeth: Die Verbreitung und Anwendung des Sachsenspiegels nach den überlieferten Handschriften. Hamburg 1965, »Verzeichnis der überlieferten Sachsenspiegelhandschriften« Nr. 315 (ohne Seitenzählung) ist sowohl hinsichtlich des Aufbewahrungsortes wie des Erhaltungszustandes zu berichtigen.
5 Genealogie S. 378.
6 Koetzschke S. 22, 24.
7 Genealogie S. 384f.
8 Genealogie passim. – Es ergibt sich folgende Stammtafel für die Bilderhandschriften (a.a.O. S. 373):

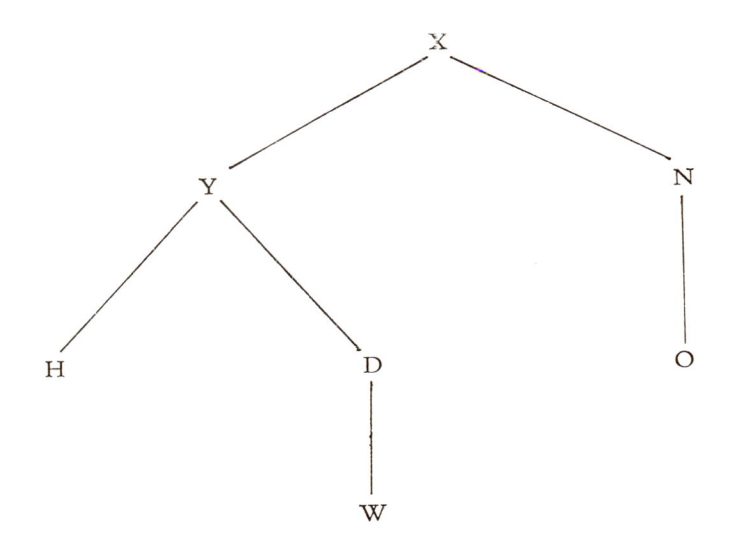

```
            X
           / \
          Y   N
         /\    \
        H  D    O
           |
           W
```

9 Erörterungen zur Altersbestimmung s. u. S. 14 f.
10 DS I Einl. S. 12.
11 a.a.O.; Koetzschke S. 67.
12 DS I Einl. S. 18; Genealogie S. 384.
13 DS I Einl. S. 14.
14 Die Lagen sind in der Reihenfolge gezählt, die sie heute innehaben. Über die Abweichung gegenüber der ursprünglichen Anordnung s. das Folgende.
15 Vgl. fol. 44-47 der Dresdener Bilderhandschrift.
16 Daraus ergibt sich übrigens, daß die Artikelzählung erst nach der Fertigstellung der Zeichnungen eingetragen wurde, während die Abschrift des Textes der Herstellung der Bilder vorausging. Vgl. auch Mone in TD Sp. 72f.
17 Gleicher Ansicht Weber in TD Sp. 27 (»Bild 1«).
18 So auch Mone a.a.O. Der Widerspruch Karl v. Amiras (DS I Einl. S. 15) ist unbegründet, da entgegen seiner Behauptung der Schreiber der Handschrift H für die »Kapitelnummern« an keiner Stelle Raum freigelassen hat.
19 Genealogie S. 349f.
20 a.a.O. S. 350.
21 Eckhardt, Rechtsbücherstudien 3. (o. S. 159 Anm. 2) S. 60ff. – Homeyer, Die deutschen Rechtsbücher (s. Anm. 2), Abt. 1: Verzeichnis der Rechtsbücher. Bearb. v. K. A. Eckhardt. Weimar 1931/1934. S. 6*f.
22 DS I Einleitung S. 17f.
23 Vgl. HRG s. v. »Buch, Johann von«.
24 s. u.
25 Über die Bibliothek Ulrich Fuggers s. Lehmann Bd 1 S. 73ff.
26 Erhalten im Cod. Pal. Lat. 1921 der Bibliotheca Vaticana, in Fotokopie auch im Besitz der Universitätsbibliothek Heidelberg; vollständig abgedruckt bei Lehmann Bd 2 S. 151ff.
27 Cpl. 1915, für dessen Standort das Anm. 26 zu Cpl. 1921 Gesagte gilt.
28 Vgl. Lehmann Bd 2 S. 226.
29 Zuletzt in der Staats- und Universitätsbibliothek Hamburg.
30 Sillib, Rudolf: Zur Geschichte der großen Heidelberger (Manesseschen) Liederhandschrift und anderer Pfälzer Handschriften. Heidelberg 1921. (Sitzungsberichte der Heidelberger Akad der Wissensch. Philosoph.-histor. Kl. 1921.) S. 18.
31 Wilken, Geschichte S. 190ff.
32 Wilken, Geschichte S. 246ff. S. 371 in einem Verzeichnis der zurückgekehrten Codices Palatini eine kurze Beschreibung der Bilderhandschrift des Sachsenspiegels.

[1] So hat es wohl Mone in TD Sp. XII gemeint: »... was in den ältesten Volksgesetzen die Malbergischen und übrigen teutscher Glossen waren, nämlich Erklärungen für den gemeinen Mann und Schöffen, die nicht latein und nicht lesen können, das wurden im Sachsenspiegel die Rechtsbilder für jene Leute, sie sahen das Bild, welches die Rechtshandlung vorstellte, und wußten damit auch das Gesetz und das Urteil, das gesprochen werden sollte.« Ähnlich ist wohl auch die Vorstellung von Karl Lamprecht (Repertorium f. Kunstwissenschaft 7, 1884) S. 408: »So darf man geradezu den Satz formulieren: die deutsche Illustrationstechnik des späteren Mittelalters ersteht aus dem vermehrten Bedürfnis der Belehrung in Laienkreisen auch ohne Kenntnis der Schrift ...«

[2] Homeyer war es, der zuerst die Vermutung ausgesprochen hat, die Bilderhandschriften seien Glossenhandschriften, in denen die Glosse durch die Bilder ersetzt sei. (Homeyer, C. G.: Die Genealogie der Handschriften des Sachsenspiegels. In: Abhandlungen d. Kgl. Akad. d. Wiss. zu Berlin 1859. Berlin 1860 Philolog.-Hist. Abhandl. S. 160f.)

[3] Es lassen sich ohne Mühe beliebig viel Beispiele dafür beibringen, von denen hier nur einige besonders deutliche ganz willkürlich herausgegriffen seien:
9r/2: Von dem ganzen Satz ist nichts weiter als die Insel im Flusse zu sehen. 12v/5: Nur der bewaffnete Pfaffe und Jude werden gezeigt, welche rechtliche Bewandtnis es hier mit ihnen hat, welche Folgen für sie daraus entstehen, daß sie bewaffnet sind, geht aus dem Bild auch nicht andeutungsweise hervor. 27v/6, 28r/1: Der Mann ersticht den Herrn, der Herr den Mann. Von dem eigentlichen Rechtssatz wird nichts im Bilde gezeigt.

[4] Die meisten dieser Argumente hat bereits Karl von Amira DS I Einl. S. 20f. vorgetragen.

[5] a.a.O. S. 21.

[6] v. Amira hat das wohl selber so empfunden, wenn er (a.a.O.) die Mitteilung seiner Ansicht zu dieser Frage mit den Worten einleitet: »Es wird also kaum ein Anderes übrigbleiben ...«.

[7] Das Bild einer Schere veranschaulicht diesen Gegenstand, aber nicht das Rechtsinstitut der »Gerade«. Man kann sich zwar darauf einigen, daß ein Kreis, der einige Ähren umschließt, den Begriff »Gedinge« verkörpern soll; aber ohne diese Konvention stellt das Bild nichts weiter dar, als einen Kreis mit Ähren. Gerade dieses Beispiel zeigt, daß auch der Text da nicht immer hilft: v. Amira hat – entgegen anderer Auffassung – die Bedeutung »Gedinge« für diese Figur bestritten (s. u. Anm. 27).

[8] z. B. in seinem Grundriß des germanischen Rechts. 2. Aufl. Straßburg 1901. S. 40. Ebenso noch in der 4. Aufl. Bd 1. Bearb. v. Karl August Eckhardt. Berlin 1960. S. 158.

[9] Fehr, Recht im Bilde S. 20.

[10] Conrad S. 352.

[11] Handgebärden S. 260.

[12] s. a. S. 58.

[13] Zustimmend Planck 2 S. 83f.

[14] Vgl. DS II 1 S. 373.

[15] Vgl. S. 167 Anm. 40.

[16] s. S. 21 ff.

[17] Die noch sehr wenig entwickelte Zeichentechnik hat besonders dem Heidelberger Kodex manche herbe Kritik eingebracht. Während F. J. Mone in romantischer Begeisterung für dieses ihm unschätzbar erscheinende Denkmal altdeutschen Lebens in den Zeichnungen »edle Einfachheit und unnachahmliche Naivität, die sich nicht beschreiben läßt«, findet (TD Sp. XVIII), erklärt sein Zeitgenosse U. F. Kopp (Bd 1 S. 49) unumwunden: »Vor allen Dingen möge sich dabey das Auge des Künstlers schließen. Denn gewiß müssen auf dieses solche Gemählde den widerlichsten Eindruck machen. Verzeichnete Figuren, manchmal wahre Zerr-Bilder, platte Chinesische Mahlerey, sind das Charakteristische derselben«. Karl von Amira (DS I Einl. S. 16) redet von der »Ungeschlachtheit der Zeichnung«, nennt den Zeichner ungeschult und spricht ihm jedes künstlerische Bestreben ab (DS II 1 S. 5).

[18] Schon Mone rühmt »die Kühnheit und Gedankenfülle der Ausführung« (TD Sp. XII). Man kann sich anhand der nachfolgenden Bilderläuterungen (S. 36 ff.) leicht von der Richtigkeit dieses Urteils überzeugen.

[19] Die nachfolgend im Text angeführten Belegstellen aus dem Bilderbestand des Kodex verweisen nur auf ausgewählte Beispiele. Vollständigkeit ist in der Regel nicht angestrebt.

[20] Karl Lamprecht bemerkt (Repertorium für Kunstwissenschaft. 7 (1884) S. 403 f.), daß seit den Tagen der letzten Staufer sich »immer energischer die feineren Mittel bezeichnender Darstellung« ausbildeten. Die Farben- und Handsymbolik, bislang die erstrangigen Charakterisierungsmittel, träten jetzt in ihrer Bedeutung zurück. Die Farbensymbolik werde nur noch in ihren Grundzügen festgehalten, die Stelle der Handsymbolik nehme jetzt die Symbolik des Gesichtsausdrucks ein. Die Bilderhandschriften des Sachsenspiegels zeigten schon die ersten Anfänge davon: Unterscheidung des Slaven vom Deutschen, verstörtes Gesicht des Wahnsinnigen, Stulpnasen bei Leuten niedrigen Standes. Das Balduineum (Codex Balduini Trevirensis s. Die Romfahrt Kaiser Heinrichs VII. im Bildercyclus des Codex Balduini Trevirensis. Hrsg. von d. Direktion d. Kgl. Preuß. Staatsarchive. Erl. Text bearb. (unter Benutzung d. liter. Nachl. v. L. v. Eltester) von Georg Irmer. Berlin 1881.) mache hierin noch weitere außerordentliche Fortschritte.

Lamprecht kannte jedoch die Heidelberger Bilderhandschrift des Sachsenspiegels nur aus der ganz und gar unzulänglichen Wiedergabe in TD. Er konnte daher nicht bemerken, daß die physiognomische Ausdrucksfähigkeit ihrer Figuren ihrer Zeit und auch dem später entstandenen Codex Balduini voraus waren.

21 Bei diesen machen die Bilder einen deutlichen Unterschied zwischen den Vollstreckern schimpflicher Strafen, besonders des Hängens (13ᵛ/4), aber auch einer Strafe an Haut und Haar (12ᵛ/5) einerseits und der im Mittelalter als »ehrlich« geltenden Hinrichtungsart des Enthauptens (13ᵛ/3; 14ʳ/2). Vgl. dazu auch His Bd 1 S. 492; 494; Bd 2 S. 289.

22 Grundsätzliches über die Anwendung der Farben in der Malerei des Mittelalters bei Karl Lamprecht a.a.O. S. 408 f. Seine Feststellung, daß Rot und Grün zu jener Zeit die höfischen Farben sind, wird in unserer Handschrift – allerdings mit dem Vorbehalt nicht ausschließlicher Geltung – bestätigt.

23 Hartmann von Aue, Erek v. 3461; 5517; Gottfried von Straßburg, Tristan v. 15552.

24 S. 23 f.

25 S. 27.

26 Näheres u. S. 25 f.

27 Grimm, RA 1 S. 280, denkt an den hegenden Faden, den er (a.a.O. S. 251 ff.) auch sonst im Rechtsbrauch antrifft. Zum apotropäischen Kreis: Hwb. Abergl. (s. u. S. 167 Anm. 35) Bd 5 Sp. 468 ff. v. Amira bestreitet DS II 2 S. 165 zu Unrecht gegen TD 4, RA 1 S. 280, Homeyer Ssp. II 2 S. 330, 337, daß die Ähren im Kreis das Gedingesymbol darstellen. Die Belege, die er für seine Auffassung anführt, DS I fol. 57a 4, 60a 3, bieten keinen schlüssigen Beweis. DS I fol. 57a 4 (entsprechend H 1ʳ/4 links) hat das umschlossene Ährensymbol, das in H fehlt, zwar nicht als Zeichen für »Gedinge«, doch benutzt es der Illustrator dazu, ein anwartschaftsähnliches Rechtsverhältnis auszudrücken, da es sich um ein streitiges Grundstück handelt, an dem noch keiner der beiden Parteien der Besitz zusteht. H hat dieses Symbol, das hier strenger auf den Gedingebegriff beschränkt ist, an dieser Stelle vermieden. DS I fol. 60a 3 (in H fehlt die entsprechende Stelle) kann schon deswegen zu dieser Frage nichts beweisen, weil das in Betracht kommende Bildzeichen anders aussieht als das Gedingesymbol. Der Kreis umschließt Ähren und Geld, ähnelt also dem Symbol für Nichtbesitz, und eben darum handelt es sich in dem zugehörigen Text (Lnr. 11 § 1: »Swelk gut en man an sinen geweren nicht ne hevet unde eme nicht bewiset nis ...«). Demgegenüber kommen die vom Kreis umschlossenen Ähren jedenfalls in H durchweg nur an den Stellen vor, an denen vom Gedinge die Rede ist. Doch scheint es fast so, als ob der Zeichner hier einen deutlichen Unterschied zwischen dem »benannten Gedinge« (2ᵛ/2, 3, 4; 3ʳ/1; 4ᵛ/5; 5ʳ/4 links und rechts) und der »Wardung« (3ʳ/4) gemacht hat.

28 Beide Symbole gehörten allerdings bereits der Überlieferung an und sind nicht erst vom Illustrator des Sachsenspiegels erfunden (DS I Einl. S. 27).

29 Dieser Zusatz verweist auf v. Amira, Handgebärden.

30 RA 1 S. 231.

31 RA 1 S. 186.

32 Siegel, Gefahr vor Gericht (s. S. 159 Anm. 8) S. 136 f.; Künßberg, Eberhard Frhr. von: Schwurfingerdeutung und Schwurgebärde S. 412 f. In: Zeitschrift für Schweizerisches Recht. N. F. 39 (1920) S. 384 ff. – RA 2 S. 555.

33 DS I Einleitung S. 23.

34 RA 1 S. 284.

35 DS II 1 S. 80 ff.; S. 95 ff.; Handgebärden passim.

36 DS II 1 S. 108 ff.

37 RA 1 S. 231.

38 RA 2 S. 519.

39 Meyer, Herbert: Die rote Fahne. S. 325. In: ZRG. Germ. Abt. 50 (1930) S. 310 ff.

40 RA 1 S. 212 f.

41 RA 1 S. 238.

42 RA 1 S. 180 f.

43 RA 2 S. 521 ff.

44 RA 2 S. 197 f.

45 RA 2 S. 191.

46 RA 1 S. 454.

47 RA 1 S. 218 f.; 2 S. 164, 477. – Deutsches Rechtswörterbuch. Bd 1 ff. Weimar 1914 ff. Bd 4 Sp. 253 f. s. v. »Ger«.

48 Deutsches Rechtswörterbuch (s. Anm. 47) Bd 4 Sp. 1501 s. v. »Halsschlag«.

49 RA 1 S. 240.

50 RA 2 S. 559; Handgebärden S. 249 f.

51 RA 2 S. 374.

52 RA 2 S. 375.

53 Nur an diesen wenigen Stellen hat der Illustrator richterlichen Personen diese Beinstellung verliehen, die noch beim König (1ᵛ/1 u. 5), beim Lehrer des Lehnrechts (1ʳ/1 rechts) und beim Lehnsherrn (3ʳ/4, 6ʳ/3, 6ᵛ/2) vorkommt.

54 DS II 1 S. 90 f.

55 »Echte Handgebärden« im Sinne von Handgebärden S. 168.

56 Vgl. z.B. die Gebärden, insbesondere die Redegebärden, des Richters 7ᵛ/1–5 untereinander und mit den arbeitenden Händen der Bauern 8ʳ/2 u. 4. Besonders deutlich auch 16ʳ/3.

57 Nach Handgebärden S. 168 die »unechten Handgebärden«.

58 Beispiele s. Handgebärden S. 260.

59 o. S. 17.
60 Beispiele s. Handgebärden S. 260.
61 In: Handgebärden
62 Die Beschreibung der in H vorkommenden Handgebärden beruht auf v. Amira, Handgebärden, berücksichtigt jedoch ausschließlich die Heidelberger Bilder. Daraus erklären sich die mehrfachen Abweichungen von der Darstellung v. Amiras.
63 Der Zusatz in der Klammer verweist auf Nummer und Seite des Buches von Karl v. Amira.
64 Handgebärden S. 185.
65 Die in Handgebärden S. 205 ff. als Belege für das Vorkommen dieser Gebärde in H sonst noch angegebenen Stellen sind durchweg unzutreffend. Dort handelt es sich vielmehr in allen Fällen um die jüngere Redegebärde, einmal (15r/3 Richter) um eine Schwurgebärde.
66 Zur Anwendung der Zeigegebärden s. a. Handgebärden S. 180 ff.
67 13v/1 ist der Gelöbnisgestus bei dem Knecht, der dem anderen das Kleid abgewonnen hat, wohl auf einen Irrtum des Zeichners zurückzuführen. Vgl. dazu Handgebärden S. 218 und DS II 1 S. 463 f.
68 Die Gebärde ist in jeder Hinsicht völlig identisch mit dem Handgebärden Nr. 31 S. 253 f. als »Vertreibung« bezeichneten Gestus.
69 Vgl. Sittl, Carl: Die Gebärden der Griechen und Römer. Leipzig 1890. S. 147 ff., bes. S. 151 Anm. 3.
70 Sittl a. a. O. S. 74 f. Anm. 7.
71 Genesis 27, 34: »Als Esau die Rede seines Vaters hörte, schrie er laut, und ward über die Maßen sehr betrübt ...«
72 Diese und die unter Nr. 12 behandelte Geste kommen in keiner der auf die Sachsenspiegelillustrationen sich beziehenden Arbeiten Karl v. Amiras vor und sind auch von anderen bisher unbeachtet geblieben.
73 Unklar nur wegen der Undeutlichkeit der Zeichnung.
74 s. o. S. 25.
75 Das gibt Anlaß, das Bild mit TD Sp. 35 auf Ldr. III 31 § 1 und nicht mit DS II 1 S. 492 auf § 2 zu beziehen.
76 Nach diesen Feststellungen lassen sich zwei Stellen berichtigen, an denen die Zeichnung fehlerhaft ist. 2v/1 weist der Mann, der seinen Herrn beklagt, mit ausgestrecktem Zeigefinger zur Erde. Diese Gebärde paßt nicht zu der Rolle des Klägers, die dem Mann nach dem Text eindeutig zukommt. Sie ist also durch die hier besprochene Geste zu ersetzen, was durch einen Vergleich mit D bestätigt wird. Ebenso wie hier hat auch in 14v/2 der Kopist seine Vorlage mißverstanden oder sich verzeichnet, und zwar bei dem Mann im grün-rot geteilten Rock, der als Kläger gegen den abwesenden Beklagten dem Richter gegenübersteht. Das wird gleichfalls durch D bestätigt.
77 Der Heerschildordnung entsprechend. Vgl. Lnr. 1, Ldr. I 3 § 2.
78 Der Grund dafür wird in der Bilderklärung angegeben.
79 Vgl. auch 22v/5 rechts (zu Ldr. III 64 § 5.).
80 s. a. S. 19.
81 Genealogie S. 359.
82 Kopp 1 S. 123 sieht darin eine Anspielung auf den Wendennamen (Wenden – winden), dgl. TD Sp. XXIV (Weber); auch DS II 1 S. 33. Anders dagegen TD Sp. XX (Mone), wo aber Kopp mißverstanden wird.
83 Vgl. Schwabenspiegel Ldr. 262.
84 Vgl. Ldr. III 44 § 1 mit Ldr. I 1.
85 Zu Unrecht stellt v. Amira DS II 1 S. 6 in diesen Beziehungen unsere Handschrift in Gegensatz zur Handschrift D.
86 Im einzelnen s. DS II 1 S. 8 ff. Bezüglich einiger Gebrauchsgegenstände auch die Schrift von Grimm, Paul: Hohenrode, eine mittelalterliche Siedlung im Südharz. Halle 1939. (Veröffentlichungen der Landesanstalt für Volkheitskunde zu Halle. 11.), auf die Gerhard Buchda: Archäologisches zum Sachsenspiegel. In: ZRG. Germ. Abt. 72 (1955) S. 205 ff. aufmerksam gemacht hat.
87 So Rennewart im »Willehalm« 312, 10, wo das Essen in voller Rüstung als von den Umständen gebotene Ausnahme hervorgehoben wird. – Die Dresdener Handschrift zeigt hier den Ritter übrigens nicht in der Rüstung, wenn auch mit einem Schwert an der Seite. Dort hat der Kopist, der auch sonst an vielen Stellen ein erheblich gemindertes Verständnis gegenüber dem Illustrationszweck und den darauf abgestimmten Ausdrucksformen seiner Vorlage beweist, den gesellschaftlichen Anstandsregeln den Vorzug vor der Verständlichkeit der Bildersprache gegeben.
88 Bestätigend Paul Grimm a. a. O. S. 39 f.
89 s. o. S. 23 f. sowie die Einzelbildbeschreibungen. Dazu auch Handgebärden S. 261 und DS II 2 S. 345.
90 Teutsche Alterthümer. – Hannover, Lüneburg 1746.
91 Von den Sächsischen Rechtsbüchern. Das für 1747 vorgesehene Erscheinen der damals bereits zu einem erheblichen Teil ausgedruckten Arbeit wurde durch ein Mißgeschick vereitelt. Sie wurde erst 55 Jahre nach dem Tode des Verfassers veröffentlicht in: Spangenberg, Ernst: Beyträge zu den Teutschen Rechten des Mittelalters. Halle 1822.
Einige Bilder aus der Wolfenbütteler und der Oldenburger Handschrift hat Grupen auch seinen Abhandlungen De uxore Theotisca. Göttingen 1748 (S. 190 ff.) und Observationes rerum et antiquitatum Germanicarum et Romanarum. Halle 1763 (S. 123) beigegeben.

92 Teutsche Alterthümer. S. 1.
93 Wöchentliche Nachrichten. 4 (1819) S. 2 ff., 9f.
94 Kopp 1 S. 43 ff.
95 s. o. S. 20. Unzutreffend Weber TD Sp. 69.
96 s. a. S. X.
97 1. Aufl. 1828. S. 202 ff. 4. Aufl. Bd 1 S. 279 ff.
98 Land- und Lehnrecht, s. Literaturverzeichnis. Im Teil 1 (Landrecht) erscheinen die Hinweise auf die Bilder erst in der 3. Aufl. (1861).
99 Sachsenspiegel. Teil 2, Bd 2. s. Literaturverzeichnis.
100 s. Literaturverzeichnis.
101 Der Stab in der germanischen Rechtssymbolik. München 1909. (Abhandlungen der kgl. bayerischen Akademie der Wissensch. Phil.-hist. Kl. 25, 1.).
102 s. Literaturverzeichnis.
103 (Wolfram von Eschenbach:) Die Bruchstücke der großen Bilderhandschrift von Wolframs Willehalm. Hrsg. von Karl v. Amira. München 1921.
104 Die große Bilderhandschrift von Wolframs Willehalm. In: Sitzungsberichte d. Kgl. Bayer. Akad. d. Wissensch. Philosoph.-hist. Kl. Jg. 1903 S. 213–240. – Die »große Bilderhandschrift von Wolframs Willehalm«. München 1917. (Sitzungsberichte d. Kgl. Bayer. Akad. d. Wissensch. Philosoph.-hist. Kl. Jg. 1917).
105 TD Sp. XII Anm. und besonders Anzeiger für Kunde der teutschen Vorzeit. 5 (1836) Sp. 178.
106 v. Amira, Große Bilderhandschrift 1903 (s. o. Anm. 104) S. 213.
107 s. Literaturverzeichnis.
108 Vgl. den Stammbaum oben S. 161.
109 a.a.O. S. 19, 22, 24, 64f.
110 s. Literaturverzeichnis.
111 Das Recht im Bilde S. 7.
112 s. Literaturverzeichnis.
113 Die Nummern 3, 4, 22, 53, 62, 102, 159, 160, 177, 179, 198, 199 und 200 op. cit.

[1] Reicke, Emil: Lehrer und Unterrichtswesen in der deutschen Vergangenheit. Leipzig 1901. (Monographien zur deutschen Kulturgeschichte. Bd 9.) S. 15, Abb. 11 u.ö., S. 55.

[2] »Unfähigkeitsgestus«. Die nähere Erklärung der Handgebärden findet sich oben S. 24ff.

[3] Zur Heerschildordnung s. a. Ldr. I 3 § 2.

[4] Wörtliche Zitate des Sachsenspiegeltextes aus Teilen des Rechtsbuches, die in der Heidelberger Bilderhandschrift nicht enthalten sind, sind DS I entnommen.

[5] v. Amira, DS II 2 S. 157 und K. J. Weber, TD Sp. 2, halten die Schwurgebärde für den Huldigungseid. Infolgedessen konnten dort weder die Geste der linken Hand des Mannes (Gelöbnisgeste) noch der Richterhut des Lehnsherrn erklärt werden.

[6] s. o. S. 23.

[7] Mitteis, Heinrich: Die deutsche Königswahl. Darmstadt 1965. – Buchner, Rudolf: Kaiser- und Königmacher, Hauptwähler und Kurfürsten. In: Historisches Jahrbuch. 55 (1935) S. 182ff. – Lintzel, Martin: Die Entstehung des Kurfürstenkollegs. Berlin 1952. (Berichte über die Verh. der sächs. Akad. d. Wissensch. zu Leipzig. Philolog.-hist. Kl. Bd 99.). – Vgl. übrigens auch Ldr. III 57 § 2.

[8] Das besagt die Gebärde seiner linken Hand.

[9] Über das Symbol des Zweiges s. o. S. 23.

[10] Da diese Fehler sich auch in D finden, sind sie spätestens in der Handschrift Y entstanden.

[11] Der Fürst ist auf den Bildern zum Lehn- wie zum Landrecht in der Regel durch den sonderbaren spitzen Hut gekennzeichnet, dem – wie hier – zuweilen noch das Schapel beigefügt ist. Es kommen jedoch Ausnahmen vor, z. B. 21r/2, 3, 5; 22v/2, 3 u. ö.

[12] Die beiden Heerschilde sollen an dieser Stelle gewiß nicht, wie Kötzschke S. 16 meint, über ein Afterlehnsverhältnis der Grafen von Wernigerode zu den Markgrafen von Meißen Auskunft geben, sondern, wie bereits Kopp I S. 77 und Weber in TD Sp. 7 gesehen haben (zustimmend v. Amira, DS II 2 S. 183), die Abstufung des Lehnsverhältnisses mit der Abstufung der Lehnsträger in der Heerschildordnung in Übereinstimmung bringen; hierfür wurden die Bl. 1r/1 links zur Darstellung der Heerschildordnung verwendeten Heerschilde gewählt.

[13] Über die Fragwürdigkeit der Textinterpretation durch das Bild s. Albrecht, Wilhelm Eduard: Die Gewere als Grundlage des älteren deutschen Sachsenrechts. Königsberg 1828. S. 72f. und Homeyer Ssp. II 2 S. 174.

[14] Die Ziffer V beruht auf einem Versehen des Zeichners. Es muß VI heißen. Die Bemerkung von Weber, TD Sp. 8, daß im Original der Handschrift noch die Spuren einer I zu sehen seien, ist unzutreffend.

[15] DS I Einl. S. 29.

[16] RA I S. 209.

[17] Vgl. Ldr. III 60 § 1 und das zugehörige Bild 21r/5.

[18] Vgl. Lnr. 22 § 2.

[19] s. o. S. 21.

[20] d. h. sie schwören, daß sie nicht Urteil zu finden brauchen.

[21] Nach dem Symbolkode unserer Handschrift gehört hierher eigentlich der »Unfähigkeitsgestus« (s. o. S. 27). Da der Illustrator diesem Mann bereits fünf tätige Arme und Hände verliehen hat, müssen ihm zwei weitere, wie sie für jene Gebärde erforderlich wären, doch etwas zuviel vorgekommen sein, und er hat sich statt dessen mit der auch sonst gelegentlich als Verneinung gebrauchten Abwendung beholfen.

[22] RA I S. 240.

[23] RA I S. 242.

[24] Die für diesen »Behaltungseid« erforderlichen Schwurgenossen (s. Planck 2 S. 121ff.) sind hier weggelassen.

[25] tradito per ostium. s. o. Anm. 22. Wenn v. Amira, Handgebärden S. 256, das Anfassen der Tür an dieser Stelle für einen bloß subjektiv-symbolischen Bildausdruck bezeichnet, weil mit der Übertragung des Lehens ohne weiteres auch die Besitzübertragung an den Gebäuden des Lehnsgutes verbunden war, so darf das jedenfalls nicht so verstanden werden, als gehörte diese Gebärde überhaupt nur der subjektiven Symbolik des Illustrators an und sei im übrigen hier überflüssig. Sie ist vielmehr eine echte rechtssymbolische Handlung (RA I S. 240) und dient hier dazu, entsprechend dem Text daran zu erinnern, daß der Besitz des Gebäudes mit der Belehnung ebenfalls auf den Mann übertragen wird.

[26] Wie sich aus 21v/4 (Ldr. III 61 § 1) ergibt, ist der Richter hier und im folgenden überall, wo er in dieser Gestalt erscheint, als Graf dargestellt.

[27] Vgl. Ldr. III 69 § 1 und Bild 24r/1.

[28] Vgl. Planck 2 S. 83f.

[29] Planck 2 S. 84. Vgl. auch Ldr. III 37 § 2.

[30] Ldr. III 51, wo jedoch die Ziege vergessen ist.

[31] Um den Inhaber der »ledichlichen gewere« darzustellen, ist allerdings gerade der Lehnsherr nicht die am besten geeignete Figur, weil er in der Regel nur eine mittelbare Gewere hat. Da aber dem Illustrator kein treffenderes Symbol für den gegebenen Sachverhalt zur Verfügung stand, begnügte er sich damit, durch die Gestalt des Lehnsherrn ganz allgemein daran zu erinnern, daß es sich an dieser Stelle um abgestufte Besitzverhältnisse handelt, und daß nur einer in der Besitzerkette den Anspruch auf den Schadensersatz hat. Der mnemotechnischen Aufgabe (s. o. S. 17) des Bildes ist damit auch völlig genügt.

[32] Mannhardt, Wilhelm: Wald- und Feldkulte. Darmstadt 1963.

ANMERKUNGEN ZU ›ERLÄUTERUNGEN DER BILDER‹

Bd 1 S. 160ff. – Auch die Heilige selbst trägt auf den Glasgemälden im Dom zu Regensburg einen blühenden Zweig: Braun, Joseph: Tracht und Attribute der Heiligen in der Kunst. Stuttgart 1943. Sp. 739f.

33 Braun a.a.O. Sp. 705. – Künstle, Karl: Ikonographie der Heiligen. Freiburg i. Br. 1926. S. 566. – Sartori, Paul: Sitte und Brauch. T. 1–3. Leipzig 1910–1914. (Handbücher zur Volkskunde. Bd 5–8.). T. 3.

34 Den Gegenstand mit v. Amira, DS II 1 S. 424, für ein Beil auf einem Block zu deuten, ist schlechterdings unmöglich. Keine der Beildarstellungen unserer Handschrift zeigt in Form und Farbe auch nur die entfernteste Ähnlichkeit mit dem hier abgebildeten Gegenstand (vgl. 8r/4; 11r/1 20v/3 u. 5; 23v/4), während seine Übereinstimmung mit Kutte und Kapuze unverkennbar ist.

35 Auch sonst steht der Urbanstag in besonderer Beziehung zur Landarbeit, da er vor allem günstig für die Aussaat ist (Handwörterbuch des deutschen Aberglaubens. Hrsg. ... v. H. Bächtold-Stäubli. Bd 1–10. Berlin, Leipzig 1927–1942. Bd 8 Sp. 1498f. – Glaser, Hanna: Die Bedeutung der christlichen Heiligen und ihrer Legende für Volksbrauch und Volksmeinung in Deutschland. Heidelberg 1937. Heidelberg, phil. Diss. S. 54. – Sartori a.a.O.).

36 Vgl. Handwörterb. d. dt. Abergl. Bd 4 Sp. 716. – Unter der Krone zwischen Perlenschnüren ist ein Kräuterbündel erkennbar. Das erinnert an die große Rolle, die der Johannistag im Pflanzenkult spielt (a.a.O. Sp. 743ff.).

37 TD Sp. XVII Anm. nach der Heidelberger Handschrift cpg. 114 fol. 22f.

38 Vollständiges Heiligen-Lexikon. Hrsg. v. J. E. Stadler u. F. J. Heim. Bd 1–5. Augsburg 1858–1875. Bd 1 S. 394a.

39 s. o. Anm. 34.

40 Der Zeichner interpretiert hier den Ausdruck »mit rechte« als Eineid. Zustimmend Planck 2 S. 107 (1 S. 722), dagegen Hänel, Albert: Das Beweissystem des Sachsenspiegels. Leipzig 1858. S. 156 unter Anführung der Glosse.

41 Der Schwabenspiegel. Hrsg. v. F. L. A. Frhr. v. Lassberg. Tübingen 1840.

42 RA 2 S. 191.

43 Zum Gerüst mit gezogenem Schwert und zur Mordklage mit dem Leichnam des Ermordeten s. RA 2 S. 519ff.

44 Vgl. v. Amira, Todesstrafen. S. 99.

45 RA 2 S. 197.

46 Gutberlet, Helena: Die Himmelfahrt Christi in der bildenden Kunst. Straßburg 1934. S. 246.

47 Was die Reihenfolge der Personen betrifft, so haben die Frau und der Küster den Platz, den ihnen der Text zuweist, getauscht, wahrscheinlich, weil der Maler von H dem Küster kein charakteristisches Attribut zu geben wußte und deshalb die Rolle dieser Figur durch ihre Nähe zum Geistlichen leichter erklärbar machen wollte.

48 Wollte man in der gezahlten Summe den Schadensersatz sehen, so müßte man als Voraussetzung annehmen, daß der verurteilte Burgherr nicht freiwillig zahlte, so daß die Schuld vom Fronboten eingetrieben werden mußte. Vgl. Eckert, Christian: Der Fronbote im Mittelalter nach dem Sachsenspiegel und den verwandten Rechtsquellen. Leipzig 1897.

49 RA 2 S. 287; His 1 S. 526.

50 Vgl. Ldr. III 10 § 3 und das zugehörige Bild 14r/5.

51 In Übereinstimmung mit RLdr. 11 § 4 vertritt der Illustrator entgegen der Glosse die Auffassung, daß Anefang in diesem Falle möglich ist. Vgl. dazu DS II 1 S. 464 und Homeyer Ssp. 1 zu Ldr. III 6 § 1.

52 v. Amira, DS II 1 S. 469, bezieht das Bild auch auf den ersten Satz des § 2. Das wird aber durch den einheitlichen Bezug des ganzen Bildes auf die Todesstrafe, die nur auf den Bruch eines »für sich selbst« gelobten Friedens folgt, ausgeschlossen.

53 Die Kleiderfarben sprechen dagegen, daß der Hingerichtete mit dem Mann identisch ist, der stehend den Frieden gelobt und die Lilie knickt. Er repräsentiert vielmehr einen anderen Fall der gleichen Art, der hier nur zur Darstellung der Folgen des Friedensbruches dient.

54 Vielleicht nicht Zeugen, sondern Schöffen, die hier anstelle des Richters – etwa aus kompositorischen Gründen – das Gericht vertreten; vgl. das rechts stehende Paar mit den Schöffen auf Bild 15r/3, 7v/2.

55 Eckert a.a.O. S. 40.

56 Vgl. His 1 S. 380.

57 Weber, TD Sp. 33; Eckert a.a.O. S. 45 Anm. 1.

58 Zum Kaltwasserordal s. RA 1 S. 582ff. – Schwerin, Cl. Frhr. v.: Rituale für Gottesurteile. Heidelberg 1933. (Sitzungsberichte d. Heidelberger Akad. d. Wissensch. Philosoph.-histor. Kl. Jg. 1932/33.)

59 Ldr. I 63 § 4.

60 Kopp 1 S. 99; v. Amira DS II 1 S. 22; Nottarp a.a.O. S. 287.

61 Conrad 1 S. 387.

62 Planck 2 S. 103.

63 Die Gebärde drückt einen rechtlich begründeten Anspruch aus; s. o. S. 29.

64 Vgl. Homeyer, Ssp. II 2 S. 302.

65 Daß die beiden Mannen des Herrn hier als Zeugen, nicht als Eichelfer auftreten, vermutet Homeyer Ssp. I S. 505 (Nr. 3b).

66 Die Geste gehörte in Wirklichkeit zum Ritus der Eidesschelte (Handgebärden S. 249).

[66] Ldr. I 17 § 2: »Der Schwabe kann auch von seiten der Frau nicht erben, da die Frauen in diesem Stamm alle durch die Missetat ihrer Vorfahren erbunfähig geworden sind.« Ldr. I 18 § 1: »Dreierlei Recht behaupten die Sachsen gegen den Willen Karls des Großen für sich: Das schwäbische Recht wegen des feindseligen Verhaltens (haz) der Frauen« … Dazu: Deutsche Sagen. Hrsg. von den Brüdern Grimm. Bd 1. 2. München: Winkler 1956 S. 388 Nr. 420: »Dieweil Hengst (Hest, Hesternus) ausgezogen war mit seinen Männern nach England, und ihre Weiber daheim belassen hatten, kamen die Schwaben, bezwangen Sachsenland und nahmen der Sachsen Weiber. Da aber die Sachsen wiederkamen und die Schwaben vertrieben, so zogen einige Weiber mit den Schwaben fort. Der Weiber Kinder, die dazumal mit den Schwaben zu Land zogen, die hieß man Schwaben. Darum sind die Weiber auch erblos aus diesem Geschlecht, und es heißt im Gesetz, daß ›die Sachsen behielten das schwäbisch Recht durch der Weiber Haß‹.«

[67] Das entspricht dem Text unserer Handschrift, die »gewerde« hat, während es in den meisten Texten des Sachsenspiegels an dieser Stelle »gewedde«, »phant« odgl. heißt.

[68] Vgl. 12ᵛ/5; 27ʳ/6; 27ᵛ/1.

[69] Vgl. 2ʳ/3; 3ʳ/5; 4ᵛ/2; 5ᵛ/3; 17ᵛ/4. Zu der Frist selber s. RA 1 S. 305f.

[70] Ldr. I 59 § 2; vgl. auch Ldr. III 61 § 1.

[71] So auch v. Amira, DS II S. 97. Anderer Ansicht Beckmann in Zeitschr. f. Völkerrecht u. Bundesstaatsrecht. 1 (1907) S. 400ff. Er sieht darin, daß beide Parteien Wenden sind, eine Absicht des Illustrators, der damit habe zum Ausdruck bringen wollen, daß die Gerichtssprache hier die deutsche ist. – Ein Vergleich mit der Dresdener Bilderhandschrift (Blatt 50b) gibt übrigens v. Amira recht.

[72] Wahrscheinlich sind der Sachse und der Franke hier nichts weiter als Repräsentanten des Deutschtums, die lediglich zum Ausdruck bringen sollen, daß es in dem zugehörigen Rechtssatz um die Verwendung der deutschen Sprache vor Gericht geht. – Die von Beckmann a.a.O. S. 486 geäußerte Auffassung, der Franke sei ein Schöffenbarfreier, der mit den beiden Wenden das Gerichtszeugnis in der Sache erbringe, da er der in diesem Zusammenhang in Frage kommende Richter, »vielleicht auch dessen Nachfolger, also der Gograf oder der Schultheiß« sei, findet weder im Text noch in der Symbolik der Bildersprache dieser Handschrift eine Stütze und dürfte auch rechtshistorisch kaum haltbar sein.

[73] Die Beziehung des Schiffes zur Schöffenbarfreiheit beruht wohl auf einer Klangassoziation von mnd. schep = Schiff und schepe = Schöffe. Kopp 1 S. 125.

[74] Vgl. 16ʳ/3 zu Ldr. III 27.

[75] s. 20ʳ/3 rechts.

[76] Die von Goldmann, Emil: Beiträge zur Geschichte der germanischen Freilassung durch Wehrhaftmachung. Breslau 1904. (Untersuchungen zur deutschen Staats- und Rechtsgeschichte. Heft 70.) S. 13 Anm. 1 geäußerte Auffassung, der Wagen bedeute hier, daß der Freigelassene von der mit der Freilassung gewonnenen Freizügigkeit Gebrauch macht und sich tatsächlich auf die Reise begebe, hat wenig Wahrscheinlichkeit für sich. Das Fahrgestell, durch 20ʳ/3 rechts als kennzeichnendes Attribut der Landsassen, »die kommen und fahren nach Gastes Weise« (Ldr. III 45 § 6) eingeführt, dürfte seine Bedeutung in der Bildersprache der Handschrift ebensowenig ändern wie der Schöpfkübel des Biergelden oder die Peitsche des Fronboten.

[77] Die sicher richtige Deutung der Wurfgeschosse als Sporen ist Goldmann zu verdanken (a.a.O. S. 10ff.). Stachelsporen von ähnlicher Form sind abgebildet in: Kulturhistorischer Bilderatlas 2: Mittelalter. Bearb. v. A. Essenwein. Leipzig 1883. Tafel 68 Nr. 6.

[78] Goldmann a.a.O. S. 13ff.

[79] Da der Illustrator darauf festgelegt war, dem Dienstmann das Fahrgestell als Symbol des Landsassen beizufügen und ihn außerdem so darzustellen, daß er dem König den Rücken kehrt, so konnte er die Figur nicht in der Weise vor ihren bisherigen Herrn plazieren, daß die bildliche Darstellung des Überreichens möglich gewesen wäre.

[80] RA 1 S. 237 u. 378, Anm. 1. – Die Ablehnung der Ansicht Goldmanns von der Abreise des Freigelassenen bedingt nicht auch ohne weiteres die Ablehnung seiner Reisezaubertheorie. Der Reisezauberritus könnte aus irgendwelchen vom konkreten Fall ganz unabhängigen Grundvorstellungen zum festen Bestandteil der Freilassungszeremonie geworden sein. Es heißt aber den Wirklichkeitsgehalt der Bilder unserer Handschrift oder mindestens dessen sichere Bestimmbarkeit erheblich überschätzen, wenn man sie zu Kronzeugen für tatsächliche Vorgänge macht. Wenn sich nicht anderweit noch bestätigende Belege finden, muß man immer damit rechnen, daß die subjektiven Gestaltungsabsichten des Illustrators oder objektive Notwendigkeiten, die sich aus der Übertragung sprachlicher in bildliche Ausdrucksformen ergaben, Bilder entstehen ließen, die mit der Wirklichkeit nichts mehr zu tun hatten. So trifft es auch nicht zu, daß der König hier dem Freigelassenen »nach altgermanischem Freilassungsritual« die vier Wege weist (Ed. Roth. 224), wie v. Amira, DS II 2 S. 121, meint.

[81] Fehr, Hans: Fürst und Graf im Sachsenspiegel. Leipzig 1906. (Berichte über die Verhandlungen d. Kgl. sächs. Gesellsch. d. Wissensch. zu Leipzig. Philolog.-histor. Kl. Bd 58.) S. 54f.

[82] Vgl. 20ʳ/5 (Ldr. III 45 § 9).

ANMERKUNGEN ZU ›ERLÄUTERUNGEN DER BILDER‹

83 Der Bildbuchstabe trägt die falsche Farbe. Er müßte wie der zum vorhergehenden Bild (27r/6) rot sein. Denkbar wäre auch, daß er zwar in der Farbe richtig ist, aber ins nächste Bild gehört, wo der Bildbuchstabe, der ebenfalls ein rotes »S« sein müßte, fehlt.
84 Da auch in der Dresdener Bilderhandschrift so angeordnet wie hier.
85 Zum Rechtsbrauch der sessio triduana als Formalität des Besitzerwerbs s. u. a. RA 1 S. 262, 2 S. 837.
86 Vgl. 25ᵛ/1.
87 RA 2 S. 551.
88 Vgl. 26r/5, 26ᵛ/1.
89 Vgl. dazu Landwehr, G.: Gogericht und Rügegericht. In: ZRG. Germ. Abt. 83 (1966) S. 130.